瓦尔帕莱索以东15英里（约24千米）的小镇上，卡雷拉大街1105号是一间小瓦房，一个位于智利的德国间谍网就在这里使用呼号PYL向阿勃韦尔汉堡站发报。发报员约翰内斯·泽罗斯住在这间房里，在里屋发报。

阿勃韦尔汉堡站的无线电台,最重要的任务是与地球另一边的德国间谍保持微弱的联系。二楼的收发报室,接收来自北美和南美特工人员的模糊摩斯电码,发出阿勃韦尔对特工人员的命令、要求和感激。

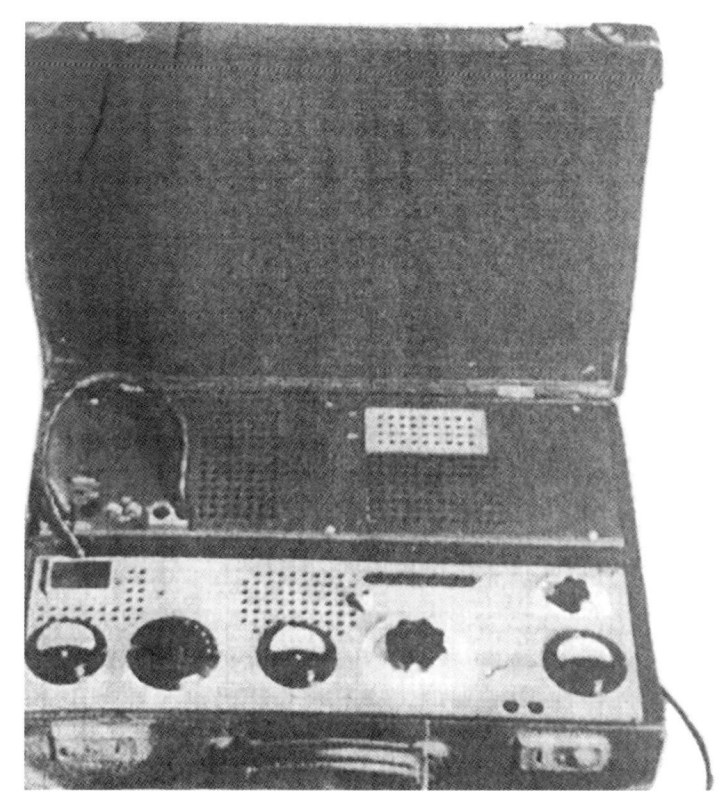

在南美的德国间谍使用的无线电台,安装在手提箱内。

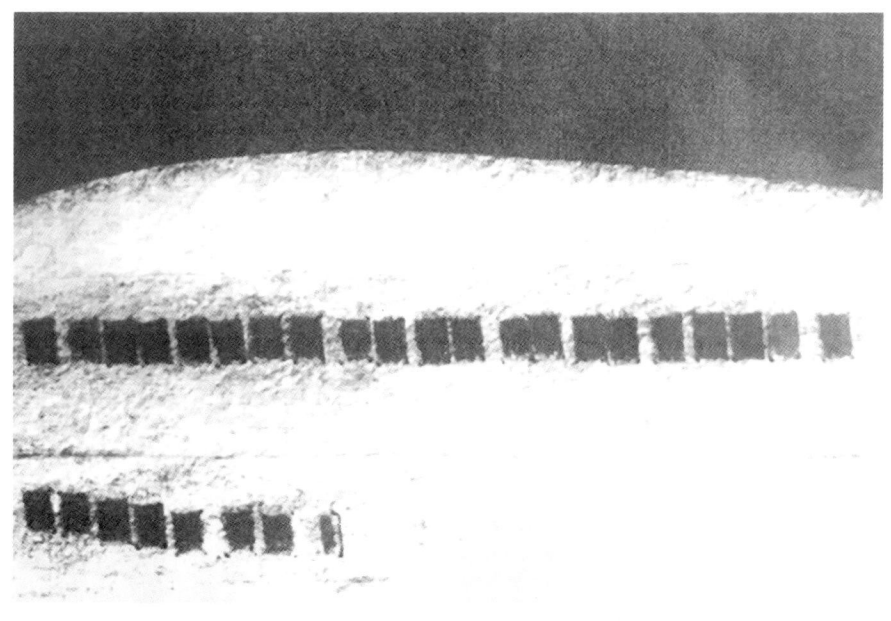

在墨西哥的德国间谍拍摄并寄往里斯本(葡萄牙首都)某掩护地址的一组信封微缩照片。图为这些微缩照片的特写。

欧根·施泰姆勒，党卫军少校，纳粹西欧间谍活动的得力领导，同时也是党卫军苏联杀戮小组的首领。

党卫军中尉弗雷德里克·卡斯滕，负责纳粹谍报机构北美组，身着正装，并佩戴匕首。

赫尔曼·朗，偷取诺顿轰炸机瞄准器的图纸后，将其交给德国。该图为美国联邦调查局安装于纽约的隐藏摄像头拍摄。

约翰·西格弗里德·贝克尔，德国在阿根廷间谍网的负责人。

两名波兰人，被征召入德军后成为间谍，后被美国人逮捕。本页和下页图为两人于1944年11月11日被绑在法国图勒某农场后院的木桩上，后被枪决。本页上图中：约瑟夫·温德。本页下图中：斯特凡·科塔斯。

中央集团军群情报官汉斯－阿道夫·冯·布卢姆勒德尔上校，虽然身着参谋的深红色条纹裤子，却没有因此顾忌形象，正近距离分析敌军形势地图。

中央集团军群情报部门与东线另一司令部情报部门的一次电话会议。

格哈德·马茨基将军，第四副总参谋长，分管情报。图为马茨基将军在其装有铁门的办公楼前，该办公楼位于柏林南部措森的总参谋部。

胡戈·巴龙·冯·聚斯金德－施文迪上校，国防军最高统帅部情报负责人。

马茨基将军位于措森的办公楼。东线外军处和西线外军处的楼房一模一样。

东普鲁士元首大本营附近,一个东线外军处的军营透出灯光,该部门24小时不间断工作。

乌尔里希·利斯上校,西线外军处处长。

莱因哈德·盖伦将军,东线外军处处长。

亚历克西斯·巴龙·冯·伦内上校,西线外军处处长。西线外军处是对英国、美国以及其他西方国家的情报进行评定的参谋机构。伦内上校的责任是查明盟军将于何处进攻欧洲大陆。

约瑟夫(·贝波)·施密德上校,二战初期纳粹德国空军情报负责人。

纳粹德国空军目标文件夹的部分内容。图上方的一幅色当（法国东北部一城市）周边地区航拍照片上，默兹河上的一座铁路桥梁被圈出来了。其后两个页面为其地图和图解。

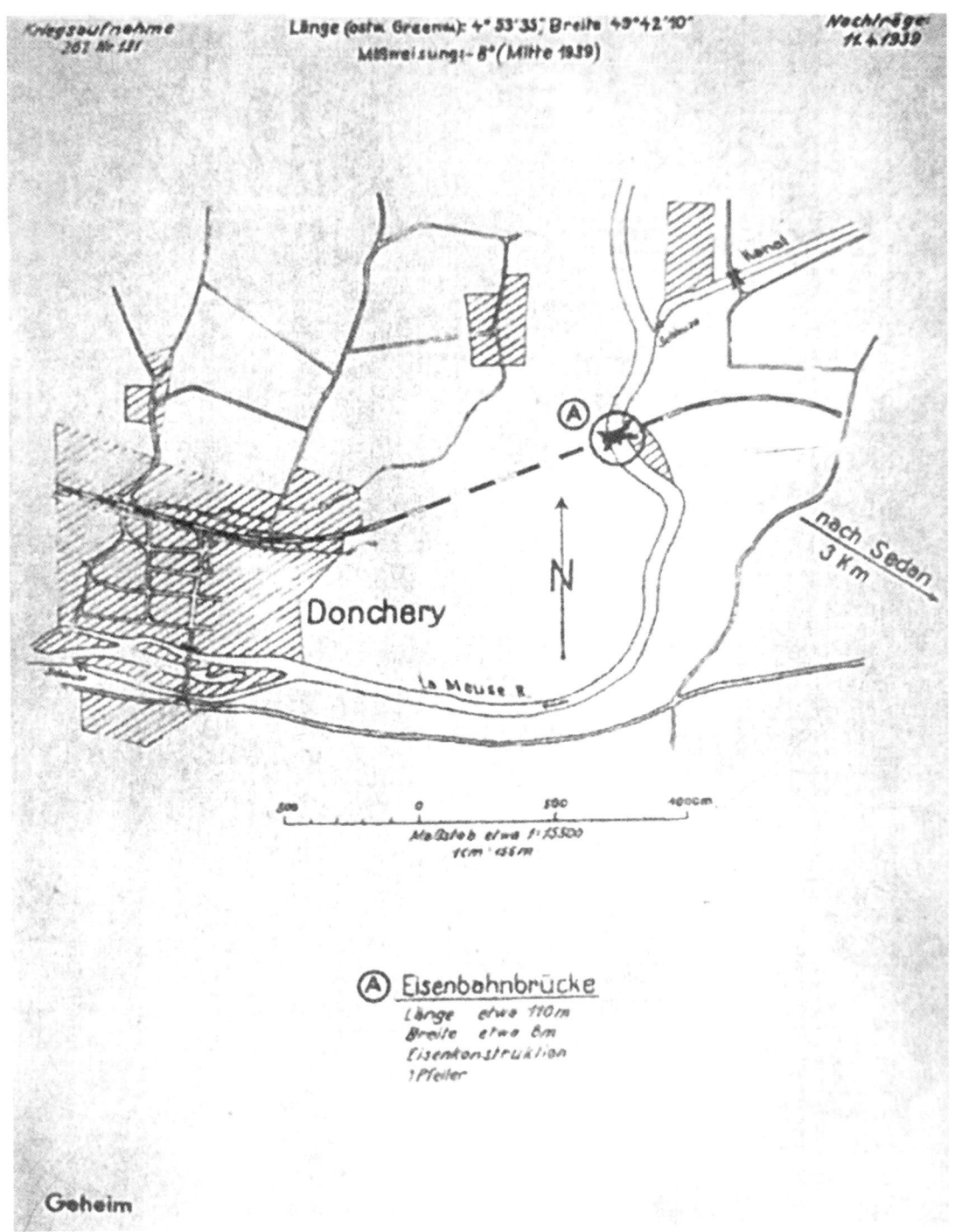

目标文件夹的另外两个部分。前页为部分法国地图。本页为大比例尺的铁路桥梁图，角落标注有"机密"。本页图以1∶15500的比例描绘了桥梁结构的细节（长约110米，宽约8米，铁制构造，单索面）。图上还画了一个箭头，写明"通往色当，距离3千米"。

德国情报机器获取大量情报的最终仲裁者及用户：元首、总理、国防军最高指挥——阿道夫·希特勒。此图为1941年6月6日，希特勒戴着眼镜在策划他对苏联的致命一击。与他一起的有（左起）空军作战部首领卡尔·科勒将军，国防军最高统帅部作战部副部长瓦尔特·瓦尔利蒙特将军，空军总指挥、帝国大元帅赫尔曼·戈林，国防军最高统帅部总参谋长威廉·凯特尔将军，陆军总司令瓦尔特·布劳希奇将军，以及一名匈牙利将军。

希特勒的间谍

纳粹德国军事情报史

下册

[美] 戴维·卡恩（David Kahn）著
张 岭 郭牧天 译
吕本明 校译

HITLER'S SPIES
German Military Intelligence in World War II

金城出版社
GOLD WALL PRESS
·北京·

目 录

上 册

前 言 /001

第一部分 开 篇 /009
第 1 章 德国间谍在美国活动的高潮 /011
第 2 章 情报的历史与形式 /040
第 3 章 情报领导机构 /058

第二部分 情报来源 /085
第 4 章 外交官 /086
第 5 章 武 官 /092
第 6 章 私营部门 /107
第 7 章 前线侦察 /126
第 8 章 空中侦察 /140
第 9 章 审问战俘 /164
第 10 章 泄密的文件和武器 /181
第 11 章 公共传媒 /190
第 12 章 监听电波 /204

第 13 章　密码破译　/223

第 14 章　潜艇战中的密码破译员　/249

第 15 章　卡纳里斯和他的阿勃韦尔　/260

第 16 章　谍报机构之争　/291

下　册

第 17 章　谍报运作　/315

第 18 章　间谍营　/348

第三部分　情报评估　/425

第 19 章　军事经济　/426

第 20 章　纳粹空军和纳粹海军　/433

第 21 章　第四副总参谋长和作战情报处　/445

第 22 章　情报参谋　/453

第 23 章　东西线外军处　/471

第四部分　案例解析　/497

第 24 章　错误之最　/498

第 25 章　意外之最　/517

第 26 章　失败终局　/535

第五部分　结　尾　/577

第 27 章　惨痛教训　/578

引用说明　/601

译法说明　/603

缩略语表　/605

参考文献　/611

插图致谢　/645

译名对照表　/646

第 17 章
谍报运作

龙牙埋在土里可以长出士兵[1]，但间谍可不一样，他们不会从敌人的土地上冒出来。他们必须经过选择、训练，然后接受任务，再备好行装和伪装，被安插到相应位置。除此之外，要安排人员和他们保持联系，支付报酬，遇到特殊情况还要撤回他们。他们的报告必须经过分析才能往上递交，他们的档案也必须保存在册。这些就是阿勃韦尔和党卫队保安处两个庞然大物存在的意义，也是它们工作的基本内容。

最开始的任务当然是吸纳特工。这件事情让间谍头子们费的心思，有时候比其他任何任务都多，因为秘密与公开二者本身就是矛盾且对立的。两个情报机构各自有一套招贤纳士的手段，这些办法非常特别，一般人很难想到。

阿勃韦尔的方法是刊登广告。战前，阿勃韦尔在国外报纸上刊登愿意向领固定薪水的人（尤其是政府雇员）提供贷款的广告，这种广告吸引一些欠了一屁股债的人。阿勃韦尔从中挑选出最合适的人，通常是军官、军士以及军事机构中的官员，发放贷款。如果这些人不能在规定的时间内还钱，阿勃韦尔就给出条件，只要提供情报就可延期还贷。许多人同意了。随着陷入程度不断变深，

---

[1] 古希腊神话中卡德摩斯拔出毒龙的牙齿埋在土里，长出的五位龙牙战士帮他建立了称霸希腊的忒拜城。

阿勃韦尔的要求也越高。曾经有一个法国骑兵中尉，他的情妇挥金如土使得中尉陷入其中。他最初只需要提供他所在旅的一些微不足道情报，可他继续奢靡浪费的生活，最终难以偿还债务，不得不答应阿勃韦尔的要求，参加参谋选拔的考试。他考上了，开始提供诸如比利时军队的报告这种更高级的情报。后来他设法让阿勃韦尔把他调到巴黎，依靠向德国人提供更多且更重要的情报来维持和女友的生活。只是这种联系因为战争的爆发而中断。

除了刊登广告，阿勃韦尔还派侦察员去挖掘有潜质成为特工的人。阿勃韦尔汉堡站的经济学家就是一名侦察员，在他路过被占领的欧洲时，四处观察打听，以物色合格的人选，发现有几个人能以纳粹主义难民的身份被批准进入英国。战争开始前，一些海外同情德国的人也在帮助德国选人，因为他们自己没有能力或不情愿做特工。比如在威尔士有许多民族主义情绪强烈的人，他们厌恶英格兰。其中一名德国机械公司的经理、一名工厂经理以及一名卡迪夫大学的客座讲师就报名想为阿勃韦尔做事。1944年德国侵占法国的那段时间，前线侦察机构的成员则从亲纳粹运动的支持者中招募特工，比如法兰西人民党、民兵以及比利时法西斯党人等。第120前线侦察指挥部有两个侦查员在招人方面卓有成效。他们在法国劳动营和希格马林根（维希法国"流亡"政府总部所在地）与有望成为间谍的人进行交流。他们两人的代号分别是"元帅"和"查理"。

在战争期间，时有违禁到法国德占区探亲的法国士兵。在法国德占区和未占领地区边界上的哨兵，偶尔会把这些士兵带到阿勃韦尔。波尔多谍报站以必须带回情报为条件，帮助这些士兵成行。几年后，当同盟国即将反攻时，该谍报站还雇用了一名在军事机关任职且同大众有接触的人员，要求他在络绎不绝的来访者中挖掘特工候选人，并电话报告谍报站，由阿勃韦尔军官去面试与试探。这些人大多曾是法国外籍军团的成员。

在特殊的环境下，间谍的招募会更容易。德国战前经常在德国、法国和卢森堡交界处抓到法国间谍，然后以给德国当双面间谍为条件释放他们。1940年德国军队入侵海峡群岛时，他们最少劝服了一名监禁于此的犯人充当间谍给他们做事。

最大的特工来源渠道应该是战俘营。阿勃韦尔在需要500名特工在北非开展大规模活动时，发现了战俘营中的阿拉伯人，他们曾在法国军队服役。阿勃韦尔开出条件：帮助他们刺探情报就可以用空降的方式将他们送回家乡。在东方，阿勃韦尔同样收买了数百名苏联战俘作为特工。

党卫队保安处同样如此。施伦堡大规模的"齐柏林"行动就是空投几百名苏联战俘到苏联进行间谍活动，获取情报，不过许多人一回到祖国的怀抱就立刻供出这个事实。1943年战争走向在德军于库尔斯克受挫后变得明朗，这种自行招供的情况尤其严重。因此，此后德国人只吸纳逃兵等因为犯罪而没有退路的人。如果候选人难以证明自己无路可退，他们就会强迫他屠杀大批苏联公民，并与死者一起被拍摄下来从而证明自己，如此这般才会被吸收为特工。党卫队保安处规模小，而且才刚刚成立不久，经常被迫调动国内情报部门的特工到对外情报部门。比如海因里希·施利（Heinrich Schlie）就是如此，他先是在柏林干了几年国内情报，然后去了维也纳，为党卫军少校阿道夫·艾希曼做事，后来又在党卫队保安处做起对外情报，由党卫队保安处第六组组长威廉·赫特尔上尉领导。施伦堡还在来自国外的党卫军志愿者中挑选合适的特工人选，比如瑞典、瑞士和芬兰的党卫军志愿者小分队。森海姆的外国人党卫军军营里就有一个冒充的政治哲学教官在物色潜在特工，他是六处的官员。而另一名官员则冒充书信检查员阅读他们的信件，从中寻找线索。

党卫队保安处做事不像阿勃韦尔那么小心翼翼，办法较为大胆，较为创新。其中施伦堡的一个想法是利用妓女，这当然算不上创新。德国中央保安局五处（负责侦探）处长给寻找漂亮姑娘的各分站下达命令："我要你们在当地及周边物色……适合的女人……得美丽迷人……举止优雅……聪慧、圆滑，最好会些外语……将合适的女人报给……六处。"但是，他们是否找到过如此这般的完美女人，斜倚在第三帝国的路灯柱上，时至今日依然是二战的一个未解之谜。

相比之下，希姆莱的间谍招募计划更有创意，却也体现出他冷酷的一面。他设法胁迫即将结婚的男子们当间谍，否则就不让他们结婚。作为内务部长的他，对半犹太血统的人有此权力；作为党卫军队长的他，对党卫军队员有此权力。1944年12月16日，他要求施伦堡考虑安排弗里德里克·多伊奇（Friederike Deutsch）成为党卫队保安处的间谍，弗里德里克·多伊奇有一半犹太血统，正准备和意大利贵族西佐－诺里斯伯爵乔万尼·恩里科（Giovanni Enrico）结婚。与此同时，他要求施伦堡建立一个专门审查类似结婚申请的小组，施伦堡对此颇为支持，认为这个主意多半能成功。他把关于多伊奇和另外四对情侣的信息寄给分站进行调查。

有一对情侣，男方是29岁的哈扎尔·哈扎里安（Hazar Hazarian），保加利亚人，任职党卫军某旅部翻译员；女方是44岁的埃纳·丹格勒（Erna Dangler），德国人。两人一起住在维也纳。哈扎里安称他想做间谍，这样就能不被困在军队里，只是不能在保加利亚，因为那儿风险太大。可矛盾的是，唯有在保加利亚，他的语言能力加上对这个国家的了解才能发挥作用。调查他的工作人员说，他"给人感觉不可信赖"。柏林确定间谍工作不适合他，才准许他结婚，了结了此事。似乎只有一对有希望成功，其中男方是26岁的肖基·奥梅拉（Schauki Omiera），外约旦人，曾参加阿拉伯独立战争与法国人对抗，在阿勃韦尔做过一阵电报员，但时间不长，他的未婚妻是25岁、已怀孕7个月的伊丽莎白·罗斯（Elisabeth Rose）。虽然调查人员认为他对间谍工作是"有用的"，谨慎地避免提及他的情报联系，但柏林方面还是认为他们并不合适。

另外两对也没有通过柏林方面的检验。一个男人被认为"胆小且不可信任"，另一个男人因血液中毒还在住院。最初的那个西佐-诺里斯伯爵决定缓一段时间后再结婚，然后就消失在意大利了。他们用这种办法尝试几次后，没有一次取得成功，就不再这么做了。至此，这位党卫军队长试图利用爱情的力量服务间谍活动的奇思怪想告一段落。

阿勃韦尔和党卫队保安处在招聘间谍的过程中，都在寻找合适的间谍人选：聪明智慧、情绪稳定、人格健全、体格健壮，熟悉目标国家的风俗习惯、语言和军事。但这样的"完美人选"几乎没有几个。实际上，一多半被招进来的间谍只符合其中的两个主要条件：年轻（间谍大都二三十岁）和心甘情愿为间谍活动出力。

甘愿做间谍这一条体现着各种不同的动机，最普遍的有四种。排在第一位的是轻松挣钱的诱惑。未来的间谍总向往悠闲的小资生活，在咖啡馆里泡着，戏剧性地坐在一则标语下，告诫着人们要小心说话，如此就能猎取到战争胜利的重要机密情报。或是路过一家工厂，或是一两个高射炮阵地，只是偶尔发一封电报，甚至勾搭一个漂亮的秘书。他们理所当然地认为这些远远胜过在前线打仗或工厂里做工,因为他们觉得如此清闲就能得到丰厚的报酬,还将有现金可花。

第二种动机是冒险主义。前线的危险过于寻常,难以吸引他们。而截获文件、拍摄防御工事、避开反间谍人员等工作,让他们只是想一想就觉得非常刺激。这种动机总是和前一种动机相伴相随。在这种情况下,两种动机的结合给人带来的满足感就会超越做间谍给人的心理压力,比如企图凭一己之力操纵历史的欲望,或是因成功冒充他人而获得的病态满足。

理想主义是第三种动机。有些间谍是民族社会主义的信仰者,但更多的人则处在憎恨祖国的统治政府的状态。比如心甘情愿当战俘的苏联人,大多数就是因为反对共产主义政权。而来自阿尔及利亚的间谍则是希望从法国人的手里解放自己的国家。

最后,有些人表面说想当间谍,事实上不过是想逃离德国。

招募到间谍后,不能立刻派到国外。他们必须在阿勃韦尔和党卫队保安处的间谍学校里经受训练,学习他们要了解哪些情况,通过何种手段去了解,如何传回信息等。不论哪个阶段,这样的学校都至少有 20 个,但一般情况下课程设置和学校外观会有许多不同。

出于安全考虑,历史相对悠久的间谍学校都是将每个间谍分开来教授的。他们把"教室"伪装成商业公司,分散在全城的各个角落。阿勃韦尔斯图加特站和汉堡站都是这种做法。斯图加特谍报站总是把办公室设在人来人往的大楼,而且办公室经常转移,这样做有利于避开监视者的眼睛。汉堡站的"教室"则是同阿勃韦尔有联系的合法工厂,在这里他们给间谍讲授安装无线电收发报机和使用隐显墨水的方法。两个谍报站都把学生们安顿在当地旅馆,一个名为克洛普施托克的供膳寄宿处是汉堡站选择供学生居住的旅馆,该旅馆是用 18 世纪一个诗人的名字命名的。

1941 年开始,针对苏联而训练特工的工作广泛发展起来,柯尼斯堡、斯德丁、柏林和维也纳等地都设立了特工学校。战争爆发后,由于作战区需要大范围的间谍活动,阿勃韦尔不得不将以往东线单独授课的教学方法改为集体授课,并将不学习无线电知识的间谍培训时间缩减到一个半月。允许这么做的原因是,由于大部分间谍以前是苏联士兵,以至于他们都很熟悉这个国家,也熟悉红军的装备、徽章和规章制度。1943年时,已有9所这样的学校被德国人在苏联德占区建立起来,间谍和从事破坏活动的学员有1万名左右。其他学校的规模则没有这么大。在维也纳城外,弗朗茨·佐伊贝特(Franz Seubert)少校指导的罗马尼亚法西斯分子只有40—50个。为做好到苏联后方活动的准备,他们需要每天上课8—10个小时,为期3个月时间。

西线方面,德国把越来越多的兵力和物资投入防御准备,需要情报的支持,所以间谍训练工作随之发生变化。虽然党卫队保安处和它控制下的阿勃韦尔(现在合称军事部)最初不太乐意,但最终还是放弃了单独授课。对安全的持续忧虑,让科隆站的间谍训练课每次最多不超过5个人。诺曼底登陆后,安全上的反对意见逐渐消失,上大课的学校越来越多,如雨后春笋般出现。"瓦尔特"(Walter)和"齐格菲"(Siegfried),德国中央保安局六处二组新设的两个特工监督站,建立了几所学校。"齐格菲"专攻比利时特工的培训,其中有两所学校设在它位于马尔堡的总部附近。"瓦尔特"则分别在康斯坦斯湖的迈瑙岛和康斯坦斯镇上建立了学校,培训招募自法兰西人民党的特工;在希格马林根附近的沃尔芬根城堡也有一所学校,训练招募自民兵的特工;在德国西南其他地方也会建立学校,这些学校负责其他来源特工的训练。第120前线侦察指挥部及其前线侦察部队在莱斯塔德、艾托夫、哈恩、巴特诺因纳尔、威尔伯格和基希察尔滕等地都设有营地。在维罗纳的一栋房子里,阿勃韦尔慕尼黑指挥报告区会培训来自意大利的特工,后来他们又迁移到一个位于山顶的房子里,在那里能俯瞰整个梅拉诺。它看起来就像是一所疗养院,特工就像是伤兵。

学校的教官大多由专业不同的德国军官担任,他们教授各自擅长的专业,比如通信军官教授无线电。授课通常使用德语,不过有时也不得不用受训特工的母语。有时为特务讲课的是他们的同胞。比如阿勃韦尔斯图加特指挥报告区管辖下的三个营房里,在这里生活学习的都是北非特工,而这里就有一位北非教官;在梅拉诺的意大利人则由一个来自意大利的军官授课。

在成立较早的学校里,训练内容较为全面和彻底,尤其是担负着海外任务的汉堡,它的学校是最庞大的,授课内容也是最复杂的。摩斯电码、无线电安装与修理、密码系统、隐显墨水、微粒、发现和摆脱盯梢以及飞机类型辨认等,都是特工要学习的内容。特工们几乎总是单独训练。但如此太花时间、太费钱的培训课程没有办法大规模开展，这导致整个战争期间，进入汉堡学校学习的仅有 200 名年轻人。

较新的学校相比之下训练质量就低很多。这种学校里受训的特工多，课堂里的学生也多，学习时间却被缩短。他们基本只会学习如何辨别基本军事装备和各兵种会佩戴怎样的徽章。但如果教官负责任，也能教会他们如何准确观察。

佐伊贝特少校与罗马尼亚学生一起走在树林里，少校问学生们："那是什么？"

"一只羊。"学生答道。

"什么？"少校的语气变得严肃。

"一只白羊。"学生们赶紧改口。

"还是不对，"佐伊贝特指出，"报告必须更加细致准确。你们需要这样描述：1944 年 9 月 28 日 16 点 43 分，在从维也纳到布赖滕布伦的公路右方，发现一只羊，你们能看到的一面是白色的。"

基本上没有人因不合格而退学。大概是因为阿勃韦尔认为，既然都花了钱训练，还是送到国外好了，希望他们能用所学知识搜集一些情报，而留在德国就让他们学到的东西失去了用武之地，还得花钱给他们饭吃。阿勃韦尔慕尼黑指挥报告区管理的营房，会把不合格的受训者送回去当工人，不合格的原因一般是政治上不可靠或者太爱说话。但另外一个营房发现，受训和未受训的北非间谍，工作表现一样。

间谍在接受训练期间，慢慢会认识他去国外执行任务时的主要联系人。这个联系人是他的间谍头子，以后会指挥他，有些情况下这个人就是把他招进来的人。间谍头子承担着艰巨任务，他必须担保间谍在分配任务后继续为德国工作。但由于那时候间谍早已不再受阿勃韦尔的监督和控制，因此这一点并不容易实现。他有充足的机会撒谎，可以装病，甚至叛逃。

间谍头子主要是通过获得间谍的尊敬来控制间谍，让自己对间谍们有影响力。他希望那些年轻的间谍，以后不会让他痛苦、让他失望，而是征服一个个困难和危险，不因疲劳而懒散，兢兢业业地工作。间谍头子用自己对间谍的细心关怀来获取这种尊敬和影响力。他用行动使间谍相信，他总有一天会提供所需的证件和服装给间谍，会让间谍在营房里享受到美味佳肴和顶级香烟，会让后者接受到行动时能应对自如的专业训练。他送后者到启程的地方。负面的制裁也很管用，只是一般不会开门见山地明说，比如暗示活动经费要削减，或报复其在德国控制地区的家属。只要间谍到达敌人的地盘，间谍头子就会随时与他保持联系。间谍发报时，间谍头子会同电报员一起起草复电，给他颁发奖章甚至金钱。这套办法在理论上是被支持的，因为一对一取得联系能够保证间谍对自己的可信度。而任务是成功还是失败一大半取决于间谍的忠诚。在实践上，这种办法也是很有效的。但间谍常常被一些不可控的力量所困。这时候，无能为力的间谍只好对间谍头子说抱歉了，他只是会因为不得不叛逃而心有愧疚。

间谍必须得到身份上的掩护，时间是受训后到派出前。假身份来自或合法或假冒的商业公司，这些公司可把间谍列入员工名单。在中立国家，真正的德国公司和中立国家的公司都可以办到，在敌国则只有中立国公司才能如此进行。德国企业中的辛克银行、国营铁路局、国营航空公司、若干轮船公司和拜尔阿司匹林制药公司等，"雇用"了阿勃韦尔的间谍，并用各种理由将其派到国外。德国商人约翰内斯·伯恩哈特（Johannes Bernhardt）就把自己的金融实业公司提供给党卫队保安处做这些事情。这名德国商人曾于1936年替佛朗哥送信给希特勒，从而为西班牙长枪党赢得了德国的支持。

假冒的企业规模不一，既有大公司，也有仅一人经营的小企业。它们的成立并不是为了赚钱，而是为间谍活动提供有利条件。正是从这个意义上，我们才说它们是假冒的，因为这些公司的确在经商。比如战前，阿勃韦尔就在法国有一家公司，出版旅行手册，里面有介绍铁路沿线风景区的内容，这为间谍旅行、拍摄照片和刺探情报提供了完美的借口。定居在这里的特工会被要求开报摊和烟草店，从而提供见下级特务的机会，却丝毫不被人怀疑。在葡萄牙和南美的一些地区，阿勃韦尔的一些重要特工用进出口公司掩护自己。相对没有那么重要的旅行特工会在西欧伪装成邮票商人。在巴尔干国家则需要特工冒充旅行中的烟草商人和羊毛商人，这更能消除外界对他们的疑虑。在法国的未占领区，特工会伪装成香烟盒和化妆盒制造商，带着样品到法国军队的驻地进行观察。

在拉丁美洲，包括股份公司在内的大公司利用其繁忙掩盖德国大范围的间谍活动。在阿根廷这个中立却亲纳粹的国家，三个间谍头子无一例外都有自己的公司作为掩护。汉斯·纳普（Hans Napp）开设的德国国际情报公司位于布宜诺斯艾利斯雷孔基斯塔大街331号一栋楼房的162—163号房间。他在这里开会、旅行、社交、写信，表面看就像一个老板在处理公司的日常业务。实际上，纳普的真正工作，是作为南美最忙碌的间谍组织头目。弗里德里希·塔德奥·冯·舒尔茨–豪斯曼（Friedrich Tadeo von Schulz-Hausmann）用布宜诺斯艾利斯莫雷诺街970号的布隆伯格·Y公司来掩盖自己的间谍活动。奥托马尔·缪勒（Ottomar Müller）的间谍网则把在阿根廷搜集到的情报送到在巴西里约热内卢的快速信息公司作为掩护，再用这里的秘密电台将情报发回德国。在智利，有一家位于瓦尔帕莱索普拉特大街828号的航运公司，它被战争夺走了全部生意，却一直留有7名雇员在此搜集情报，传递给一个间谍电台，由它发往德国。这家航运公司以前是北德意志劳埃德公司的一个分公司。阿勃韦尔和党卫队保安处会拿出一些间谍活动经费给这些商家作为赔偿，不过阿勃韦尔有一个掩护公司能够支付全部特工的活动费用，因为它在进出口贸易中获益颇丰，它就是阿根廷越洋公司。

伪造文件以证明间谍身份的任务，由阿勃韦尔和德国中央保安局六处的专业部门承担。阿勃韦尔负责该任务的是一处G组，该部门二战期间都由阿尔贝特·缪勒（Albert Müller）领导。这个又矮又胖的化学家在一战期间做过类似的工作。1937年，德国全面展开重整军备的工作时，阿勃韦尔在档案中发现了他，于是让上尉军衔的他从预备役转为现役，而那时候他已经50岁。

他的机构开展了阿勃韦尔的全部科研工作，包括远距离摄影和新闻检查时批量检测隐显墨水信件之设备的研发。他掌管着6个小组，第一和第六小组负责办理假证件。第一小组负责证件、印章以及邮票的制作，第六小组战时从第一小组中分离出来，负责填好假证件上的信息并发送出去，另外还对阿勃韦尔各分站以及在苏联的集团军群情报参谋的假证件制作工作进行监督。

缪勒做这种工作的时候，党卫队保安处也在做同样的事情。在1937年到

1939年的苏联大清洗运动中，海德里希制造假文件破坏红军军官的名誉，或许有些许效果。党卫队保安处一个28岁的年轻基尔人帮助到该计划的实现。他就是阿尔弗雷德·瑙约克斯（Alfred Naujocks），工作中的部分内容是寻找一个精通雕刻的匠人伪造文件图章。这个年轻人喜好在大街上打架鬼混，因密告其头目而引起海德里希的注意。海德里希认为自己在苏联做出了一点成绩后，决定建立一个专门为特工伪造文件的机构，除了伪造文件，这个机构还会为特工提供多方面帮助。他将这个工作交给已是党卫队保安处少校的瑙约克斯，后者在破坏布拉格附近一个反纳粹无线电台的事件中向别人证明了自己的实力。瑙约克斯立刻集中必要的人力和物力着手此事。他把机构设在德尔布吕克大街6号的一栋灰石头大楼里，那里是柏林西南的居民区。和阿勃韦尔一处G组一样，伪造文件只是他们工作的一部分，他们也研制无线电设备和微型相机以供特工执行任务时使用，还通过无线电联系党卫队保安处的特工，监督德国中央保安局不太大的通信情报机构。不到一年，这个机构的工作就上了轨道，运作良好，以至于他虽然是这个机构名义上的领导人，实际上却已脱身出来，干起海德里希让他做的不法活动，比如为了给希特勒提供进攻波兰的借口，伪造波兰袭击德国无线电台的事件；在文洛帮施伦堡绑架英国情报机关的军官；还建立了一所名叫"小猫沙龙"的妓院，他会在里面安装窃听器监听外交官嫖客透露出的秘密。

德国中央保安局成立后，这个机构先是成为六处B组，后又改为六处F组。瑙约克斯接受约斯特的建议，于1941年年初调去了海牙。因为他曾惹得海德里希不快，起因是海德里希有次逛妓院时，没有关掉窃听器。此外，他也不喜欢可能即将成为他直接上司的施伦堡。施伦堡的老搭档瓦尔特·劳夫（Walther Rauff）接替了瑙约克斯的职位。这位党卫军中校曾参与海德里希企图劝说施伦堡第一任妻子离开一事。由于他没有卸任德国中央保安局二处D组组长的职务，显然他只是暂时担任这个新职务。二处D组负责德国中央保安局的所有技术性问题，还设计了一种大篷车——正是这种大篷车把犹太人和其他人运往万人坑，并在途中就排出毒气把他们毒死。实际上，劳夫上任才一年多就因为一个更重要的职务离开了柏林，前往突尼斯和意大利围捕犹太人。1942年7月20日，34岁的党卫军少校赫尔曼·德尔纳（Hermann Dörner）接替了他的职务。这位少校除了战争初期曾在党卫军骷髅师指挥了 9 个月的工兵排之外，其余时间都是在希姆莱身边工作。施伦堡认为他在工作中富于创见，也很尽责。但他完全不是当领导的材料，一年半后就被调到前线党卫军担任军队情报参谋。该机构由德国中央保安局六处 F 组三小组（破坏小组）组长、党卫军少校鲁道夫·拉西格（Rudolf Lassig）担任代理负责人。

这些工作上的选择和调动并没有对这个机构造成太大影响，其中一个原因是机构里每个组织基本上都各干各的，看起来都运转良好。另一个原因是瑙约克斯的主要帮手一直没有离开。这个帮手就是当过锁匠的伯恩哈德·克吕格尔（Bernhard Kürger）。他很有实力，经验丰富，能胜任各个小组的工作，曾为党卫队保安处管理过好几年的无线电台。1943 年 9 月 1 日，他临时担负起管理六处 F 组四小组的职责，也就是伪造文件的小组。

有两方面的工作是六处 F 组四小组和阿勃韦尔一处 G 组都涉及的：一是想办法获取到具体的文件或证件，二是把它们印出来完整填好。文件、证件一般有三种来源，空白原件是最理想的一种。1940 年前后，安特卫普美国领事馆里有一名亲德国的秘书给了阿勃韦尔一个军官大量美国空白护照。捣毁敌军司令部也是缴获空白原件的一种办法。正常情况下，空白原件并不容易获取，即便弄到，数量也不会很多。还有一种来源是填写过的证件。在苏联前线，这种原件大多是从战俘那里没收的随身物品。在其他地方就要靠偷，或者搜索死者和被送进集中营的人。这种来源的证件能确保其真实性，有证件主人曾经旅行时所盖的真正图章。但这种证件也有不方便的地方：为方便特务使用而做的篡改，总是会留下痕迹，一旦仔细检查就会露馅。因为多数国家都采取特殊方法在护照上粘贴照片，原照片一旦取下就会暴露破绽。证件上的墨水会渗入纸里，不论是用物理方法还是化学方法涂掉墨迹，都会留下印记。这种被篡改过的证件并不保险，因此只能给那些和旅游者一样的特工，用于只需展示一下护照就能通过的场合。

第三种是仿造，不存在篡改痕迹明显和数量不够的问题，但仿造工作很麻烦，需要很长一段时间来制作。伪造红军的文件和证件可能问题不太大，但护照的仿造非常困难，不仅纸上有特殊的防伪水印图案、封面是层压制件，护照上一般还有秘密标志。无论是阿勃韦尔还是党卫队保安处，都能根据具体需要制作专用纸张。党卫队保安处在位于柏林东北约20英里的斯佩希陶森小镇上的造纸厂，安排有一小拨人专门煮纸浆。党卫队保安处在制作护照封面纤维涂层因为技术原因无法继续时，还会咨询外界的实验室。然而，一旦国家更换护照，这一切工作都有可能成为徒劳，因此只有为数不多的几位可靠特工才能拿到这种伪造的证件。1941年到1945年这段时间，阿勃韦尔布拉格站只拿到柏林伪造的两种护照：保加利亚护照和土耳其护照。

复杂的背景花纹和封面上的金色标志，都是证件纸上不可或缺的部分，为此，阿勃韦尔雇用了20名雕刻工匠和美术家来复制。除了护照的外观，证件的内容也一样重要。

橡皮图章必须和敌国当前所用的完全一致，且需要盖在证件表格上，当然表格也需要符合敌国当前所用。证件号码也绝对不能超过当时的编码范围区间。阿勃韦尔一处G组为保证这一点，在各分站设有下属对口机构，这种机构专门负责拍摄外国护照以及其他重要文件，然后寄回照片，并在旁边标注好墨水和纸张的准确颜色。党卫队保安处各分站接收六处F组的指示，拍摄警察从各个旅馆旅客登记处拿到的护照和身份证。这样一来，阿勃韦尔和党卫队保安处的工厂就能够没有偏差地复制橡皮图章，并选择合适的颜色制造染印台。阿勃韦尔一处G组拥有的图章高达1000个，有的用于伪造外国签证，有的是各边防站和其他部门所使用图章的仿制品。

填写证件上列出的各项内容是一件非常麻烦的事，这关乎特工的生命。填写必须要用"发证"国家的习惯用语，比如伪造美国或英国护照时，不能写"身高172厘米"。因此，各分站送来用于申请证件的表上，阿勃韦尔一处G组会做特别细致的要求，清楚说明填写特工情况需要使用的国家语言，以及填写标准。全新空白的护照更容易引起怀疑，因此阿勃韦尔一处G组事先会盖上一些图章。这些图章所代表的并不存在的旅行，大都是根据间谍头子填写的4页长的问题单，谨慎地制定的。它不能填写一条无法通行的路线，比如不能显示通过在盖章日期前就已经关闭的某个边防站，也不能在没有签证盖章时，就进入一个需要签证的国家。当事情过于复杂，阿勃韦尔一处G组就干脆让一切模糊不清，或使印章相互覆盖而难以辨认。

它面临的最大问题，是要不断为特工们提供所需的各式文件和证件，这些东西庞杂到一般人无法想象的地步。文件、证件是现代文明带来的灾难。战时复杂的手续日趋增多，时不时会出现诸如供应各类新证件。就算合法的持有者都感到这些证件很沉重。这种情况下，阿勃韦尔一处G组和德国中央保安局六处F组四小组就必须为每个特工仿制多达10种证件，工作不知加重了多少。阿勃韦尔一处G组保存有伪造的红军证件146种，仅列举部分就能说明这个任务的艰难：俄文护照（只俄文填写，无编号），俄文—乌克兰文护照（有编号），俄文—乌克兰文护照（无编号），军事驾驶员证件，医院的出院证明，高加索地区通行收据，共产党证，国防工业部门工人缓役证明书，铁路工人缓役证明书，装甲部队装备管理总局、南部方面军作战部和列宁格勒方面军政治部信笺上端所印字样，普通通行证（材料为普通纸和薄纸），沃罗涅日前线飞行员资格证（黄纸和白纸），荣誉奖章（战时颁发），一张列斯吉涅尔和一张阿瓦尔的出生证明，6种出院证明（普通、白色小、白色中、棕色大、白色大、阿尔汉格尔海军医院）以及超过16种军官身份证（不同于军官个人身份证，该证件有4种）。

大多数时候，阿勃韦尔一处G组和德国中央保安局六处F组四小组能够胜任这方面的工作。六处F组四小组在用紫外线检验一种新的伪造护照，在提醒瑞士人有间谍可能通过后，会命令一名年轻士兵拿着这种护照进入瑞士。在对该证件进行极为仔细的检查后，瑞士边防哨兵放他走了。阿勃韦尔一名特工同样携带着一个假证件，表明他是一个苏军上尉。他奉命到一所空军学校报道，并在学校里生活了数个月，在这几个月的时间里，他一直向上级报告他学习的内容。另外一个特工一脸病态，本来就是教师的他，领取了证明他是老师的假证件，在苏联中部的一所学校任教，在那儿刺探红军的情报信息。

为适应每个地区的不同情况，阿勃韦尔各分站设有自己的小型文件伪造机构。各集团军群的情报参谋从1942年6月开始也已设立这样的小型机构，他们通常的任务只是填写早就准备好的空白证件。德国中央集团军群每月颁发500个左右的证件。在战争过程中，一处G组颁发的假证件一共超过40万个。

如此庞大的数量下，伪造者有时疏忽某个小细节再正常不过。在有些情况下，苏联人会看出其中的问题。编号在3800000号以上的伪造党证，填写缴纳党费日期的地方是空白的，而真正的苏联党证上却印有这项内容。Chlenski（成员）这个单词的i上面本应只有一点，而在假党证上却有两个点。实际印章是纯黑墨水，但有一些伪造印章使用的却是紫色墨水。与苏联印章相比，德国的橡皮印章更为线条分明，颜色也更深一些。与苏联的装订方式不同，德国人为了防止留下铁锈痕迹而用镀锡金属线装订证件。一位将去阿根廷的间谍的身份证，阿勃韦尔一处G组只在上面按了指印，而非像真正的当地身份证那样使用压印机，也没有填写很重要的照片日期。同时，comerciante（商人）一词中假证上偶尔会多写一个m，纸上的水印图案位置太过靠下，也很不清晰。签证官员的头衔本应是"警察局长"，却误写成"警察总局局长"，这个机构从来没有在布宜诺斯艾利斯出现过。

假证件上必须填写伪造的身份，或者说是"听来的经历"。被空投到爱尔兰的京特·舒茨（Günther Schütz）上士，冒充的是战争开始后一直待在德国的校友汉斯·马施纳（Hans Marschner），使用的是一个篡改得没有一丝破绽的南非护照。他们两人具有相似的经历，这样非常便于特工记忆。但是，另外一些特工需要记忆的经历与自己的阅历相差甚远，要记住这种和自己关系不大的经历是不容易的事。除此之外，他们被捕后，敌国的审讯手段使他们很难招架。苏联人会请来他们"家乡"的居民，检验他们讲话的方言，并就"家乡"的地形进行审讯。类似的困难在同种族的英国也有遇到，迫使阿勃韦尔放弃用特工冒充商人的方法，转而吸收真正的商人来帮助他们进行间谍活动。

为增加特工们假经历的可信度，德国人会提供给他们合适的家庭照片、信件、账单、收据、卡片、服装和设备等。对于会让间谍身份暴露的重大差错，一般情况下间谍机构都能避免。他们有时会从敌人那里获取到真品，阿勃韦尔有时会拿到同盟国空投给法国游击队的英制服装。

但德国人偶尔也会犯错。他们为间谍伪造的制服，剪裁上会有一些细微的偏差。伪造衬衫的两边开缝，但真正的苏联衬衫是不开缝的；伪造的裤子会额外在臀部加一块布，真正的苏联裤子却没有。有时他们过于追求完美，坚持把肩上的垂片缝到袖子上，苏联人对这些垂片挂着却根本无所谓。这些瑕疵并不大，但穿在间谍身上就是致命的缺陷。

间谍需要在敌国领土才能得到情报，然而如何才能过去呢？战线阻断了陆路，海港和机场受到严格管制，这使得从中立国进入变得几乎不可能。而可行的办法无非海陆空三种。德国的间谍必须利用微小的漏洞混入。大多数时候，他们就是这样成功地进入敌国。

穿越陆地国界在和平时期并不困难，战时穿过瑞士等中立国的国界也很容易。间谍只要在边防站出示假证件就可以通过。不过这种做法并非每次都有效。他们的证件有可能通不过目光敏锐官员的审查。通常情况下他们需要经常穿越国界，或者需要携带钱或执行任务的装备。这种情况下，间谍往往选择穿过"森林中的边界"，典型如德国和法国的边界。

有一条边界线弯弯曲曲地从莱茵河延伸到卢森堡，这一段边界线位于丘陵地区，树木茂密，基本不可能完全封锁住。间谍被阿勃韦尔的间谍头子从特里尔派出，间谍头子让他们沿着小路穿过森林，跨过边界到法国。除了间谍，非法进入美国的墨西哥流动工人也同样需要回避移民局和海关的人。特工们为了渗入美国而购买从里斯本到南美的船票，再从南美前往墨西哥，之后和那些墨西哥工人一样，蹚水或游过里奥格兰德河进入美国。德国人把这种办法叫作"开水闸"，意思是"放船过闸门"。整个过程要持续很长一段时间，正常要在一年后，阿勃韦尔才能收到特工发回的报告。开水闸的办法也被应用在东线。前线士兵在黑夜掩护下，将特工从自己的战线带到无人区，告知他们进入敌后的路线。这些特工蹑手蹑脚地从敌人的岗哨下溜过，再悄无声息地迅速前行，只想离入境点远一些，再远一些。

德国军队在退却时使用的方法完全不一样，称为"卷入法"，即将特工留在原地，让敌军在推进过程中把他们"卷进去"。这种方法，无论是东线德军在冬歇退却时期，还是西线德军在"霸王"行动时期，都使用过。

既能避免上述过程中遇到的危险，又能纵深渗透的办法就是空投。

战争刚开始的阶段，罗韦尔手下的侦察中队为空投提供了远程侦察机和有丰富经验的飞行员。空军上尉卡尔·埃德蒙德·加滕费尔德（Karl Edmund Gartenfeld）专门负责此事。入侵苏联后，随着需求的逐渐增加，加滕费尔德为此增加了更多的飞行员和飞机。1942年夏天，他组建自己的中队来执行这项任务，这就是空军总司令部第二试验队。该试验队在此后两年扩充为一个拥有四个中队的大队，西线配置的是其中的第一和第四中队。1944年3月，加滕费尔德的第二试验队和真正的研究机构第一试验队合并，合并后更名为200空军战斗联队。该联队由德国著名飞行员维尔纳·鲍姆巴赫[1]中校指挥。不过奇怪的是，两个试验队随后改变了自己的番号，第二试验队改成空军战斗联队第一大队。几乎在同一时间，加滕费尔德被阿道夫·科赫（Adolf Koch）少校接替。

根据需要，该联队会将飞机派往欧洲各个地区：从辛菲罗波尔到伊朗、伊拉克和高加索地区，从雅典的卡拉马基到埃及、外约旦和利比亚，从马赛到突尼斯、阿尔及利亚以及摩洛哥，从雷恩和巴黎到英国，在"霸王"行动之后又从埃希特丁根、莱茵河右岸飞往西线。该联队使用的是菲泽勒公司生产的小型白鹳式飞机、福克－伍尔夫 FW-200 和容克斯 Ju-188 飞机。它向来都很重视缴获的外国飞机。在一次飞机生产部门负责人会议上，官员们讨论在柯尼斯堡坠机的苏联四发长续航飞机 TB-7，其中一位官员表示，"卡纳里斯非常想得到更多类似的飞机……我们必须立刻交给情报参谋"。东线方面，存在其他型号的苏联飞机。而西线，该联队使用 B-17 空中堡垒，它们会为机身涂上道尼尔 Do-288s 的标志，但真实情况是德国根本没有这个型号的飞机。

天气状况决定了间谍飞机的飞行时间，飞行常常被迫一而再再而三推迟，让间谍们十分烦躁。有时候可能会因为恶劣天气或敌军行动，使已经起飞的飞机被迫降落。加滕费尔德手下的飞行员常常在夜间飞行，甚至很偏爱乌云满天不透一丝月色的晚上。他们把飞机通体涂黑，并且将特务们的降落伞全部涂成深棕色。战争初期无线电台还很笨重时，电台必须与人分开使用降落伞。因此会发生降落后，特务在地面上无法找到它们的情况。赫尔曼·格尔茨（Hermann Goertz）就是一例，他在降落到爱尔兰后找了一晚上无线电台。为此，阿勃韦尔想出用磷光袋子装无线电台的办法。随着技术的发展，无线电台体积逐渐缩小，特务才得以带着它跳伞。

特务们的空投地点一定要离工作地点尽可能近。举例来说，有一个英国特工，目标是伦敦，空投地点就会被确定在威兹比奇附近。那里到伦敦乘火车大约两个小时，且是平原，有利于飞行员飞行。周边的乡村人迹罕至，间谍对这

---

[1] Werner Baumbach（1916—1953），纳粹德国航空兵上将，暗中阻挠了希特勒炸毁德国全部城市的命令。

个区域很了解。中队对空投准确度的预测能达到距离目标点不超过 5 英里的程度，具体会由于风力、飞行高度和敌军的反应等情况而有所不同。但是，飞机也有可能大大偏离预定地点。加滕费尔德有一次原本是要空投特工到都柏林周围，但离谱的是，特工降落在都柏林以南 60 英里的区域，爱尔兰人很快就抓住了他。

飞行过程中，特工可怜巴巴地蜷缩在飞机一个不舒服的角落里，身上背着重重的降落伞和无线电设备等，目不转睛地盯着机身上待会自己要跳下去的小洞，心想跳下去后无非两种结果：平安降落与死亡。如果要飞往英国，飞行员为避免雷达的侦查，总是贴着英吉利海峡的水面掠过，而在越过海岸后，基本就不会被雷达发现了，于是飞机为了不被敌人看到听到就陡然上升。特工常常会因为这些猛烈的操作晕机，当飞行员为了躲避敌人的战斗机而摇摆机身时，他们会更加难受。跳伞时，飞机俯冲到低空，将速度减慢。如果特工在最好的时机不肯跳下，飞行员就要"帮助"他跳下去。有些身材肥胖的特工会遇到一种滑稽的麻烦，他们的身体会卡在洞口。为了挣脱，他们会将身子疯狂向外扭动，两条腿在空中挣扎着。眼看着飞机离目标越来越远，机组人员才最终用脚把他使劲踹出去。

东线的空投活动在战争期间一直存在。但在西线，英国逐渐掌握了自己的制空权，而在 1941 年 6 月后，德国人被迫放弃使用空投特工的办法。从那时起，特工不得不转由海上进入英国。

莎士比亚说，大海"既像一堵墙，又像一条护城河"，保护着"英王的不列颠群岛"。但荷马说过，海是神的路。虽然纳粹德国的间谍不是神明，却也可以利用大海渗入英国境内。有些特工伪装成来自德占区的欧洲难民，从荷兰偷偷启航，然后正大光明地在英国登陆。然而，英国港口安保机构的警惕性很高，就连因法国陷落而陷入困境、历经无数艰难险阻才得以返回的本国人，英国都会出于安全考虑将他们拘留数周，直到他们的申辩得到印证。因此，能安全通过的特工即便有也是极少的。其他间谍则穿过英吉利海峡或北海去往英国，他们最初乘坐汽艇或拖网渔船，快到英国海岸时换成小船或橡皮筏。

特工如果要去西半球那样遥远的地方，便仅有海路可行。德国人有几次用潜艇运送间谍前往北美地区，其中最少有两次是利用中立国的轮船运送特工前往拉丁美洲，这个过程还需要乘务人员的帮助。有一次，一个德国间谍身份败露，在厄瓜多尔被驱逐出境，回到欧洲的他同西班牙"安博托山号"（Monte Amboto）轮船上的一名乘务员混熟后，在西班牙说服后者帮助一个名为汉斯·茨威格特（Hans Zweigert）的德国间谍前往阿根廷。茨威格特一直梦想着自己能成为当地少数几个德国间谍中的一员，混入阿根廷。但在阿根廷未与德国断交前，他拒绝进行活动，也不打算发无线电报。整整7个星期的航行过程中，茨威格特一直待在一个装满钢材的货轮里，刚开始的几天根本没有食物和水。由于德国人猜测特里尼达的英国检查站不会搜查乘务员，所以这个间谍身上的现金、无线电台的安装图纸、密码和有其他指示的缩微胶卷，都由那名乘务员保管。他们猜对了，茨威格特成功上岸。但是，警察已经知道了一些消息，便将这名乘务员逮捕了。他供认会在一两天后的晚上8点，在五月大道1002号的阿摩尼亚糖果店，把他的随身物品包括重要文件交给茨威格特。当偷偷上岸的茨威格特准时出现在约定地点时，立刻就被警察逮捕了。

　　运送特工过大西洋的时候，德国人也会用自己50英尺长的帆船。阿勃韦尔勒阿弗尔站买了一艘名为"帕西姆"（Passim）的小帆船，这艘帆船在设计时借鉴了私人航行的捕金枪鱼船样式，速度不快，但坐在上面很舒服，船上配备一名船长和三名船员。海因里希·加伯斯（Heinrich Garbers）中尉被选为该船船长，大概是因为1938年他曾只身一人横渡大西洋。1942年，"帕西姆"载着破坏者来到南非，又于1943年6月9日载着两名间谍，从风景秀丽的休闲胜地阿尔卡雄小港驶出，这个小港位于法国波尔多南面。前秘鲁德侨团体领导人威廉·海因里希·克诺普夫（William Heinrich Knopff）是其中一名间谍，这次要回到秘鲁去，另外一名间谍威廉·马尔库斯·巴恩（William Marcus Baarn）是巴西北面的荷属圭亚那人。他是黑人，这在德国间谍圈极其少见。德国占领阿姆斯特丹时，他正好在那里，自告奋勇当了间谍，并接受了无线电收发报和舰船识别等一系列训练。他和克诺普夫携带着美国、法国、阿根廷和英国货币，总价值12500美元，此外还有一台用来发航运情报的手提式无线电发报机。为掩人耳目，此次航行"帕西姆"更名为"圣巴巴拉"（Santa Barbara）。"圣巴巴拉"挂着葡萄牙国旗往西南方向持续航行了两个月，经过了北大西洋波涛阵阵和南大西洋风平浪静的海面。8月初，船长加伯斯发现了位于里约热内卢北面弗里亚角的灯塔后，继而调头北行，行驶到海岸平原上一个名叫圣若昂德巴拉的村庄。这个村庄位于里约热内卢北面150英里处，四周几乎什么都没有。两个间谍半夜乘坐一只橡皮艇划向岸边，被守在那里的巴西当局当场逮捕。

阿勃韦尔并没有因此放弃，而是再次尝试。就在那一年较晚的时候，驻阿根廷海军武官尼布尔被驱逐出境，取而代之的陆军武官弗里德里希·沃尔夫（Friedrich Wolf）将军，他将接手间谍活动。他指示一个名叫威廉·赛德利茨（Wilhelm Seidlitz）的德国特工，在布宜诺斯艾利斯省内的大西洋沿岸寻找可供间谍顺利登陆的地方。在东南海岸拥有牧场的古斯塔夫·艾肯贝格（Gustav Eickenberg）引起了赛德利茨的注意，他与艾肯贝格接触，两人一起视察这个地区后，都觉得米拉马尔和内科切亚两座灯塔中间有个地方为最佳地点，那里正好有一条通往艾肯贝格牧场的小路。"帕西姆"载着无线电专家瓦尔特·布克哈特（Walter Burckhardt）和缩微照片摄影师阿方斯·夏特赖恩（Alphonse Chatrain），于1944年4月底再度启航，船上还有20000美元现金和价值80000德国马克（合32000美元）可随时变现的药品。在帆船穿越大西洋的过程中，一艘同盟国巡逻艇拦住了它，不过没有搜出违禁品，船、乘客、水手的证件都审核通过，于是他们放走了这艘船。不久后，"帕西姆"行驶到南美海岸附近，在用无线电和当地间谍网取得联系后，把原先米拉马尔灯塔以南这个登陆点改为该灯塔以北、蓬塔莫戈特斯灯塔南边约3千米的地方。1944年7月5日夜晚，海岸上的约定地点亮起灯笼信号。布克哈特和夏特赖恩乘坐橡皮艇往岸边划去。德国间谍开来3辆小汽车，分别把布克哈特和夏特赖恩送到两个不同的牧场。如此，他们顺利完成了有史以来德国间谍战中最远的一次渗透。由于这次成功，加伯斯被授予一级和二级铁十字勋章、德国金十字勋章以及骑士十字勋章，他大概是整个德国情报工作中获得勋章数最多的人。

特工到达目标国家后，必须同其他人接触，尤其是在当地的间谍头目。间谍要交换事先确定的暗语以确保双方的安全。1941年，德国致电在拉美地区的一个间谍，告知他那里会来一名新间谍，新间谍会用德语对他说"我从德国带来给你的问候"，这名间谍需要回复"问候一定来自柯尼斯堡吧"。电文指示："对上暗号后，你们就可以谈正事了。"

会见时要使用更复杂的暗号，因为这远比单纯地认识一个人复杂。阿勃韦尔的高级间谍、南斯拉夫人杜斯科·波波夫（Dusko Popov）如果想会见在中立国葡萄牙的德国间谍头子，就需要给他打电话。如果波波夫说"我乘火车过去"，就意味着他们将在里斯本的自由大街见面。如果他说乘出租车，则表明是在去里斯本路上的埃斯托里尔郊外1英里处会面。约定日期如果在"周一"，实际上是指下午6点10分，"周二"则是7点10分，除此之外还有很多细节。见面一般会在打电话的第二天，但如果波波夫说"事情紧急"，会见就会被提前到当天。波波夫的间谍头子要与波波夫接触，总是安排一个姑娘给他电话，先是随便说个名字，然后说"真抱歉，那晚我太愚蠢了"。如果波波夫和她商定在某夜总会见面，时间是当晚或第二天晚上，这位间谍头子金发碧眼的女秘书兼情妇实际上会见波波夫的地点是埃斯托里尔赌场。波波夫说："她会到轮盘赌桌那边下3次赌注，下注数目依次对应某日几点几分。然后她打0或36。0就是在里斯本，36就是在埃斯托里尔已经安排好的一个地方，定个暗号真是费了不少工夫。"

一个特工如果不会作报告就一无是处。通信联络是间谍活动中极其重要的一环。联系通常有多种方式。

阿勃韦尔一处处长皮肯布罗克最满意的联系方式，是特工与负责人直接见面。当面叙述肯定比写信详细。不仅如此，见面还能当场回答问题。负责人能重新审视特工的能力以及忠心，问清楚情报究竟是怎么拿到的，还可以激励他，给他下达新的任务。会见用马拉松的方式进行，由秘书速记下全部谈话。战争期间，这样的面谈很常见，一般发生在特工从英国航行到葡萄牙之后。不过这样的面谈在一般情况下还是不多的。更多的时候，特工们通过信使、邮政系统或无线电与上级联系，并传递情报。

信使通常是轮船或飞机上的工作人员，他们从间谍或者其联络人处拿到情报，然后送到中立国或德国。这些情报有时是原始的信件和文件，也有可能是缩微胶卷。珍珠港事件发生之前，有11个信使为在美国的间谍服务，他们全部都是轮船或飞机上的工作人员。金发女郎莉莉·施泰因（Lilly Stein）就是其中一个。1939年10月，她带着钱和结婚照片在瑞典搭乘"德罗特宁霍尔摩号"（*Drottningholm*）轮船去往纽约。阿根廷间谍网通过信使本杰明·胡安·罗森（Benjamin Juan Roson）将报告和战略要地照片送往德国。罗森的妻弟是西门子－舒克特公司雇员，他去西班牙通常会乘坐"合恩角号"（*Cabo de Hornos*）轮船。那边估计会有一名德国官员收取他的材料，再利用官方渠道将材料送到德国。一般来说，信使是最靠得住的联络方式，缺点是代价高昂、速度缓慢，战时想要建立这样一条联络线路很困难。

由于信件不太可能被追踪，写信一般是联系方式中最安全的一种，花费也最少。除此之外，写信也会比电报更加详细，因为为了防止被测向仪器发现，电报必须简洁。但信件很慢，途中还要经过敌人检查，到达目的地的把握不大。

因此，间谍头子和间谍之间一般不直接互相寄信。通常情况下，接收信件的都是普通住宅地址，之后再转交真正的收信人。1942年2月13日，汉堡站要求它在智利瓦尔帕莱索的特工把信寄给"利希滕施泰因沙恩的汉诺·冯·哈勒姆"，另外两名特工的掩护地址则是"里斯本里约热内卢横街73号西蒙·西蒙收"。

德国间谍会把情报以各种方式藏在信件中，以躲过特设的重重关卡。二战期间，德国间谍采取的隐藏方式大体上有三种，其中两种早在恺撒大帝时代就出现了。

第一种方法是用行话作暗语，在看似谈公论私的语言中把真正的意思隐蔽起来。这种方法西塞罗[1]使用过，一个德国间谍在1940年也使用过。他发现第5号电报交代的任务很难实现，就写道，"第5号订单的货值太大，我能力不足以满足全部要求"。第二种方法是隐显墨水，使用得更为广泛。老普林尼在《自然史》中写了一个配方，这个配方从文艺复兴时期开始到一战结束，特工们一直都在使用它。在中央保安局六处F组和阿勃韦尔一处G组三小组的实验室里，化学家们也在努力研发新配方。缪勒对好隐显墨水的要求是：清楚不留痕迹，经得住冷热和阳光的考验，除了规定的试剂，不会因为其他任何试剂而显出字来。阿勃韦尔的隐显墨水分为一号到五号，其中一号的性能最佳，最具备缪勒认可的几个重要特征，它只提供给高级间谍使用。每一类墨水又分三种：

---

[1] 马尔库斯·图利乌斯·西塞罗（Marcus Tullius Cicero，前106—前43），古罗马政治家、哲人、演说家和法学家。

(1) 干剂；(2) 含酒精；(3) 溶于水。每种墨水对应不同代号。比如 III-1 号墨水，是一种名为"格奥尔格"的黄色药丸，另一种是名为"海因里希"的白色药丸。特工在一张用棉花擦拭干净的纸上，用牙签插着药丸写字。要使"格奥尔格"墨水信件显现出字来，收信人要做的就是弄湿信纸，再喷上含萘的红粉，并将信纸加热到 60 摄氏度，最后用紫外线照射就可以了。"普拉尔"是一种内含酚酞的轻泻药片，溶解在 50 度的杜松子酒中，就可用来写信。这样的信件泡在烟丝水中，字体会呈现粉红色。阿勃韦尔经常使用的另一种墨水，是治疗头痛的氨基比林药片，有时也会溶解在酒精中。有时阿勃韦尔为那些派往爱尔兰的间谍准备这种墨水，就是把棉花团浸泡在里面，再把变成黄色的棉花团当作垫肩缝在衣服里。特工只需要把棉花团放在水里就可以使用了。中央保安局六处 F 组还发明了一种主要成分是血红蛋白的隐显墨水。这种墨水就是人血，特工需要做的是刺破手指。文字会变成绿色，其中同样包含生物反应。

党卫队保安处和阿勃韦尔想尽一切办法逃脱同盟国对隐显墨水的检查。同盟国的检查方法主要有两种，一种是用金属丝把四五把刷子绑在一起，同时蘸上普通墨水的显现剂，再在信纸的对角处刷几遍，检查有没有字迹显现出来。对此，阿勃韦尔一处 G 组三小组发明了一种需要涂三次显现剂才能显现字迹的墨水，每次涂刷需要间隔三个小时，第三次涂过之后需要再等三小时才能显现字体。同盟国的第二种办法是使用碘蒸气，使用过隐显墨水的纸张纤维，对紫色雾气的吸入程度不同于正常纸张，由此就能找出来，而无须辨别是哪种试剂。党卫队保安处告诉金佩尔应对办法是，用隐显墨水按照普通方法在一张白纸上把信写好，再紧压在第二张纸上，如果条件允许的话，上面最好再压上重物。如此一来，第二张纸上就有墨水。拿掉第一张纸，在第二张纸上写一封普通的信，再寄到柏林。柏林的实验室会显现出密信的墨水，虽然字是反的，但这并不是什么大问题。

如果说前两种方法都是用明信隐藏密信，而这种方法很久之前就有了，那么第三种办法就只在拥有精确摄影的现代才会出现，那就是微粒。微粒照片早在 1871 年就已用于通信。当时，缩小到邮票大小的信件会借助气球或者信鸽，飞出被德军围困的巴黎。但海因里希·贝克（Heinrich Beck）想要改良这种方法。这位被拉进阿勃韦尔一处 G 组二小组的法本公司化学家，在阿格法以及其他德国公司的帮助下，制造出一种特殊镜头，这种镜头的分辨率异常高。"他调制的软片感光乳剂以苯胺染料为主要试剂，其分子能呈现明暗的差别，而非通常的银感光乳剂那样必须到相当大的颗粒状态才能呈现出明暗。"这项技术让贝克终于能把一页书缩微到一个句号大小。之后他又致力于缩小设备体积，将最初能装满一个房间的设备缩小到一个小箱子就能装下。他的方法被党卫队保安处采用了。[1]

但是，这种技术也有不足之处，就是价格极为昂贵，仪器笨重难以隐藏。于是，它主要用于从德国给特工发指示（只需要倍数大的显微镜就可阅读），只有极少数的特工才能用上缩微设备，比如在较为安全的南美的一部分特工。用这种技术缩成的微粒通常是方形的小胶片，而非圆形。它的优越性被很好地利用。许多间谍将不易找到的杂志，比如《铁器时代》，整本整本地缩微成非常小的条形胶片，藏在工厂信封的封口上，伪装成封口处闪亮的胶水。但是，有一部分间谍十分看不上这种办法。金佩尔在缅因州登陆时，就嫌弃它过于沉重难以携带，而把整套缩微设备留在潜艇上。

来得太晚的情报相当于没有寄出或没有收到，丝毫没有价值。二战期间，包括航空邮件在内的所有邮件都运送得很慢。因此，无线电日益成为阿勃韦尔和党卫队保安处的主要通信手段。

阿勃韦尔给特工配备了 20 世纪 30 年代研制出来的，名为 Afus 的专用收发报机，这个词汇来自德文 Agentenfunk，意思就是"特务电台"，是一种手按的摩斯收发报机，和小提箱差不多大小，可用石英调到预先确定的频率，使用约

---

[1] 原注：Müller, interview, 我相信前者, 尽管 Peis, 110-11 显示党卫队保安处发明了它，而 J. Edgar Hoover, "The Enemy's Masterpiece of Espionage." *Reader's Digest*, 48(April 1946), 1-6 将发明归功于"那个著名的察普（Zapp）教授"，后者表面上就职于德累斯顿的一所技校。我不能确定他是谁。中央保安局六处 F 组有一个党卫军二等兵名叫鲁道夫·察普（Rudolf Zapp），此人 20 多岁时经营过一家无线电商店，党卫军编号是 148935（BDC），从 1943 年 11 月起担任党卫队保安处在德累斯顿地区负责人的是保罗·察普（Paul Zapp, BDC），可能前者负责盖世太保的 IIa 部门。(T-175:232:2720974; Hilberg, 288, 226, 492.) 但两人没有一个符合标准。Hoover 的信息来自双面特工 Popov（Popov, ch. 16, FDR Library: OF10b:28:3 September 1941），此人与 Hoover 相处并不融洽，可能一直与他有嫌隙。

10瓦的电池供能。

特工们根据一个广播计划发报。该计划安排好呼叫信号、密码索引和发报时间。时间的规定一般很简单，比如"周一晚上8点"，如果没有情报也可以不发报，如果有重要情报也可以在其他时间发报。发报必须尽可能简短，以防止敌人监听。大部分特工发报都如此，只有50—100字左右，一分钟就能完成，业务熟练的发报员仅需要几十秒。从海外发报麻烦一些，时间也久一些，经常要分几次发。1943年2月5日，德国收到在加拿大一名特工的电报，这位化名为"博比"的特工分三次发报，分别于下午4点55分、4点58分和5点零4分发送，每次发回四行半字。

阿勃韦尔和中央保安局的各个无线电台负责收报。一处i组是阿勃韦尔的收报机构。这个组由库特·拉泽霍恩（Kurt Rasehorn）中校领导。这位中校在一战时是名工程师，在大学学习高频无线电毕业后依然担任工程师，并于1936年重新服役。1943年，通信军官特奥多尔·波雷奇金（Theodor Poretschkin）上校接替了他的职位。这个机构是506通信团，由2000人组成，分为四个营，分别设在汉堡、威斯巴登、维也纳以及阿勃韦尔苏联前线总站瓦利。工作人员则分散在各个小通信站中，这些通信站分布在全德国和德占区以及国外的KO中，处理谍报站间的通信业务。例如，马德里站的通信情报约占3/5，其余是行政事项，1943年前的电传打字线路为马德里—巴黎—柏林，1943年飞机轰炸迫使其改用无线电传递。之后，一处i组设在大使馆的发报机每小时就和柏林联系一次，和诸如罗马、波尔多等其他通信站及自己的前哨站四小时联系一次。除这条线路以外，阿勃韦尔还有其他线路可供使用。例如柏林会收到法国西南部达克斯（Dax）站转发的关于在直布罗陀观察到的舰船情况，这些情况是阿尔赫西拉斯（Algeciras）的前哨站使用无线电报告给达克斯站，再由后者转到柏林的。

特工们的活动地点决定了向哪个站发报。因此，位于瑞士、法国、西班牙和北非谍报站的特工更多情况下是发报给威斯巴登所属各分站。威斯巴登站的设施都是特意为了工作人员修建的，还为他们准备了宿舍。这个站位于威斯巴登以北矮山中一个名叫艾泽内汉德的村庄里。之所以如此偏远，是因为这样就可远离大型或众多的电子设施而避免信号干扰。在科隆莱茵河对岸一个叫克鲁姆的小村庄里以及在巴黎附近纳伊的一座别墅中，都分别设有威斯巴登站的下属电台。两个地方足够空旷，可以架设天线。在希格马林根附近山上还有另一个下属电台。这里有一个大院子，院子里有两处报房，一个放了8—10台发报机，另一个放了19台发报机，每台发报机可联系20个工作台中的1台。不过，1英里外的高塔才是真正的发报所在地，发报通过一条地下线路控制。发报机的功率都不一样，最高的达到750瓦。

汉堡站负责向英国、爱尔兰、冰岛以及西半球等海外地区发报。1937年，维尔纳·特劳特曼（Werner Trautmann）少校从阿勃韦尔斯德丁电台调到这里，建立起这个站点。他的总部是一幢带有文艺复兴气息的漂亮房子，这房子是一战前一个商人为自己女儿建造的陪嫁。它位于库普弗赖德尔街45号，房前有一片草坪，房后有一个小池塘。这个街区位于汉堡的东北尽头，并不十分发达。特劳特曼把接收天线架在街道对面的草地上，把发报天线架在半英里外的迪斯特尔街北面，和在希格马林根一样，使用遥控发报。这幢房子二楼的收报室里，他的120名工作人员没日没夜地轮班收报，每班要持续四个小时。汉堡很难接收海外电报，因此辅助接收站被建立在斯德丁、奥斯陆和波尔多附近地区。

电报员要用耳机在不同的频率上同时收听两个特务发来的情报，因为发报时间并不固定，客观原因经常会让特务们发报早一些或晚一些，很难忠实于约定时间。很多时候，电报员必须排除噼噼啪啪干扰声的影响，聚精会神地收听特务发出的细微声音。当听到"他的"特务时，就会让对方继续发报，然后认真收听每一个细节，再一字不落地记录下电文以防出错，因为阿勃韦尔一处i组没有配备钢丝录音机。如果发报特务接受的是收报员的训练，那么收报员就会更了解该特务的发报特点，而这种情况是常见的。随后，电报员译出电文，首先检查电文中是否有安全暗号。这是电文中的一种特殊标记，可以告诉阿勃韦尔电文是否真实。比如在第15或第20个字的位置上有一个X，又或是故意拼错第三个字，就证明了电文的真实性。如果特务在被捕或胁迫的状况下发报，就不会有安全暗号的存在。译出的电文交给上级后，会由上级发往柏林，或者使用密码电传打字机通过陆上通信线路，或是用密码机将电文重新译成密码。

收听间谍的第一份电报是间谍无线电通信中的最大困难。间谍出发后通常要三个月后才能发回电报。有时需要几个人一起负责收听一个间谍。特劳特曼最大的困难是如何让电报员在那段时间里，集中精神收听对方呼号。为此，他

```
                SECONDARY MONITORING UNIT SA-2
                      NORTH CHARLESTON, S. C.

UNIT CASE # SA-2-7-111146          WASHINGTON CASE # 65
            N. CHARLESTON, S. C.
DATE      : APRIL 5, 1941
OBSERVER  : F. STEWART JONES
CALL      : STATION CALLING "AOR" AND STATION ANSWERING TO "AOR".
FREQUENCY : 14,558 & 14,560 KCS. AND 14,385 KCS., (MEASURED)
EMISSION  : A-1
BEARING   : NONE
RECORDING : NONE              (PAGE 5)

GMT
1713      (14,385 KC.) VVV OK OM GA GA K   VVV VVV VVV RR OK OK GA GA
          K  VVV VVV VVV VVV VVV - RRR QTC OK GA GA K

1714      (14,560 KC.) VVV VVVV - QSAG PSE QSV K K

1715      (14,385 KC.)VVV VVV VVV VVV VVV VVV VVV VVV VVV VVV VVV
          VVV VVV VVV VVV OK OK OK VVV VVV

1716      (14,560 KC.) RPT RPT RPT

1716      (14,385 KC.) OK QTC OK GA K VVV GA GA OK OK QTC OK

1718      (14,560 KC.) - - SRI RPT ALL KA - YENOV (GROUP MISSING)
          ERILJ EGBRI PHEBR ENELE TIUNO ITACQ GYOFB EEEE GYOFB
          XHMAV QTXNE INUDR TISHI MYYSR TXLXO FSL    MQRIX    MUS

1722      LRXFX YOEYE QBUME GERXA BEION          AR CODE OF 3 OKT QSV K

1722      (14,385 KC.) VVV VVV VVV VVV VVV VVV VVV VVV VVV VVV VVV
          OK OK GA GA K

1722      (14,560 KC.) R GLAD GLAD NW KA KA DYRE DYRE ILIC ILIC
          SUA SUA ILL ILL - - GLDTG GLDTG TTELR TTELR XTSRI XTSRI
          IPEIN IPESS TXAEX TXAEX GRLUD GRLUD EGZMG EGZMG ORAVV
          ORAVV FTNLN FTNLN SRREI SRREI FSIKE FSIKE SOIEU SOIEU
          BOELP BOELP SNERS SNERS LAHNS LAHNS NAXSA NAXSA GNISS
          GNISS ZARVG ZARVG BUERS BUERS NRAIA NRAIA PTFXN PTFXN
          AWERU AWERU SLNGS SLNSZ NEGNE NEGNE ZRWEG ZRWEG EXNEN

                        (CONTINUED PAGE 6)
```

美国截收的德国某间谍站与阿勃韦尔汉堡站的无线电对话,间谍站使用频率 14560 千赫,汉堡站呼号 AOR,频率 14385 千赫。重复的 V 让每个站得以与另一个站准确衔接,并让收发报员做好接收正式信息的准备。在 1714,间谍使用常规的三字 Q 信号发出:"这个信号强度?重复发 V。"汉堡站随后使用 Q 信号回复,在 1716,询问:"你要发送多少信息?"间谍回复:"全部",然后开始发送首则情报。在错误输入 GYOFB 后,他发送一些小圆点或者一些 E 来指出这个错误,再继续发送正确信息。首则情报花了他四分钟的时间。在得到对方的回应后,他继续第二则情报的发送,重复之前的所有步骤以确保情报的正确接收。缩写 GA 的意思是"继续",RPT 是"重复",K 是"结束",RR 和 RRR 表示"我已经接收和复制了信息",KA 表示信息的开始,AR 则表示结束。GLAD、DYRE、ILIC、SUA 和 ILL 大概是一些个人习惯用的缩写和密码指示。

用一只大鹅作为奖品，给第一个听到信号的电报员作为激励。

德国中央保安局六处的通信机构要小得多，不过流程基本一致。这个机构最初属于瑙约克斯领导下的六处二组，1941年时独立出来变为六处六组。第二年，六处众多特工参加"齐柏林"行动渗入苏联，这使得希姆莱不得不下令组建一个处理与间谍通信的无线电机构。为此，中央保安局于1942年8月13日把纳粹党托特组织的通信头目挖来负责该无线电单位，此人就是31岁的党卫军少校电报员彼得·西彭（Peter Siepen）。他把工作地点设在万湖边上，一幢别墅外围的低矮黄屋里，距离湖滨楼特别监听所很近。万湖是柏林西南哈弗尔河的一个河湾，他将该机构命名为哈弗尔研究所。

该研究所的预算是每年300万德国马克（120万美元）[1]，截止到1943年年底已有160名技术人员为该机构服务，一多半人分布在4个前哨站中，其中柏林站有42名男女工作人员，负责远程通信。这些前哨站都各自为一个地区的间谍提供服务。研究所一共有18台发报机，有50条使用线路。除此之外，该单位还承担训练特工的工作，尤其是"齐柏林"行动的特工，1943年12月有约200名特工在此受训。西彭制造了一种只有4个香烟盒大小的电台供特务使用，这种电台能够在3000英里外的伊朗向柏林发回电报。

军方和纳粹党的无线电机构一直存在，哪怕是在德国中央保安局接手阿勃韦尔后。哈弗尔研究所接收了六处F组一、二小组（处理无线电事务）。阿勃韦尔一处i组更名为德国中央保安局军事部第五处，不过其间谍无线电活动直至战争结束时都少到让人震惊。相反，哈弗尔研究所事情很多，因为"齐柏林"行动的特工很多，每天都要处理4000—7000字的电文。与此形成对比的是，阿勃韦尔威斯巴登情报站每天很少收到超过12份的电报，这个站点接收法国、北非和西班牙特工的电报；汉堡的特劳特曼则只要一个星期内特工的电报增加到10份就会很自满，尽管这些特工所在区域覆盖了地球的1/4。

---

[1] 原注：因为财政部毁掉了所有部门1914—1945年的预算文件，在一份日期为14.7.1943（BA:R2:12965:14.7.1943.）的命令中，没有确切数据告诉我们阿勃韦尔的支出以及用于维持特工的花销。非常感谢Peter-Christian博士提供信息。

机构必须支付报酬给特工，即便是那些为了信仰而卖命的特工也是如此。阿勃韦尔和党卫队保安处支付酬劳的方式有三种：预付、月薪和带点挖苦意味的"酬金"。

预付的方式适合目标地区遥远、预料中很长一段时间不会同德国有直接接触的特工。德国驻布宜诺斯艾利斯海军武官尼布尔上校在战争开始时，从大使馆收到一笔存款，有50万比索（12.5万美元），立即提现兑换为1000比索（250美元）一张的钞票和零钱，放入保险箱。1941年，当尼布尔听到间谍汉斯·纳普"我表哥乘坐'格奈森瑙号'轮船"的暗语，立刻按要求支付5000比索（1250美元）。1942年，驻里约大使馆给约翰·西格弗里德·贝克尔（Johann Siegfried Becker）预付5万美元，他是党卫队保安处在拉丁美洲的间谍头子，第二年又付了5万德国马克（2万美元）。金佩尔和科尔波在渡过大西洋的过程中携带的6万美元现金和99颗小钻石，属于预付报酬。长期活动在英国的特工也享有金钱上的保障，有个特务拿到4000英镑（19200美元），一个高级特工则拿到2万英镑（9.6万美元）。阿勃韦尔一共支付了约8.5万英镑（40.8万美元）给在英国的间谍。

阿勃韦尔一般不会与特工签订合同，但给一些特工支付的报酬基本相当于薪金加上生活补助，甚至给予某些欣赏的特工一种类似于失业补贴的东西。这些特工中，有的是定期发回情报，有的则是在旅行后或担任一个职位后报告情况。1941年6月和7月，阿勃韦尔卢森堡前哨站付给一个特工120德国马克（48美元），这个特工的代号为"V-Mann 934"。特工"马塞尔"在1942年和1943年有一段时间因为种种原因不能工作，但他每月依然领取120德国马克的报酬。在阿根廷，尼布尔从1941年中期开始，每月支付700比索（175美元）给间谍奥托马尔·缪勒。另有一些特工在敌人占领所在区域后，转入地下，但依然要忠诚于德国，要继续搜集各种情报向上级报告。

对很多特工来说，每一份报告意味着一笔奖金，不过奖金数额差别极大。1940年1月，阿勃韦尔不来梅前哨站给V-10002号特工发了14美元的奖金，却给V-10038号特工发了1000美元。这些奖金总共达到不来梅前哨站该月一半的开销。这个月它们的总支出是5364.24德国马克，约合2145.70美元。

英国特工"约翰尼"提供的报告（主要关于英国空军）总是赢得20英镑

（96 美元）的奖金，有时候他的报告有重要意义，间谍头子便会给他 50 英镑（240 美元）。1944 年法国战役期间，特工越过前线执行短期任务会得到 200 马克（50 美元），如果特工是在敌人内部较深入的地方进行长期工作，且用无线电取得联系，得到的奖金就会多一些，大约是 2000—5000 马克（500—2000 美元）。

不过早在 1943 年，很多间谍不再愿意收到一个不会长住地方的纸币，转而开始要实物作为报酬。药品是许多间谍的要求。阿勃韦尔总部虽然限制这种方式，却不得不承认，得到实物的特工"工作有激情得多"。到 1945 年，许多间谍拒绝接受金钱作为报酬，只愿意要珠宝（一般支付给前线特务）或紧俏供应品，比如烟酒衣物等。

有时候，报酬的支付方式具有冒险传奇色彩。德国中央保安局给伊朗特工支付报酬的方法，是用降落伞空投现金，空投地点是有红灯为信号的机场或是盖奇盖斯沙漠地区一些有地标的地方。1945 年，一个间谍头子将两名特务的报酬 20 万法郎藏在诺曼底海岸格兰维尔附近，之后便被两名特工取走了。

不过，一般情况下，特工只从间谍头子或谍报站会计那里领取工钱。阿勃韦尔和党卫队保安处都要求报账尽可能细致一些。但几乎不可能每次都办到。一次宴会上，南美的一个特工不小心把一大笔英镑放到当地一位人物的餐巾下。"我怎么可能要他开收条！"他大声咆哮，发泄长期以来一个前线间谍对总部这种可笑限制的不满。在一些特殊情况下，报账变得不可能。有些间谍头子认为，报账会让特工的活动暴露给过多行政部门的人，导致间谍活动有可能遭到破坏。对报账这件事，施伦堡没有要求他在伊朗的特工做，他宁可利用无线电获取更多重要的情报。但这种没有约束的方式滋生了贪污现象的发生，间谍头子经常贪污付给间谍的钱。在南美发生过这样的事情，特工约瑟夫·斯塔西奇尼（Josef Starziczny）花掉 2 万比索（5000 美元），而这是支付给一个报告船只活动的间谍网的经费。这种事情在阿勃韦尔屡见不鲜。结果就是受到两个间谍机构的限制。党卫队保安处要求各前哨站每月清账。

在布拉格前哨站，间谍头子可批准 3000 马克（1200 美元）的个人款项，前哨站头目可批准 1.5 万马克（6000 美元）内的款项，如果超过规定数额就需要上报德国中央保安局，由组长批准签字后，再呈送施伦堡签字。超过 5 万马克（2 万美元）的经费只能由卡尔滕布鲁纳审批。

两个间谍机构中负责处理这种工作的都是财政部门。阿勃韦尔的财政部门是总部财务处,有30名工作人员,处长是马丁·特彭。不过,1941年底,马丁·特彭因收受贿赂给间谍额外经费而入狱,预备役军官格奥尔格·杜斯特贝格(Georg Duesterberg)博士接替了这个职位。他在被调到阿勃韦尔以前,曾在一个骑兵师担任会计。德国中央保安局则由二处负责间谍的财务和行政事务。从1944年中期开始,六处和其他机构的财务由约瑟夫·施帕齐尔(Josef Spacil)负责。施帕齐尔曾创业失败,能担任这个职务似乎主要是因为他与卡尔滕布鲁纳的密切关系和很长的党龄,还有自1931年起一直在党卫军做财务工作以及为达豪集中营当过多年会计的经验。但就因为他的无能,使得施伦堡不得不任用前阿勃韦尔官员耶尔格斯博士来控制自己部门特工们的开支。

总部向前哨站和特工提供经费,是财务部门需要监督处理的事情之一。1945年1月,拨给西线前线侦察主站的大笔资金被前线侦察总指挥挪用,约有2万美元、5000英镑、300万法国法郎、3万比利时法郎和2万荷兰盾。提供经费的方式很多,有时通过银行汇兑,有时由信使携带,有时(KO)通过外交邮袋,有时偷偷运送。前哨站往往储备着很高数额的外币。战争结束时,布拉格前哨站就有15700德国马克、2569美元、498英镑(其中198英镑为金币)、4900瑞典克朗、1000瑞士法郎、8090土耳其镑、6200匈牙利彭戈、46000罗马尼亚列伊、15000俄国卢布以及估价68000德国马克的贵重物品。

外汇是间谍机构最重要的财政问题。国外的特工一般不收德国马克,而是要求黄金或当地的硬通货,至少得是易于在市面上兑换的、毋庸置疑的通货。然而根据法律,这些都是严格管控的对象,德国银行控制黄金和外币"严格到如下程度:为确保国际收支平衡并维持马克的价值,它认为应当不计后果地控制黄金和外币的数量"。这种矛盾已成为施伦堡"主要的困难之一"。虽然杜斯特贝格宣称1/6的德国外汇都被他拥有,但对他来说还是"我最艰巨的任务"。这两个间谍机构想尽各种办法获取外汇。

阿勃韦尔的方法很简单,直接去德国银行提款,取出它应得的款项,有时是外汇有时则是德国马克。比如1940年12月3日,阿勃韦尔要求银行支付25000美元给布宜诺斯艾利斯的一个特工代表,并且不把该笔款项记在其外币账目上。三天后,银行同意了。德国中央保安局获取外汇更加容易,数额也更多，手续远没有德国银行那么烦琐。他们找戈林的四年计划委员会获取外汇，这是德国拥有外汇最多的机构，再就是找经济部。只有当发现经济部储备金比先前明显减少时，经济部长瓦尔特·冯克（也是德国银行行长）才会允许从德国银行提取黄金和外汇。1943 年，冯克允许德国银行支付德国中央保安局到伊朗执行任务所需的货币，具体是 15 万美元、26 千克金条、25 千克法国拿破仑金币，这些正是当地部族所需的。与之相对应，德国中央保安局必须支付给德国银行等值的德国马克。

除了在德国国内获取外汇，两个间谍机构会索取德国在国外的外汇。1940 年，阿勃韦尔获准从德国中部钢铁厂的账上支付 1 万美元给托比斯 – 通比尔德 – 辛迪加公司的一名海外员工，当时这名员工正在美国，这家公司一直为阿勃韦尔工作。这笔款项来自德国中部蒙坦矿业在美国信孚银行的账户，表面上的使用理由是购买托比斯公司窄电影胶片和照相装置方面的专利股权。施伦堡也曾用类似的方法，让德律风根公司阿根廷分公司支付给在阿根廷工作的间谍一定数额的比索，他则在柏林偿还 5 万德国马克（2 万美元）给这家公司。

两个间谍机构还凭借各自的力量合法地取得部分外汇。施伦堡每个月给约翰内斯·伯恩哈特 5 万德国马克，投资他在西班牙的两家企业，从而取得西班牙货币比塞塔。这种企业并不少见，阿勃韦尔在国外有 20—30 个类似的掩护企业可以让他们换取到外币，有时候还能从中赚钱。

但是，用合法手段获取的外币无法满足对外汇需求的不断增长。杜斯特贝格被逼在 4 个商人的帮助下，做起非法生意，这 4 个商人分别来自德国、奥地利、匈牙利和瑞典。一旦他迫切地需要一笔外汇，就会给其中一个商人等值的德国马克、6 张填有此人姓名的各个国家护照，并要求他两个月内换回需要的外汇。这个人可以赚取在此过程中得到的利润。这些人通常是到兑换率对自己最为有利的希腊进行兑换。他们过境时，要么得到阿勃韦尔军官的帮助，要么就得把装满纸币的口袋扔到栅栏、森林或另一边的田野里。杜斯特贝格很信任他们，他们也从没供出过他，他通过这种方式一次又一次获得需要的外汇。

这些交易和货币兑换背后，是为阿勃韦尔和党卫队保安处提供资金的机构，这些机构庞大复杂且有时隐藏很深。他们有一些资金的来源是正当的。阿勃韦尔是国防军的一部分，政府给他们拨款。德国中央保安局六处是纳粹党机构，他们的经费主要由纳粹党财政部门提供，有正规预算支出和特殊拨款两种支付方式，其中特殊拨款金额在 1941 年 1 月时已达到 150 万德国马克（60 万美元）。德国中央保安局的两任领导人海德里希和卡尔滕布鲁纳也从政府经费中拿钱。1944 年年底，这个联合起来的谍报机构的收入中开始包括关税收入。

其他手段可以说是战时措施，只在战争期间使用。德国银行于 1942 年收回存在法兰西银行保管库里的 200 吨比利时黄金。战争期间，俘获到敌方间谍也会有大量的德国马克、美元、卢布和瑞士法郎收入，数额甚至达到上百万。

除此之外，还有一种手段获取资金。这种手段非常卑鄙，既违反德国法律也违反了国际法，更糟糕的是会暴露德国特工的身份。然而，一个被人尊敬的英雄对这种手段的使用让其被认可：七年战争期间，腓特烈大帝就以此（印制假钞）引发通货膨胀，帮助支付当时战争的费用。党卫队保安处的瑙约克斯最先做出这件事情。胜利的年代，这是不被认可的做法，但 1942 年年底时在德国中央保安局六处 F 组四小组负责人伯恩哈德·克鲁格尔（Bernhard Krüger）的领导下恢复了。伪造货币计划以他的名字命名，叫作"伯恩哈德"行动，雕刻工匠和印刷工人是萨克森豪森集中营里在第 18、19 两排房子里的犯人，阿尔贝特·朗格尔博士则主要给予技术支持。朗格尔精通物理和数学，曾是奥地利密码破译员，在德国中央保安局无线电观察站短时间工作过。他拟出纸币上合适且成套的序列号，解决了这项任务中最后一个问题，同时也是最难的一个问题。他们伪造的英镑颜色不完全准确，他将这归结于造纸用水和印刷过程中出现了问题。他弄清了英国货币印刷地赫尔的水质成分，照此配置了完全相同的印刷用水，得到满意的结果，伪造货币的颜色与真正的货币一模一样。

"伯恩哈德"行动总计制造了 5 英镑、10 英镑、20 英镑和 50 英镑的纸币 8965080 张，共值 134610810 英镑（合 645131888 美元）。伪造的主要目的是使英国的战时经济处于瘫痪的状态。施伦堡和杜斯特贝格都拒绝使用伪币支付间谍活动的经费，认为这样不利于间谍活动的开展，但有时候间谍机构还是忍不住使用这种不用太费事就能来钱的办法。1940 年 6 月，被阿勃韦尔派遣到爱尔兰的瓦尔特·西蒙（Walter Simon）身上所携带的经费中就有 120 张 1 英镑的伪币。1943 年，有一个间谍乘坐海上飞机到达苏格兰海岸，之后被捕时身上也带着假币。爱尔兰人约翰·弗朗西斯·奥赖利（John Francis

O'Reilly）是被空投到目标地区报告盟国作战情报的间谍，身上也带着伪造的货币。战争快要结束的阶段，深入敌后活动的间谍也会有伪造的英镑。在瑞典的党卫队保安处代表有时甚至把伪钞作为报酬支付给情报员。"西塞罗"，这位战时最伟大的间谍，因为拍摄到英国驻土耳其大使公文递送箱里的机密文件，得到史上最高的报酬。可是，他收到总数为30万英镑（184万美元）的英格兰银行钞票，后来发现全部是假钞。这就是纳粹情报机构对特工冒着生命危险搜集情报的奖赏方式。

然而，间谍活动经费真正的重要来源，比伪造货币还要可耻、恶毒，甚至沾满了鲜血。这就是犹太人问题的"最终解决方案"。

纳粹屠杀和撵走了犹太人，掠夺了他们的财产。截至1944年7月31日，从犹太人那里收缴来的货币和债券仅在西线德占区就值11695516德国马克（460万美元以上），另有674节火车的货物。他们并不满足于现状，在奥斯威辛、特雷布林卡、毛特豪森以及其他地方，还会把犯人的耳环、项链、胸针、宝石、结婚戒指、金眼镜框和现金（有时是1000美元的钞票）等夺去，等到这些男人、女人、孩子在毒气室里被毒死后，从他们的嘴里拔出金牙，再送进焚化炉火化。随后这些金牙被熔成金条，装箱并和其他东西一起运到柏林，再在普鲁士国家造币厂熔炼后送往银行，成为银行储备的组成部分。如果急需的话，党卫军可以动用这种来源的储备。

党卫军也的确需要。卡尔滕布鲁纳广泛使用这种来源的黄金用以支付情报机构的经费，即便它们是被鲜血染红的。有一次，希姆莱特别下令，他有一批来自死亡营的黄金正要转送到德国银行，党卫军如果需要的话，可以给他们用来行贿或搜集情报。战争后期付给前线间谍的珠宝，大多曾属于这些无辜者。到了后期，和这个卑鄙政权的大部分活动一样，德国的间谍活动都依靠鲜血和大量被烧焦的尸体来维持。

第 18 章
间谍营

　　1937年元旦，有个身材中等、头发淡黄的男人第一次走进汉堡一座灰色混凝土大楼，来到一间空荡荡的办公室，里面只摆着一张办公桌、两把椅子和一个空保险柜。这里是德军第10军区司令部，办公室属于阿勃韦尔汉堡站。来客名为尼古劳·里特尔（Nikolaus Ritter），当过职业军官又在美国担任过多年纺织厂经理的他，要开始为阿勃韦尔实施对英美的空中间谍活动。

　　这个任务自然落到阿勃韦尔汉堡站身上。它在一战期间承担过类似任务，而且作为港口城市的汉堡有着广泛的国际联系，能为这项工作提供便利。里特尔主管汉堡谍报站的空军间谍活动组。

　　里特尔到任后没多久，阿勃韦尔一名年纪较大的军官交给他一份通知书，里面对一个潜在间谍人选的情况进行了介绍。这个人名叫阿图尔·欧文斯（Arthur Owens），是个小个子，在威尔士当电气工程师，自称憎恨英国人。但实际上他已经在为英国人当间谍，每逢出差到欧洲大陆就会趁机搜集技术情报并向英国海军部报告。不过，他对这份工作的不满越来越深，因为他得到的报酬少得可怜，还得忍受被别人用居高临下的目光看待。他暗忖或许可以把情报卖给德国人。于是他开始经常出入伦敦一家为德国家政女工开办的俱乐部，一方面是为了挑选女工，另一方面也是为了接触德国人。他后面的这个打算是恰当的，俱乐部的经理正是里特尔一位同事手下的间谍招收人。欧文斯后来在大陆出差时，跟里特尔的这位同事见了面，从此成为德国人的间谍，并在里特尔加入阿勃韦尔后,被介绍给里特尔。他给欧文斯取了"约翰尼"这个化名,代号3504(3500系列是阿勃韦尔汉堡站空军间谍活动组特工的代号,4是其中一个顺序号码)。里特尔款待欧文斯吃喝,想要从感情上笼络他,并支付现金从他那里换来英国空军电子设备的重要情报。

里特尔在战争爆发前两年设法将几名特工安插在英国,其中一个被他认为是"理想的间谍"。

里特尔开始工作后不久,汉堡商会一位官员告诉里特尔,有一个以前当过货船船长的人正在找工作,或许可用来对英国进行间谍活动,问他是否对这个人感兴趣。

"当然,"这个间谍头子答道,"你都认为合适,我一定得见见他。"

他们商量好,由这位官员邀请这名前船长在汉堡中心火车站头等餐厅里喝点小酒,里特尔则坐另一张桌子暗地考察。这位官员让前船长好似寻人那样在餐厅里走一圈,以便里特尔从旁观察。几天后,里特尔坐在餐厅里,喝着摩泽尔白葡萄酒,看见那位官员和一个人来到餐厅角落的一张桌子旁坐下。那人看起来快60岁,身材瘦削却很结实,身高约6英尺,脸和下巴的胡茬刮得干干净净。过了一会儿,只见他起身在屋里走了一圈,步伐轻快、不慌不乱,看起来自信满满。当他经过里特尔座位的时候,这位间谍头子对他的翩翩风度留下了深刻印象。里特尔认定这个人可用,于是也来到他们的桌旁坐下。

那位官员将这位名为瓦尔特·西蒙的前船长介绍给新坐下来的"兰曹博士",这是里特尔的假名。

"你好,博士先生,"西蒙的嗓音单调沙哑,里特尔后来才知道,这是因为他的喉咙开过刀,"谨遵您的吩咐,我能为您做些什么?"

"我必须先了解你的情况,你懂些什么,"里特尔笑着回答,"说说你的个人情况吧。"

西蒙打开了话匣,谈起他15岁时如何离开家当上船员,在船上走遍了全世界,级别不断提升,最后当上货船船长。一战时他曾被扣留在澳大利亚,这是他能讲一口流利英语的部分原因。接下来的谈话里特尔用了英文,为了证明他的英语确实说得不错。谈话让里特尔加深了对西蒙的好印象。只是他那副破嗓门太过引人注意，让里特尔有些犹豫。他对西蒙说下个星期再联系他。

保安机关的检查证实西蒙所说都属实，他的优点抵消嗓子的不足绰绰有余。里特尔雇下他，亲自进行培训，他觉得西蒙比他更为了解和熟悉英国的情况，因此把培训的重点落在他将来要承担的任务上：对各机场进行精确的观察，收集包括所有者、飞机类型、机场设防情况等信息；报告指定的军火厂和兵工厂的情况。他们去德国的机场和军工厂参观并进行实地训练，里特尔在参观的时候教他观察的内容和方法。里特尔还教他如何从当地报纸上挖掘情报。西蒙很快就学会了。1938年3月，在汉堡市中心那栋建筑物的办公室里，他同里特尔握手告别，之后带着他自己盖有许多国家印章的海员护照启程前往英国。

他在4周后回到德国。这名间谍和他的间谍头子的见面地点还是在那间办公室，只是这次有一位秘书来记录西蒙的汇报内容。两人看到西蒙拿出一个笔记本都大惊失色，得知笔记本里记录的只是地址和日期后，他们才平静下来。西蒙汇报了5个新机场的确切情况，阿勃韦尔和空军只知道英国有这5个机场，却不了解详情。他还提到几个工厂的情况，空军根本不知道这些工厂的存在。他列举了其中一家工厂的具体产量数字，这家工厂位于曼彻斯特，该厂他认识的一位工人为他提供了这些数字。柏林总部对他的报告很是喜欢。5月，这位高个子海员被里特尔派到英国的另一个地区。

这次任务和第一次一样完全成功，西蒙花了6周时间来完成。空军的胃口越来越大，希望西蒙再次去英国。但里特尔不同意，他担心如此频繁入境会引发英国移民局的怀疑，于是他闲置了这名表现不错的特工一段时间。然而，越来越大的压力让里特尔在1938年秋天决定再次起用他。这一次，西蒙随身带了一本朋友的手稿作为掩护，这部手稿写的是作者在英国南部一个小孤岛上的鲁滨孙式生活，他对移民局说这部手稿是要交给英国出版商出版。英国哈维奇移民局的一名工作人员有些怀疑西蒙频繁来英国，大概是手稿打消了他的疑虑，他还是放走了西蒙。不过很显然，他向反情报部门报告了西蒙的情况。

白教堂是伦敦塔东边的一个区，距离巨大且浮动的西印度码头很近。他在这个区的一个海员旅馆租了一个房间，以此为落脚点在英国东南部四处走动，打探新机场的情况，定期写信寄到鹿特丹的一个掩护地址汇报情况。他还吸收了几个威尔士民族主义分子，准备将他们作为后备的破坏分子。但是，他在 1939 年 2 月被警察逮捕了，因为他在肯特郡汤布里奇一家旅馆忘记以外国人的身份登记住宿。他被判监禁 6 个月，这期间经常被提审，但他一直没有供认。他的笔记本被警察没收，不过在释放他时又归还了。

战争在他回到汉堡不久就爆发了。里特尔肯定不能再派他去英国，不过还是照样给他发薪金，留下他作为备用人员，直到 1940 年初海军要求"借用"他——海军需要能在爱尔兰报告护航运输队的情况和当地气候的人。西蒙和里特尔答应了，但他们都不喜欢这个安排。为此，西蒙学习了电报收发技术和简单的柱式变位密码，这是阿勃韦尔特工的一种标准密码。席勒[1]诗词《大钟歌》的第一节是他的密码索引。前往爱尔兰之前，他得到一本能缝在上衣里子内、浸过隐显墨水的黄色便签，还领了几份伪造的证件，证件上显示他是一名澳大利亚籍的瑞典人卡尔·安德森。此外，他领取了 1910 美元、215 英镑 15 先令 10 便士（其中 120 英镑是假币）的活动经费。因为从未到过爱尔兰，他还听取了对爱尔兰的部分详细介绍。1940 年 5 月底，他乘坐潜艇离开了威廉港。

6 月 12 日晚，潜艇溜进风光旖旎的丁格尔湾，这里是绿宝石之岛（爱尔兰岛的别名）西南端。西蒙被救生筏送上岸后，把无线电收发报机埋起来，徒步去到一条铁路线上，沿铁路线往东走，在第二天上午遇见几名铁路工人，并向他们打听下一趟火车是什么时候。

"14 年前开走最后一趟火车后，就没有火车了。"一名铁路工人告诉他。后来没什么情况，西蒙继续往前走，来到特拉利火车站。他在月台上来回溜达，发现有三人在观察他。他们和他聊天，和他一起乘火车到都柏林，还问他是不是在等爱尔兰共和军的人。他语带嘲笑地反问："你们是爱尔兰共和军吗？"这一问让他们有些怀疑他，又看到他的鞋子潮湿还沾满了泥，认为他应该和那个非法组织有关联。西蒙被他们逮捕，棕色纸包里的钱被警察发现，后来他的电报机也被挖出。他被判了刑，关在都柏林的蒙乔伊监狱。

这就是西蒙的结局。对里特尔来说，这意味着失去了"一名理想特工"。"西蒙凭着审慎、热情和勇敢，完成了交给他的所有任务。他深谋远虑、聪敏机

---

[1] 弗里德里希·席勒（Fredrich Schiller，1759—1805）是德国 18 世纪著名诗人、作家、哲学家、历史学家和剧作家。

智，是完美特工的典范，值得每个情报官信赖，也是每个情报官都梦寐以求的侦察员。"

不过里特尔手中还有"约翰尼"。1939年夏天，里特尔在汉堡训练了这个小个子威尔士人和他年轻高挑的金发女友。汉堡站负责收发电报的特劳特曼少校教授他摩斯电码、无线电发报机的安装和隐藏技巧。战争爆发时，欧文斯回到英国，在南安普敦火车站取回一台无线电发报机，它是由渔船上的一名船员从德国带来并寄存在车站的。不久后，他发了第一封电报，检验无线电联系。当嘀嘀嗒嗒传来"约翰尼"的电报时，特劳特曼在一旁看着自己的助手举起一只手兴奋地欢呼："他发报了！"助手在便笺上记录电文，突然间一群人都大笑起来，因为电文内容是："来杯啤酒！（Ein Glas Bier!）"这是他唯一会讲的一句德语，还是他在汉堡充满淫声秽语的莱泊邦大街[1]快活了几晚上才学会的。

后来的电报就比较认真了。"约翰尼"报告了船只的活动、皇家空军在英法的集结、美国提供的战争物资、沿海防御的加强、阻塞气球的使用等许多情况，以及建有储油库的农场的位置及其伪装。这些情报为空中侦察提供了参考。他甚至报告了英国主要雷达站的精确位置，虽然他并不知道这些雷达站的作用，也不可能说得出来。空中侦察发现了这些雷达站之后，德国人对他更加信任。一架齐柏林飞艇在战前的一次间谍侦察飞行中，发现了一些关于这些雷达站用途的线索。

"约翰尼"还为里特尔吸收新特工。有一次，里特尔想在北海的一条拖网渔船上与"约翰尼"以及他招收的一个新人见面，这在战前就安排好了，但没有成功。两人不久之后在里斯本见了面。里特尔对这个新人有些疑虑，因为这个名为欧文斯的人原本在国防部门工作，里特尔不相信他这种地位的人能够在不被反间谍机关察觉的情况下离开英国。后来，直到欧文斯在一次出访时把一个新特工带出英国，里特尔才打消了对他的怀疑。据欧文斯说，这个新特工以前是皇家空军军官。

当时距离第一次会面后没几周，"约翰尼"又出现在里斯本，并给里特尔介

---

[1] 又称"绳索大街"，位于德国汉堡，曾是全欧洲最大的红灯区。

绍了一个名为布朗的人。这个人确实是前皇家空军飞行员,还是一名共产党员。但他消失了,没有为里特尔所用。里特尔不能将这件事完全归罪于欧文斯。欧文斯后来继续提供的报告,经过德国空军情报机关检查核实后,都被证明是非常准确的,这样才逐步消除了里特尔的怀疑。后来他得出结论:英国人可能在怀疑欧文斯,但这个小个子用了一些办法让英国人相信他的忠诚,虽然他实际上基本是为德国人卖命的。用里特尔的话来说,"约翰尼"的情报"对德国的价值极其重大。"

里特尔的一名下级发展了德国在西方最著名的特工,他可以间接算是里特尔手下的人,在德国陆军、空军和最高统帅部都早已成为传奇。这个化名为"约瑟芬"的人是无意中成为德国特工的,甚至连他自己都未意识到他为德国传送了情报。他从伦敦提供给自己祖国瑞典的报告,在斯德哥尔摩被人偷走,交到里特尔那个下级手上。这个下级是阿勃韦尔的一个奇才。

这个下级就是卡尔-海因茨·克拉默(karl-Heinz Krämer),长得又高又帅,是一名活跃的年轻律师。他于1914年12月24日出生在汉诺威一个名为奥伯恩基尔辛的小村庄,据说这个地方的德语最动听。1939年他在汉堡上大学时加入纳粹党,党证号码4174743。后来他在伦敦为里宾特洛甫工作过一段时间,在战争爆发时应征加入空军,成为职业军官,中尉军衔。他来到受里特尔领导的阿勃韦尔汉堡站,负责低地国家、布达佩斯和伊斯坦布尔的间谍活动。他在伊斯坦布尔时吸收的一个德国人,帮助他在土耳其安装了一个可对英国使馆电话进行窃听的电话网。他回到汉堡后获得了英国飞机制造者协会的每月生产总结,这份总结到1942年9月成为德国空军"最重要的情报",被认为是"袭击英国兵工厂目标时最有价值的参考材料"。这份材料的获得,里特尔提供了一些帮助,但主要还是靠在瑞典的特工和其他关系。

以前,克拉默经常到瑞典去见他的联系人,不过随着旅行变得越发困难,不希望他中断报告的空军,极力建议把他派到瑞典。虽然最高统帅部此前已向外交部保证过,不再要求向驻外使领馆派遣阿勃韦尔的人,但这次情况特殊。里宾特洛甫同意了。10天后,1942年10月29日,克拉默抵达斯德哥尔摩,在新闻处担任使馆秘书,他的妻子埃娃和11个月大的女儿海蒂几周后也跟去那里。

他的旺盛精力几乎立刻就有了回报。他在斯德哥尔摩提供的第一批报告跟他在汉堡时递交的一样，都是以英国飞机生产情况为主。到达斯德哥尔摩仅 11 天，他就向阿勃韦尔空军组提供了第一份包含许多项目的综合报告。他提交的综合报告平均每份有 20 项情况，最多的一份达到 30 项。此外还有无数介绍个别方面情况的单项报告，比如介绍运往英国的战略物资，比如从这个岛国弄到的战术和战略情报等。

克拉默将运送战略物资的报告，归功于一位在汉堡空军机构特工花名册上编号为 V-3569 的特工——"西格弗里德 A"。他在布洛马机场工作，监视重要战略物资运往英国的情况，是德国汉莎航空公司的一名代表（也是阿勃韦尔特工）在 1940 年发展的下线。后来他吸收了一个名为斯瓦尔温克的货运经理和一个机械师，两人都是瑞典人。为了吸收他们，他付给每人 7400 克朗。克拉默去瑞典时，带上了这两人，把从他们那里得来的情报提供给德国。比如，他在 1943 年 4 月 13 日报告，4 月 6 日瑞典航空公司准备好 7 批货物运往英国，4 月 12 日又准备了 5 批。这些货物中有 75 包高速钢钻，重 1549.2 千克，将在考文垂罗彻斯特路 21 号布鲁斯布朗有限公司交货。克拉默的另一个联络人是卡尔·弗洛曼（Karl Florman），这位瑞典航空公司负责人精明又喜欢出风头，但他带回的情报都是无足轻重的。

有"西格弗里德 A"就一定不止有一位"西格弗里德"。确实，克拉默有一个"西格弗里德 B"，还有一连串的"西格弗里德"。其中有些人在英国，通过瑞典航空公司的飞行员和其他雇员传送大部分的情报。克拉默坚决拒绝将这些联系人透露给上级，不过他暗示，他们要么是地位很高的英国人，要么是常去英国旅行的瑞典人。他们也通过邮政系统传递情报，往来于瑞典与英国渡船上的水手也成为他们的信使。情报的到达一般需要 2—4 天。克拉默从不直接会面在英国的情报来源人，只接触带情报给他的中间人。

不过，在瑞典，他却跟情报的实际提供人见面。克拉默在伊斯坦布尔时接触过一个意大利人，效命于日本特务机关。通过后者，他认识了日本在欧洲的情报头子，即日本驻瑞典陆军武官小野寺真由将军，后者非常能干。他们结识后经常为各自利益互换情报。克拉默经常与匈牙利驻斯德哥尔摩助理武官拉斯洛·沃茨肯迪（Laszlo Voeczkoendy）少校接触。两人关系很好，有一次克拉默替沃茨肯迪将他的妻子送到机场。他们主要是对比从日本人那里得来的情报。

安东·贝拉·格伦德贝克（Anton Bela Grundboek）是克拉默的另一个情报来源，他是一家瑞典贸易公司的老板。这家公司以低价出售东方地毯、收音机和其他难买到的商品给德国驻斯德哥尔摩的外交官。尽管克拉默一次又一次地强调，一部分最重要的情报源于格伦德贝克，可是其他情报人员却不相信格伦德贝克能弄来这样的情报。他们认为，克拉默是为了答谢格伦德贝克的恩惠才吸收他当特务，提供便利让他到欧洲各地做生意。

报刊是一个情报来源，不过这个蓝眼睛的大个子倾向于对他的上级隐瞒这一点。每天上午，他都要泡在使馆几个小时，浏览包括技术性刊物在内的瑞典和英国的报纸杂志。他的新闻职业极好地掩护了他。他不时会根据新闻报道提供报告，比如他看到两张报纸上的两条新闻能够搭配在一起，就据此写一份报告，说来自"西格弗里德B"。这种做法之所以没有被上级发现，是因为他得到这些报纸的时间比德国各个情报分析机构要早4天。

"西格弗里德B"既报告盟军意图，也报告英国皇家空军编制。比如，1942年12月23日，也就是盟军登陆北非6个星期之后，克拉默告诉柏林不必担心盟军会在挪威登陆，而这正是希特勒最为担忧的问题：

> 1942年12月22日收到"西格弗里德B"12月18日的报告：从英国方面获悉，盟军将在挪威北部采取重大行动是故意制造的谣言，这些谣言正在瑞典驻英国使馆流传，以便传到斯德哥尔摩去。谣言的目的据说是让德国人气恼，同时似乎也是为了推迟德国意料中将在西班牙采取的军事行动。不会在挪威登陆的原因是，又有部分战斗机编队撤出第13和第14战斗机大队，美国海防部队的一些战斗机编队已撤出第18战斗机大队。"西格弗里德B"的报告证实了"西格弗里德A"1942年12月8日的报告。除此以外，这样的登陆作战行动不是英格兰北部和苏格兰的船舶总吨位能够承担的。据说突击队将加紧活动。

克拉默手下另有一个名为"赫克托"的特工。这名特工提供的报告多半涉及同盟国飞机的生产情况，被一些人认为是德国在这方面收到的价值最突出的情报。

Auswärtiges Amt

r.Krämer   Stockholm, den 17.8.1943.
Tagebuchnr. 40/43.

                An das Oberkommando der Wehrmacht
                Amt Ausland Abwehr I Luft/E
                 z.H.Herrn Oberstltn.i.G.Kleyenstüber o.V.i.A.
        Abdruck: Auswärtiges Amt, Berlin   1x nebst Anlage.
                 Deutsche Gesandtschaft, Sthlm.   1x nebst Anlage

                        G e s e h e n .
                Stockholm, den 17.August 1943.
                        Der Deutsche Gesandte
                            gez. Thomsen.

Anliegend wird überreicht: Mantelbericht Nr.40/43
  Anl. 1) Produktion von Spitfire im Juni 1943.
       2) Produktion von Lancaster im Juni 1943.
       3) Produktion von Halifax im Monat Juni 1943.
       4) Produktion Hawker Hurricane im Juni 1943.
       5) Produktion von Typhoon im Juni 1943.
       6) Produktion von Short-Stirling im Juni 1943.
       7) Produktion von Wellington im Juni 1943.
       8) Produktion von Miles Training Flugzeugen im Juni 1943.
       9) Produktion von Mosquitos im Juni 1943 bei de Havilland.
      10) Produktion von Cygnet und Owlet im Juni 1943.
      11) Bristol-Produktion im Juni 1943.
      12) Produktion von Sunderland im Juni 1943.
      13) Produktion von Bombay und Flamingo im Juni 1943.
      14) Produktion von York im Juni 1943.
      15) Produktion von de Havilland Schulflugzeugen im Juni 1943.
      16) Brief an Abw.I Luft/E.

卡尔－海因茨·克拉默，这个从德国西线最著名间谍"约瑟芬"处拿情报的人，在书的封面页罗列报告。

克拉默四处奔走以了解更多,既避免落入陷阱,也能满足间谍头子想要更多情报的胃口。他每个月至少花一周时间到瑞士、法国、哥本哈根等地旅行,每隔一周去一次柏林会见吉泽黑尔·维尔辛(Giselher Wirsing)博士,后者是《慕尼黑最新消息报》(*Münchner Neueste Nachrichten*)的发行人、施伦堡的助手、德国中央保安局特殊情报汇编《埃格蒙特报告》(Egmont Reports)的编者。维尔辛在和克拉默交换情报时发现,克拉默的情报价值很高,因为他能力很强,活动范围又在德国境外,还能独立思考。

除了主动提供情报,克拉默也回答德国空军提出的问题,这些问题通过阿勃韦尔转达给他。比如"被调往中东的陆军航空队是哪些编队?""新建立的四个战斗机小队是否有英美战斗队编队?"

但是,所有这些和"约瑟芬"提供的重要情报比较起来,不过是小巫见大巫。

"约瑟芬"是谁?随着他的名气越来越大,他的底细逐渐被一些人知道:"约瑟芬"只是一个没有意义的化名,不只是一个人的代号,而是瑞典驻英国陆军武官、海军武官和空军武官等数人的。瑞典多少会被认为是亲德国的国家,它的代表每到一个地方,不会受到热烈的欢迎,更不会参与同盟国的秘密。但是,在与德国交战的英国首都伦敦,瑞典的代表还是有相当大的行动自由,这是瑞典作为中立国才享有的待遇。只要人在那里,自然能搜集到大量情报,这些情报在其他地方是搜集不到的。综合归纳了这些情报的报告,被送给斯德哥尔摩国防部,然后被克拉默获取。

获取这些报告的途径是克拉默最大的秘密。他的社会交往并未超出一般使馆外交官的活动范围,他没有举办许多聚会,瑞典朋友也寥寥无几。他不愿说出这些情报是怎么来的,扬言宁可不干这份工作也不会透露半点。施伦堡为了揭开秘密,甚至还派人去盯着他。

"完全没有结果,"施伦堡很无奈,"他白天什么事情都不做,也不与任何人接触,但他每星期为了参加聚会大概会出去两三次,然后成功地消失三四个小时,第二天早上回来后就开始下命令。"

他在斯德哥尔摩北部有三处安全寓所,有几次外出明显是去了其中一处。他能消失得无影无踪的部分原因是,他那辆小轿车改装后加大了马力,能开到堪称危险的速度。可是,他常把小汽车停在正对寓所门口的地方,因此瑞典警察在他到达之后的三个月就开始对他进行监视,并且很容易就能够认出这些寓所里和他接触的人。

与他接触的人中有三名在瑞典国防部工作的年轻瑞典妇女。克拉默常在市中心他最喜欢的一家饭馆里,或是西郊一座舒适的小酒店里,和她们喝酒吃饭。有时,他会把她们中的一个带到可以秘密约会的地方,女方会在那儿交给这个迷人的外国人一些瑞典驻伦敦几位武官的报告,或许还有其他文件。

一条直接通往交战国首都的情报渠道,似乎能使极度渴望得到情报的德国人直接窥伺同盟国的意图。比如在魁北克会议上,罗斯福和丘吉尔针对意大利将退出战争的情况,制订了一个跨越英吉利海峡实施登陆作战的重大计划。对此,"约瑟芬"在1943年9月1日发回报告说:

> 盟军作战计划至今没有根本的改变,预计盟军本打算在法国北部采取解决这场战争的重大行动,在明年春天前都不会发生。盟军为了对意大利和地中海诸岛作战,将在北非和西西里岛建立主要活动据点。

所有这些情报都很准确,但并不新鲜。任何空想战略家都清楚,针对欧洲大陆的攻击需要一个夏季的动员准备时间,得到第二年春天才能实行。而且盟军没有理由不占领西西里岛,德军两个星期前刚从那里撤出。尽管如此,间谍的情况报告还是比单纯的猜测要强,因此德国人还是很欢迎这些情报的。"约瑟芬"后来提供的一些情报却不甚准确。1944年6月19日,他发回报告说美国成立了8个空降师,但实际是5个。同年10月25日,他说美国第14集团军的大部分部队将于该月月底抵达法国,实际上美国并没有这个集团军。

有许多人欣赏克拉默的情报,但同样也有许多机构质疑他。弗里德里希·布施(Friedrich Busch)是阿勃韦尔空军组驻斯德哥尔摩代表、空军副武官,他嫉妒克拉默时不时地旅行、漂亮的女朋友和吃喝玩乐,认为这个英俊的间谍头子吸收间谍进行特务活动,与其说是为了增加情报来源,不如说是为了获取经费,克拉默可以为了保护自己而毫不犹豫地抛弃空军可能不信任的消息来源。布施认为克拉默的情报大都是造假得来,阿勃韦尔官员庇护他的原因在于他帮助他们进行不正当货币交易。盖世太保怀疑他是双面间谍，认为若非如此他的工作不会这么出色。盖世太保中一位最能干的工作人员针对这名高个子特务写了 80 页的材料，他认为克拉默是用德国空军作战部的文件和德国的其他机密文件，与在斯德哥尔摩的苏联人做了交易，换来英美的情报材料，交易极有可能是通过小野寺进行的。

因此，1944 年 12 月德国中央保安局一次各处负责人会议上，盖世太保负责人缪勒嘲笑施伦堡："你不会也是英国特务吧？你那个克拉默会给你带来麻烦的，到时候你可得好好解释。"不久施伦堡召回克拉默并审问了他 4 小时，克拉默对这些指控一概否认，缪勒也无法证明这些指控的真实性。克拉默再次返回斯德哥尔摩，责任由施伦堡为他承担了。克拉默直至战争结束都一直留在斯德哥尔摩，有些人对他高度欣赏，另一些人则对他难掩怀疑。

正如在西方有个最著名的间谍"约瑟芬"，德国在东方也有一个最著名的间谍，名叫"马克斯"。两人的身份都笼罩着神秘的色彩，正如多数情报人员只知道"约瑟芬"在英国提供情报一样，他们也只知道"马克斯"在苏联提供情报。此外，与"约瑟芬"的联系人是著名的纳粹分子不同，"马克斯"的联系人却是一名犹太人，这颇为有趣。

这名犹太人就是弗里茨·考德斯（Fritz Kauders），1903 年 6 月 23 日出生于维也纳，身材不高，有些胖，母亲是犹太人，父亲据说原是雅利安人，却改信犹太教，最后又接受浸礼成为基督教徒。考德斯 24 岁时离开维也纳去苏黎世做体育记者，后来在巴黎和柏林做过同样的工作，还在柏林做过生意。希特勒上台以后，他到布达佩斯当记者，同时从事似乎风行于上流社会的一种活动，介绍合适的匈牙利官员给那些既需要又出得起价钱收买他们的人。他还想办法弄到一些有时很难获得的证件，比如居住许可证和签证。他宣称，他能做到这些，是因为经人介绍结交了布达佩斯最有地位的非官方人士和级别最高的官方人士，特别是外交部人士。此外他还兑换货币。

他在布达佩斯认识了德国阿勃韦尔在当地的负责人，并接受他布置的任务。他最为显著的成果是同约翰·J. 迈利（John J. Meily）的交往。迈利是美国驻南斯拉夫萨格勒布的领事，与考德斯结识于匈牙利外交部新闻处处长举办的一次宴会上。考德斯充分利用这个机会,假装自己是荷兰人,帮了迈利和他妻子不少忙,为迈利兑换货币,帮他寻找他喜欢收集的古董手枪和刀剑。考德斯希望利用他和迈利的交情为想要离开布达佩斯的犹太富翁取得美国签证,从中赚取好处。

考德斯还利用这个交情偷走迈利的文件。他多次前往萨格勒布访问,在1941年春天的那次访问中,他盗取文件并交给阿勃韦尔,包括英国的宣传材料和一份南斯拉夫汽油短缺的报告。他从迈利的办公室里偷走美国的军备报告,迅速拍照后再放回去,把照片带给德国情报机关。迈利有时会让他给美国驻布达佩斯的领事带去一些信件,他就拆开信封拍照,把照片送给阿勃韦尔。当然,当美国驻布达佩斯的领事让他捎回信给迈利,他也会这么做。他盗取到用处最大的材料,大概是美国国务院关于颁发签证的规定,很可能被送到阿勃韦尔负责伪造证件的人手里。

考德斯可能也曾把这样的材料提供给党卫队保安处。因为在一件牵扯到迈利的事情上,他接触过德国中央保安局巴尔干问题专家威廉·赫特尔。他曾为了这个问题从维也纳一直跟随赫特尔到柏林。他在柏林靠泡妞来消磨时光,这期间认识了德国中央保安局的工作人员蒂尔小姐,他带她出去玩,却因为犹太人的身份给她带来了麻烦。赫特尔并不喜欢考德斯,但还是让他帮忙把一封信带给手下一个在萨格勒布的特工海因里希·施利。考德斯回到萨格勒布后,总是办事玩乐两不误。他在国防军通信中心打长途电话时,偶然跟霍尔特豪斯小姐相识,可惜两人的交往并不顺利,仅有的两次见面她都有朋友陪同。他的运气在返回布达佩斯后好了一些,贝洛塞维奇小姐似乎喜欢他。她是新成立的克罗地亚独立国[1]驻布达佩斯大使馆的工作人员,会把一些情报交给他,还打算到萨格勒布去找他。但他后来陷入一些摩擦并被扣留了,和这位小姐的关系自然不能再继续。

这些事情大都发生在希特勒进攻苏联的初期。就在这个时候,德国同苏联内部的某些联系正在发生变化。

这些联系人原来是白俄将军安东·图尔库尔(Anton Turkul)手下的人,图

---

[1] 二战时期轴心国的傀儡国,战后于1945年成为南斯拉夫共和国的加盟共和国。

尔库尔在俄国内战期间曾指挥一个师与共产党人作战，在共产党人巩固政权后，至少有一段时间曾在反共的希特勒统治下的德国避难。他成了白俄流亡者的头头，一面等候红色政权倒台，一面同苏俄境内的人保持联络，甚至将他手下的军官派去替他宣传，还寻求波兰总参谋部的帮助。希特勒大举进攻苏联后，图尔库尔在苏联的一些手下开始接触德国人，并主动提出要为德国提供情报，通过电台进行传递。建议被德国人接受，任务由阿勃韦尔具体执行。阿勃韦尔把设备提供给他们找到的白俄无线电电报员，并定期进行通信联系。这些白俄电报员有了德国人给他们取的化名，比如"马克斯"和"莫里茨"。据推测，"马克斯"在克里姆林宫，"莫里茨"在乌拉尔以东。后来"莫里茨"不干了，"马克斯"则在苏联战争期间出尽风头。

这项工作被卡纳里斯交给维也纳谍报站站长鲁道夫伯爵冯·马洛格纳－雷德维茨（Rudolf Count von Marogna-Redwitz）上校，他是卡纳里斯最亲密的同事之一。维也纳自阴谋暗算层出不穷的奥匈帝国时代以来，就一直是对俄间谍活动的一个中心。大概是在 1941 年年底，图尔库尔的工作被维也纳情报站转移到保加利亚首都索菲亚，大概是因为后者离俄国较近，进行无线电联系更为方便，也有可能是因为有人企图从苏联驻索菲亚的使馆里获取更多情报，这个使馆规模庞大。为了这项工作的顺利进行，马洛格纳－雷德维茨在索菲亚一条主要街道的别墅里建了一个前哨站。办公室在别墅下面几层，电报员则在顶层进行秘密技术工作。这个前哨站独立于奥托·瓦格纳（Otto Wagner）上校领导的阿勃韦尔保加利亚 KO（战争组织），这条大街的下面就是后者的总部所在。

考德斯是这个前哨站的站长。他如何以及为何当上站长，这些对于索菲亚的阿勃韦尔工作人员来说一直都是个谜。非常清楚的一点是，包括卡纳里斯本人在内的阿勃韦尔高级人物绝对支持并全力保护考德斯。卡纳里斯当着瓦格纳的面对考德斯的评价就是明证。

考德斯和阿勃韦尔大多数人一样使用化名。"克拉特"是他的化名。他自称为"工程师"，在奥地利这并不是一个总与实际职业相应的头衔。他身材中等，脸庞圆润，衣食讲究，聪慧机敏，却不怎么爱动，在一些人眼中非常狡猾。拈花惹草是他的弱点。不过据瓦格纳观察，他爱玩女人，却并没有堕落，总是保持着警惕，总是在迫切地打听发生了什么，别人会说些什么。他上任没多久就开始到处花钱。白天他或是在办公室里待着，或是到外面进行活动，明显在做一些私事，为了不让保加利亚警察找他的麻烦而向他们行贿。晚上他则在饭馆或咖啡馆度过，或是美美吃上一顿，或是和女人约会。

尽管考德斯各种举动不务正业，却没有遗漏"马克斯"发来的大量情报，收到后就送到维也纳，再由维也纳发往阿勃韦尔总部，之后到达东线外军处和东线对外空军处。情报信息通过这两个机构下发到各集团军群和各大机群。几乎每天都有消息传来，内容大多是关于军队调动。比如，1942年6月4日，"马克斯"报告：

> 6月2日，季霍列茨克迎来一个步兵师、一个炮团、一个中型坦克团，他们来自克拉斯诺达尔，大概是要调往罗斯托夫。6月3日，来自斯大林格勒的200辆重型和中型坦克运抵克拉斯诺达尔，之后会往塔曼半岛运送。

有些电报的重要性远胜于此，它们似乎是从苏维埃政权的权力中心——克里姆林宫流出来的。1942年7月14日或15日，"马克斯"报告：

> 莫斯科国防委员会会议于7月13日晚结束，出席会议的有沙波什尼科夫、莫洛托夫、伏罗希洛夫，英、美、中陆军武官及其他一些人员。沙波什尼科夫宣布苏军将一路撤退到伏尔加河，以迫使德军在伏尔加过冬……进攻的地点很明显将在奥廖尔以北和沃罗涅日以北，空军和装甲部队均参与。加里宁附近可能会发动大规模强攻，以便牵制住敌人。

东线外军处评价："过去几天敌人的动态表明情报可信。"

4个月后，苏联人准备痛击并摧毁德国中央集团军群和在斯大林格勒的先头突击部队。当苏联部队集结时，"马克斯"取得了德国在二战间谍活动中最为顶级的成就。在一次军事会议上，斯大林亲自主持并做出决策，这些决策当天就被"马克斯"透露给德国人。德国在西方的特务"约瑟芬"声称是自己披露了罗斯福和丘吉尔的会谈结果。但是，"马克斯"1942年11月4日的这封电

1942年11月苏联前线,德国东线最著名的间谍"马克斯"报告了克里姆林宫那天由斯大林主持召开的军事会议,透露了苏联关于冬季攻势的部署。

报,其速度之快和准确性之高令人惊讶,没有哪份情报可与之媲美。

斯大林主持的国防委员会会议于11月4日在莫斯科召开,12位元帅和一些将军出席,会议制定以下原则:a) 每次作战推进均须小心谨慎,避免重大损失;b) 一城一地的得失没那么重要;……f) 如果气候等条件允许,各项进攻计划要在11月15日前执行。发起进攻地点主要是:从格罗兹尼[跨越高加索]……顿河地区的沃罗涅日、勒热夫、伊尔门湖以南和列宁格勒等。从预备队中抽调部队到前线作战……

这份电报预告了莫斯科四项冬季作战计划,跟东线外军处对局势的看法一致。两天后,东线外军处下发这份情报和自己对形势的判断。

这份报告耸人听闻,情报人员和指挥官很快对此议论纷纷,各种各样的说法流传开来。比如"马克斯"是斯大林的医生,比如"马克斯"是一个罗马尼亚人,有着能够窃听苏联电话的情报网,甚至连克里姆林宫内的谈话都能被这个情报网窃听。还有人认为一个日本记者是他的情报来源,这个日本记者通过土耳其的中间人早就开始为日本情报机关工作,当时日苏尚未交战。

但不管怎样,他们都喜欢并且信任他的报告。"马克斯"某天说些什么成了中央集团军群司令常向他的情报参谋打听的内容。古德里安任参谋长时,曾对施伦堡说,"马克斯"比任何一个特工都要宝贵,当时施伦堡已是合并后的德国中央保安局和阿勃韦尔头目。那时流传过这样一个说法,听说"马克斯"是犹太人后,希特勒曾拒绝他的报告。但古德里安说,"马克斯"的报告举世无双,尤其是关于苏联空军的报告,关闭这个情报渠道是不负责任的,是犯罪行为。高级军官没有变化,始终保持着这种态度。

然而,考德斯和"马克斯"也被一些情报官员怀疑是双面间谍。阿勃韦尔保加利亚KO负责人瓦格纳发现他们形迹可疑。大约是1942年年底,考德斯向他抱怨没有人理会他申请成为雅利安人的请求。他说,他与苏联空军的重要联系可使后者的实力和编制及时被德国人知悉,敦促组织快点实现他的要求。瓦格纳直接表明自己对他不信任。他了解到"马克斯"的前哨站通过无线电联系的人不是在苏联,而是在西班牙的维戈,这令人感到奇怪。确实如此,考德斯回答说，因为保加利亚人的想法和心理更对苏联人的胃口，所以他同苏联的联系是利用保加利亚警察局的无线电部门来进行的。瓦格纳认同这一点，并向保加利亚人核实，得到的却是否认的回答。他招来考德斯，考德斯冷静异常地说，他对瓦格纳的欺骗是有意为之，因为要保护他的秘密无线电联系，其实他的电台与苏联的联系是通过土耳其进行的。他说，有一艘快艇在土耳其萨姆松附近的海面上游弋，这是一个古老的黑海港口城市，他的电报就是由这艘快艇上的无线电台转发的。而瓦格纳从伊斯坦布尔谍报站负责人那里得知，这是不可能的。瓦格纳现在确定，考德斯就算不是双面间谍，至少也是个骗子。有一天，他在开会的时候，向卡纳里斯、皮肯布罗克和马洛格纳-雷德维茨表达了他对考德斯的怀疑，会议室立马陷入沉默。后来马洛格纳-雷德维茨打破沉默说，考德斯的报告是空军认为最好最准确的报告，这就是他能为所欲为的原因。卡纳里斯对这个维也纳情报头子持支持态度，告诉他应对之法，"你可以监视他"，"但不要打扰他工作"。就这样，考德斯继续活动，直到最后依然被信任。

能让德国人像侦探小说读者想象中的那样进行间谍活动的，全世界只有一个地区——拉丁美洲。他们在墨西哥至少有40名特工，表现很出色，还有一些特工在美国。所有这些特工组成的三个间谍网，向汉堡、柏林和科隆的间谍指挥机关提供的微粒情报信件不少于500封。在阿根廷的间谍组织是他们活动范围最广、规模最庞大的一个。阿根廷是该地区实力最强的之一，也是最反对美国的一个国家。

1939年，德国开始在这里活动。当时，奥托马尔·缪勒被旅行到此的一名阿勃韦尔代表吸收成为特工。缪勒38岁，15年前移居南美大草原，当时德国正处于一战后通货膨胀的灾难之中。他精力充沛，他的行动很好地证明这一点。他为了购买轰炸机瞄准器同一位阿根廷陆军军官谈判，报告英国从阿根廷购买牛的数量，每月提供一份阿根廷向英美出口重要原料和食品的报告。他还组织了一个特务网，发出无数的电报与信件，内容都是关于船只到达、航行和装货的信息。他得到最高统帅部的承诺：他当间谍的时间会被算作军龄。

缪勒过于激烈的爱国主义情绪，难免让他失于谨慎。他在担任间谍网头目时，在秘鲁卡亚俄电台为德国做广播宣传，被阿勃韦尔罢免了官职，但不知为何仍被允许继续作为间谍网的成员。

间谍网由他手下的特工汉斯·纳普接管。这是一名40岁的农艺家,于1921年来到拉丁美洲,最初是乌拉圭的一个小农场主,后来当起了生意人。1939年4月,他和布宜诺斯艾利斯一个鞋子制造商合伙,在当地开了阿德隆茶室酒吧,这显然实现了他的梦想。但酒吧在5个月后倒闭,纳普也破了产。凑巧的是战争在1个月后爆发,为他带来了就业机会。纳普成了间谍。

他干得不错,所以才能在1941年10月接替缪勒。他的间谍网要联系国内,是通过巴西一家掩护商行的地下发报机进行的。阿勃韦尔汉堡站要他去德国驻布宜诺斯艾利斯海军武官的办公室领取5000比索(1250美元)的经费,其中一半是给他本人的"特殊报酬",另一半是用来购买和运营无线电报机的费用。联络暗语是"我表哥乘坐'格奈森瑙号'轮船"。实际上汉堡批给他们的经费是10000比索(2500美元),只是得在对间谍们仔细盘问后才能支付,比如"电台从安装到使用总共得多少钱?""除开这个月的报酬,电报费还需要多少?"监督这台无线电发报机的安装是纳普的第一项工作。

自此之后,他开始在德国国际情报公司的掩护下进行情报搜集活动,经营他的间谍网。和他同一个办公室的间谍曾当过侍者。纳普经常去第25梅奥街357号的中央酒吧,和他的特工们一块吃午饭。纳普还有一位老朋友在他手下当特工,是一名西班牙人,喜欢聘用西班牙船只上的水手来替他传递信件。他有好几辆小汽车,常把其中一辆借给纳普,一借就是好几天。特工中有一名巴拉圭人,有着日耳曼血统;还有一名是因为倾向纳粹党而被瑞士驻布宜诺斯艾利斯商务处扫地出门的瑞士商人。纳普出色的间谍活动,使他得以搬进马丁内斯北郊的豪宅中,而过去他只能住在维也纳饭店狭小的房间里。

和缪勒一样,纳普搜集的情报着重于航运方面。比如,1941年12月7日,他在第430号电报中报告:

> 以下船只已到达布宜诺斯艾利斯:2日,"奥格娜号";3日,"德拉尼号",自巴西桑托斯开来。"索尔斯特兰德号"于3日离开布宜诺斯艾利斯前往里约;同日,"塔利亚"号自秘鲁拉利伯塔德抵达蒙特维迪奥……

这封电报让海军武官迪特里希·尼布尔上校很生气。他的办公室可以俯瞰港口，定期会发出一些有关来往船只的报告。这些间谍的报告只不过是对他的报告的重复。他认为，报告军事政治情况是间谍们最重要的工作，但他相信他们提供的这些情况不过是换个方式复述小道消息，因为他们不像他可以接触到消息灵通人士。尽管如此，他还是遵照柏林的指示为他们提供支持，比方说每月给纳普几百比索。

他自己有一个小间谍网，人员与纳普的间谍网有重复，只是带着不一样的情报目标。1942年1月1日，尼布尔的间谍网报告：从5月开始，（美国的）柯蒂斯公司在哥伦布的工厂将为海军批量生产SB2C系列单座俯冲轰炸机。德国抛出一连串的问题，问这个间谍网"能否搞到美国第3-154号'化学战'野战手册"等，还对间谍网第49、50、51号消息中"详细并异常准确的有关英美巡洋舰与辅助巡洋舰设备的技术报告"大加夸赞。

巴西在德国对美宣战8周后，与轴心国断交。3个大型德国间谍网在双方断交8周后被巴西当局破获，部分间谍被捕入狱，但一部分无线电技术人员逃到阿根廷和智利，他们起的作用十分重要。在相当长的一段时间内，智利一直同德国、意大利和日本维持着外交关系，区别于巴西以及多数拉美国家。这与阿根廷一样，便于德国进行间谍活动。因为智利的中立不仅为间谍活动提供了庇护，德国的外交官也能把情报提供给他们。

在智利，帮忙的是德国空军武官，负责间谍网的则是海因里希·赖纳斯（Heinrich Reiners），德国人、纳粹党员，是一个小小的航运公司的老板，公司地址在瓦尔帕莱索的普拉特街773号。1941年夏末，他在智利的各个港口招纳特务，让他们对来往船只情况进行报告。

把报告寄往1545号邮政信箱是一些特务为赖纳斯提供情报的方式，不过汉堡明令禁止由赖纳斯本人去取邮件，明确告诉他去取邮件的人只能是可信任的中间人。于是，去取回这些邮件的责任就落在他办公室的一个同事头上。其他一些港口的间谍则把报告寄给一个充当间谍网信箱的智利人。有时候他会收到从美国寄来的隐显墨水信件，他还订阅了有美国航运详细情况的《纽约船舶年鉴》（*New York Maritime Register*）。

牧师渠道也被利用起来。厄瓜多尔首都基多传出关于呈递给厄瓜多尔总统的一份秘密报告的情报。报告称美国提供了 3700 万美元贷款、5000 支步枪、25 万挺机枪和一艘海军巡逻艇。（这份报告有夸张成分，根据《租借法案》，美国只提供 1700 万美元贷款，海军巡逻艇也不在美国提供的范围之内。）一个亲纳粹的神父维亚纳（Viane）将其夹在一本祈祷书里，交给圣地亚哥外一所神学院的神学学生图利奥·弗朗奇尼（Tullio Franchini）。德国人从这个学生那里拿到书，而他或许还不知道间谍情报就藏在书里。

从智利发回的情报多半与航运相关。德国收到的一份情报说："智利的'托尔滕号'（Tolten）正在装货，准备驶往美国。"应汉堡的要求，大概是空军的要求，间谍网还提供气象报告。接收者对这些情报很满意，因此赖纳斯接到汉堡的命令，要"给每个间谍奖赏价值 100 马克的圣诞礼物"。

这些情报都是用无线电传送，否则将因为失去时效而一文不值。

1940 年年中，一家无线电商店的老板为这个间谍网安装了发报机。这个老板与间谍没有关系，因为当时业余无线电活动是合法的，间谍骗他说，这是给无线电业余爱好者使用的。发报机安装在大木箱里，可以部分拆开。

最初，间谍网的发报由成员威廉·泽勒（Wilhelm Zeller）在自己家里进行。泽勒是一名领有执照的业余无线电爱好者，他的家在瓦尔帕莱索附近的阿莱格里山上。美国监听者注意到他的非法发报行为。智利警察在得到美国的通知后，于 1942 年 6 月 25 日搜查了泽勒家，但没有找到发报机，不过他们搭线窃听了泽勒家的电话，走后不久就听到泽勒对另一名间谍说：

"运气真不赖，他们的搜查很粗略，尤其是对地下室的搜查。"

警察很快又弄到一张逮捕证，于 9 小时后再次敲开泽勒家的门。那只木箱被他们发现了，但警察没有把箱子打开，也就没发现里面的发报机。德国人受够了这两次搜查，立刻把这只木箱里的发报机主要部件往一个意大利人开的食品杂货店里转移，部分其他零件则藏在一个酒吧里。他们在 10 月份前都拒绝发报。

搜查浪潮过去后，发报机在汉斯·霍夫鲍尔（Hans Hofbauer）家被重新安装起来。霍夫鲍尔家是一个小瓦房，在瓦尔帕莱索以东 15 英里的卡雷拉大街 1150 号。在高高的树篱遮掩下，只有一根拉着天线的长杆伸出房顶。窗帘把窗户捂得密不透风，一只小箱子遮着接地线。赖纳斯的副手，32 岁的约翰内斯·泽罗斯（Johannes Szeraws）负责发报。这个有着一头卷发的间谍，曾担任一艘德国船只的二副，后来跳下这艘船非法逃到智利。泽罗斯在这所房子里生活，在房后的一间小屋里发报，呼号是 PYL。汉堡为了防止信号在回电时暴露，使用的频率非常接近于大西洋两岸间经常变换的无线电通信频率。

一个月之后，这样的活动就结束了。1942 年 11 月，智利人在美国监听者的帮助下，粉碎了电台呼号为 PYL 的间谍网，逮捕了许多成员。不过包括赖纳斯和泽罗斯在内的一些人逃到了阿根廷。由此，德国在智利的间谍活动就停止了，只有一两名间谍暂时还在活动。与此同时，美国向阿根廷政府施压，阿根廷立法委员会也揭露了这些间谍反阿根廷的活动。多少屈服于这些压力，阿根廷政府突击了当地的间谍网，纳普、缪勒等人被捕。

德国在这里的间谍活动看起来已被完全扼杀，实际上仍在进行，甚至还有所加强，主要原因是一个特别勇敢能干的年轻人的到来。他就是约翰·西格弗雷德·贝克尔，受党卫队保安处的派遣，负责阿勃韦尔和党卫队保安处的一次联合行动。。

1912 年 10 月 21 日，贝克尔在莱比锡出生，在当地念完中学后加入纳粹党，并在第二年（1931 年）加入党卫军。他曾先后服务过一个烟草批发商、一家褐煤生产者联合会，还为纳粹党的几个志愿组织工作过。其中一个组织的上级对他高度赞赏："他一人组织和监督了德国与外国青年交流的整个工作……这名党员独立完成此项任务，我们对此十分满意。"在德国为纳粹党的一个机构又工作一年后，他辞职了。1937 年 4 月 20 日，几周前辞去工作的他被任命为党卫军少尉，以柏林德国贸易出口中心商务代表的身份，于 5 月 9 日搭乘"蒙特帕斯库亚尔号"（Monte Pascoal）轮船前往布宜诺斯艾利斯。他的办公室设在德意志银行大厦里。战争初期，他于 1940 年左右回国住了一阵，然后回到阿根廷，这一次的身份是外交信使，之后又在德国对美宣战后被召回。因为意大利飞越大西洋的航班停飞，他在里约热内卢耽搁了数月才回到柏林，这时已到 1942 年 5 月。他晋升为党卫军上尉，奉命重新组织和领导南美的间谍机构，尤其是要防止战争时期德国与几个南美国家失去联系的情况发生。他负责搜集政治情报，军事情报则由阿勃韦尔搜集。

12 月，他在西班牙的萨贡托港偷乘"丽塔·加西亚号"（Rita Ciarca）轮船。被船方发现后，他出示伪造的阿根廷身份证，证件显示他是一位名叫何塞·卢施尼格的面包师。在船员的帮助下，他逃脱了布宜诺斯艾利斯海关的检查，于1943年1月上岸。

他立即联系党卫队保安处的威廉·赛德利茨。相貌丑陋的赛德利茨是一家旅行社的经理，自战争开始就在为德国人当间谍。党卫队保安处通过大使馆寄给贝克尔5万美元，由赛德利茨转交。贝克尔在赛德利茨的介绍下接触了36岁的德国拜尔化学公司驻阿根廷首席广告员，与后者一起开设了一个总代理商行，位于坎加约大街439号楼609和611房间。每天下午4点，这家商行的工作人员就停止工作，以便在没有外人时进行间谍活动。

贝克尔改组了间谍网，把它们分成三组，以红、绿、蓝三色命名。蓝组，即大使馆组，负责人是海军武官尼布尔，后来由陆军武官沃尔夫将军接替，该组与阿勃韦尔汉堡站联系。绿组的负责人是长居阿根廷的律师约翰·莱奥·哈尼施（Johann Leo Harnisch），年龄45岁左右。他于1941年回到德国加入阿勃韦尔，再于第二年返回阿根廷，接受贝克尔的领导，参与组建间谍网。他与一位阿根廷上校关系亲密，还吹嘘自己与希特勒有私交。他的间谍网为阿勃韦尔科隆站精力旺盛的福克少校搜集经济情报，尤其是美国军火生产的情报。红组由贝克尔自己负责，这是党卫队保安处的一个机构，赛德利茨和拜尔公司的那个广告员都属于这一组。这个广告员负责管理贝克尔的商行，也提供自己通过私人途径获取的情报。贝克尔通过信使同德国中央保安局联系，还通过无线电与柏林的哈弗尔研究所联系，这条线路被该研究所称为23号线路。

技术组服务于这三个组，同德国的无线电通信和微粒信件通信由它们负责处理。

29岁的古斯塔夫·乌特青格尔（Gustav Utzinger），一位留着两撮小胡子的化学博士，领导着技术组。阿勃韦尔在战争开始时，就让他以德国巨头德律风根公司雇员的身份来到巴西，在那里建立无线电通信线路与德国联系。德国间谍网被巴西当局破获时，乌特青格尔逃脱，被缺席判处8年监禁。辗转来到阿根廷的乌特青格尔经尼布尔介绍加入当地间谍组织，在城市周围或买或租位置偏僻的小型农场，尝试电联大西洋彼岸的德国。这是一个漫长又困难的过程，或出于对安全的考虑，或为了方便，他不时更换农场。

他的副手泽罗斯，那个终日待在小瓦屋里发报的人，后来也逃出了智利。多数电报实际上由 25 岁、曾当过商船报务员的乌尔里希·道厄（Ulrich Daue）拍发。他所在的商船到达乌拉圭蒙特维的奥时，凑巧英国海军将德国"斯佩伯爵号"袖珍战列舰追赶到这里，袖珍战列舰被舰上人员凿沉，而道厄和其他德国人则被扣留。1942 年，他逃脱出来，乘坐搭装有舷外推进机的汽艇，顺着普拉特河来到布宜诺斯艾利斯，最后加入这个间谍组织。在这里，他使用冒名为卡洛斯·马里奥·巴雷多的假身份证。

1943 年 6 月，他跟随乌特青格尔来到一个名叫格里科的农场，位于布宜诺斯艾利斯附近的贝拉威斯塔。几天后，乌特青格尔搬来一个装有一台小发报机的木箱，这台机器只要接上家庭用的普通电源就可发报。道厄向德国发了几封摩斯电码电报。一些德国同情者住在这里，为了掩盖这个农场的间谍活动，他们种下一些树，还买回 350 只鸡，安装了一个孵蛋器。道厄把发报机藏在鸡棚的一个坑里，坑上盖了一块木板后还铺上了稻草。差不多每个星期，乌特青格尔（化名为"唐·安东尼奥"）都会把十几份密码电报带回农场，每份约有 50 组密码，然后由道厄发回德国。这部发报机不太好用，于是"唐·安东尼奥"又带回一台体积小一些的发报机。这台发报机功率相同，被安装在一个深栗色的皮箱里。

技术组在贝拉威斯塔的科连特斯大街 550 号一所名为拉乔萨的乡间别墅里还有一个缩微摄影室。为了每月 200 比索（50 美元）的酬劳和这栋房子的使用权，一个擅长照相和印刷的奥地利后裔和他的妻子，把许多出版物缩微为微粒信件，其中多数是美国出版物。这些微粒信件会被贝克尔通过信使或邮政系统送到德国。

改组后，贝克尔加紧进行情报搜集活动。1943 年初，他派一个人到乌拉圭开展间谍活动，给了他相当于 3000 阿根廷比索的资金，可惜这个人没有成功，让贝克尔大失所望。这个人和其他间谍在 6 月份左右被贝克尔召回开会，会上他被狠狠训了一顿，然后又拿到 1200 美元的经费，到蒙特维的奥去继续完成任务。开会的地点是在布宜诺斯艾利斯奥罗街 2168 号的一所房子里，是间谍网专门买来供特工用餐和开会的地方。这个人到蒙特维的奥后，通过朋友招揽了几个乌拉圭人，其中至少有一个人是民族主义分子，他的反美情绪让他被吸收进来。他们奉命去收集乌拉圭进出口数据和一本说明如何能取得美国进口许可的杂志——《方向》。

贝克尔搜集情报的方式多样，比如分析美国报纸和技术杂志、收听广播电台和个人观察等，尤其是通过有访美经历的外交官和在美国受训的军人，还有统一军官团，其中包括阿根廷真正的统治者胡安·庇隆（Juan Perón），哈尼施和间谍网的其他成员都同他交好。外交部长也是统一军官团中的一员，骂美国人是"混蛋"，还曾向一个德国特工许诺，会随时向德国通知各种情况，因为德国的胜利会决定阿根廷的命运。许多情报都包含美国军火生产的统计数据，以及美国的政治经济形势等内容，另有许多情报介绍阿根廷的内外政策。

在担任拉美东部联合间谍网头目的第一年中，贝克尔得到德国使馆的支持。尼布尔和沃尔夫都给他们出谋划策，提供资金，还让他们使用使馆的信使，只是不让他们用无线电通信设备。实际上，阿根廷在美国的施压下，禁止轴心国的外交官拍发密码电报。因此，大使馆提供了技术组所需的全部启动资金。后来，技术组每月从大使馆领取7000美元，从贝克尔和哈尼施那里分别领取3000美元，在需要时还能领取其他费用。贝克尔的间谍活动，在亲轴心国的友好政治氛围里发展起来。

然而，情况在1944年初突然改变。长久以来，阿根廷一直尝试从德国获取武器，以便像它说的那样，能够避免它那些亲美的邻国特别是巴西的侵略。临近1943年年底，阿根廷抓紧进行这种活动。大概是听了哈尼施的主意，阿根廷决定直接接触希姆莱的党卫队保安处，而不是通过复杂麻烦的外交渠道。党卫队保安处一直以来都在追求自身势力的扩张，自然乐于插手对外事务。施伦堡答应进行谈判，阿根廷派出的谈判代表是哈尼施的密友，一位有着德国血统的阿根廷公民。然而英国人已经听到行动的风声，在特立尼达的检查站扣留了这位代表，当时他正乘船前往西班牙。阿根廷担心此次事件暴露，担心它在邻国玻利维亚（可能还有其他地方）的颠覆活动败露，另外又受到美国方面的压力，后者把军舰停在蒙特维迪奥的同时还声称要冻结资金。以上种种事件促使阿根廷于1944年1月26日与德国断交。

蓝组（大使馆组）关闭了。阿根廷政府对外宣称，与德国决裂是因为发现德国在阿根廷的土地上进行大量间谍活动。2月，大批特工和中间人被捕，阿根廷搜捕的主要目标是哈尼施领导的绿组。许多人遭到逮捕,包括哈尼施、赛德利茨、拜尔化学公司推销阿司匹林的首席广告员和那个拍摄微粒信件的人。

现在贝克尔成了德国在阿根廷及其邻国进行间谍活动的全部希望。轻松的日子不再,真正的间谍活动开始。

贝克尔没有因此而泄气,他再次组织红组里剩下的人,派新的人员顶替那些被捕或是受到怀疑的人。比如,那个广告员被一名前皇家罗马尼亚公使馆的参赞顶替,他又找到一名微粒摄像师,还把资金转移了。1944年年中的一个上午,他在布宜诺斯艾利斯迈普街的德惠克咖啡馆召集部分特工开会。

"我们的比索用光了,现在需要把手头的美元换成比索",他告诉他们,"其中的一部分我已兑换好,但这种事情我不想再亲自去做了。这份报纸里有2000美元,你们用1美元合3比索的汇率兑换(官方汇率为1:4)都可以。但最好多去几个地方,不要一下换完。下午1点,科连特斯和迈普街,我会在那里等你们。万事多加小心。"

特工们把20元、50元和100元一张的美钞全都换成比索。贝克尔对此感到满意,又拿出4500美元让他们去兑换。

这笔钱一部分用以支付特工的薪酬,技术组副组长泽罗斯每月能领到相当于500美元的比索,普通特工则在300美元左右。一部分被用来接济被捕特工的家属,以帮助他们维持生活。还有一部分用来支付这个间谍网日常运作的开销,比如购买7辆小汽车、2艘小艇和聘请打字员的费用,另有几处公寓、寄宿处和办事处的房租。此外有一部分现金大概是假证件的制作费,还有一部分现金用来贿赂他人以获取情报。不过技术组是其中花钱最多的,不仅经常购买价格高昂的设备来安装33台发报机和27台收报机,还要定做用于运输和隐藏的木箱,此外购买和租用农场也是一笔很大的花销。乌特青格尔估计,技术组从这个间谍网开始活动算起,已经花掉相当于62000美元的比索。

由此我们得知,这个间谍网的许多精力都耗费在通信联络上面。不过幸运的是,负责人乌特青格尔的能力格外突出,他清楚自己的长处是什么,对自己部下的情况也很熟悉,他用心挑选他们,把他们分成诸多小组,各小组只认识自己的直接上级,与其他组之间没有联系,互不相识。他自己的化名有好几个、假证件数不胜数,拥有几辆小汽车,还有好几个住处。

就在阿根廷与德国断交后不久，乌特青格尔下令拆除藏在格里科农场的发报机，转移到他在圣米格尔附近租用的一个名为米卡普里丘的备用农场。德国人把发报机藏在他们挖的一个地窖里，就在农场厨房的地下。道厄来到新农场后，就从乌特青格尔那里拿到需要他拍发的两三封电报，均是五位数一组。不过这一次，乌特青格尔告诉他，连续拍发字母"V"一两分钟（目的是使收报一方调准频率），如果仍未得到答复，当天就不能再呼叫，必须等上两三天。道厄认为这不利于无线电定向联系。那个星期道厄未能联系上德国，乌特青格尔就把那些电报拿走了，可能是交由其他报务员拍发。

间谍网在 1944 年 4 月又租下一个农场。这个农场位于圣胡斯托，和圣米格尔一样都在布宜诺斯艾利斯西部。一部两英尺高的电台被道厄和乌特青格尔安装在这个农场的餐厅里。道厄从乌特青格尔那里拿到 15 封电报，后者要求他在几天之内发出去。乌特青格尔告诉道厄，他们不能再见面，之后电报将由另一名特工拿给他。阿根廷政府的搜捕让这个间谍网的活动越发艰难。

把电文交给道厄成了泽罗斯现在的主要任务。他们总是在布宜诺斯艾利斯城里城外的几个不同地方会面，碰头的地方总是街道拐角处。他根据时间安排发报，频率根据时间各有不同：下午 5 点 30 分，11550 千赫；6 点 10 分，11130 千赫；6 点 40 分，10400 千赫，如此等等。10600 千赫是对方电台的频率。有一次他搬了一台发报机到另一个农场，在那里拍发了 20 封电报。快 6 月底时，道厄接到乌特青格尔的命令，担任起无线电发报工作的负责人，于是他经常戴上耳机，检查其他特工的发报情况。

无线电并非传递情报的唯一方式。贝克尔的 4 名手下在西班牙的船只上找到一些水手，由他们捎信到西班牙，再由掩护地址从西班牙寄往德国。阿尔弗雷多·维拉（Alfredo Villa）是他的其中一名手下，在一家常有西班牙船员出入的酒吧工作。另一个是阿尔弗雷多·费尔南德斯（Alfredo Fernández）神父，他曾在西班牙为佛朗哥效命，现在是位于苏帕查区一角的巴托洛梅·米特雷街圣米格尔教堂的神父。他经常交给西班牙水手一些信件，其中有一些是微粒信件。有一次，神父接到一个特务带来的藏有微型胶卷的手表，就把它交给维拉然后由他转交给一位水手。

贝克尔害怕有人会被逮捕，要求德国再派两名电报员，并送钱过来。他的要求得到满足，一个电报专家和一个缩微摄影专家乘着"帕西姆号"小艇到来。他们是布克哈特和夏特赖恩，两人随身携带了钱和药品，这些药品也可以换成钱。

贝克尔的担心在那个月的月底变为现实。有一次，道厄发现有两个人在圣胡斯托农场门前，另一天门前则是停了一辆小汽车。道厄没过多久就搬回布宜诺斯艾利斯，住在萨皮奥拉1451号的房子里，以尽量避开发报机这个罪证。路易莎·马蒂斯（Luisa Matthie）和他同住，她是从农场来的女仆。7月29日，他去农场发报前叮嘱路易莎，一旦有可疑情况发生，就立刻烧掉或隐藏起黄箱子里的文件。他感觉自己随时可能被捕。下午6点30分，他正在发报时，被闯入的警察逮捕。

随后，其他人也被抓起来。8月份，警察逮捕了乌特青格尔、泽罗斯、夏特赖恩、布克哈特和其他许多人，没收了几十部电台、缩微照相设备和三部（显然是大使馆留下的）恩尼格玛机。间谍网几乎被一网打尽。不过贝克尔成了漏网之鱼，逃脱的还有费尔南德斯、酒吧招待维拉和其他几个人。

贝克尔现在花费在躲避警察追捕上的时间越来越多。他总是租一套家具齐全的公寓住上几个月，租约还没到期就离开，甚至常在房子里留下一些贵重物品。如果有知道他下落的人被抓起来，就会有人通知他。他让手下的一名特工为他买《新闻报》和《民族报》，剪下报纸上的房屋出租信息，让这个特工去看房子。特工找到一套在二楼的两居室公寓，位于图库曼街672号。一名德国妇女出面租下这套房子，她跟贝克尔是相识。贝克尔乘坐这名特工叫来的出租车来到公寓，他没带衣服，而是让这名德国妇女时不时地为他购买一件。

他可以整整一个月都不出门，只有去见特工时才会离开公寓，时间也是在晚上10点后。送他来这里的那名特工每星期会来造访两次，都挑那名德国妇女也在家的时候才过来，大概是晚上6点45分以后，这样才不会让公寓招待怀疑房子里还有其他住客。这个特工总是先按一下长铃、三下短铃，过一会儿再按两下短铃。

要交给这名特工的信件，贝克尔总是会提前准备好。每封信都会装进一个有他签字的信封，然后一起放入一个大信袋里。如果他要写回信，就用轻便打字机马上打一封，或者他口授，由那位德国妇女记下。

寄往德国的信总是与一笔钱一起交到维拉手上，这笔钱是支付给西班牙水手把信带到大西洋彼岸的酬金，通常是 50—100 比索（约合 12.5—25 美元）。但就是这里出了问题：钱被维拉自己花掉，而非交给水手，信则被他扔到自家的小壁橱里。维拉于 1945 年 2 月被逮捕时，警察发现了费尔南德斯神父交给他的那块手表、贝克尔致"特奥"的打印信件等。"特奥"就是特奥多尔·佩夫根，德国中央保安局六处 D 组（英美组）组长、党卫军上校，也是贝克尔在德国的上级。维拉的贪财，导致贝克尔勇敢而富有理想的工作大都以失败告终。

和维拉一样，1945 年初，费尔南德斯和其余几名间谍也被逮捕。现在逍遥法外的就只剩下贝克尔一人了。终于，临近 4 月底的时候，他也被抓了起来，几周之后，他为之奋斗的第三帝国垮台了。

他的成就有多大？几乎没有。佩夫根曾在第三帝国行将覆灭之际对他做出如此评价：贝克尔通过水手带回来的报告内容丰富，他总是希望信中内容能再长一些，可是这些信件总是一个月后才能到德国，来得太晚以致没有用处。卡尔滕布鲁纳则说，预言阿根廷将同德国断交的情报，是他从南美洲收到的唯一重要情报，可德国对此无计可施。关于敌船航行情况的情报可能有些用处，但没有为击沉任何一艘船只提供帮助。事实上，间谍们报告了几十艘船从大西洋彼岸开出，其中"罗德尼之星号"、"索洛伊号"、"帕尔马号"、"阿扎莱亚城号"和"安达卢西亚之星号"等 5 艘船被击沉了。[1] 只是这同间谍一点关系也没有，因为关于这些船只的报告都没被下发给击沉这些船只的潜艇。总的来说，德国在拉丁美洲的巨大努力没有什么收获。

对于德国来说，危险更多来自北美洲而非南美洲。20 年前，美国提供兵员和物资，帮忙把第二帝国打垮了，现在又威胁着第三帝国。弄清楚美国的意图和实力，是对美间谍活动的目的，这个任务最初由阿勃韦尔汉堡站承担。

伊格纳茨·T. 格里布尔（Ignatz T. Griebl）是德国派到美国的第一名间谍。

---

[1] 原注：1996 年对拦截信息中提到的所有航行舰船的核对，结果与 Rohwer, *Die U-Boot-Erfolge.* 中列出的舰船并不一致。这表明，只有这 5 艘船是被潜艇击沉的。关于潜艇没有收到信息，参见：Great Britain, Ministry of Deference, Naval Historal Branch, letters, 22 June 1976 and 21 November 1977.

他是一名内科医生，戴着一副眼镜，是曼哈顿德国侨民区约克维尔的首领，也是这里声名狼藉的色鬼。在希特勒上台后不久，他就给他弟弟的朋友、宣传部长戈培尔写了一封信，表达了他想当特工的意愿。格里布尔在信中说，早在1922年，他就曾秘密为刚成立的阿勃韦尔出使法国，那时他还在慕尼黑医学院求学；他还是美国陆军医疗后备队的中尉军官。阿勃韦尔接受了他的要求，美国的间谍网由此建立起来，由他自己领导，隶属阿勃韦尔汉堡站军事情报组或者是海军间谍活动负责人埃里希·菲佛（Erich Pfeiffer）博士。1935年，这个间谍网送回塞维尔斯基飞机制造厂（位于纽约长岛的法明代尔）出产的驱逐机的详细说明书、三艘驱逐舰和一种美国海军侦察轰炸机的设计图纸等情报，这些情报都是高度机密。

三年间，这个间谍网不断发展。其中至少有一名成员和格里布尔一样，是自告奋勇被吸收进来的。这名成员就是美国一位前陆军中尉、27岁的京特·古斯塔夫·鲁姆里希（Guenther Gustav Rumrich）。他对在纽约公共图书馆阅读的一本回忆录印象深刻，那是一战时期德国间谍头子瓦尔特·尼古拉上校写的。他通过纳粹的《人民观察家报》写了一封信给尼古拉，说德国可以在《纽约时报》的通告栏里刊登一条广告，接收人是西奥多·科尔纳，用于证明它们愿意雇佣他。1936年4月6日，那一栏果然出现这样一条广告："西奥多·科尔纳：信已收到，回信请寄德国汉堡I区629信箱赞德尔斯收。"鲁姆里希照办了，然后成为格里布尔间谍网的成员。

可是，正是鲁姆里希导致德国在美间谍网的垮台。汉堡曾给出1000美元悬赏一些空白的美国护照。急于得到这笔钱的鲁姆里希，竟然给国务院护照处纽约办公室负责人打电话，倨傲无礼地自称"副国务卿爱德华·韦斯顿"，要求对方送50份空白护照到他下榻的塔夫特饭店。感到奇怪的办公室负责人，叫警察跟踪电话线另一头的那个人。整个间谍网随着鲁姆里希的被捕而坍塌。格里布尔自己一个人逃到德国，后来在维也纳按照一位流亡犹太医生的方法，做起了妇科大夫。其他人的运气没有这么好，都被判刑送进了监狱。

他们基本是些不太重要的间谍，提供的情报也无足轻重。跟阿勃韦尔汉堡站空军组的里特尔少校比起来，他们难以望其项背！1937年，里特尔来到美国，打了一场最漂亮的间谍战后返回德国。

他在布鲁克林街一个普通情报员家里，认识了35岁的赫尔曼·W.朗（Hermann W. Lang），那是他到达纽约后的第二个星期天。赫尔曼·朗性格沉稳冷静，长相顺眼，有着宽宽的脸和深黄色的头发，后来成为里特尔的左膀右臂，是他手下最成功的间谍。1927年，赫尔曼·朗从德国来到美国，认识里特尔时，还未正式成为美国公民。他在曼哈顿拉斐特街80号的工厂工作，该工厂正在生产当时世界上最精确的轰炸机瞄准器——诺顿轰炸机瞄准器，这也是美国军火工业最机密的产品。

赫尔曼·朗的职位是工厂监察员。他告诉里特尔，这个工作有机会接触诺顿轰炸机瞄准器的部分图纸，但因为保密缘故，接触不到所有图纸。他本应在一天工作结束后亲自将图纸锁进保险柜，但却把图纸带回家，等早睡的妻子熟睡之后，偷偷溜下床到套间一头的厨房里描下图纸。他把这些图纸交给里特尔，是想为祖国的迅速崛起出一份力，不是为了赚钱。

里特尔收到第一批图纸时惊喜非常，连谢谢都说得磕磕巴巴。可是怎样才能把这些图纸安全带回德国呢？虽然他有一个信使在"信任号"（*Reliance*）轮船上工作，这艘船刚好沿汉堡—美国航线行驶，可是信使没法把这么大的图纸折叠起来装进口袋。后来他决定把图纸卷在伞柄里，让充当信使的乘务员装作腿有点毛病，走路一瘸一拐的，上船时把这把伞当作拐杖挂着。这个办法成功了。1937年11月30日，"信任号"带着诺顿轰炸机瞄准器的第一批图纸启航。在一些人看来，这批图纸为德国空军带去了相较欧洲其他国家空军的巨大优势。他们把之后的图纸剪开，把碎片贴在报纸上，带到德国。就这样，德国在几年内逐步掌握了美国这个珍贵的机密。德国空军的工程师们设计出缺少的那部分图纸，终于制造出一个轰炸机瞄准器样品。

"该装置为众多技术问题提供了解决方案，它有着新颖又合理的结构，真是精心研制的杰作，"空军在给阿勃韦尔的信中说，"美国使用这种瞄准装置的效果非常好。这样的效果在德国还没有取得。这些图纸为我们节约了大量试验费用。"

"飞行试验证明美国轰炸机瞄准器所应用的原理在轰炸中的效果令人满意。因此，阿勃韦尔送来的图纸，极大帮助了德国轰炸机瞄准器的成功研制。"不过诺顿轰炸机瞄准器并没有取代德国自己的Lothfe（意为"长距离飞行"）轰炸机瞄准器，部分原因在于后者已经投产，并安装在许多飞机上面，轰炸机飞行员

Public Notices

Weekdays $1.00 an agate line.
Sundays $1.20 an agate line.

MEMBERS OF THE UNDERWRITERS CLUB.
(as of December 18, 1918) are requested to send to the undersigned their names and addresses, and information of such members as are deceased.
PLEASE TAKE NOTICE that a meeting and dinner of the Underwriters Club is called for Thursday, April 23, 1936, at six o'clock P. M. at the Metropolitan Club, Fifth Avenue and Sixtieth Street, to act upon the resolution of the Board of Governors to dissolve the corporation. Dinner reservations to be made by April 19, 1936.
HAROLD E. LIPPINCOTT, Secretary.
43 Cedar Street, New York City.

NOTICE IS HEREBY GIVEN THAT Servel, Inc., 51 East 42d St., New York City, has filed its trade mark "Servel" with the Secretary of State of New York and recorded with the Clerk of New York County, to be used on labels and containers, &c.

CREDITORS OF ARAM STORES (Zarmig Gurjian), cleaning, tailoring, 260 West 23d St. and 82 2d Av., N. Y. C., present claims to Leo E. Berson, attorney, 60 E. 42d St., before April 17, 1936.

MY WIFE BEATRICE HAVING LEFT my home, board, I will not be responsible for any of her debts. ALFRED LERNER, 770 Garden St., Bronx.

THEODOR KOERNER — LETTER RECEIVED, please send reply and address to Sanders, Hamburg 1, Postbox 629, Germany.

NOT RESPONSIBLE FOR ANY DEBTS incurred by my wife, Mildred. Lew Landis, 355 Greene Av., Brooklyn, N. Y.

Commercial Notices.
Weekdays $1.25 a line. Sundays $1.40

TEMPORARY POSITION WANTED AS lady's companion or chaperone, about 3 months; refined, capable, Christian woman, aged 43, experienced driver; would travel. Briarcliff Manor 1625.

PERSONALIZED LETTERS, MULTIgraphing, mimeographing, same day service; low prices. Aldon Letter Service, 60 East 42d. MUrray Hill 6-0781.

Commercial Notices.
Weekdays $1.25 a line. Sundays $1.40

ARROW GORDON SHIRTS, 97C
VAN HEUSEN COLLARITE SHIRTS, 97C
MANHATTAN SHIRTS,
WOVEN MADRAS, 97C.
Odds and Ends.
Interwoven and Monito hose, 35c and 50c a pair, 4 pair for $1. Ladies' Gotham Gold Stripe hose, 59c a pair, first quality only.
SCHONFELD BROS.,
827 6TH AV., CORNER 32D, N. Y. C.

CONSTITUTIONAL DEMOCRATS, BRECK- inridge Presidential primary campaign; modest campaign fund needed. Send checks to James M. Phelan, 39 Broadway, New York City.

TRAVEL BARGAINS, ROUND TRIP Florida, $30. Miami and Havana $62.50. California, one way, $66.68. Low-priced Easter cruises and European trips. Gustave Eisner, 1,123 B'way, N. Y. CHelsea 3-5080.

PHOTO-OFFSET PRINTING, COLORED stock; heavier bond papers; your paper, ours; fast, accurate, inexpensive services. Established 1917. Bachman's, 250 East 43d. MUrray Hill 4-1740.

CASH FOR SPRING NEEDS MAY BE OB- tained from us quickly and privately on easy repayment terms. Just phone Personal Finance Co., ALgonquin 4-7088.

LADY GOING EUROPE RECOMMENDS excellent cook; highest references. SUsquehanna 7-0258 (9-12).

NEW YORK—5TH AV. X-RAY LABORA- tories. Have you had your teeth X-Rayed? Information, 509 5th Av. MOhawk 4-6900.

LAST CALL FOR EASTER CRUISES; good cabins at attractive rates. Apply Zaro Tours, 152 West 42d. WIsconsin 7-6500.

ASSOCIATED GHOST WRITERS — ARTI- cles, speeches, fiction, research. 11 West 42d. LOngacre 5-8140.

WANTED—OFFSET PRESS, ROTOPRINT, &c., A1 condition, 9x14, 11x17; state condition, full particulars. S 287 Times.

VENETIAN BLINDS MADE TO ORDER, also cleaned, painted, repaired. Vakassian. Wickersham 2-9629.

WHY DO SO MANY PEOPLE DINE AT HOTEL ALGONQUIN? 59 WEST 44TH.

1936年4月6日《纽约时报》第三版上给西奥多·科尔纳的小广告，表示阿勃韦尔汉堡站接受京特·古斯塔夫·鲁姆里希成为德国间谍。

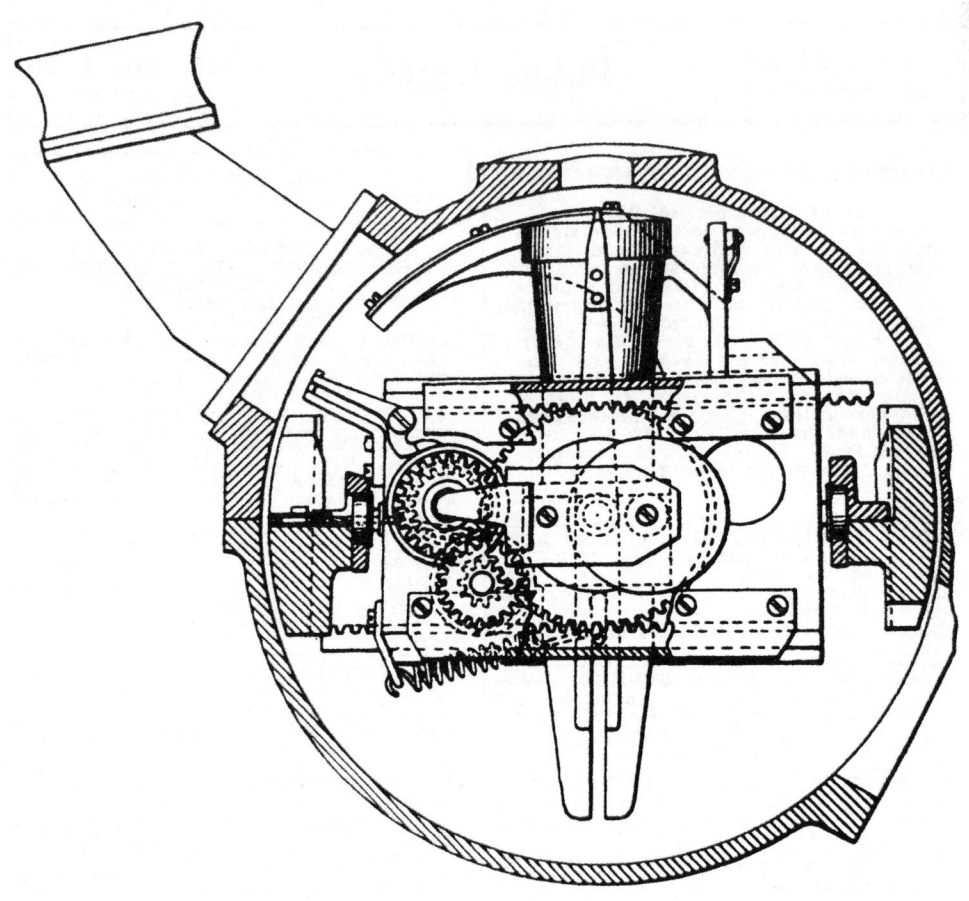

诺顿轰炸机瞄准器是美国战前最大的秘密,被德国间谍盗取。这是瞄准器的部分内部结构图。

均已掌握操作。

这是间谍里特尔最了不起的成就。不过他在德国吸收的一个间谍,注定要比赫尔曼·朗的作用更大,虽然采用了颇为不同的方式。

1939年2月,威廉·G.西博德(William G. Sebold)经过汉堡,他要去鲁尔区米尔海姆探望母亲。时年40岁的西博德生于德国,曾是德皇军队中的机枪手,现已归化加入美国国籍。移民登记证上显示,他是加利福尼亚州圣迭戈联合航空公司的一名机械师,不过他已经辞掉这个职务了。盖世太保知道后,邀请他到汉堡附近的杜塞尔多夫，去盖世太保处商量一件对他和德国都有利的事情。西博德有美国护照的保护，拒绝前往。盖世太保于是揭露他曾因走私和其他罪行在德国坐过牢，他申请加入美国国籍时，显然没有将这些污点上报。

西博德只好找到盖世太保，答应他们的要求，成为德国人的间谍。他的档案先是被盖世太保送到最近的明斯特谍报站，又被正忙于进行对法情报工作的明斯特谍报站转到"对美情报站"汉堡站。几天后，里特尔来看望西博德，用的是兰金博士这个化名。听说这个人愿意当特工并已经过审查，于是将他"雇"下，安排他去汉堡间谍学校接受培训。

西博德在间谍学校的表现非常出色，主修课无线电的成绩尤其亮眼。离校前一天，他领到一张使用假名的假护照，另有一张写有4个特工名字和地址的名单，要求他到达纽约后联系他们。通过无线电给汉堡发回他们的情报，或者把情报拍成微粒信件邮回德国，就是他工作的主要内容。

赫尔曼·朗就是这张名单中的一人，尽管他声称自己纯粹是因为爱国才从事间谍活动的，但他仍然因此赚了钱，在德国银行有一个存了3500美元的户头。制图员埃弗雷特·明斯特·罗德（Everett Minster Roeder）是名单中的第二个人，在提供美国详细技术资料这块，他或许是阿勃韦尔里最了不起的特工。第三个是模特莉莉·施泰因，她出生在维也纳，负责特务的吸收与审查淘汰，有时也会充当特别信使。最后一个是弗雷德里克·朱伯特·杜肯（Frederick Joubert Duquesne），一个中年的、富有冒险精神的宣传家、准特务。西博德建立了一个内燃机研究公司来掩护他们，他在公司的办公室里与他们见面。该研究公司位于尼克博克大楼，在曼哈顿百老汇大道和42街东南拐角处。间谍们使用一个不太合适的呼号"VW-2"，在长岛中部港一所房子里向汉堡发送情报，汉堡使用的呼号"AOR"也不合法。

"特拉普"是西博德的化名，他拍发的无线电通信情报时效快、可信度高。阿勃韦尔汉堡站其他军官很快也认可了他，向里特尔提出允许"特拉普"拍发其特工提供的情报的要求。里特尔对此欣然应允。间谍们热衷于社交，对安全上的规定置若罔闻，慢慢地，西博德结识了他们中的许多人。保罗·费泽（Paul Fehse）就是其中一个，他曾是一名厨师，在汉堡受训后被派到美国，负责当地的海运间谍活动。他将船舶活动报告给汉堡站，把特工召集在一起开会，尽可能发展德国同情者，使之成为间谍或信使。和多数人一样，卡尔·罗佩尔（Carl Reuper）出生于德国，后来入籍美国。他在新泽西州纽瓦克的威斯汀豪斯电气公司工作，职位是检查员，常利用职务之便偷偷拍摄国防装备的设计图纸。油嘴滑舌的埃德蒙德·卡尔·海涅（Edmund Carl Heine）是一名世界主义者，自1920年以来一直都是福特汽车公司的员工，先后在南美、西班牙、底特律和德国等地工作，在德国时升任经理，后来跳槽到克莱斯勒汽车公司。费迪南德·保时捷教授希望海涅能获取一些与汽车有关的情报。海涅大多是通过公开索取的方式弄来情报。1940年7月22日，他致信联合航空公司：

  在最近出版的一本贸易杂志上，我看到一则广告，广告当中有这样一句话："9个月：从开始设计到试验飞行"。我的许多朋友对这样的宣传议论纷纷。为了结束几个争论，能否请你们对下述问题做出回应：1. 那架从开始设计到第一次试飞只用了9个月的飞机是B-24吗？……如果涉及军事机密，请勿勉强作答。

  7月25日，联合航空公司给海涅的回信由其助理对外联络员诺曼·戴维森（Norman Davidsom）写好，对第一个问题予以肯定答复，然后寄往海涅位于底特律鲍德温大街4447号的家。有一次，海涅把一篇关于"内燃机发展"的长篇报告寄给莉莉·施泰因，这篇报道被她转交给西博德，由他拍摄成微粒寄往德国。

  这个运转顺利的情报机器突然就垮了。这个德国在美最大间谍网中的各个成员，在联邦调查局一系列出其不意的搜查中被逮捕，就在他们最有价值的工作已完成却还未造成更大的危害前。原来，西博德在阿勃韦尔威胁让他当间谍时，就与美国驻科隆领事取得联系，并从那时起就配合联邦调查局对德国的间谍活动进行调查。那些拍发自长岛中部港的电报，都是精心挑选过、不会真正危害美国的情报。

  联邦调查局透过42街那家公司隔壁办公室的一块单向镜，将特务们开会的场景用照相机拍摄下来。整个事件对阿勃韦尔和聘用西博德的里特尔来说，完全是一场巨大灾难。

"混蛋！"看着皮肯布罗克拿给他的《纽约时报》头版头条，里特尔扬声恶骂，"叛徒！"

"可是，里特尔"，皮肯布罗克心平气和地对他说，"要是按照你的原则，'特拉普'不是背叛者，连间谍都算不上。他服务于他的新祖国。"

其他间谍也被联邦调查局抓了起来，不过仍有少数几个继续活动。

在汉堡档案里代号为 A2011 的西蒙·埃米尔·科德尔（Simon Emil Koedel）是他们之中最为成功的一个。科德尔没什么能让人注意到的地方，是一名负责电影放映的无名小卒。他 1881 年 10 月 30 日出生于巴伐利亚，来到美国那一年他 22 岁，一战前在美国军队服役了 3 年，然后成为美国公民。但他依然可以说"我从心底深处热爱德国"、"愿意为她献出生命"。他在 30 年代中期旅行到德国，这期间提出为德国当间谍。阿勃韦尔接收了科德尔，将受过训练后的他作为"潜伏分子"派回美国。他每月能拿到薪金和补贴 200 元，用来支付曼哈顿滨江大道 660 号一套公寓的租金，开始潜伏在美国。他伪造了一个假身份，开始为希特勒正在策划的战争培养情报人员。

他假冒化学工程师的身份，寄了一封信给美国军械协会，声称自己拥有一些大型国防工业的大量股票，信中附了他原来的退伍证件，由此被接纳为该协会的会员。作为支持加强防务的院外活动集团[1]，该协会同陆军部联系密切。不久，他写信给国会众议院和参议院的军事委员，用的是美国军械协会的信纸。科德尔收到一封很有礼貌的回信，来自北卡罗来纳州参议员罗伯特·赖斯·雷诺兹（Robert Rice Reynolds），他邀请这位爱国者到华盛顿与他见面，两人交情自此结下。事实证明，这个交情对科德尔而言有着极高的价值。

这个潜伏的特务因为 1939 年 9 月 5 日从德国拍来的一份电报变得活跃起来：电报署名"哈特曼"，"合金"一词出现在电文中。57 岁的科德尔在接到电报后就开始了间谍活动。他出席美国军械协会的会议，像一条鱼一样跟随"鱼群"在会议中穿梭，没有引起人们过多的注意。他收到许多来自陆军部的新闻

---

[1] 西方国家中因为某种特定利益而组成的、企图影响议会立法和政府决策的组织，因其活动常在议会的走廊或接待处进行，故有院外活动集团、罗比分子或走廊议员之称。

稿，常常大模大样地去工厂，把他的军械协会会员证晃两下就能进去，还能在工厂人员的引领下到处参观。有时候也会遇到工厂不让进的情况，他就想办法混进去。不过1939年11月，他试图混进埃奇伍德兵工厂却没有成功，又试一次还是被挡在门外。他只好给华盛顿军械协会打电话。军械协会又致电陆军部，陆军部再给埃奇伍德兵工厂打电话后，这个间谍才得偿所愿，于12月7日在厂方的带领下参观工厂。在马里兰州哈佛迪格雷斯饭店，他写了一篇详细介绍贮藏物资的统计数字、供应商、技术数据以及实验室的某些最新研制成果的长篇报告。

他也从其他人那里获取情报。1940年3月，正在策划闪击法国的德国人，需要知道除了油船和运煤船，其他船只能否停靠在法国的大西洋港口南特—圣纳泽尔和拉罗谢尔。阿勃韦尔承担了这项任务，让包括科德尔在内的几个特务去完成。科德尔向有交情的参议员雷诺兹提出这个问题，冷静地说他需要对这个情况进行了解，以便安排对法供应品的运送。雷诺兹对情况进行了调查。4月9日，科德尔向汉堡报告：“据美国海运协会的消息，这些港口有很强的吞吐能力，能够装卸油和煤以及其他普通货物。”这个报告一边经由德国驻华盛顿海军武官的恩尼格玛机译成密码后发回德国，一边通过英国检查机构不知道的掩护地址邮寄回德国。

获取航运情报是科德尔努力的一个重点。他在斯塔腾岛的渡船上，用望远镜辨认船名，窥探港口的各种情况。身着旧衣裳、头戴一顶帽子的他，仿佛是装卸工人在看供应品的装运一般，游荡在码头地区。他要推断出货物种类是很容易的，只要看一眼产品制造者的名字和地址就行。所有这些都被他写成报告。1940年1月3日，以下这份报告被"萨图尼亚号"（*Saturnia*）轮船上的信使带走：

> 大量铁条和一些其他货物装载在挪威"伯甘杰号"货船上，铁条约20—30英尺长。
>
> 大量物资堆积在汉密尔顿码头，等待刚到达的"普罗托帕帕号"货船装载后运往利物浦；"艾米号"和"阿达玛斯号"将开往勒阿弗尔。板条箱重2—3吨，上面的字样显示，这批物资由伊利诺伊州罗克福德的森德斯布兰德机床公司制造，将运给伯顿菲尔斯公司，这个公司的地址在巴黎马

雷斯路68号。码头上还有萨多尼亚公司装着石油的100个黑漆铁桶,将由"艾米号"货船运往伦敦。

科德尔有个名叫玛丽的女儿,21岁,住在纽约112街542号。她常和水手们在水边的酒吧里厮混,从他们那里搜集护航运输队的情报,还从水手中发展了一个名为邓肯·斯科特-福特(Duncan Scott-Ford)的小伙子为德国间谍活动效力。靠着福特向她透露的详细情况,她的父亲提交了一份最有价值的情报——《关于大西洋护航运输队中敌方船只活动情况的报告:基于与英国水手的谈话整理》。在里斯本继续进行间谍活动的斯科特-福特,最后落在英国人手中,于1942年11月3日被执行绞刑。

战时的美国让间谍们惶惶不可终日,即便如此,科德尔依然坚持向国内报告情况,在1942年至1944年间源源不断地往德国发送信件和电报。根据阿勃韦尔的登记,他发来的电报共有600封左右。阿勃韦尔认为他"久经考验,非常值得信赖",就连始终持保守态度的西线外军处也说"可以使用"他。

然而,放映室里堆积的外文信件让科德尔在电影院的同事对他产生了怀疑,之后一部介绍新型飞机的纪录片被剪掉一帧,更是加深了他们的疑虑。虽然科德尔找机会将其放归原处,但还是因为恐惧逃离纽约,来到西弗吉尼亚的哈珀斯费里,继续当一个电影放映员。不过联邦调查局在他女儿一个情人的帮助下找到了他,并于1944年10月逮捕了他,后来也逮捕了他的女儿。

在南北美洲活动的多数德国间谍都是为阿勃韦尔工作,"约瑟芬"和"马克斯"也是。阿勃韦尔历史久远、规模庞大,派遣的特务远远多于党卫队保安处。两个机构的任务不同,阿勃韦尔着重于军事情报的搜集,党卫队保安处则把工作重点放在政治情报的搜集上。但是,施伦堡充分利用战争期间两个机构上层领导的合并,加强党卫队保安处的情报工作。他非常欢迎日趋增多的特工和他们提供的有关同盟国全球战略的报告。为加强情报工作,他组织了自己的一批特务,其中一些人的工作是核实普通特务的情报,提高情报质量。其他人则亲自搜集情报,增加情报数量。在其中一个社会地位相当高的特工帮助下,施伦堡自己也冒险进行间谍活动。他认为这个特工接触的都是高级人士,有资格当他自己的特工。

1943年，伊尔纳·冯·罗特基希-潘森男爵夫人（Irna Baroness von Rothkirch zu Panthen）被施伦堡吸纳成为一名特工。[1] 45岁的她以已婚名埃姆登夫人（Frau Emden）而为人所知，是斯柯达联合公司董事长的遗孀，还是葡萄牙驻德国大使的情妇。她个子不高，浅黄色的头发，淡蓝色的眼睛，高鼻梁，薄嘴唇，曾是歌唱家的她有一幅训练有素的好嗓子。施伦堡认为她能从外国派驻柏林的外交官那里获取有用的情报，于是在柏林为她租了一所大房子，以便她邀请外交官们做客。可是，虽然葡萄牙大使为了她把自己的夫人遣离德国，这位男爵夫人并没能从他和她的客人那里弄到重要情报，只得到一些无关紧要的消息。她又被施伦堡派到葡萄牙，她在那里大手大脚地花钱，施伦堡提供的经费远远不足以支付她买东西的花销。她吹嘘自己去过美国，跟许多美国人都有交情。可她被施伦堡派去瑞士后，因为她的儿子在那里的寄宿学校念书，就把大部分时间都用于看望儿子，带回的报告非常普通。施伦堡确信她在美国人心中并无政治地位。在她拿到施伦堡为她取回的冻结在美国的5万美元并立刻在西里西亚买下一座庄园后，施伦堡意识到她花钱太多，却弄不到多少情报，不久就弃用了她。

另外一些社交不多的间谍依靠窃取外交信件和电报的手段，反倒取得较大的成功。1942年11月12日，施伦堡拍发了一封急电给希姆莱，内容是两份由葡萄牙驻巴西外交官发往本国外交部的电报。一份电报是驻累西腓[2]领事报告说，即将有6船美军士兵离开巴西。另一封电报是葡萄牙驻里约热内卢大使馆的报告，里面说巴西政府又交给美国政府两艘汽船，用以从巴西北部运走它们的军队，签署日期为11月9日。到达利比里亚首都蒙罗维亚后，这两艘船和另外6船美军将立即进攻达喀尔。电报到希姆莱手里时，盟军已在北非登陆参战，但他还是向希特勒送呈了这份电报。不过这些电报都是伪造的，当然无法使他手下的谍报机构得到希特勒更多的信任。

---

[1] 原注：NA:RG238:Schellenberg interrogation:5 February 1946:1-8; Ibid.:8 May 1946:8-10. 我认为是施伦堡，不过我并没有查到此人，见 *We Ist's?*, 9(1928) under Rothkirch and under Emden, or in the Gothäuser, Teil A, 90(1940), 510。

[2] 巴西第五大城市，东北部港口。

后来，巴西驻西班牙大使关于战争形势的一系列电报落入施伦堡手中，不过这位大使的消息有些滞后。另一次，他的间谍借助偷到的一份西班牙低级密码破译了一些电报。

　　美国总统的信件被盗似乎是最耸人听闻的活动，而且数量还多达几十页。罗斯福与美国驻匈牙利大使赫伯特·克莱本·佩尔（Herbert Claiborne Pell）之间的通信，被拍成照片，或是从佩尔的废纸篓里捡起来。据说，这些信件是布达佩斯里茨饭店一位略带稚气的年轻侍女，在佩尔居住房间的废纸篓里发现的。她觉得这是一个好机会，能让她赚一大笔彭戈（匈牙利1925年到1946年间的货币单位），于是捡起这些信纸。

　　这些只是表面上的成功，因为这些信件既不新，也没有什么重要消息。在一封写给罗斯福的信中，佩尔担心西班牙会加入轴心国并进攻英国的盟国葡萄牙，可这是两年前写下的信，佛朗哥早已拒绝参战。佩尔在给美国驻维希法国大使的信中，详细介绍了一个将到维希工作的德国外交官。在给一个美国人的信中，他告诉对方他是如何看待当时名誉扫地的查尔斯·林德伯格的。罗斯福的回信同样值得玩味："你（1941年）6月23日的信件谈了匈牙利对德国与苏联之间战争的最初反应，我仔细读了，这封信件颇为有趣地描写了那个危急时刻的形势，是一份很有意思的报告。"不过，即便这类内容琐碎的信件引起党卫队保安处注意，那也是在罗斯福发出它们8个月后了。

　　马基亚维利[1]曾主张人们把功绩夸大、把缺点缩小。大概就是基于这样的原则，施伦堡和海德里希在半年中一直将这些信件送给外交部。不过因为里宾特洛甫的下级拒绝呈送这样又过时又无关紧要的材料，他就没有看过其中的大部分信件。偷窃工作虽然干得漂亮，却什么也没有收获。

　　客观地说，施伦堡办公室送出的大量情报，其中许多确实与诸如同盟国全球战略等重要问题相关，许多情报也是在事情发生前就提供的。但是，这些情报的价值往往因为准确性不高而大打折扣。其中极为准确或完全错误的报告都很少。如此多的计划被如此多的人制定出来，多到在黑暗中随便扔出一块砖头都能砸到，当然也只有一小部分能取得成效。哪份计划能成功，制定者自己都

---

[1] 意大利政治思想家和历史学家，《君主论》作者，近代政治思想主要奠基人之一。

Der Chef der Sicherheitspolizei
und des SD
VI D 1 B.Nr. 15058/42-3111-

Berlin SW 11, den 9.2. 1942
Prinz-Albrecht-Str. 8

Geheim!

Auswärtiges Amt
D II 198 g
eing. 11. FEB. 1942

An den Herrn
Reichsaußenminister von Ribbentrop

Berlin W 8
Wilhelmstr. 74-76

Sehr verehrter Herr Reichsminister!

Anliegend übersende ich die Abschrift eines Schreibens, das der amerikanische Präsident Roosevelt vor einiger Zeit an den Gesandten in Ungarn, Pell, gerichtet hat.

Heil Hitler!

SS-Obergruppenführer

美国总统罗斯福给美国驻匈牙利大使赫伯特·克莱本·佩尔的信件复印本，被盖世太保和党卫队保安处提供给里宾特洛甫。海德里希将签名签署在信尾敬语和他的党卫军军衔之间。信件有德国中央保安局六处D组（即纳粹党对外情报北美组）的标示。

第18章 间谍营 | 389

施伦堡电报外交部："来自绝对可靠的人士，罗斯福总统打算最近访问英国，可能还会去诺曼底。"施伦堡将此寄给公使馆参赞瓦格纳（他的办公室负责与德国中央保安局联络）。左边是此信的主送和抄送名单：瓦格纳、帝国外交部长、国务秘书等。底部显示，一个官员首先将此信送给国务秘书亨克。

不会知道，因此以无法判断计划能否成功为由而对德国特务机关横加指责是不公平的。比如，施伦堡在1944年7月19日致外交部的绝密信件中报告："罗斯福总统打算最近前往英国访问，可能还会去诺曼底。消息来源绝对可靠。"不过罗斯福总统并未成行，虽然确实商议过要去苏格兰访问。

报告一半准确一半错误的典型，是1943年2月1日的一份报告。该报告说当日丘吉尔会离开土耳其的阿达纳，飞抵莫斯科。与土耳其领导人在阿达纳会晤后，这位英国首相的确离开了那里，不过他是向西飞往塞浦路斯，而非向东飞往莫斯科。对错各一半的情况尤其体现在德国中央保安局六处关于罗斯福和丘吉尔会晤，以及他们就同盟国战略做出决策的情报上。1943年6月1日，六处再次报告，葡萄牙驻巴西大使馆发往本国外交部的电报说，罗斯福和丘吉尔曾于华盛顿会谈期间表示，他们将根据原有决定，同时大规模进攻日本和欧洲。两位领导人确实曾于5月在华盛顿会晤，但并非决定同时进攻两个方向。以欧洲为首位的"这场战争的总战略"才是罗斯福总统和丘吉尔首相所赞成的。

所有情报机构都难免会先入为主，但德国中央保安局有时候的报告并非单纯地陷入这一困境，而是会被纳粹自身的荒谬偏见进一步歪曲。1944年8月，德国中央保安局催促间谍前往美国，调查即将到来的美国总统选举因为德国对外宣传而受到的影响（后来由金佩尔和科尔波承担的任务），与此同时，德国中央保安局六处应外交部的要求，提供关于托马斯·E.杜威的政治和哲学态度的情报。这位纽约州州长刚被提名为共和党总统候选人，将与时任美国总统罗斯福对垒，后者希望争取第四次连任。特奥多尔·佩夫根，这位德国中央保安局英美间谍活动的负责人，根据"一位在西班牙完全可靠的情报员"提供的材料，写了一份简短备忘录。这位情报员"1922年就加入纳粹党"，了解"私下里的"杜威：

> 该情报员曾于1938年与杜威对政治问题进行过交谈，特别讨论了民族社会主义和犹太人问题。杜威在谈话时本能地表现出对犹太人的不满，他说，那些他[在曼哈顿区当律师时]做过斗争的流氓歹徒，其中许多就是犹太人。这位情报员认为，杜威的此种态度有渊源可寻。他祖籍爱尔兰，在1938年竞选中被民主党候选人赫伯特·莱曼州长击败，后者正是一名犹

太人。州长（杜威）当时甚至遭到一些报纸的辱骂，这些报纸由犹太人控制。该情报员称，如果杜威当选美国总统，犹太人肯定不会在他的政府里占据关键职位。

如果对德国态度友好的杜威能就任总统，德美可能达成谅解。另一方面，杜威对远东战争态度坚定、毫不妥协，表示坚决要在世界商业活动中将日本排除出去。

同其他共和党人一样，布尔什维主义也是这位州长坚决反对的。

这是如此让人震惊：德国中央保安局对如此重要的基本问题，竟只能依靠如此不靠谱的渠道，而且没有其他材料能够对其进行补充或对比。重大政策依据这样片面的材料来制定，反倒不让人震惊。德国人不可能凭借此种片面和德国中央保安局真真假假的报告，制定出行之有效的政策。

然而，德国中央保安局对战时最成功的一名间谍的运作没有受到纳粹偏见的妨碍。德国中央保安局既没有吸收，也没有训练，更没有安插他。他是自己提出为德国人当间谍的，在他幸运地应聘到一个关键职位后。

这个人就是埃列萨·巴兹纳（Elysea Bazna），一名在土耳其生活的阿尔巴尼亚人。他年少时犯过罪，陆续当过锁匠、消防员、司机，后来在土耳其当外国外交官的仆人，先是为南斯拉夫大使服务，后来为一位德国参赞服务，因为偷看后者的信件被解雇后，他成为英国大使馆一等秘书的男仆。40岁出头的巴兹纳个子不高，身体壮实，前额的头发有些稀疏，尖尖的下巴上有些黑胡须。他过日子主要靠的是一些小聪明，他自己都没料到会有当间谍的运气。有一天，他待在这位一等秘书卧室的时候，他的雇主突然被人叫走了一小会儿，离开前把一份重要卷宗塞到桌子抽屉里，也没有上锁。巴兹纳取出卷宗，看了两眼，一个念头在他的脑海里闪出。

不久后，他成为休·纳奇布尔－休格森（Hughe Kantchbull-Hugessen）爵士的仆人，他的这位新雇主是英国驻土耳其大使。开始工作后没几天，巴兹纳就发现，休格森爵士为了在夜深时阅读那些最重要、最机密的文件，总是会把它们锁在他寝室的公文递送箱里。一天上午，巴兹纳趁大使去洗澡，把他放在床头柜上的钥匙用蜡拓印下来。正当他要放回钥匙时，他发现有一点蜡沾在其中一个钥匙上，赶紧拿出大使的一块手帕清理干净，再放回床头柜上。就在这时，披着浴袍的休格森爵士回到寝室，那块雪白的手帕还被巴兹纳捏在手里。

"阁下，这块手帕该送洗了。"他说道。

爵士点头，实际上他并没有真的在听巴兹纳说话，当他看到钥匙还在床头柜上，这才松了一口气，把钥匙放进口袋里转身回到浴室。巴兹纳用那块手帕擦了擦眉毛，事后暗想，他很可能会被抓个现行，幸亏休格森爵士穿浴衣多耽误了一点时间，如此一来，这位战时最出色间谍的传奇故事，才不至于如同一朵尚未绽放就被掐掉的花。

巴兹纳拿到朋友仿照蜡印制作的钥匙，准备偷偷将英国最机密的文件大规模地拍成照片。他买来四根支架，一个安放照相机的顶圈，还有一个100瓦的电灯泡。1943年10月26日，他到德国大使馆拜访他服务过的那位德国参赞。他的前雇主召来一名商务专员，后者实际上是德国中央保安局六处安插到大使馆的代表。

这个代表就是1932年加入纳粹党的维也纳人路德维希·莫伊齐施（Ludwig Moyzisch）。他肤色黝黑，眼睛窄小，有着浓密的眉毛和一头乌亮的头发。他上过技术学校，在奥地利政府任职时负责撰写合同，据他自己说，他后来失去了这份工作，被解雇的原因是他从事纳粹党活动。他在国外待过一阵子，后来又在纳粹党内担任过一些职务。但是，他不知道自己外祖父的职业，因此不能证明自己的雅利安血统完全纯正，他在1942年提出加入党卫军的请求被拒绝了，当时他是驻安卡拉使馆的一名随员。最初他看不起巴兹纳，对巴兹纳于初次在德国大使馆见面时就提出要2万英镑用于拍摄的要求，他笑了一下便置之不理。但是慢慢地，他开始认真对待巴兹纳，因为他对后者的信心十足与精明老练留下了深刻印象。巴兹纳告诉莫伊齐施，他不想让别人看见他去买胶卷，希望德国人能够提供。莫伊齐施说得向柏林请示。几天后，他在巴兹纳打电话询问时回答说，这笔交易已得到柏林方面的同意。不久，他收到巴兹纳送来的第一个胶卷，冲洗出56张照片，他对这些英国机密很满意，付给巴兹纳2万英镑。德国人根本不讨价还价，因为他们并未付出多大代价，这些"英镑"都是德国中央保安局在萨克森豪森集中营里伪造的。当然，巴兹纳并不知情。

巴兹纳从那时起成为"西塞罗"，得到这个化名是因为他的情报有很强的说服力。他将英国的机密文件定期拍摄下来,在安排好见面地点后把胶卷随身携带,在安卡拉一条街道上等这位商务专员开车来接应他。他在车上的时间并不长,赶紧献上胶卷、拿到更多的英镑,随即下车。两人各自返回自己工作的地方。这些钞票被巴兹纳铺在房间的地毯下面,他觉得每天从钞票上经过让他心里踏实,而且不会像存入银行那么引人注意。他买了一栋小房子,在那里和情人逍遥作乐。这个例行活动连续几周都很顺利,只有一次因为一辆小汽车在安卡拉后街追赶他和莫伊齐施而中断。莫伊齐施在一个拐弯处放慢车速,巴兹纳跳下车,后面那辆车里没有胡须的年轻司机随即超车。

虚惊一场,大使馆的巴兹纳照常进行间谍活动。

德国驻土耳其大使弗朗茨·冯·巴本是政策制定者中第一个看到这些文件的。间谍活动对这个老谋深算、诡计多端、曾在希特勒之前短暂担任德国总理

```
COPY.
MOST SECRET.
       REFLECTIONS ON MILITARY CONVERSATIONS AT ANGORA
                         IN JANUARY 1944.

        To what extent has the Turkish attitude during the recent
military conversations been due to genuine fear of the military
consequences of Turkey's entry into the war at this stage and
how far has it been inspired by political motives such as the
desire to avoid a break with Germany if possible, or, if such
a break is inevitable, at least to postpone the evil day as long
as possible and to exact the highest possible price from the
United Nations for Turkey's active cooperation?
        2.  To be fair to Turkey on the military side, allowance
must be made for three things, (a) that our handling of the
supply problem hitherto has not been such as to give Turkey any
very great confidence;  (b) that Turkish information regarding
Axis strength and intentions comes mainly from Military Attachés
```

间谍"西塞罗"在土耳其安卡拉英国大使馆拍摄的文件的一部分。

的人来说，并非新鲜玩意。他在一战期间曾因从事间谍活动被美国驱逐出境，那时他是驻华盛顿使馆的陆军武官。阴谋诡计对他来说不是什么陌生事物，他是纳粹德国吞并奥地利期间的德国驻奥地利大使，为希特勒上台也出了力，这才被派到具有战略地位的土耳其出任大使一职。这是一个非常重要的外交岗位，需要防止这个持亲德中立态度的国家屈从于同盟国的要求。

"西塞罗"的文件帮了他大忙。他由此得知同盟国提出的要求以及土耳其人的答复。比如，他从文件中知道，土耳其人被英国人要求允许后者驱逐机使用他们的机场时言辞闪烁，逃避答复这个问题。他利用"西塞罗"提供的开罗会议情报，在土耳其外交部那里探知到土耳其的意图，这些机密文件的照片本身也显示，英国施加的压力正遭到土耳其人的抵抗。这样，那些反制措施就没有必要采用了，以免土耳其人产生可能的抵抗情绪。这样的措施他只采取过一次。当时他从报纸上获悉，英国人希望把无线电台建在土耳其的欧洲部分，以帮助飞机对罗马尼亚的油田进行轰炸。为此，他威胁土耳其人，扬言要以空袭伊斯坦布尔作为报复。电台未能建立。1944年2月3日，一个英国军事代表团一无所得地离开安卡拉，访问的目的没能达成。巴本兴奋地说："我们毫无疑问地在阻止土耳其参战的斗争中赢得第一回合的胜利。"

德国本土能通过两条渠道拿到"西塞罗"的材料，一条是通过巴本和莫伊齐施在电报中摘录的部分材料，另一条是将拍摄下来的照片装在外交邮袋里带回德国。里宾特洛甫浏览这些光面照片后，转呈给希特勒。所有人都怀疑这些材料到底是不是真的。柏林问：安卡拉那边是不是陷入了一场大骗局？

"你们的疑问，"巴本回答，"我们也经常考虑。我们认为，根据'西塞罗'本人的情况和他工作的环境，可以得出这样的结论，材料属实的可能性极大。当然我们依然不能排除可能存在的欺骗。"不过到最后，几乎所有人都认同巴兹纳是靠得住的。

聪明的施伦堡把这些照片交给外交部人事处，企图利用这些英国电报的明文来帮助他们破译英国的外交密码，以便搜集到更多的情报。人事处只是证实专家已知的事实：最重要的电报已被译成一次一密，从理论和实际上看都没有破译的可能。这是唯一一种不能破译的密码，即使有某份电报的明文，对破译另一份电报也没有帮助。因此，对密码破译员来说，"西塞罗"的情报照片一点用处也没有。

第三帝国的决策者颇为直接地使用"西塞罗"的情报。在希特勒同匈牙利和保加利亚代表谈话时，里宾特洛甫打断说，土耳其目前不会对德宣战，他们正在抵制英国的要求，他手上有"确切情报"可以证明。此番话意图使这两个国家继续坚定信心，把它们留在轴心国的阵营中。

希特勒在参加 1943 年 12 月的形势会议时，带着"西塞罗"提供的情报照片。他在会上宣布："我研究过大部分这些文件，毫无疑问，西线敌人将在明年春天发动进攻。"他继续谈到，西方发动佯攻的地点有可能是挪威、法国的波尔多地区和巴尔干半岛。这种看法被一封印有"绝密"和"BIGOT"字样的英国"紧急"电报再次肯定，前者是当时最高保密级别，后者是一个暗语，印有此暗语的文件，只有极少数人才能阅读，也只有他们有资格知道即将到来的穿越英吉利海峡作战的重要情况。这是英国外交部致英国驻安卡拉大使馆第 1751 号电报，拍发日期为 12 月 21 日，应该是巴本于 1 月 6 日第一个看到，内容是英国参谋长联席委员会致艾森豪威尔的一封电报全文。英国参谋长联席委员会明确说，"促使土耳其尽快参战是我们的目标"，又补充道，"在执行'霸王'行动前，必须从地中海东侧继续加大对德国人的威胁"。"霸王""似乎是指从英格兰发起进攻"，这是巴本从一封电报中猜测出来的。英国外交部和参谋长联席委员会在几个星期后的另一封电报中重申："我们现在必须集中力量，保持在地中海东部对德国人的威胁。"可是"威胁"一词意思含糊不清，可能只是虚张声势的吓唬战术，也可能意味着用军队来施压，一旦形势利于它们就把军队投入战斗。这个词更可能表达哪种意思呢？

有些军事方面的线索表明，这是吓唬战术。空中侦察证明，没有军队集结在地中海东部港口。从各种不同来源的消息看，盟军正在从地中海撤出许多训练有素的部队。大概是受这些旁证影响，最高统帅部约德尔将军认为"西塞罗"提供的情报，并不是指盟军的大规模进攻会从地中海东部发动。可是 12 月最后几天，希特勒在反复说，他预计盟军将进攻巴尔干地区。

他的理由是，盟军成功入侵此处会极大影响德国的战争进程。他们这样做可能会导致罗马尼亚、匈牙利以及保加利亚背叛德国，如同意大利那般，即使盟军不能立即从南方到达苏联战线。这三国的背叛将导致德国损兵失地，还会切断矾土、铜矿和罗马尼亚石油等必不可少的供应。土耳其也将放弃中立，将更多的基地提供给同盟国使用，停止铬这种极重要的原料运往德国，并开放海峡，这样同盟国的供应船只就可直接驶入苏联在黑海的不冻港。

希特勒不会因为一位间谍的只言片语而去冒如此大的风险，尽管间谍的估计已被某些军事迹象证明是正确的。希特勒仍然如同往常那样保持怀疑，他不得不谨慎，或许这位元首还记得，那具飘浮到西班牙的死尸身上的文件，曾让德国人的注意力从盟军入侵西西里的可能性上移开。元首早就开始加强东南战区的军事力量，甚至早于"西塞罗"开始为德国提供情报照片之时。该战区1943年7月只有17个师的兵力，当年12月增加到25个。1944年1月19日盟军在安齐奥的成功登陆，说明盟军入侵巴尔干的可能性增大。东南战区部分部队被调去遏制这个滩头阵地，不过其他部队迅速补充了撤出的兵力。这些决定的做出丝毫没有受到"西塞罗"情报的影响。

1月到3月，巴兹纳仍然如往常般，用自己复制的钥匙打开大使的公文递送箱或保险柜，把文件拿到自己的屋子里拍照再放归原处，然后把胶卷交给莫伊齐施冲洗，随之拿到源源不断的酬劳。他提供的预料索菲亚要遭空袭的情报应验，似乎消除了德国决策者们对其情报真实性仅存的怀疑。莫伊齐施把战后希特勒打算赠送他一座别墅的消息告诉"西塞罗"，可是巴兹纳的神经却绷得越来越紧。他的工作越加复杂，因为英国使馆里安装了警报系统，他必须先拉掉保险丝才能从大使的保险柜里取文件。不久后发生的一件事情使他相信，他不能再干这样的活了。

莫伊齐施新雇的秘书是个叫内尔·卡普（Nele Kapp）的姑娘，24岁的她有着长发细腿，十分可爱。她是德国驻索菲亚总领事的女儿，她的父亲在美国克利夫兰待过多年，主要是为德国武官伯蒂谢尔收集剪报。这份秘书工作是她父亲帮她找的，而她在国外生活过，会讲英文、法文和意大利文，也有这个资格。内尔在安卡拉与一个美国人成为朋友，大概是因为她多数朋友都是十多岁时在美国结交的。有一天，巴兹纳在一家百货商店里偶遇莫伊齐施和内尔，他一时大意，没有和这位发怒的专员打招呼，就帮这个姑娘买了些东西。几小时后，他在安卡拉宫饭店的休息室里又看见了内尔，当时她正在等候新交的女朋友。这次巴兹纳注意到内尔身边的那个男人，正是当初在安卡拉黑暗的后街开车追赶他和莫伊齐施的那个没胡子的年轻司机。

恐惧仿佛安纳托利亚高原上的凛冽寒风，不断袭向巴兹纳。当晚，他就砸碎那台徕卡牌相机，然后把碎片和照相机三脚支架扔进河里，此后再未偷拍过照片。得来的钱大部分被他存在银行的保险库里，剩下的钱也存起来后，他离开别墅住进了旅馆。他告诉莫伊齐施，他再也不想从事间谍活动了。他在英国大使馆又住了一段时间，以免引发怀疑。

后来他听说内尔从德国大使馆消失，猜想她是叛逃到美国人那里了，应该把她知道的关于"西塞罗"的情况全部告诉了他们。不过这个行动已经结束。不久后，巴兹纳接到休格森爵士给他的辞退书，离开了英国使馆。无论英国大使馆，还是德军司令部，似乎都不怀念他。在德军司令部，有没有"西塞罗"的情报都一样，希特勒照样指挥战争。

这个时候德军已是且战且退。1944年4月，德军开始从克里米亚撤退，经黑海撤出土耳其。土耳其人很快明确，与西方同盟国的关系必须被重视起来，否则将来可能要单独抵挡苏联，于是任命亲英人士接替亲德国的总参谋长，并停止把铬供应给德国，又于8月同德国断交，次年2月对德宣战。

"西塞罗"的情报只帮助巴本使土耳其人抵制了英国的要求几个月，起到的不过只是辅助作用。但他对盟军在巴尔干的意图没有完全澄清，再加上希特勒理所当然地怀疑间谍提供的未经证实的情报，把注意力几乎都放在东南欧，因此"西塞罗"的情报未影响到他的决策。历史上这桩最了不起的间谍活动，没有也不可能从根本上改变事态的发展。

德国指挥战争的领袖们发现，要获得西线战争的胜利，或者至少不输掉，他们需要从一个地方获取情报。这个地方不是土耳其，不是拉丁美洲，甚至也不是北美，而是大不列颠。

那里是同盟国制订登陆作战计划的地方，是军队集结待命的地方，也是盟军登陆艇集中的地方。一切事情的爆发点，非此地莫属。

可是，几乎所有在那里的德国特工都是到战时才被紧急派遣的，很少有特工战前就潜伏进去。德国间谍机构的这个疏忽实在令人难以置信，有几个原因可对此做出解释。

1935年希特勒对在英间谍活动的禁令，是造成这种局面的主要原因。希特勒颁布这项禁令的缘由，与不让破译皇家海军密码一样。他认为，海上强国英国和陆上强国德国在种族关系上接近，希望这两个国家能结成联盟，称霸世界。他尤其希望英国做他的后盾，让他能放手摧毁共产主义，完成德国向东方扩张的历史使命。1935年，他与英国缔结海军条约，落实了第一步计划。为消除英国的疑虑，他把德国舰队的规模限制在相当于皇家海军规模的一小部分，使英国不会把它当成海上的威胁，以致一战前的海军军备竞赛再现。希特勒认为，在英国从事间谍活动，一旦被发现，他的壮丽蓝图就会受到阻碍。他的这种担心是合理的，为一点情报冒此风险不值得。因此，他禁止对英开展间谍活动。可是随后几年，欧洲均势有可能因为他的侵略而改变，从而威胁到英国在欧洲举足轻重的仲裁者地位，此时，英国对德国的态度越来越敌视。1937年，希特勒取消间谍禁令，阿勃韦尔又可以恢复对英国的间谍活动。可是之前白白浪费了两年的时间，那正是卡纳里斯作为阿勃韦尔负责人的头两年。

　　德国间谍培养制度对出色间谍的限制，是它们战前对英间谍工作不充分的另一个原因。战前真正从事对外间谍活动的机构只有阿勃韦尔一个，可它却未集中力量把重要的特务吸收进来，也没有把这类特务派遣到适合的地方（虽然它有一些低级间谍）。这样的重要特务将取得所在国的信任，在关键的岗位上静候时机，在长期的和平环境中谋求更多的权力，更多地了解所在国，他们就像一颗定时炸弹，在战争爆发后的关键时刻会在敌人的要害之处爆炸，为德国赢取重大胜利。可是，这样的计划没有得到卡纳里斯的同意，不想把鸡蛋都放在一个篮子里的他，更愿意花费精力安插许多次要特工。这些中低级特工在和平时期报告机场、军事要塞或工厂的位置，在战时报告军队位置等公认有用的情报。

　　阿勃韦尔经验不足、手段单一，是德国对英间谍活动软弱无力的又一个原因。里特尔没有从奥斯瓦尔德·莫斯利（Oswald Mosley）领导的英国法西斯联盟吸收特务，那里本应是间谍的天然来源。或许是他没有想到，或许是这项工作没有联系人能够主持，或许是他太忙了，也或许是政府不支持，因为希特勒认为法国拥有欧洲最好的军队，这才是他们要对付的主要敌人。因此，阿勃韦尔在西方的间谍力量主要用于针对法国。无论什么原因，事实就是里特尔没有从那个组织中吸收特务的意愿。

因此，在二战之初的英国，德国只有包括"约翰尼"（阿图尔·欧文斯）和他下级特务在内的几个特务，外加少数因一念之差提供情报的同情者。但是，在战争爆发之后的前八个月，阿勃韦尔没有向英国大量派遣间谍。那个时候有很好的机会：英国与法国、比利时和荷兰之间的交通依然频繁且畅通无阻。或许与希特勒一样，德国的间谍机构也认为英国会在德国用闪电战占领欧洲大陆后感到绝望，然后跪地求和。

敦刻尔克大撤退后，英国在继续抵抗德国，说明后者原来的看法有误。1940年7月，希特勒下令要求做好登陆英格兰作战的准备，后来又把登陆日期改到9月15日。阿勃韦尔不得不在一片匆忙中把手里的间谍全都派往那里，并四处寻找志愿人员，让他们乘小船或飞机进入这个岛国。里特尔承担起训练和空投特工的任务（代号"莱纳"行动）。

几天后，从一批斯堪的纳维亚纳粹分子中挑选出来的头两名志愿者来到德国。阿勃韦尔总部制定了很高的志愿者挑选标准：20—30岁、体格健壮、聪明机敏、技术娴熟，这两人看起来都算符合。一个是26岁名叫汉斯·汉森（Hans Hansen）的丹麦人，个子比一般人高，头发深黄色，五官端正，举止文雅，他的母亲是德国人，他的职业是一名工业制图员，也是丹麦纳粹党员。另一个是名为格斯塔·卡罗利（Goesta Caroli）的芬兰人，年长汉森一岁，个子比他还高，一双蓝眼睛十分讨人喜欢，是一名机械师。两人都曾在德国工作，德语讲得很流利，也会地道的英语。里特尔一眼就看上了这两人。

"我相信你们很清楚志愿工作的内容"，他对他们说，"我们就不绕圈子了。你们已经知道，这个事情可能会危及生命。空投成功后，你们只能依靠自己。我希望能成为你们的朋友，你们的训练将由我来负责，希望你们认真配合。也希望你们竭尽全力学好我们准备的特别课程。剩下的时间不多，我们必须尽早准备好，最多不超过6周。训练从明早开始。"

"相信我们吧，就像我们必须相信你们。"汉森的回答简短有力。

他们的工作开始了。里特尔为他们编号（汉森是3725号）后，给他们发了些钱，让他们在阿勃韦尔的克洛普施托克供膳寄宿处安顿下来。当他第二天上午到那里时，他们已经在练习摩斯电码发报，由特劳特曼的一名助手教导。后面几周，他们学习如何识别各种飞机；参观高射炮阵地，以熟悉有着不同口径的高射炮。因为英国已完全停止公开播放天气预报，他们还得学习气象学，以满足德国空军对英国气象信息的需求。为了能够正确报告机场调度，他们学习了空中管制。他们学习非常勤奋，还没到规定的 6 周就已完成全部课程。

他们把自己编造为乘一艘渔船去往英国的斯堪的纳维亚难民。他们领取假证件、配给券和 200 英镑，在 7 月天气炎热的一天和里特尔一起，从汉堡乘车前往一个里特尔设计好的、谁也不知道的地方。他们的车停在科隆附近，测试无线电设备。汉森先行尝试，接收到汉堡电台后很快又收不着了，他摘下头上的耳机，破口大骂："真没用！第一次测试就失败。"卡罗利比他有耐心，试过几次后指出是公路上行驶的小汽车干扰了接收。他在离公路远一些的地方终于成功与汉堡取得联系。他们通过了第一次测试！

当两个准间谍住在布鲁塞尔的旅馆里时，里特尔在当地谍报站会见了将执行这次空投任务的飞行员。两人摊开一幅地图，寻找合适的着陆点。里特尔满意地看到，地图上出现的机场是他手下一个叫西蒙的特务发现的，他是里特尔训练的第一批特务中的一员。他们又参考对照了地形图、人口图和公路图，最后决定着陆点是索尔兹伯里附近一个有大片空旷地带的地方。里特尔给两个特务画了一幅放大地图，他们可以根据这幅地图熟悉他们要去的那个乡间地方。可是后来几天，任务因为天气不佳而无法执行，无所事事的汉森和卡罗利于是四处游玩，卡罗利找了一个姑娘，和她有些情意缠绵的趋势，让汉森和里特尔颇为担心。里特尔派人跟着他们，发现那个姑娘是妓女，于是将她保护性地拘留了几天。

天气仍然不好，为了让两名间谍越来越紧张的情绪放松下来，里特尔把他们带去安特卫普和巴黎旅行。他们在巴黎时成功地用无线电联系上汉堡，这增强了两个年轻人的信心，因为巴黎离汉堡比英国离汉堡还远。他们回到布鲁塞尔，得知天气将转晴后再次前往南部布列塔尼亚的首府雷恩。在那里等候他们的是一架漆黑的亨克尔 He-111 轰炸机和一名飞行员。同里特尔最后一次握手后，年轻的间谍卡罗利爬进飞机，飞机滑入跑道，不一会儿就消失在夜空，只余下马达嘶鸣声。一天后,汉森也以同样的方式前往英国。里特尔回到布鲁塞尔,开始幻想。

凌晨4点30分,飞行员报告:他低飞掠过英吉利海峡,在英国海岸附近又把飞机的高度抬升到7000米,然后穿过云层,在着陆点上空俯冲到1500米的高度后,放慢发动机速度,汉森跳伞。飞行员在看到降落伞张开后返回。

里特尔现在能做的只有等待。第二天,他焦急地多次给汉堡无线电台打电话询问,"还没有消息,少校先生",每一次得到的回复都是这个。直到第三天半夜,他床头的电话铃才响起来。

"少校先生,3725号(汉森)与我们联系上了,"电台报告,"线路状况良好。与他们联系的是魏因(训练他们的电报员)本人,他确定是汉森在发报。"

"他说了什么?"

"只是通个消息,让我们知道他活着。他不久还会发报。"

"好的,"里特尔吩咐,"一有他的消息,马上通知我。晚安。"

第二次收到他们的发报是在3天后。卡罗利受伤了,因为他的降落伞绊在一棵树上,现在他躲在一个农场的房子里,不知如何是好。他没能降落在索尔兹伯里附近,而是落在离原定着陆点65英里的牛津以北。后来里特尔决定把"约翰尼"派去帮助他。多次通信后,"约翰尼"手下的一名特工在海威科姆火车站见到卡罗利,并把这个芬兰人带到自己的寓所仔细看护。卡罗利就这样直到10月才自己在剑桥南面找了一处寓所往汉堡发报。可是,1941年1月,他的发报突然停止。"约翰尼"报告,他被警察包围,中断发报逃走了。根据汉堡的指示,"约翰尼"手下一名特工在剑桥火车站取走了卡罗利存放在行李室的电台。

汉森则在伦敦北部的巴尼特区住下,并以此为落脚点拼命为里特尔工作。他向汉堡拍发的电报不下1000封,其中多为气象报告,还有一些详细报告了空袭造成的损失。1941年2月,离汉森在巴尼特住所仅1英里左右的博勒姆伍德遭受空袭。他用无线电报告被炸毁的工厂,名单如下:标准电话与电缆有限公司、西勒姆实验所、史密斯父子有限公司等等。几天后,他前往英国各地旅行,把机场和工厂的情况报告给汉堡。"轰炸机主要位于牛津地区的阿宾顿、本森和布莱兹诺顿,请侦察。"他在电报中说。又于2月24日报告布莱兹诺顿机场的情况:"新发现一些有草覆盖的巨大土丘,长约200米、宽75米,可能是地下飞机库。"这有些奇怪,因为这些土丘在汉堡绘制的大不列颠飞机场地图册第104页上没有被标出。第二天汉森详细报告:

> 对布莱兹诺顿机场的进一步观察发现,昨日报告的6个土丘确实是地下飞机库。两架涂有N3446和N3479标记的"无畏"式飞机,被推进西北边的一个地下飞机库,是我亲眼所见。飞机库确切位置是:两个飞机库呈南北走向,位于布莱兹诺顿以西100米,从布莱兹诺顿通往卡特顿的公路以北;另有两个飞机库距离通往班普顿的公路150米,走向一致;剩下两个位置在卡特顿以南1800米和公路以西350米。还发现一个位于卡特顿以东700米,一个位于卡特顿以南100米的高射炮阵地。

之后一个月,这个没有固定职业的自由间谍旅行到索尔兹伯里附近,对当地的机场进行调查,4月来到伦敦西面的郊区。他报告里有些地名或许是拼写错误,或许是发报时失误打错,让阿勃韦尔的情报分析员总是怒气冲冲地打开地图册和地名手册,到处翻找"Heathron airfield"和"Roading",实际上前者是希思罗机场,拼写为"Heathrow",后者是雷丁,拼写为"Reading"。

让他们更为恼怒的是汉森的自作主张。他时不时宣布要去度假,只因暂时不愿进行任何间谍活动。另外,惹得他们生气的大概还有汉森的不时抱怨。

"你们从来不让我知道我的工作完成得好不好,我毕竟是个人,哪怕偶尔安慰我一下也好。"

英国实行食品配给制,当他被要求报告面包价格如何、味道是否好吃时,他反问:"难道没有别的更重要的问题吗?这儿的面包一样好吃。"

"你们说好要送来的钱怎么还没送来?我开始觉得你们都是骗子。"

事实上,要把钱送到3725号特工手上,对阿勃韦尔来说确实是一件很困难的事情。空投时只给了他200英镑,是因为阿勃韦尔认为部队不久就会在英国登陆,可是计划登陆的日期不断推迟,这名特工的钱也花完了。"约翰尼"寄给他100英镑,德国人原本还计划给他空投500英镑,不过最后放弃了。汉森被告知,钱会交由他在汉堡的一个朋友送去,还会给他的电台带去新的晶体管。他们在摄政宫饭店、泰特美术馆和大英博物馆等地安排了一连串复杂的见面机会,但一次也没成功,他的这位朋友在英国被捕。后来汉堡指示他下午4点去维多利亚车站11路公共汽车终点站等候,然后听从进一步的指示。汉森建议改在16路公共汽车终点站,因为11路公共汽车的终点站已经不在那里。几次往返电报商议后,双方终于在1941年10月26日按计划采取行动。汉森系了一条红色的领带,手拿一份报纸和一本书,上了16路公共汽车。一个左手拿着一份《泰晤士报》和一本书的日本人,也上了车。第五站时,两人都下车,等候下一趟16路车,后来两人一块上车坐到一起。一会儿后,他问那个日本人:

"今天报纸上有什么好玩的事情?"

那个日本人看了他一眼,"我下一站就下车了,报纸给你拿着看吧。"

报纸里夹着80张5英镑面值的现金。那个日本人是日本大使馆里的副武官,他还要赶着回去。汉森发报说:"两三天内不会发报了,今晚我要一醉方休。"

汉森还通过一个复杂的金融交易得到更多的钱。里斯本一名重要的德国特工、南斯拉夫人杜斯科·波波夫安排了这场交易。他声称认识一名犹太剧团老板,是个富翁,想把手中的英镑换成美元,因为他担心英国会输掉战争。阿勃韦尔趁此机会,把财务处处长特彭派到里斯本去先了解具体情况再安排。波波夫把美元交给这名犹太富翁,后者再把需要兑换的英镑交给波波夫在伦敦的指定人,毫无疑问,就是汉森。事情就这样搞定了,伦敦的汉森得到2万英镑,相当于10万美元,阿勃韦尔的官员也从中捞到大量美元。

其他问题又出现了。德国人现在要求已成为富人的汉森进入上流社会,结交地位更高的人。可是汉森报告,警察局在调查他服兵役的情况,为此他找来一位朋友证明他正在农场从事一项非他不可的重要工作,这才被免除兵役。他现在只有在周末才能到外面去走走,但他利用雇主在政府某部门密码处工作的女儿,扩大了谍报范围。这个女人可以接触到大量重要情报,她到农场看望汉森时会把这些情报透露给他。后来,她的部门把她借调给美国人,汉森从她那里又获取了不少美国的情报。

汉森在1942年和1943年继续将情况如实报告给汉堡。1944年1月,汉森取得一次被阿勃韦尔指挥人员认为是了不起的成果:他将艾森豪威尔飞抵英国指挥盟军登陆部队的消息报告国内,比通讯社的广播早数个小时。登陆日期临近时,阿勃韦尔指示汉森搜集这方面的一些情报。他的报告很快发过来了。多佛地区已有2万加拿大部队抵达,美国的先遣步兵已到达阿什福德—多佛地区。几天之后他补充道,这支部队属于第83步兵师。在肯特郡东南部(除了离法国最近的多佛)的树林里,有大量英国、加拿大和美国的部队隐蔽宿营。他在盟军越过海峡开始登陆后提供了更多的情报。他报告说,美军第11步兵师经过剑桥,沿着公路往东开进。他在这个大学城的火车站里,看见美军第10军往西边去,第25装甲师南下,它们的平板货列上载有坦克。后来在诺维奇,他又看见这个师的士兵。1944年9月21日,他发来一份语气郑重的电报:"值此拍发我第1000封电报之际,请将我最诚挚的问候转达元首,并热切希望尽快赢得胜利,结束这场战争。"

汉森对德国很是忠心,即便12月希特勒在阿登发动的攻势失败后依然如此,毫无懈怠。他碰见一个在布雷艇上工作的朋友,战争初期他曾从这位朋友那里获得情报。这位朋友告诉他,为阻止德国新式通气管潜艇进入,盟军正在一片水域布置一个新水雷区。他的报告被德国海军情报分析员证实是真的,而且有很大的价值,因为他接到一艘潜艇触到水雷的报告,位置正是在3725号特务报告里提到的布雷区。德国海军为保护潜艇,封锁了3600平方英里的海域,禁止潜艇进入。汉森的忠诚最终得到报答,他在1945年5月2日下午5点50分收到上级给他的最后一封电报。几个小时之后,汉堡就落入英军手中。汉斯·汉森是德国在英国活动时间最长的间谍。

成功并非属于每一位在英的德国特工。在一个特工小组里,有一个典型的女间谍,名叫薇拉·德沙尔贝(Vera de Schallberg),金发碧眼,她那种美丽是北欧日耳曼人特有的。[1]逃离在丹麦的家庭后,她在巴黎的情场上一度成为炙手可热的美人,最后认识了一个差点就滑入下层社会的花花公子特奥多尔·德鲁克(Theodore Druecke),并跟着他来到布鲁塞尔。可是里特尔的同事

---

[1] 原注:Firmin, 69-74; Ritter, 154-60, 254-59; Farago, 238-39, 243-55; After the Battle, No. 11(1976), 17-23. 我试图用她给自己起的各种贵族名字贬低她,但都以失败告终。

汉斯·迪尔克斯（Hans Dierks）很快就吸引了这位美人的注意，迪尔克斯模样并不英俊，却非常有男人味，女人们像发情的母兽那样追求他。她很快就被迪尔克斯厌倦了。为打发掉她，迪尔克斯建议她去美国当间谍。一开始薇拉并不同意，后来看到事已至此，只好勉强答应。迪尔克斯又为她找来两个人，一个是愿意和她待在一起的德鲁克，另一个是名叫维尔纳·海因里希·瓦尔蒂（Werner Heinrich Walti）的瑞士人，曾为法国驻汉堡领事开过车，并为阿勃韦尔对这位领事进行过间谍活动。

一番例行训练后，晚上三名间谍和迪尔克斯到外面吃了一顿作为庆祝。他们一杯接一杯地喝了很多酒，迪尔克斯喝得大醉，在开车回来的路上，把握不住方向盘，发生了事故，当场毙命，其他人轻伤。几天后，他们乘飞机去到挪威西南端的斯塔万格，带着伪造的证件、干粮和香肠，在那儿搭乘一架双引擎He-111水上飞机，来到苏格兰北部海岸附近的海面上。他们趁着黎明前的黑暗爬下飞机，进入橡皮艇，但不小心把自行车掉到海里了。这意味着他们必须要搭乘公共交通工具出行。他们在几分钟后登上敌国海岸的海滩，踹开橡皮艇就分头离开。瓦尔蒂往东走，德鲁克和薇拉去西边。薇拉现在改名为薇拉·德科塔尼·查布尔。早上7点30分，他们来到位于班夫—因弗内斯海岸铁路线上的波特戈登镇，走进一个火车站，那里只有一间小木屋。

"请问这是哪个车站？"薇拉问。车站站长约翰·唐纳德对这两人起了疑心，男人湿漉漉的裤脚，更是让他疑心倍增。他让工友约翰·格迪斯陪他们聊天，自己去把警察叫来逮捕了这两名间谍。

英国人不久后在海面上发现漂浮的橡皮艇，开始对可能和他们一块登陆的其他人展开搜捕。警察在询问附近的车站时，了解到当天早上有一个男人买了一张去阿伯丁的火车票。最终瓦尔蒂在爱丁堡被捕。

几个月后，德国方面听说英国人处决了两名男间谍，薇拉则下落不明。这个二战时期的玛塔·哈里，她的间谍生涯只持续了200分钟。

如同汉堡这三名间谍一样，许多其他间谍很快也被逮捕。阿方斯·蒂默曼（Alphonse Timmermann），37岁，比利时人，以难民身份来到英国，被照例送去接受盘问。检查人员在他身上搜出能让人立刻联想起"隐显墨水"的东西——一个装着白色药粉、棕色棍条和一撮棉花的信封，宣告了蒂默曼的"死刑"。有一个间谍也冒充成难民，他叫约翰内斯·马里纽斯·德隆克斯（Johannes Marinus Dronkers），荷兰人。他和两个真正的难民乘着帆船前往英国，但他刚上岸就遭逮捕。他随身携带的物品中有一本荷兰文—英文词典，词典的一些字母下面用针扎了一些小孔，这些字母拼起来是一些掩护地址，不过被做事仔细的英国反情报人员发现了。后来他被判决并执行了绞刑。

也有一些间谍活动时间稍长一些，或者是因为比较幸运，或者是因为孜孜不倦地工作得到了关键岗位，或是物色并培养出处于关键岗位的特工。高级情报就这样流入德国，其中一些甚至能洞察同盟国的重大战略。

罗曼·加尔比–切尔尼亚夫斯基（Roman Garby-Czerniawski）上尉是波兰人，1939 年他奋起反抗德军对自己祖国的入侵，但是失败了。他在巴黎加入法国的抵抗组织，还是以失败告终。他和抵抗组织里的许多人成了德国人的俘虏。他的密码员出卖了他，因为他对组织里一位姑娘的爱恋让这位年轻的女密码员嫉妒。

阿勃韦尔后来得知，这名被德军俘获的波兰人是职业军官，大概 30 岁，当过飞行员和运动员（是一名优秀的滑雪运动员），曾在波兰总参谋部情报处工作。不久，德国反情报机构就向加尔比–切尔尼亚夫斯基提议，如果他愿意去英国为他们当间谍，他那些抵抗组织的同伴们将被当作普通战俘而非特别战俘处置。他最初拒绝了，可是随着德国对苏联的入侵，他逐渐相信德国与波兰的利益真正吻合，认为德国是在同长期蹂躏他祖国的苏联作战，终于答应了。

正如他的特务代号 GV-7167 反映的那样（GV 是德文"反特务"的缩写，为双面间谍代号），渗透进英国特务机关就是他的任务。除该任务外，他还被要求在英国搜集军事情报。他假装从德国逃出来，经过西班牙、葡萄牙辗转来到英国，当时已是 1942 年 10 月。多半由于生平背景的真实，化名"休伯特"的他通过了对难民的盘问，不久就在波兰空军中队驾驶飞机并担任中队长。

他于 1943 年 1 月开始发报，频率很快就达到平均每天一份。1944 年年初，他被任命为美国登陆部队指挥官奥马尔·布莱德雷[1]将军参谋部在波兰的联络官,对德国人的价值大大提高。"休伯特"使用法文来报告情况,大概是因为他德文讲得不太好或者根本就是一窍不通,阿勃韦尔又难以看懂波兰文。他的报告对盟军集结部队准备反攻的情况进行了详细介绍。比如他于1944年2月25日在南安普敦地区起草却于29日黄昏才发出的5封电报,报告了他在汉布尔河看见约30艘小型登陆艇和5艘中型登陆艇的情况。他在30日报告:"从一位英国军官那里得来的消息,驻扎在诺维奇东部地区的是第49装甲师(以熊为识别符号)。"他还抱怨了一番,"我对271号非常失望,空军帮帮忙即不危险也不困难,我从事的活动要冒最大的风险……你们要是不帮忙会极大地限制我的工作,让我难以提供更多的情报。如果要随随便便敷衍了事,那我宁可停止工作。我从来没有被你们的帮助鼓舞过,一次都没有。"

尽管如此,他并未停止活动,并于5月19日被任命为乔治·S.巴顿将军第1集团军群司令部联络官。这是一个更重要的岗位,联络官不是决策人物,却很关键。"休伯特"充分利用这一点,将第11步兵师和第33军的驻地、第9集团军的使用和第21空降师的情况报告给阿勃韦尔,还传回第17步兵师的识别符号。他说:"第35步兵师的部分部队驻扎在布伦特伍德,隶属于第12军,现已被调往肯特;第28步兵师驻扎在哈维奇,也隶属于第12军,正在那里进行两栖作战演习。"他一直提供这样的情报,哪怕盟军登陆期间乃至登陆后,数量甚至更多。11月29日,他在第877号电报中报告:"诺丁汉地区风平浪静,有识别标志表明美国第82空降师驻扎此地。第9和第21空降师已撤出。"

西线外军处的"客户们"喜欢这些情报,夸赞"这些了不起的报告在很大程度上有助于我们弄清敌人的情况"。西线外军处英国组负责人罗杰·迈克尔(Roger Michael)少校对这些报告的评价一般是"好"、"很了不起",偶尔会表示"不太明确"、"可以相信"等不太热情的看法。不过与他对其他间谍尖酸刻薄的评价一比,这样的批语实为赞扬。

---

[1] Omar Bradley(1893—1981),美国著名军事家、统帅,陆军五星上将(1950),二战期间美军在北非战场和欧洲战场的主要指挥官。他是最后一位辞世的美军五星上将,也是第一任参谋长联席会议主席。

但是情报戛然而止。1945年1月,"休伯特"突然没有再发报,显然已被英国人抓了起来。

其他的特工开始主动承包阿勃韦尔的情报,变成自由间谍,很快就负责管理大型间谍组织。在这些间谍组织里,有层出不穷的主要特工、下级特工、会计以及联络员,就像实业界的连锁董事会和有限公司。西班牙和葡萄牙的中立环境,为多数间谍组织的迅速发展保驾护航。

保罗·菲德穆克(Paul Fidrmuc)是最早一批特工中的一员,出生在德占苏台德区,有在奥匈帝国军队情报部门工作的经验。他化名CHB,建立了一个特务网,覆盖世界各地。特工们被称为CHB1、CHB2,以此类推。他们中有人曾为阿勃韦尔汉堡站工作,在英国工作过的至少有3人,其他人则分散在世界各地。卡纳里斯曾赠给菲德穆克一个镶有珠宝的鼻烟盒,据说是拿破仑使用过的。阿勃韦尔对下面的特工们也很认可,比如认为CHB1"经过长时间的考验证明值得信赖"。西线外军处的评价较为冷静:"好,需进一步提供有关军队的准确细节。"后来说:"最近情报价值有所下降",又说,"总体而言没用处,准确度不高",甚至说,"完全就在撒谎!"而这些特工中最好的就是CHB1。

"奥斯特洛"(OSTRO)是另一个较早加入间谍组织的特工,他是一个德国商人,在伊比利亚半岛活动,手下有17名特工,每个特工又发展了许多情报员。他是其中一位最受重视的对英活动间谍。迪特里希·施文克上校,这位空军生产部长的技术情报官,在1942年7月21日的会议上说,他们第一次掌握从以前缴获文件中早就知道的一种新型飞机的产量数字,是"奥斯特洛"提供的。两年以后,他还在提供情报。他在1944年8月指出,有些迹象显示,美国即将对布列塔尼展开大规模军事行动,一位英国空军武官提供的消息给出有力的佐证。9月30日,他转述来自"议会和卡尔顿俱乐部"的消息:司令部被施压,将在冬季前对西墙防线[1]北翼发动大规模进攻。

但一个化名叫"卡托"(CATO)的间谍才是最成功的自由间谍。卡托是古罗马元老院一个议员的名字,他每次都会用一句恶狠狠的"必须消灭迦太基"

---

[1] 即齐格菲防线。

来结束他的讲话。这个化名大概是仿照他的名字，或许还受到希特勒对英国人嘲笑的启发（希特勒嘲笑英国人说，此次战争就像是第二次布匿战争）。当今这位"卡托"是一个三角脸、前额很宽的西班牙年轻人，深深憎恶妨碍德国一统世界的现世"迦太基"，取得了德国人的信任。他建议德国人让他去英国从事间谍活动，他能够以一个纺织品公司机器采购员和巴伦西亚一家橘子出口商代表的身份前往英伦三岛，那家公司是他们家的产业。

德国人审查他的经历发现，因为不想加入西班牙共和军，他曾躲藏了一年，后来被别人发现，他被抓了起来并强征入伍，之后叛逃到佛朗哥的军队中。他学过电气工程，在服役时学会了对特务来说最宝贵的本领——摩斯密码。最后他去了阿勃韦尔西班牙 KO（战争组织）。他的上司是军官埃里希·库伦塔尔，负责和监督该 KO 在国外的重要间谍。库伦塔尔培训他，给他支付报酬，于 1940 年 11 月 26 日派他前往英国。

"卡托"于 1941 年 6 月报告了他在伦敦布雷维特俱乐部偷听到的情报。一位波兰飞行员对他的英国女朋友说，不能在 6 月 23 日跟她一起吃饭了，"因为他已接到命令要运送一位内阁部长及其助手，还有印度陆军总参谋部的一批军官，这项任务非常重要。我推测他们将飞往喀土穆，航线会经过直布罗陀和（加纳的）塔科拉迪。"在直布罗陀的特工已报告过有一批戴着参谋红领章的军官从那儿经过。他们很快就弄清楚整件事情的来龙去脉，原来是奥利弗·利特尔顿（Oliver Lyttelton）被派驻到开罗担任中东国务部长，克劳德·奥金莱克[1]爵士将军成为新的中东总司令。"卡托"预先报告的正是他们上任的情况。

"卡托"还施展才能建立了一个特务网。他的信使是英国海外航空公司一名乘务员，负责在英国与马德里及葡萄牙间传递信件。在格拉斯哥，有一个委内瑞拉富人负责将苏格兰的情况报告给他。他吸收了肯特军营餐厅中一名从直布罗陀来的招待员。一个为了不服兵役宁愿在偏僻农场工作的英国人，沉迷于业余无线电活动，被"卡托"吸收为发报人员，他相信"卡托"是西班牙共和军的人。威尔士、爱尔兰和苏格兰民族主义分子也成了他物色的对象，他还看

---

[1] Claude Auchinleck（1884—1981），英国陆军元帅，1941 年任中东英军总司令，组织阿拉曼防御作战，为阿拉曼战役的胜利奠定了基础，被隆美尔认为是英军最出色的将领。

中一些外国雇佣兵，其中有一个以前是商船水手，退休后住在威尔士南部海岸上的斯旺西。"卡托"是这个特务网的核心，那些特务向他报告港口里登陆船的情况。他把一个新闻部官员也拉了进来，这名官员因为工作原因有机会接触到许多战略情报和政治情报。"卡托"从不透露这位官员的身份，但库伦塔尔猜出他是新闻部伊比利亚处的处长。"卡托"甚至使出间谍的传统绝招——勾引一个女人。他告诉库伦塔尔，这个女人刚30岁，"穿着邋遢，离漂亮有很远的距离"，可她是丘吉尔战时内阁或近似于此部门的一个秘书。他说她很快就"开心得有点昏了头，嘴不再那么紧了"。

作为一个间谍头子，"卡托"是极好的。有一次，他在一个新特工对多佛某事的报告后加了一句：此人底细暂不清楚，他将想办法对该情报进行核实。一个星期后，他发电说情报已证实，此人可列入"好报告员"的名单。他一共发展了14名特工，大多住在英国南部港口城市，对从事间谍活动都非常积极。他还一直同11个地位很高的人接触。

像"休伯特"一样，他在盟军登陆作战临近时，开始传递情报详细介绍有关盟军战斗序列的情况。比如，他在1944年3月用无线电报告：苏格兰邓迪驻守着英国第52步兵师，即苏格兰低地师。后来，还是同"休伯特"一样，他开始提供盟军战略计划的零碎情报，被德国人认为准确度非常高。到1944年8月，他寄给德国的隐显墨水信件总共约有400封，长电报发了有2000封。他也因此拿到价值2万英镑的酬劳。他的活动一直到战争结束才停止。

德国人眼中最有价值的情报来自少数战略情报特工，他们都潜伏了很长一段时间。但是，从情报数量来看，短期活动的战术情报特工（即前线特工）提供的情报远远多于前者。

战争期间，成千上万的特工被安插在敌后。这种做法与卡纳里斯不依靠少数超级间谍的主张极为吻合，也与在战争中从事大规模非人性间谍活动的主张相符合。这种做法在苏联战线上发展得最为完善。阿勃韦尔东线主站一处负责德国在苏联前线的间谍活动，这个处的特工分为近程侦察特工和远程侦察特工两类，相比于在英国的特工，他们均进行的是短期活动。

近程侦察特工由每个集团军的阿勃韦尔小组管理，进行调查活动的范围最多不超过敌后30英里，通常负责收集装甲部队和炮兵集结的详细情况。他们被称为"前线活动分子"，因为他们经常只在敌人后方1英里左右的地方活动。他们步行前往目的地，待上一个星期，又步行回来，亲自报告情况。而由每个集团军群阿勃韦尔军队指挥部管理的远程侦察特工，则在敌后30—200英里的地方活动，主要调查有关敌人后备兵力、上级指挥机关以及运输能力等情况。他们执行任务需时较长，通过无线电把情况报告给上级。被空投到敌人后方之后，只有得到返回的命令才能回来，通常由飞机接回，或者等到那块土地被德军占领后返回，偶尔也有徒步越过前线返回的情况。

一个近程侦察特工从出发到侦察区和执行任务，花费的时间一般是3天至一周，不过还需要一点时间返回和进行报告。远程侦察任务要做的准备就更多了。因此，只有当无线电侦察或审问战俘等较快、较方便的手段没有成果时，情报参谋才考虑派出特工。情报参谋还得考虑特工返回时提供的情报是否已失去时效。但有些情况下必须派遣特工，比如执行重点侦察任务和针对一些具体问题的调查。这个任务能不能执行，需要由情报官去询问阿勃韦尔军队或指挥部官员。或许一时找不到特工，或许前线没有可穿越的漏洞，或许在苏联严密的防空下无法空投。要是特务活动能够进行，情报参谋需要告诉阿勃韦尔领导人下述事项：主要任务、次要任务、去哪里侦察、当地军事形势以及特工返回的最合适日期。如果要派出远程侦察特工，还要约定好发回第一封无线电报的合适日期。阿勃韦尔领导人制订详细计划、挑选特工、给他们弄到合适的衣服和假证件。选出的特工必须研究地图，将道路和地点的名字熟记于心，熟悉苏军的武器装备、徽章和其他特征。这时候出发前的准备才算完成了。

施莱松（Schleusung）通常负责派遣短期活动特工，他是从事这项工作的专家。因为名字发音的缘故，他被称作"水闸"。特工最好只有1人、最多不超过3人，被他送到前线一个合适的地方，再偷偷越过主要作战线，溜过敌人的前哨站、岗哨和地堡，通常装作逃跑出来的战俘，进入危险恐怖的敌人领土。没有连绵不断的战壕、敌人兵力薄弱，且尽可能没有铁丝网、地雷和其他障碍物的地方，就是穿越前线的最好地段。

特工需要自己观察并询问敌方士兵和居民，以获取集团军情报参谋所需的情报。他搜集好情报后就会返回。他的指挥人员（施莱松）一般事先会为他的返回做好安排，把时间和地点告知德军。他回来后马上会被带到师部，向情报参谋报告他了解到的情况，然后去阿勃韦尔军队部接受仔细询问，以便在记忆清晰时讲出所有情报。集团军情报参谋将通过电话了解这些情报。此后还会有几次询问，以便让他讲出一些在他看来不太重要的细节。询问内容会被整理成一份完整的书面报告，提供给总参谋部情报参谋，报告里还有对这名特工可靠性的评价。

阿勃韦尔规定，一名特工只能被使用一次。实际上，许多特工不止一次前往敌人后方执行任务。中央集团军群一个名叫索尼娅的女特工，她父亲是一个俄国贵族，她曾在敌人后方七进七出。德国人惊讶地发现，女人极其适合当特工。许多女特工随时准备执行包括暗杀在内的各种任务。

特工的报告通常很全面细致。东线外军处散发了一份报告摘要，这份报告非常典型，由中央集团军群523号特工于1944年10月26日提供："10月26日，（苏联的）一个近卫装甲军沿着热莱胡夫—加尔沃林公路（华沙东南）朝加尔沃林方向调动。坦克约120辆。情况已经确认。"敌人的行动有时在前线特工的预料之中。中央集团军群422号特工在1944年10月28日报告：华沙北面聚集了18个步兵师、4个装甲军和若干骑兵部队，正在为一场大规模进攻做准备。

许多看起来琐碎的情报，却真正具有非常重大的价值，使约德尔致信卡尔滕布鲁纳，表彰前线特工在1945年1月苏联华沙攻势期间发挥的巨大作用。特工提供的情报有时重要到连希特勒的形势会议都要将其作为参考。比如，1943年12月28日，总参谋长蔡茨勒告诉希特勒，根据一位特工的情报，33列苏联军车正开往希特勒当时拼死据守的克里米亚。

虽然阿勃韦尔使用了许多特工，但党卫队保安处才是真正把大规模派遣特工做到极致的。1942年2月，对苏闪电战宣告失败，同样遭遇失败的还有德国对苏联的情报活动。施伦堡想出一个主意，就是在成千上万的战俘中挑选反共分子充当特工进行大规模间谍活动。这就是"齐柏林"行动。

接受训练的候选人在很短的时间内就达到10000—15000名。施伦堡组织他们参观工业、农场、高速公路等德国最了不起的成就，以便把反苏观点灌输给他们，最后挑选出2000—3000名特工，为执行任务做准备。可是因为飞机和无线电设备数量不足,实际上只有几百人执行了任务。1943 年初,人们已较为清楚地知道苏联不会被打败这一点,因此志愿执行"齐柏林"计划的人员急剧减少,施伦堡不得不用重点进行的间谍活动取代大规模行动。那一年,"齐柏林"行动在南线派出 19 个特工小组,共 115 人,深入到苏联前线后方,不过只有大约一半的人提供了情报。施伦堡还采取特别的安全措施,如果返回的特工不再能派上用场就会被枪毙。

尽管"齐柏林"行动的规模在缩小,1943 年德国派往苏联后方的特工总人数还是比 1942 年时增加了 50%。原因或许在于德国逐渐转入防御,而防御更需要了解敌人的意图。德国开办了 60 个间谍学校,目的是对付苏联日益加强的反间谍力度,训练有时会持续数月。

战争中期(1942 年到 1944 年左右),活动在苏军前线后方的东线德军特工始终有 500—800 个。不同寻常的一点是仅中央集团军群每天就会派出 8—10 个特工。特工的折损令人相当吃惊。用了错误的证件,穿错了衣服,地方口音不对,地理位置不熟,忘记了自己该是从哪里来的,或者形迹可疑,都有可能被苏军俘获,而被俘的结果通常就是枪毙。1944 年 9 月 5 日,有一个特工在斯摩棱斯克附近被两个苏联保安警察拦住。这个特工身着红军少校军服,携带的证件名字是 P.I. 塔夫林,胸前佩戴着苏联英雄金质勋章,骑着一辆摩托车,边上带着一名妇女。两个警察感觉不太对劲,在边座里面找到了电台、密码本、手枪和手榴弹。这个冒充塔夫林的特工是当晚才空投下来的,被俘前在苏联土地上还没有待到 24 小时。而此前他几乎参训一整年。"乌尔姆"行动小组有 7 名成员,他们乘一架飞机于 1944 年 6 月在乌拉尔附近着陆。一人在着陆时被击毙,小组长和无线电话务员自杀,一人力竭而死,一人被队友杀死,另一人被苏联保安机关俘获,两人逃脱。阿勃韦尔 104 号指挥部在 1942 年 10 月至 1943 年 9 月期间共派出 150 个特工小组,每个小组 3—10 名成员,其中只有两个小组有成员返回。鉴于这种活动对特工身心要求极高,许多特工未能完成任务也在意料之中。正如一个德国情报官所说:"损失不超过 90%,我们就满意,这个数字只要能降低到 60%,就可以说是非常成功了。"

西线的情况与东线差不多。阿勃韦尔在荷兰、比利时和法国沿岸地区建立了若干 I 网(Invasion,入侵网),约有 35—75 名特工;若干 R 网(Restant 或

Rückzug，坚守或撤退网），有104名特工在更深的内陆地区。在盟军真正进攻的诺曼底半岛上的I网几乎没有发挥作用。德国中央保安局军事部只用无线电联系在法国的6个特工。这几个特工最初只是含混地报告情况，然后就索取酬金。其他特工有的害怕发报，另一些则被迫撤离。少数特工丧命于轰炸中。前线特工组织由设在巴黎的前线侦察主站指挥。6月8日，也就是盟军登陆后两天，巴黎主站收到第一批有关盟军登陆的电报，是I网特工从勒阿弗尔发来的。R网的特工报告他们亲眼看到的情况，如盟军船只登陆、军队调动、汽油库和油管位置等，工作开展得较好。瑟堡港的特工在争夺瑟堡港的战斗中没有传递什么消息，却在盟军攻占这个港口后经常发回电报，将登陆盟军和上岸物资的详细情况报告给主站。尤其是在马赛的"艾肯斯"和"诺曼底"两个特工，每月几乎都会发50封电报，而负责为谍报主站处理通信联络的斯图加特和威斯巴登无线电台，平均每月才收到大约100封R网电报。

埃里希·赫利茨（Erich Herrlitz）中校负责前线侦察，他早就预料到盟军的突击，他想带领他的前线侦察指挥部和侦察部队往遥远的后方撤退，以尽到自己的责任，用充足的时间来建立新的R网。但集团军群和集团军的情报参谋因为害怕别人骂他们是失败主义分子而反对此种做法。尽管如此，他们多少还是做了一点准备，不过没有挨骂也没有成效。一位负责123号前线侦察小分队的少校，交给自己在巴黎的朋友50万法郎，打算将来用作特工们活动的酬劳，可是他的队伍中没有一个人提供过情报。盟军进入巴黎之前，一位德国情报军官想把电台和钱托付给那里的几个特工，但被他们以现在的形势太危险为由拒绝了。一个前线侦察指挥部在靠近莱茵河的孚日山脉附近埋下5部电台，后来这5部电台的声音再也没有响起。

这样一系列的失败，得使前线侦察部队在盟军闪电般推向法国时，不得不依赖前线活动分子获取情报。1944年秋天开始，平均每月有15—25个前线活动分子被派出，其中2/3听从第120前线侦察指挥部指挥。这个指挥部为G集团军群进行间谍活动，借助孚日有利的地形，在德占斯特拉斯堡北面维尔加茨维森村的学校和庄园里，部署了10—20个特工。它所属的133前线侦察小分队派遣特工到萨尔河对岸，132小分队的几名特工则在热拉德马附近越过盟军前线，那里是孚日一个疗养胜地。

最初的前线活动分子都是没有接受过训练的低级特工,也没有具体任务。后来,级别较高的特工穿着便衣进入盟军后方,进行两到四天的活动,有时还接上敌人的电话线进行窃听。为高级前线活动分子的活动寻找最合适的路线就是低级前线活动分子的主要任务。快到1944年年底时,德国人开始往法国北部空投特工,他们几乎都是与德国合作的法国人。

这些特工只提供一些零碎的战术情报。"诺曼底"于1945年1月从马赛发回报告:2万美军在马赛登陆。西线总司令的情报参谋认为这是美军第78步兵师。1944年12月初,化名"高蒂尔"的特工从梅斯提供的报告显示:美军一个装甲师(可能是第8装甲师)正开往北方。134前线侦察小分队的一个前线活动分子证实,波兰第1装甲师驻扎在德国占领区的布雷达附近。

这些小小的胜利往往以生命作为代价,而且是惊人的代价。每4个前线活动分子中大约只有1人能够成功,2人丧命,1人侥幸逃脱。维尔加茨维森营地的负责人估计,仅有5%的前线活动分子能够返回。1944年秋,默兹河前线的情况更加糟糕,特工们全军覆没。134前线侦察小分队队长被击伤,当时他正带着一名特工偷偷穿越前线;139小分队队长和一个特工在泅渡默兹河时被淹死。空投的特工几乎从未有过无线电联系。

最常见的却是特工们叛逃,重投法国的怀抱,当然也常常被敌方俘获。1945年2月3日夜晚,9个训练有素的特工乘坐飞机离开斯图加特,在离目标地区35—95英里的地方跳伞,有一人甚至落到无人区,结果9人很快就被抓起来,没有一个人逃掉,根本来不及发情报。

并非所有前线特工被捕后都会遭到处决。比如卡尔·阿尔诺·彭茨莱尔(Karl Arno Punzler)因为将美军活动的战术情报提供给他的德国同胞而获罪,本应被判处死刑,但他只有16岁,因此获得了减刑。不过多数特工没能逃脱死刑,这是历来对间谍的惩罚。

斯特凡·科塔斯(Stefan Kotas)和约瑟夫·温德(Josef Wende),两个应征参加德军的波兰人,奉命穿着普通的衣服,冒充从波兰来的奴隶矿工渡过摩泽尔河,去侦察在他们连队对面的美军兵力。他们没有做任何准备,只有连长交给他们的便衣。1944年9月24日清晨,两人渡过摩泽尔河,来到美军所在的西岸,渗透到敌后。他们沿着一条小路行走,可是没多久就被3个巡逻的美国兵拦住。来自芝加哥的罗伯特·T. 斯卡博罗（Robert T. Skarboro）中士询问他们要去哪儿。

"我们是波兰人，是……是……波兰人。"他们低声回答。斯卡博罗叫来一个会讲波兰语的芝加哥人，五级技师弗兰克·A. 格洛夫钦斯基（Frank A. Glowczynski）。其中一个特务告诉他，他们不过是"波兰工人，生活困苦"，想到附近找份农场的工作。那个地区有许多被德国人赶来干农活的波兰劳工，因此这个回答颇为合理可信，美国人把他们放走了。温德和科塔斯又上路了。

但美国人回头又觉得有些不对劲，立刻跳上吉普车追赶，把他们抓到排部。两人第二天就把来龙去脉都交代了。10 月 18 日，两人被军法委员会宣判犯有间谍罪，11 月 11 日由一个牧师和一个板着面孔的美军中士押送，他们脸上带着惊恐的神色，走到一个粉刷着白灰的狭窄墙院尽头。就这样，在离家数百英里远的地方，在法国阴郁的天空底下，第一个人被行刑队枪毙了，紧接着是第二个。

这些特工到底发挥了多大的作用？情报的准确度有多高？问题的回答取决于问谁。

阿勃韦尔的估计最乐观。他们理应先把明显的假情报淘汰，再转交特工报告，然而对情报没有全面了解的它，做不到这一点，能够这样做的只有情报分析机构。阿勃韦尔也根本不想这么做。没有间谍，哪怕是没有什么用处的间谍，就等于没有阿勃韦尔。没有阿勃韦尔，它的成员就得去苏联前线送死。因此，虽然阿勃韦尔的间谍和他们的上级都知道特工的报告有问题，但也总是极力推崇。

情报分析机构把阿勃韦尔的许多材料判为废品不足为怪。他们的态度不同于阿勃韦尔，这种差别在评价单个特工表现时最为明显。阿勃韦尔总是持积极的态度。比如 V-314 号特工是住在伦敦的运输工人代表，阿勃韦尔说他"久经考验"、"值得信赖"，西线外军处则评价他的报告"不明确，有掺假的成分"、"可疑"。身份是格拉斯哥一名学生的 V-373 号特工，阿勃韦尔赞扬他"经受住考验、可信"，西线外军处的评价仅是保守的"可利用"。

态度的差异源于，特工的报告在情报分析机构以及听取他们报告的指挥官眼中，一般都是最没价值的一种情报来源。德国空军情报机构中主管美英空军情报工作的负责人认为特工的材料"几乎是一个笑话"，觉得这些材料完全不如无线电侦察、战俘口供及敌方报刊实在。他的一个同事恼火地说道："特工的报告只会对工作造成妨碍。"一个海军情报头目称："间谍的作用不值一提。"海军在作战日记中粗暴地评价：卡纳里斯海军上将的两个预言都没有成真。这两个预言是盟军将在1943年3月占领西西里岛、撒丁岛和科西嘉岛。1940年法国战役期间，西线外军处一个头目因为阿勃韦尔情报工作的"失败"而大发牢骚。西格弗里德·韦斯特法尔（Siegfried Westphal）将军，这位南线总司令部参谋长记得，盟军在意大利安齐奥和聂图诺登陆的时间，仅仅在卡纳里斯离开司令部之后的几个小时，当时卡纳里斯过来是告诉他们，不必对盟军在不久的将来会进行新的登陆太过担心。

并非所有人都持批评与否定态度。盟军入侵前，在英间谍为西线外军处提供了许多盟军战斗序列情报，他们也乐于接收这些情报。在苏联前线，特工情报主要来自前线特工的目视侦察结果，相当可靠。情报参谋们认为这些情报结果能帮助他们正确了解整个情况，是必不可少的，虽然得到的结果与花费的时间和精力并不匹配。最高统帅部战时经济部在1942年用表格形式，显示了它们对那一年前5个月阿勃韦尔非洲组送来的72份报告进行的价值评估，其中有37份，或者说一半多一些的报告被标注为"有价值"，其余的报告或"价值较小"，或"有意思"，或"已知悉"，或"未必正确"。

战时经济部在分析情报时没有强调报告的准确性，尽管有一类意味着需要对此进行检验。如果以这一点为检验特工报告的基础，对特工报告的评价就更差了。

海军在1944年秋天统计分析了德国中央保安局（已合并阿勃韦尔）提供的192份报告，内容都是关于盟军于1944年8月15日在法国地中海沿岸登陆。它们发现：里面只有15份是准确的，这意味着每12份中只有1份准确，32份部分准确，剩下的75%可能准确（未检验）、太笼统（因此无法使用）或者是错误的。"德国中央保安局的报告，"海军说，"无论从进攻时间还是进攻地点，或者同时从两方面来说，大部分都不准确，或是太含糊以致无法用来判断形势。"

几个月后，海军分析了诺曼底登陆日前收到的 173 份有关盟军意图的报告，结果再次证明间谍的作用值得怀疑：8% 准确，14% 部分准确，15% 可能准确（未检验），4% 过于笼统（因而无法使用），其他的 59%，或者说有 3/5 的报告是错误的。

以此类分析为基础，东线外军处于 1944 年 11 月将 133 名特工（含西线部分特工）按照表现列表如下：

等级	数目	百分比
非常宝贵	18	13.5
可使用	19	14.3
能力有限	15	11.3
能力极为有限	7	5.3
存疑	74	55.6

这样的回顾检查能够看到一些倾向，可对一个间谍的总体可信度进行判断。但是，某份报告是否准确无法事先得知。对此，情报分析人员只能将报告与其他相关情报进行对照，看两者是否相符，这也是他们可以采用的唯一一种方法。这个方法的缺点主要在于，报告本来可能是准确的，却会因为跟其他情报不相符而受到怀疑。讽刺的是，事实"越离奇"、越令人惊讶，其价值越大。同生活中的许多方面一样，在这里起决定作用的是碰运气，情报分析人员没有判断报告准确性的其他办法，这一点反映在他们对特务具体报告的评价上。

伦敦一位化名"伊娃"的特工报告：第 5 步兵师驻扎在贝尔法斯特以南，消息来自该师一名军官。西线外军处对此评价："好，与俘虏口供相符。"对特工"古特曼"某份报告的评价是："第 15 军的存在已得到无线电侦察结果证实。"对于"休伯特"报告的"第 59 步兵师驻扎在哈维奇地区"，西线外军处跟西线总司令部无线电侦查处处长提供的材料进行对照，对后面这份情报的评价是：已证实第 59 步兵师未改变驻地，仍在包括哈维奇在内的东南防区。

这种分析方法让一些报告受到怀疑。1944年6月4日，阿勃韦尔西班牙KO的一名特工详细报告了巴西几个部队在北非和意大利的驻地位置，包括第51师、第72师和第85师。对此，西线外军处的里夏德·奥伊勒（Richard Euler）少校认为："情报不可信，报告无法使用。这几个师压根就不存在。北非有巴西军队的可能性也不大。"西线对外空军处对"奥斯特洛"的报告评价："根本不可信，第3航空队毫无疑问只在远东能够看到。"一些评论仿佛赛马时预测输赢："不能排除这个可能"，"也许"，"存在报告为真的可能性"。另一些评论非常直接地说："一点价值也没有"，"骗人"。有些评论还有贬低色彩："跟白纸一样没东西"，"完全是白痴"，"脑子里都是屎"。

对特工报告检查最仔细准确的是西线对外空军处，它对特务的报告进行外科手术式的精确检查，能够找到其中的重大问题。

"奥斯特洛"是把英国飞机生产情报提供给德国空军的主要特工之一。1943年克拉默手下一个化名为"赫克托"的特工同样提供了这些生产数字，那时克拉默刚去瑞典不久。西线对外空军处对照两人提供的数字，发现这两份数据在1943年的大部分时间里是一致的，但从1943年11月起，差距越来越大，远远超出统计学上的误差范围和用数字手段能玩弄出的差异。

1944年6月，这个情报机构对特工报告的检查开始变得更加细致，相关小组都要发表评论，还企图从俘虏那里获取更多情报。它没有发现什么具体的东西是不符合"奥斯特洛"的情报的。它认为，"奥斯特洛"后面的一些报告确实较为笼统，但他在1943年提供的生产数字总的来说都是正确的。相比之下，"赫克托"似乎更为可疑。

"赫克托"说，贝尔珀的罗尔斯·罗伊斯[1]公司生产的飞机发动机每月产量为150台，这一点被一个最近得到批准能够回家的贝尔珀战俘否认。另一个战俘说，莱斯特西边一个工厂将对兰开斯特轰炸机进行装配，"赫克托"的单子上没有列出这个情报，虽然他把这款轰炸机的产量从其他制造厂中单列出来，让人觉得他对这些工厂的情况都很清楚，但他似乎是在帮德国空军寻找他们想知道的答案。为检验他的可信度，西线对外空军处编造了一件事，说一张航空

---

[1] 即劳斯莱斯。

侦察照片显示，伍斯特西南4千米处新建了一个工厂，可能是制造飞机发动机的，命令"赫克托"弄清楚这个工厂的产品是什么。"赫克托"两个月之后给予回复：一座飞机发动机工厂于1944年在伍斯特西南和南面建立，雇有2000名工人，生产纳皮尔"军刀"发动机用以装配台风战斗机。

后来西线对外空军处终于想起来，他们曾把一份10页的材料交给克拉默，以给他的工作提供指导，里面有英国飞机制造厂的目标档案，材料里介绍了所有已知的飞机制造厂。此外，克拉默能够接触空军武官的材料，能够阅读报纸和技术刊物，还能道听途说各种小道消息。西线对外空军处得出结论，即便不与大不列颠认真联系，他也能把报告写出来，而且这些报告看起来非常真实可信，因为它们本来就是基于德国空军自己的资料。这些报告事实上被当作是真的，导致德国空军"误判英国皇家空军的实力"，西线对外空军处伤心地表示。

对比不同来源的情报，使克拉默手下的"赫克托"蒙受耻辱，却让部分阿勃韦尔在英国的间谍荣誉加身。这些在英间谍报告中的细节部分，常常能被其他情报来源证实，通常是无线电侦察，有时是其他间谍网的特工，有时是报刊。在英国活动的所有间谍中，最能经受住考验的特工是"休伯特"、"卡托"和3725号（汉森），连西线外军处总是怀疑间谍能力的人，都极其信任他们。

在西线外军处眼中，可将德国间谍在英活动大致总结为：许多无用特工提供的材料或错误，或编造，或是敌人用来欺骗他们的手段，但少数高级特工提供的有关盟军及其意图的情报是准确且有价值的，使得这个行动值得进行下去，即使代价高昂。

这一切事实上都只是幻想。真心实意在英的德国间谍，一个都没有。提供过完全确切的情报给阿勃韦尔或德国中央保安局的，也一个都没有。他们都是受英国人控制的双面间谍，提供的情况都只是英国人希望他们提供的，这些情况或真实或编造。这是战争史上最大的一次欺骗行动，上一次还是特洛伊人把大木马拉到欢腾一片的城中。

欺骗行动甚至早于战争开始。刚开始是一位叫阿图尔·欧文斯的德国特工。他就是里特尔手下的"约翰尼"，也是到达英国的第一批德国特工中的一员。他在 20 世纪 30 年代中期就开始将他跟德国人做生意时搜集到的情报报告给英国海军部。1936 年他被阿勃韦尔吸收,被里特尔当成可靠的情报来源。他向英国人知会了这个情况。英国人雇他打进阿勃韦尔,并将他名字字母的顺序 (Owens) 稍稍改变,给他取名"斯诺"(Snow)。尽管没有向英国人报告他交给阿勃韦尔的每一份情报,欧文斯基本上还是为英国人工作,因为他从未将他同英国人的关系透露给里特尔。战争刚打响时,他在汉堡的训练完成并返回英国,由于还未得到英国人的完全信任,他被关在旺兹沃思监狱里,从牢房发出他的第一封电报"来杯啤酒"。这几个字成为此后广泛欺骗德国人行动的第一个环节。

英国反间谍机关成立了专门管理这些被策反的德国特工的 BIA 小组,同时成立了一个由军队代表和外交部代表组成的欺骗委员会,也叫"二十委员会",负责协调这些"间谍"将假情报提供给德国人。像汉森这些特工跟欧文斯联系,或向他求助时,就会被欧文斯交给英国人。其他一些特工同样进入二十委员会和 BIA 的包围圈。他们跳伞后,要么被农民发现并叫来警察将他们当场逮捕,要么在几小时或几天以后,被一个起疑心的英国人抓住。这两个机构让许多特工在当双面间谍为英国人工作和被处死之间二选一。英国人处决了一些不适合做双面间谍或是拒绝的人,目的是告知英国公众和德国人,英国反间谍机关并不是在睡大觉。那些被德国人认为是自愿效劳的特工,实际上心里总想着要为同盟国工作,逮着机会就投靠英国人,比如"卡托"和"休伯特"。

这些双面间谍向德国人提供英国人希望他们提供的材料。有些情报是真的,这样做是为了将特工们的诚意显现出来。比如汉森讲的布莱兹诺顿地下飞机库确实存在,英国人认为这是无害情报,何况德国人可能已通过航空侦察发现了。因此,提供该情报不会对英国造成损害,却能使汉森赢得德国人的信任。德国人口中的"卡托",在英国被叫作"加博",同样是在得到允许的情况下,将奥金莱克和利特尔顿的任命报告给德国人,因为两人的任命已由英方宣布,当宣布的消息到达德国,就等于向阿勃韦尔证实他们特务的可靠。

但是,这些双面间谍向德国人提供的多数重要情报都是假的。汉森关于美军第 11 步兵师和第 25 装甲师通过剑桥的报告纯属捏造，不仅他们没有通过这个地方，而且压根就没有这两个师。德国人为什么会相信呢？要么是因为情报的提供者是像汉森那样得到德国信任的特工，要么情报被其他特工证实，不过那些特工也由英国操纵。对德国来说，这确实很不幸。"休伯特"关于第 59 步兵师的报告被德国无线电侦察证实后，德国人对这个师的存在坚信不疑。可是，难以置信的是，这个无线电信号同"休伯特"和第 59 师一样，也是假的。就这样，同盟国把大量假情报送给德国人，而后者，用丘吉尔的话说，"坚定地相信我们乐于送给他们的证据"。

并不是所有的德国特工都受英国人控制。在里斯本工作的 CHB 和"奥斯特洛"都是独立的，只是未能给德国人提供多大的帮助，虽然两人都或明说或暗示德国人，他们在盟军高级指挥机关内部安插了间谍，这些间谍潜伏得很深，但事实上这类特工在两人手下都不存在。许多特工实际上是凭空捏造的，CHB 和"奥斯特洛"为这些捏造的特工领取报酬和费用，然后把从报纸、小道消息和接触中编造的报告归功于手下的特工。并非只是他们如此行事。这种做法没有提供可靠的内部情报给德国情报机关。

东线的"马克斯"是一个真正的德国间谍吗？还是如一些人怀疑那样是双面间谍呢？事实不能证明后者正确，但至少可以证明前者不正确。原因如下几点。

他的报告看似详细，实际却既不准确也很片面。"马克斯"从未提供过其他特工经常会提供的部队番号。他提供的那份英美武官出席苏联国防委员会会议的报告，水平颇高，却显然是编造的。这两个武官都没有给国内发报报告此事，如果他们真出席了此次会议，这样做简直是令人难以置信。仅仅两周后就进行的"钳形攻势"也没有出现在这份报告中，斯大林格勒在这次攻势中被包围，使德军遭遇战争中最大的失败。此外，无线电联系保持的时间过长，叫人难以相信。在英美，这样的间谍不出几个星期甚至几天就会被捕，但这样活动的"马克斯"持续进行了数年。最后一个原因是，一直注意着考德斯在索菲亚和柏林之间来往的英国人，将"马克斯"的情况告知苏联人时，他们兴趣寥寥，仿佛早已知情。

可是，如果仔细分析他的报告就能发现破绽，德国人为何如此欣赏他？很大的可能是，他有技巧地迷惑住了德国人。他们经过他通往克里姆林宫，他报告的情况内容多且广泛，以致他遗漏的东西很难被怀疑到，即使当他们回过头来寻找时也是一样。他的战术情报被德国人当作他们整个情报图景的一部分，这些过于笼统的战术情报不可能有太大的帮助，却也因此不会被发现造假。德国人也就不必担心这种令人不快事情发生的可能性。在苏联人眼中，"马克斯"的作用在于可以把德国人的时间浪费掉，使德国人感到非常满足，不再煞费苦心往莫斯科安插其他特工。

德国间谍活动为何会彻底失败？根源在于德国对情报工作的长期态度，以及和平时期长期准备的缺乏。战时陷阱重重则是最直接的原因。社会的每一个成员因为间谍的疯狂都在反间谍。间谍活动受制于交战期间的严格控制，这使他们更易暴露。各国政府可随意询问和扣押任何人。此外，随着形势越来越不利于德国，越来越多的间谍纷纷跳下这艘沉没中的船只。讽刺的是，这时德国最需要他们的情报来使自己免遭盟军打击。

难道就没有德国间谍未曾叛变吗？难道阿勃韦尔和德国中央保安局庞大的特工队伍中，就没有一个人为希特勒的部下提供过准确或后者认为准确的情报吗？这种人的确存在，但数量不是很多，而且基本都是前线特工，只提供过少量的战术情报。部分人的工作地点可能是在西班牙、瑞典或瑞士，少数人避开联邦调查局的耳目将一些不太重要的情报从美国发回来。有名的特工中，只有"西塞罗"真心实意为德国人服务。他在当间谍的6个月中，大部分时间提供给莫伊齐施的都是货真价实的英国高级文件。英国人曾怀疑情报遭泄露，并从后来拦截到的一封德文电报中发现了这个人。某次英国打字员打错了文件中的一个字，他更正了四份文件中的三份，剩下那份没有更改的文件被送到英国驻土耳其大使休格森爵士那里，截收的电报中正好也有这个错字，从而确定爵士身边潜伏着间谍。于是，英国人开始通过这个渠道提供假情报。但巴兹纳没过多久就不再活动，因此英国人的行动效果不大，也未能将"西塞罗"产生的有害影响抵消掉。即便"西塞罗"取得巨大成功，也只能对德国战略活动产生次要影响，最多只不过是推迟数月才对德占巴尔干地区进行轰炸而已，同时将土耳其停止对德供应铬矿石的时间推迟。战争事态的发展才是土耳其局势的真正决定因素。对此,"西塞罗"毫无影响力。

回顾二战期间的工作,阿勃韦尔和德国中央保安局前成员承认,这个机构没能为德国提供价值很高的情报,辜负了帝国对它的期望。实际上,因为英国全力欺骗并制造了大量假情报,当时的情况更为糟糕。这些假情报危害非常大,让阿勃韦尔和德国中央保安局不仅没能为自己的国家提供帮助,反而对自己的国家造成严重损害。

第三部分 情报评估

第 19 章
军事经济

　　瓦尔特·尼古拉上校不得不承认一件事情。这位一战时期的德国情报头子，在他的回忆录中坦言，他的情报机构并没有准备好对敌经济谍报活动。而经济方面的谍报活动对打败德国起到了很大的作用，尤其是在美国参战后。

　　自此后，德国认识到经济情报的重要性。一个潜在敌国能够供养一支多大规模的军队？能够向这支军队提供多少武器？这是工业化国家之间发生现代化战争需要考虑的基本问题。在 20 世纪 20 年代，德国军队部情报处开始研究这方面的问题。但到 1934 年时，这项工作改由德国当时正进行经济动员的另一个部门负责。

　　这就是战时经济和军备部，后来划归最高统帅部。这个部门的领导人由格奥尔格·托马斯长期担任。1942 年，施佩尔取代其军备部长的职位，不过没有接管对外情报机构战时经济处。1939 年到 1942 年，战时经济处作为该部的 5 个处之一，有 73 个小组（整个部有 322 个）。后来，这个处随着整个部人员的缩减而缩小了规模，到 1944 年 11 月，它只剩下 22 个小组，52 个人。但是，它和各地官僚机构都采用的方式相同，促使自己升级为战时经济处外事局。

　　它的领导人一向由军事行政人员担任。实际进行情报分析的是聪明能干的下级非军事人员，他们几乎都是应征的文职经济学家。比如苏联组组长库尔特·青内曼（Curt Zinnemann）就是一个专门研究苏联的人口学家和出色的统计学专家。这个机构的办公地点位于柏林格奈森瑙大街一座老建筑物院子中的营房里。后来，营房在1943年的一次空袭中被炸得一干二净，只剩下50—60只保险柜立在一片灰烬之中，后来他们搬到东面的法兰克福。

战争使战时经济处的任务复杂化。战争迅速使敌人的经济膨胀，这意味着可供获取的潜在信息增加了，但同样意味着战时经济处需要了解更多的情况。战争加强了保密工作，因而堵塞了直接的情报渠道，迫使战时经济处采用辅助方法搜集真实情况。武官的报告、官方的统计材料、德国商人的旅行笔记和载有丰富资料的出版物（该处订购了100种技术报刊、50种日报以及各种工业手册和经济图表册），都是战时经济处习惯接收的材料。战争使很大一部分这样的情报来源枯竭了，使得许多机构的报告质量下降（尽管数量有所增加），比如法本公司经济情报处送到战时经济处的情报大都过时了。这些机构有外交部商务处、经济部三局（外国经济局）、食品部和财政部、法本公司的经济情报处以及其他私营与半公开研究机构等。

但是，战争扩大了老情报机构的规模，创立了新情报机构。这些情报机构越来越被战时经济处及其后续机构倚重。

在这些情报中，数量最多的是截收的通信情报。1942年9月检查的信件显示，西班牙正从葡萄牙购买铬和锰。研究室截收的苏联国内通信中有着非常详细的情报。例如，447飞机制造厂（德国人的编号）在1944年6月的头10天共用电5万度。武装部队最高统帅部密码处在1944年8月11日提供的一份监听广播材料摘要显示，美国陆军部下令缩减解放者式（Liberator）、雷电式（Thunderbdt）飞机和运输机的产量，增加超级空中堡垒（Super Fortress）飞机的产量。

1942年5月的某一天，战时经济处五组B小组（研究法国战时经济）一名军官访问北非时，偶然发现空军的无线电截收活动，这种活动"战时经济和军备部迄今为止还不知道"。那里的第9无线电侦察连让他感到惊讶并且高兴，因为这个连有着美国在非洲的供应线、护航舰队的活动、敌人空军部队实力及其他"特别优质"的情报。比如，9连报告，3个月前，至少有150架飞机从美国或英国出发，途经阿克拉、拉各斯、拉密堡、喀土穆、卢克苏尔和开罗飞抵埃及。空军在波茨坦的截收总站，每月提供敌人供应活动"异常清楚的"报告，

最高统帅部战时经济和军备部
战时经济处（外国情报）的组织机构
1942 年 2 月 1 日

I		核心机构（行政，人事，法律咨询，团体合作的指导，联络其他机构，判断外国经济对德国战争政策的影响）
II		非洲
III/IV	III	东南部（塞尔维亚、克罗地亚、黑山共和国、罗马尼亚、保加利亚、希腊、匈牙利、斯洛伐克、意大利）
	IV	荷兰、比利时、法国北部（德占区）、瑞士、西班牙、葡萄牙
V		英联邦、爱尔兰、自由法国、美国
VI		俄国、近东、远东、东南亚、芬兰、挪威、瑞典、丹麦
VII		战争装备和国外贸易，货币问题
VIII		情报服务（国外报纸杂志分析，联络科研机构，筛选和分发情报）
Wi P		战时经济和经济宣传，国内和国外；印刷、广播、电影和小册子的出版发行
V		英联邦、爱尔兰、自由法国、美国

    a   综合评估英联邦和爱尔兰的战时经济
1. 外贸、经济问题、劳工问题，部队的军备水平
2. 食品和饲料的生产与交易，木材与森林经济
3. 矿石、金属、煤矿、石油
4. 兵工产业、钢铁产业、战时经济机构
5. 能源供应、特色产业
6. 战时经济基础、人口、海运和陆运、化学工业

    St   统计

z.b.V.   [= 基于特定目的] 对大英帝国的报道进行全面研究；准备各种相关素材（统计数据、地图等）；位置卡片索引

    b   评估法国战时经济形势；运输问题
1. 机器生产、兵工业
2. 原料供应、木材和森林经济、矿业和金属工业、化学工业、能源供应、外贸、殖民地
3. 精工业，食品和饲料的生产与交易，金融形势、战时经济组织
4. 自由法国

    St   统计、人口、劳力资源配置

    c   评估美国战时经济形势；运输问题
1. 战时经济总体形势（除兵工业）
2. 兵工业、战时经济组织

还配有图表。这些"对战时经济和军备部来说非常有用"。这位军官极力索取这些报告，因为"阿勃韦尔绝对搞不出这样的报告"。

他基本上是对的，对来自非洲的大量间谍情报，战时经济处的评价是"太笼统，证据不足，未必属实"。尽管如此，战时经济处并不鄙弃阿勃韦尔和在某种意义上存在的德国中央保安局这两个情报源。1942 年 11 月 14 日，战时经济处向阿勃韦尔经济情报处提出新要求，希望得到有关英国的情报。这份要求作为向特工下达指示的依据，已勾去解答过的问题，并添加了一些新问题。1942 年 9 月 7 日，阿勃韦尔报告，18 艘开往埃及的美国船只，载着战争物资已到达波斯湾。有一次，德国中央保安局六处经济组提供了一份以菜籽油为火车头润滑剂的备忘录。备忘录说，这种油可用来润滑车轮和活塞，但不能用于润滑温度超过 400 摄氏度的汽缸。

战争初期，战时经济处除阅读报刊外从不自己获取情报，原始资料主要依靠从其他机构大量索取来获得。但是，托马斯将军在 1941 年秋得出结论，苏联即便丧失从列宁格勒经莫斯科至克里米亚的全部领土，"也未必会导致战时经济破产"。或许是为了获取更多关于苏联剩余工业的情报，战时经济处向前线派遣了专家。第一批派往南方集团军群，由曾在亚洲经商的罗伊斯亲王少校负责；随后几批派往中央集团军群和北方集团军群。

最初，他们审问战俘。具有杰出组织才能的罗伊斯有一份清单，上面有苏联最重要工厂及其地址。他的下属挑选出来自工厂所在地的战俘进行审问。每个月有 700—800 名战俘交代他们在故乡工作时了解到的情况，如工厂地址、产品、产量、工厂需求、矿山及其他生产资料来源。这些情报很快被证明是所有情报中最有价值的情报。军事经济学家将战俘交代的每个工厂 T-34 坦克的日产量加起来乘以 30，就得到该坦克的月产量。1943 年春季月产量约为 1000 辆，夏季和秋季约为 1500 辆，1943 年总计约 15000 辆。青内曼的东线小组根据其他资料，得出结论认为，1942 年苏联煤炭需求量达到 1.013 亿吨，该数字在 1943 年或许将上升到 1.23 亿吨。对此，该小组认为这样的产量恐怕难以达到。

数量虽少但却同样可靠的情报，是战时经济处对缴获武器的连续号码进行分析的结果。战时经济处前线小分队授权准许士兵休假，如果他们能从苏联坦克底下取回黄铜号码牌的话。不久，他们的小分队和总部里堆满了这种 5 英寸德国人列出苏联各类与坦克制造有关的工厂，以初步估计苏联坦克产量。

长 8 英寸宽的牌子，有些军官把它们用作压纸器。这些牌子上有顺序号码、生产工厂和出厂日期。战时经济处年轻的统计学家约尔丹博士综合分析这些号码与发动机、炮筒和底盘上的顺序号码，能够推算出年产量。比如下塔吉尔一家工厂出产的 9 辆 T-34 坦克铜牌号码是 T47068 至 T49181，据此他推算出 T-34 的年产量为 16500 辆，准确率比战俘提供的数字高 9%。

这种情报的成熟性及其经过计算后的完善性，使得战时经济处能够以令人惊讶的准确性，推断出苏联根据《租借法案》获得的物资数量。譬如，1944 年 8 月 10 日，战时经济处推断，截至 1944 年 3 月 21 日，苏联根据《租借法案》获得的客车、卡车、原动机的总数是 202000，与实际数字 200793 间的误差只有 0.6%。

经济情报本身并不能直接带给德国人战场上的胜利，但有助于作战方案的确定。

1942 年夏天，经济情报帮助海军决定是否把潜艇派到东地中海，这份情报提供了埃及同其邻国贸易所需的船舶吨位数字。经济情报能够告诉空军，轰炸哪些目标在经济上最划算。根据战时经济处在 1943 年 7 月所作的报告，轰炸在德比、克鲁和希林登的罗尔斯·罗伊斯发动机工厂，可以阻碍飞机的生产流程，这 3 个工厂的轰炸目标编号分别是 GB7319、GB7320 和 GB7358。战时经济处还警告，对英国轻金属工业的轰炸，阻止不了它的飞机生产。"（大不列颠）国内的原铝由 3 个工厂生产，产量估计在 5 万至 6 万吨之间。即便彻底摧毁这 3 个工厂，每月从美国和加拿大进口 5 千吨来填补空缺也不成问题。"东线外军处一次又一次估计出苏联部队的实力，乃至哪天得到新坦克会再次发动进攻。这种对其实力的估计，建立在约尔丹计算的坦克产量、据《租借法案》进口的坦克以及战时经济处对坦克从工厂和港口到达前线所需时间的了解的基础上，并参考红军坦克兵力编制表（东线外军处根据对这些部队是否满员的了解，可对编制表进行修正），以此推断各部队分到的坦克数量。

战时经济处的情报几乎总是受到作战部队的欢迎，但在元首那里情况却有所不同。如果情报符合他的想法，他就接收乃至夸大它的作用。1943 年春天，战时经济处证明，轴心国在北非的桥头堡至关重要，必须守住，因为一旦丢失，同盟国就会腾出大约 200 万吨位的船只。这正是希特勒当时对海军将领们讲的事情，只是他讲述时提高了吨位数，将其提高到 400 万至 500 万吨。但当战时经济处的报告不符合他的看法时，他就不予理睬甚至加以反对。托马斯曾提醒他，征服苏联工业化欧洲部分的大半领土，也未必能搞垮苏联的战时经济。然而希特勒却在几天后宣称，"苏联已丧失 75% 的铝矿、90% 的铁矿，已然山穷水尽"。后来的报告越来越多地让他不满。当他获悉同盟国有足够的铬，不用依靠土耳其时，他当然不会感到高兴。凯特尔逐渐不呈送此类情报给希特勒。他在一份陈述《租借法案》为苏联提供物资数量的文件上，潦草地批阅"元首……会怀疑……该情报"，然后便退回该报告。最后他干脆命令战时经济处停止呈递此类报告给希特勒。

第 20 章
纳粹空军和纳粹海军

报告送来的时间总是深夜和清晨。当赫伯特·奥韦（Herbert Owe）少校来到办公室准备工作时，报告早已为他准备好。这座如同棚屋般的木头房子位于韦尔德尔鹿园中央，离波茨坦和柏林都不远。1944 年初夏的这些日子里，奥韦倚着窗户，可以眺望外面的一片碧绿景色。战争有时似乎距离很遥远。

这一天，秘书像往常一样把文件送到他面前，他开始阅读。中等身材的奥韦是一个外表悦人、身体结实、冷静沉着的职业军官。1936 年他在 20 多岁的时候加入空军。战争爆发时，他服役于一个轰炸机中队，可是他驾驶的 He-111 飞机没多久就在一次夜间起飞时坠毁，他因此负伤，飞行能力受到限制。他被调到空军学院接受参谋训练，于 1942 年 9 月 30 日以一级参谋的身份结业，被分配到当时正在苏联作战的第 1 空军师担任情报参谋。这个师由 2 至 3 个轰炸机联队和 1 个侦察机中队组成。奥韦的主要工作是，向作战参谋报告敌方情况、汇报针对轰炸目标所需要的情报，以便作战参谋发布准确的侦察命令。

奥韦迅速掌握了情报工作的一套做法，干得非常出色，很快他的能力就被上级司令部了解到。不出一年，他接到命令被调到"库尔菲尔斯特"。这是设在鹿园的空军参谋部的代号，意思是"（神圣罗马帝国皇帝的）选帝侯"。1944 年初，奥韦来到鹿园，不久后出任西线对外空军处 D 组组长，领导 6 名军官、3 名文职官员、4 到 5 个办事员和制图员，以及 3 到 4 个女秘书。D 组主要研究同德国作战的英美空军部队，同时下设土耳其、近东、法国空军、西班牙空军和葡萄牙空军小组。奥韦由此成为空军中研究第三帝国空中敌人的专家。

奥韦在这个平常的上午，阅读着空军过渡战俘营提供的审讯结果、无线电情报机构和间谍的报告，还有他的工作人员研究这些情报后写成的备忘录。大约10点半左右，他开始为出席中午由空军作战部部长召集的形势会议做准备。他做了笔记，同身边的军官进行了磋商。自从诺曼底登陆以后，他们试图确定盟军主要突击点的位置。为此，他们比较各机场的航空照片，从统计数字中看哪些机场的飞机最多。他们根据自己部队的报告，分析敌人的进攻战术；从被击落敌机里捡到的文件中，挑选出有关敌军装备最重要的新情报。奥韦带着所有这些情报，参加形势会议。

对外空军处处长讲话的主要内容是对敌人情况的介绍，他的下级、东西线对外空军处的处长及其下级（如奥韦这样的组长）则回答一些针对具体情况所提的问题。但奥韦和其他人并非局限于提供情报，他们还听取对整个形势的介绍，这有助于他们把握工作重点。

通常来说，会议会持续45分钟到1个小时。随后是休息时间，奥韦和其他人会午休一会儿，然后在下午4点左右，他们会阅读新的材料，准备晚上8点召开的形势会议。会议结束时，关于德国空军部队当天活动的大部分报告，以及阿勃韦尔、空军过渡战俘营和其他机构的情报陆续送达。奥韦要研究这些报告以便了解当天的活动，并在夜间和组员一起起草分发给部队的"西线空军情报处专题报告"，这个报告每隔几个星期便报送一次。1944年10月8日送出的第76号报告题为《关于盟军伞兵和空降兵投入作战的新情况》，长达14页，配有介绍图片，报告中对美英空降部队在阿纳姆空降作战（"市场花园"行动的一部分）遭遇惨败的情况进行了详细的介绍。大约在晚上11点到凌晨1点之间，奥韦和他的下属完成工作，下班回去，第二天将这一切工作从头再来一遍。

不同于空军的多数专业活动，空军的情报活动开始于空军成立的那一天。1920年3月1日，陆军总司令在军队部建立空军单位的同时，指定一个人在军队部情报处研究外国空军。

1927年4月1日，空军情报组脱离军队部情报处，加入正在扩大的空军机构，成为该机构的六组，其负责人希尔默尔·巴龙·冯·比洛（Hilmer Baron von Bülow）少校是一位一战老兵，他的名字能在退役军官花名册上找到。在他的领导下，六组的规模很快扩大，到1931年已建立起轰炸目标档案。

1937年下半年，在经过长久的酝酿后，空军参谋部终于成立，参谋部五处就是空军情报处，后来称作"对外空军处"。比洛在巩固此事后离开对外空军处，前往罗马担任空军武官。接替他的汉斯·耶匈尼克（Hans Jeschonnek）中校任职仅一年就于1939年2月被提拔为空军参谋长。一位情报官能得到如此重要的职位，在德国军事史上很可能绝无仅有。这大概反映出，对待技术能力，空军相较陆军采取了更为开明的态度，这种事在陆军中从未发生过。

这个态度还表现在一件事上，接替耶匈尼克的约瑟夫·施密德中校，来自空军参谋部作战部。有人对这个肩膀宽阔、脑袋方方军官的评价是，与其说聪明，不如说是狡猾。但他精力极为充沛，且有着很强的组织能力。此外，他有着一个不可多得的有利条件。1923年11月，希特勒在慕尼黑发动啤酒馆暴动时，身着全副军装的步兵学校学员，行进在希特勒及其主要支持者埃里希·鲁登道夫（一战期间曾指挥德国陆军）身后。这次企图夺取巴伐利亚州政府的政变遭遇惨败，希特勒入狱，在狱中写作《我的奋斗》一书。希特勒每年都要对这次政变加以纪念，而那次参与政变的人都获得特殊勋章，包括前步兵学校学员，约瑟夫·施密德正是其中的一个。这使得他与希特勒之间建立了私人关系，既能保护他，也为他提供了特殊的渠道。

条令规定，施密德领导的对外空军处，任务是"分析外国情报、估量外国军事政治形势，尤其是要分析空军作战部队的各种问题"，还要进行"目标研究"。除此之外，也要从事各种辅助工作，因为同其他所有情报机构常被当作"任人玩弄的少女"一样，空军情报机构也不能例外。

战争临近的1939年，施密德有29名军官执行这些任务，其中大部分军官因为退役后懂外文而被作为"补充人员"召回部队。他们被分为5个组，其中1组负责行政管理，5组负责飞机型号，2至4组分管不同国家（1940年前不包括美国）。主要情报来源是外国报刊和德国空军武官。2组（法国、比利时、意大利、西班牙）组长佩特保尔·冯·多纳特（Peterpaul von Donat）少校经常称，法国的隆热隆少校是他最好的情报员，这位少校在法国右翼日报《巴黎激进新闻》（*L'Intransigeant*）上有一个撰写空军事务的专栏。隆热隆在报上透露的情况，比所有在法的德国间谍告诉多纳特的还多，涉及人事变动和晋升、空军中队在机场间的调动以及关于新型飞机的情况。多纳特解释称，最根本之处在于，隆热隆熟悉他谈的事情，德国间谍却不懂。

五处最有价值的工作在于建立了一系列文档资料，也就是"潜在轰炸目标档案"。

部分目标档案是简单的大幅灰色索引卡片，长约12英寸，宽约16英寸，档案中列出了轰炸目标、经纬度及其重要性。工厂会列出其生产的产品。但多数档案是装在同样尺寸的马尼拉纸信封内，包括全部重要目标档案。信封里有介绍基本情况的卡片，还有轰炸目标的航空照片以及一幅比例尺为1∶75000的地图，地图上有时会标出通往轰炸目标的道路、界标和敌人的防空设施等。有些档案里装有以1∶100比例尺画出的草图，上面标注有关键设施的位置，比如锅炉房和供水系统。无须炸毁整个工厂，只要摧毁这些设施就能迫使工厂停产。每个轰炸目标都有一个四位数的代号，数字前面有一个或几个字母，表示目标所在的国家。档案有两套，一套按地区归档，一套按产品归档。

情报大多来自武官、已出版发行的工业手册、官方地图和报刊，有的来自间谍。最高统帅部战时经济部提供了许多详细情报，多数航空照片则由罗韦尔的远程侦察机中队拍摄，在柏林主要图片中心用油光发亮的图片纸印出各个工厂或设施的照片。

并非每个国家的每个工厂或防务设施都建立有档案。根据统计，某国共有4万个大中型工厂。因此，五处必须把那些一旦遭到破坏就能对该国战时生产能力造成严重破坏的工厂挑出来作为轰炸目标。对于捷克斯洛伐克，五处选择了500个工厂并准备它们的档案。对于法国这个主要敌人，截至1938年秋天的慕尼黑危机，施密德的轰炸目标档案组拥有其所有炼油厂和主要电站、90%的机场、70%到80%的弹药厂和60%的燃料储存库的档案。

所有这些情报必须分发到轰炸机机组人员手里才能发挥作用，而非放在空军司令部严加保管。对外空军处最初复印了300份轰炸目标档案，后来复印的更多，封在特大的信袋里，放到各机场的特别档案室，供轰炸机中队自行挑选。

第 20 章　纳粹空军和纳粹海军 | 437

此外，五处印刷了介绍不同国家主要轰炸目标并概述其他情报的书籍。这些书被五处分发到各中队。

战争期间，为跟上战争的脚步，五处经常更新并修改情报。比如，1940年10月中旬，闪电战高潮时，五处印发了一期地图专册，更新了包括73-20号在内的轰炸目标信息。73-20号轰炸目标就是距离利物浦不远克鲁市的罗尔斯·罗伊斯飞机发动机工厂。一个月前对这座工厂的首次航空拍照，纠正了先前对该厂厂址的错误估计。这本地图专册刊出了其中一张照片，用红线标出了目标位置，还登了一幅1:10560的地图，显然选自英国军械局绘制的有名系列图，这些地图均按照1英寸比1英里的比例尺绘制。它显示的地区和照片大致相同，也用红线标出了目标。这幅地图的说明文字指出："该工厂占地面积广阔，是理想的空军轰炸目标。它坐落在城市的最边缘，且靠近大片的铁路设施，又为寻找这个目标提供了方便。"空军对色当一座有潜在重要性的铁路桥梁拍了一幅航空照片，复制了一幅包含此座桥梁的法国地图，还提供了一幅极其精确的草图，其中画有该桥梁在默兹河的具体位置。后来德国装甲部队正是通过这座桥梁，向法国发起闪电进攻，打败了法国。

德国向苏联发起进攻时，施密德也把他的努力目标转向这个幅员辽阔的国家。战俘的口供、东线外军处的报告、1942年5月4日拍摄的航空照片，都向他透露着一个信息：巴库以南5英里正在修建一座工厂，这座工厂的代号被取为SU 74-26。类似的情报来源（此次无照片）还透露，第29号工厂（一座飞机发动机工厂），已于1941年8月从乌克兰的南部城市扎波罗热转移到乌拉尔以东距离莫斯科1000英里的鄂木斯克。德军不久就从扎波罗热席卷而过，而这个工厂后来的位置远远超出德国轰炸机的航程，故没有再为其编制轰炸目标号码。

对外空军处的主要任务之一是确定敌国空军的规模、装备及飞机生产速度。施密德在德国攻陷法国后，核实了他的数字，发现这个数字相当准确。然而，他对英国皇家空军的估计却与实际差距很大，德国在大不列颠战役中的失败，或许一部分原因就是他的错误估计。[1] 敦刻尔克撤退后，虽然无线电侦察提供

---

[1] 原注：Schmid, 29，其中并没有讨论对敌军战力的误判问题。将这场战争的失败完全

了有关英国战斗机战斗序列的情报，但空战转移到英国上空，使德国空军情报机构失去了许多情报来源，比如被俘飞行员、击落的飞机等。阿勃韦尔的间谍实际上几乎等同没有提供情报。结果，五处大大低估了英国战斗机的补充速度，大概它是以德国飞机的生产速度为依据，而这比英国慢得多。与此同时，五处根据德国飞行员提供的过于乐观的数据，高估了英国空军的损失。施密德的五处认为，皇家空军在快到8月底时，只有350架飓风式和喷火式战斗机，实际情况却是高达700架。或许正是这个错误的估计促使希特勒和戈林认为，他们已在空中打败英国，完全可停止对英国战斗机中队的袭击。这种做法给他们带来了在大不列颠战役中的失败。他们因停止袭击而丧失了发动入侵所必需的空中优势，英国没有因为闪电战屈膝投降，这个海岛王国得以存活，后来成为出动轰炸机发动对德空战的基地。

英美空军的大轰炸给德国空军最高指挥部造成了极大的压力。戈林和他的下级之间发生摩擦。落在施密德肩上的，就是这样一些不会让人羡慕的任务：报告红色空军的侦察活动，揭露德国空军谎报击落敌机数字的欺骗行径，预警轰炸机将要对德国进行越来越多的轰炸，验证英国宣称第一批动用1000架飞机进行空袭的真实性。施密德的报告没有得到认可，戈林的心腹们运用双关语，讽刺施密德的形势判断（Lagebeurteilungen）是"谎言判断"（Lügenbeurteilungen）。哈罗·舒尔策-博伊森（Harro Schulze-Boysen）中尉是施密德下属武官处的一名军官。他被当作共产党的间谍逮捕，这当然不会增加施密德的威望。1942年10月初的一个上午，他收到一封信，信里是"约瑟夫·克格尔（Josef Kögl）中校担任五处处长"的命令。施密德怀着"异常复杂的心情"离开这个他从战前就一直苦

归咎于施密德的错误（见 Georg W. Feuchter, Der Luftkring, 3. Auflage[Frankfurt: Athenäum, 1964], 99-100; Cajus Bekker, *The Luftwaffe War Diaries*, trans, and ed. Frank Ziegler[Garden City: Doubleday, 1968], 155; and Peter Townsend, *Duel of Eagles* [New Yeark: Simon and Schuster, 1970], 350, 391），太过严苛和夸张了。毕竟，转向轰炸伦敦的关键决策是戈林和希特勒做的，而且过度乐观只是其中的部分原因：他们想为英国皇家空军对柏林的袭击报一箭之仇。(Walter Ansel, *Hitler Confronts England* [Durham: Duke University Press, 1960], 247-48; Basic Collier, *The Defence of the United Kingdom*, History of the Second World War: United Kingdom Military Series[HMSO, 1957], 216, 233.)

心经营的机构,被调去指挥一个防空部队。

克格尔只干了一年。这是一个最为困难的时期。同盟国空军的战略进攻愈演愈烈,柏林正在被摧毁。汉堡在一场轰炸引起的大火中化为灰烬,美国轰炸机将施韦因富特的滚珠轴承厂炸得粉碎。英国皇家空军袭击了希特勒的宝贝工程佩内明德火箭研制基地[1],750名科学家和工人被炸死,大量设施被摧毁。空军参谋长耶匈尼克在受到希特勒和戈林的训斥后赌气自杀。空军最高指挥部全面改组,克格尔离开。

鲁道夫·沃达格(Rudolf Wodarg)中校接管了这个机构,虽然并未正式更改"五处"或"对外空军处"的名称,这个机构现在却被普遍称为"空军作战部情报处"。沃达格本是海军军官,1935年调到空军,从1940年起一直担任五处副处长。但他的工作与情报搜集和评估没有关系。他担任的是驻宣传部的空军代表,向戈培尔提供空战情报,同时领导空军的宣传机构,主办空军自己的报刊。沃达格担任对外空军处处长时35岁,不太受一些下属欢迎,但多数人认为他具有敏锐的判断力,能够进行全面权衡。1940年夏天,戈培尔动身前往法国德占区,访问英吉利海岸的德国空军部队。动身前不久,沃达格对这位畸形足的宣传家说:"帝国部长先生,伦敦将是我们空战最激烈的地方。"他的判断对了。

沃达格把他冷静的思维用在看破敌人意图的任务上。他面临的主要问题是盟军的登陆地点会在何处。对外空军处几年前就曾统计分析过机场占用情况和铁路运输情况,以确定苏军即将发动进攻的主要突击点,现在他们大概试图用同样的办法来确定登陆地点。但是,由于缺乏空中侦察,这个办法无法使用。

沃达格离开后,他的位置由西线对外空军处前处长瓦尔特·基尼茨(Walter Kienitz)上校顶替,基尼茨原来的职位由奥韦升职后担任。他们仍然面临着预测同盟国行动的任务。判断敌人的潜在能力是一种预测办法,但这在很大程度上取决于敌人的产量。五处利用3个主要情报来源探知同盟国的产量。一是分析同盟国被击落飞机的零件顺序号码。施文克上校是空军军备部门负责技术情报的工程师,在雷希林敌机检验中心成立了一个3人"揭秘小组",提供美、苏

---

[1] 二战中纳粹德国秘密研制导弹的基地,包括当时极为先进的V1、V2导弹。

飞机产量的确切数据，因为这两个国家的飞机都是按顺序排号。但英国的飞机产量数据不确切，因为号码并不完全连续。

第二个情报来源是在斯德哥尔摩活动、化名为"约瑟芬"和"赫克托"的德国特工卡尔–海因茨·克拉默。施文克认为，克拉默的计算和他的完全一致。这可能是事实，因为克拉默的计算结果正是间接来自施文克。五处将这两个情报来源的数字，同第三个情报来源，即同盟国官员的公开讲话，进行对照检查。

五处还将另外一些数据放入计算，这些数据部分由空军过渡战俘营战俘提供的其所在中队的飞机数目，部分是从无线电情报中得知的中队数目。随后进行总的计算。但由于原数据的误差导致计算结果出现了重大错误。1945年2月，空军作战部情报处分发的一篇关于同盟国在欧洲空军力量的报告，列举美国空军第8军的轰炸机和战斗队总数是5010架，实际只有4307架。

对波茨坦鹿园的情报官们来说，最糟糕的问题既不是计算的复杂性，也不是为了分析而获取原始材料的困难，而是如何小心谨慎地透露坏消息给空军作战部部长。作为西线对外空军处处长，奥韦经常在形势会议上讲话，很快他便认识到"许多事情只能一点一点地说"。他总是在上午的会议上透露一点，又在晚上的会议上再透露一点。他花费数月才让空军指挥部相信，同盟国已拥有续航能力很强的战斗机，可护卫轰炸机深入德国领空后再返回。指挥部总是怀疑情报机构上了敌人宣传的当。这些情报官自己都震惊于美国人修建前线机场的速度，他们常常在3至4天内就削平了整个山头，开始铺设钢筋网混凝土跑道。尽管前后航空照片的对比使人们对此毫不怀疑，但指挥部依旧不承认。有一次，一名情报官如此被戈林厉声训斥："我一看你的图表，就感觉只有敌人，德国的力量毫不存在。"随后，这个人被赶出会议室。

1944年年底的一天，阿尔布雷希特·蔡茨施克（Albrecht Zetzschke）上尉对空军的情报工作提出了有理有据的严厉批评。蔡茨施克是奥韦D组组长职务的继任者，他是一个非常聪明的职业军官，具有深思熟虑后做出明确判断的罕见才能。他写道："从1939年到1944年年底，德国的情报工作实际上失败了。"在他看来，失败的原因是情报军官的年纪太大、挑选不严、人数太少、工作重复（至少10个单位从事高频无线电工作），他们受到间谍的欺骗，上级指挥部的过分乐观则让军官们不敢在会上发表真实看法。他总结说，指挥部"不把情报工作当一回事","根本不重视情报机构的表现",最后主观地"做出了他们自己对敌人的判断"。

或许这些实际上没有关系。到盟军登陆的时候,西线强大的德国空军只剩几百架飞机可以作战。而几年前,这些驾驶斯图卡式俯冲轰炸机震慑世界的银鹰们还骄横得不可一世。西线对外空军处有30至40人,西线战地指挥情报站人数与其大致相等。也就是说,总共100名左右的情报人员在为几百架飞机服务,每名情报人员为2到4架现有的飞机工作。奥韦说:"我们有时候自己都不免觉得好笑。"

如果说由于空战的间歇作战和快速结束战斗的性质,空军情报对作战的影响比陆军情报更为有限,海军情报机构的作用则更为有限。其中部分原因和空军类似,即没有人能占有海洋。部分原因是缺乏大型的舰队行动,还有部分原因是海军总司令部的内部因素,对外海军处未能竞争过陆军和空军的情报机构。

对外海军处随着海军作战部成立于1939年底(当然海军情报活动很早以前就存在),然而几乎同一时间,本应是该处主要情报机构的无线电侦查组脱离了该处。接下来的几年战争时期,海军通信情报处成功保持其独立性,在海军作战部内自成一体,并与其他处地位平等。与此同时,本来应该作为海军情报主要接收者之一的作战处,竟承担着判断敌人情况的基本情报任务。因为失去情报最重要的提供者和接收者,海军作战指挥部对外海军处(三处)的作用,实际上已缩小得微不足道,成为陆海空三军情报机构中最不重要的一个情报机构。

对外海军处的工作,除了向各舰队指挥部发行诸如《美国海军和海军航空队在登陆作战时的任务》(5页,1943年)这类题材的简报外,剩下的工作就是统计敌人商船的数量。这涉及一个重大的问题:敌人船舶总吨位数,以及被德国潜艇击沉的吨位数。多年来,德国潜艇一直致力于切断英国供应线从而迫使它不战而降。

外国商船组在一战时小型舰队指挥官普劳泽海军上校卓有成效的领导下,主要根据对外国报刊的仔细选材,结合海军通信情报处、最高统帅部战时经济处和空军研究室的统计资料,统计出外国商船的数据。有一篇报道说,一项拨款议案于 1943 年 2 月 24 日提交美国国会众议院审批，要求拨款约 60 亿美元用于建造船只。该报道同时透露，根据该船舶建造计划，将建造总吨位为 4400 万吨的船只 4403 艘。这为外国商船组的计算提供了可靠依据。计算工作由该组的霍勒内斯代码计算机进行，这些工作时一片咔嗒声的计算机，最初放置在提尔皮茨滨河大街 72 号最高统帅部一座砂岩建筑物内，1943 年 11 月遭遇空袭轰炸后，这些计算机被搬到萨克森巴特劳滕的一个疏散站，约 50 人负责看守，他们占对外海军处这个分遣队总人数的三分之一。这些人使用机器跟踪他们所知道的数以千计的远洋货轮、油船和运输船在海上的活动。这些机器能统计并计算出不同航线上船只的吨位，比如沿美国大西洋海岸、抵达英国不同港口以及横渡北大西洋或南大西洋等的船只吨位。它们还能计算出同盟国已下水和正在建造的船舶总吨位。

外国商船组在这方面的计算非常准确。1943 年 3 月 10 日，外国商船组报告，美国 1942 年建造了 592 艘自由轮和 62 艘油轮，实际数目是 597 艘和 61 艘。这是依据事实作的报告，他们在预测时就没那么准确，毕竟连美国的船舶建造者也不能精确预计船只的建造数目。最初，德国人高估了美国的造船能力。1941 年底和 1942 年初，德国估计美国 1942 年建造船舶的总吨位介于 720 万至 936 万吨之间，实际交付使用的只有 777 万吨位。但是此后，德国人对美国的造船能力又大大低估。其中部分原因是，外国商船组认为每 55 天建造一艘自由轮是"不可能的"，他们认为平均时间需要 70 天。实际上平均建造时间是 50 天零几个小时。基于这样的推测，海军作战部在 1942 年 10 月估计，美国 1943 年船舶建造的总吨位将达 1410 万吨，实际建造船舶总吨位却几乎达到 1800 万吨。

对美国造船速度的估计，有助于一个数字的形成，即"被击沉船舶吨位数"。该数字总是在希特勒和海军总司令部将领的头脑里打转。要赢得大西洋战役的胜利，德国潜艇平均每月击沉的船舶总吨位，必须超过同盟国新建造的船舶总吨位。这个数字一般在 75 万吨左右浮动，虽然 1942 年时任潜艇总司令邓尼茨一时过分盲目乐观，将该数字降为 40 万吨。奇怪的是，被击沉船舶吨位数同德国对同盟国造船速度的估计似乎没有关系。1942 年 5 月 14 日德国估计的同盟国造船速度高于 1942 年 10 月 20 日估计的数字，确定的被击沉船舶吨位数却低于后者。原因似乎在于，"被击沉船舶吨位数"只是一个目标，一个适合一时情况的指标，一个希特勒和海军总司令部的将领们可为自己不同目的随意增加或减少的指标，比如当政治家来访，或是向下级宣传，或是内部政治斗争时。

这个数字对海战没有影响。尤其是，与德国海军情报机构在下述首要问题上发生的两个错误相比，对美国造船速度的错误估计显得无关紧要。德国情报机构试图确定同盟国在某一时期拥有船只的吨位，以及可用于作战的船只数量，这是预测同盟国行动的基本资料。第一个错误是，轴心国声称击沉的船只总比实际数目多。比如，海军总司令部相信，德国、日本和意大利的潜艇和飞机于1942年9月击沉的船只总吨位是872127吨，实际上同盟国损失的是567327吨。第二个错误是，德国人大大高估了海上运兵需要的船舶吨位。对外海军处推算，运送一个美国步兵师需要30万总吨位的船只，实际只需要12.2万吨[1]。换句话说，对外海军处估计的船只吨位比实际高出250%，这意味着它错误减少了对可运达登陆地点兵力数量的估计，从而危险地低估了敌人的战斗力。

这种一次又一次的错误估计带来了毁灭性的结局。1942年10月20日，海军总司令部做出判断："（同盟国）船舶吨位……不能满足一支大型远征军及其后续供应的运输需要。"然而同盟国军队3周后登陆北非，这"证明同盟国尚不缺乏从事战略行动所需的船只"，雷德尔不得不向希特勒承认这一点。但德国人在数月后再次犯错。1943年5月20日，一份形势报告宣布："目前的吨位情况使得敌人无论如何都不可能迅速将大规模作战所需的兵力和物资运出集结地域。"7周后，盟军登陆西西里，挺近意大利半岛，促成意大利叛离轴心国集团。

海军作战部门做出上述判断，依据的是对外海军处的统计数字。1942年，前驻莫斯科海军武官诺贝特·冯·鲍姆巴赫海军上校，接替戈特弗里德·克吕格尔（Gottfried Krüger）海军上校成为对外海军处处长。这位身材圆胖的新处长认为，虽然向作战处提供敌人的情报是他最重要的工作，但这只是他工作中相当少的一部分。他的统计数字总是没有间谍或截收材料可以纠正。如果这两者能够深刻洞察同盟国的计划，有些错误是本可避免和纠正的。因此，作战处

---

[1] 原注：Great Britian, Ministry of Defence, Naval Historical Branch, letter, 22 June 1976, citing No. 12 in the series Fremde Marinen(Nachrichtenauswertung). 德国海军实际使用的这个数据是通过运输吨位推算所得，后者参见OKH:H2/121a:67:7, 18, 23。希特勒声称盟军运送一个师所需吨位是德军的一倍。（Staatsmänner, 2:321），进一步加深了德国人对这些数据的信任和使用。

从地理角度上预测同盟国行动的两个基础都站不住脚，根据一般战略原则总是被同盟国出其不意的行动打破，根据吨位数字则被证明是灾难性的错误。希特勒式的估计逐渐渗透到形势报告中，这一点在亲希特勒的邓尼茨取代雷德尔后尤其明显，但并没有澄清海军对外界形势的看法。1943 年，作战处说："美国对德国和苏联采取同样敌视的态度"。但事实并非如此。1944 年 5 月，鲍姆巴赫被调到陆军总参谋部海军联络处（部分原因是保护一名反纳粹分子），以及较合邓尼茨心意的奥托·舒尔策（Otto Schulze）海军少将取代他，进一步证明了这个倾向。

　　结果，对外海军处对战争的努力产生了几近于完全消极的影响。虚假的吨位数字是它对了解敌人情况做出的唯一重要贡献，却使海军得出致命的错误结论。如果要说对外海军处的积极影响，也许是海军总司令部没有它可能会犯更大的错误。这或许就是鲍姆巴赫在别人问及该处的贡献时，他答复"贡献就在于有这么一个机构"时包含的意思。

第 21 章
第四副总参谋长和作战情报处

　　库特·冯·蒂佩尔斯基希（Kurt von Tippelskirch）将军是一位参谋官，45岁的他个子矮小，脖子粗壮，留着平头。他出身于军人世家，父亲也是一位将军。1908 年他参加了精锐的伊丽莎白女王禁卫掷弹兵团，1914 年在马恩受伤被俘，一战期间一直被关押在法国。1924 年，他被军方安排到军队部三处工作，大概是因为他学会了法文或理应学会法文。两年后他离开三处，去往野战部队，又于 1932 年返回三处，于 1933 年担任三处意大利组组长和作战参谋。1936 年，他再次回到三处，成了三处的负责人。三处现在是陆军总参谋部情报处。蒂佩尔斯基希非常孤僻，至少在下级眼中就是如此。他软弱又权欲熏心，还有着不切实际的乐观，在外人眼中则缺少志气，仅满足于能够对敌军进行分析评估。

　　但是，他却得到在 1938 年担任总参谋长的弗朗茨·哈尔德的喜欢和信任。哈尔德在 1938 年 11 月 10 日把情报机构分为两个处，并设立一个副总参谋长来分管，便把这个职位给了蒂佩尔斯基希。副总参谋长的职位首次设立于 1882 年，这时候已经有三个副总参谋长，新设立的第四副总参谋长负责情报，领导以下机构：两个情报处（西线外军处和东线外军处）、武官处以及后来成立的一个调整军方与纳粹党关系的处。

　　蒂佩尔斯基希身为第四副总参谋长，处理的是高级军事情报，这总是牵扯到政治。他自己既不分析原始情报，也很少写报告，而是谋求工作有一个统一的标准，处理下属机构解决不了的问题，协调机构间的工作，并把它们的工作融合为一个完整的形象。战争爆发后，他向哈尔德提供情报有时是在每日形势会议上，有时是私下进行。比如在不同场合，蒂佩尔斯基希向总参谋长汇报了东线的总形势、苏联显然对巴尔干缺乏企图、希特勒和墨索里尼在布伦内罗的会晤、法国的战略战术等情报，以及法国在德国进攻前一天将3个师从东部调往巴黎、比弗布鲁克勋爵被任命为英国空军生产大臣、法国陷落后的欧洲形势等。此外，他还忙于非情报工作，到罗马尼亚视察该地驻扎的一个德国军事代表团，提出宣传工作方面的建议，向陆军总司令汇报波兰妇女儿童被枪杀的情况。

蒂佩尔斯基希在波兰、挪威和法国战役期间，一直担任第四副总参谋长。但是，他和许多其他军官一样，梦想着指挥一个师。1940年秋天前后，他在参谋部的工作做完，当时又没有作战任务，于是哈尔德告诉他，接替他的人从东京回国，他就可以去那里担任陆军武官。两人在1941年1月5日交换了工作。

新的第四副总参谋长是46岁的格哈德·马茨基（Gerhard Matzky）上校，他有身材高大，是个让人如沐春风的步兵军官。20年代时，他在一个军队参谋部工作时与哈尔德共事，由此相识。一战时，他在东西两线都打过仗，并在几所大学修习过哲学、经济、历史和国际法。他曾在国防部国联处工作，是少数几名同时在著名的总参谋部军官学校与武装部队军事学院学习过的德国军官之一。对苏战争开始后，他随同哈尔德一起去了总参谋部东普鲁士大本营。

他每天上午从副官或下级处长那里得到敌人的情报，然后在总参谋长和陆军总司令召集的上、下午形势会议上，和各处处长一起对这些情报做介绍。总参谋长和陆军总司令会将这些写入各自的报告，再在元首每日两次召集的形势会议上进行汇报。马茨基本人从未出席过元首召集的形势会议，同蒂佩尔斯基希一样，只向哈尔德提供高级报告：英国的军队总数、日本能否对英宣战、对苏联德占区收成达到正常年景的60%至70%的期望、维希法国会否发生危机等。他认为，因为东、西线外军处已提供了基本情报，他的工作主要在于综合平衡。在绝大多数人将注意力只集中在东线时，他力求使西线和可能对德国战略产生影响的政界情报得到人们的认可。但他失败了，尽管他用种种努力证明地中海同样重要，希特勒却告诉哈尔德："对这个边缘地区的战争，我不感兴趣。"

1942年9月，希特勒撤掉哈尔德，换上蔡茨勒。新任的总参谋长反对仅剩的两个副总参谋长职位，即第一副总参谋长（主管作战）和第四副总参谋长（主管情报）。第二、第三副总参谋长的职位在战争动员时，就已被哈尔德取消，因为哈尔德感觉它们碍事，隔开了他与各处处长的联系。基于同样原因，他将作战处划归自己直接领导。和平时期，副总参谋长们将总参谋长直接领导的下级处长从十几个减至 5 个。但是，两个副总参谋长职位的取消，虽然表面上意味着总参谋长的直接下属增至 16 个，但真正打交道的几乎只有 3 个：作战处处长、东线情报处处长和军需处处长。在战争期间，由于陆军总司令部战区和武装部队最高统帅部战区的开辟，其他部门都退到了幕后。但蔡茨勒的反对意见也有不公之处。他似乎因为第一和第四副总参谋长的资格都比他老而感到尴尬。他或许觉得，如果取消哈尔德指定的两个高级领导人职位，就会削弱总参谋部内反对希特勒的势力，而希特勒是他信任的人。最高统帅部战区的开辟，使得马茨基一半的工作都不再让蔡茨勒感兴趣，而未能让东部战区外的情报引起指挥机关的注意，说明情报工作普遍缺乏效率。更重要的是，两人的关系越来越紧张。7 月，当时蔡茨勒仍担任西线德军参谋长，大肆宣传同盟国对迪耶普的袭击是一次被挫败的登陆行动，这个观点符合希特勒的看法，因而为他赢得一些荣誉。马茨基却因为用缴获的命令证明迪耶普袭击只是试探，声誉受到损害。

所有这些因素导致蔡茨勒取消了第四副总参谋长的职位，马茨基被调去指挥第 21 步兵师。这是 1942 年 11 月 9 日，盟军出其不意地登陆北非的第 2 天。自此，东线外军处、西线外军处和武官处直接归蔡茨勒领导。武官处处长霍斯特·冯·梅伦廷（Horst von Mellenthin）上校，承担了部分原来由马茨基承担的政治军事情况报告任务。

第四副总参谋长职务的取消，大大减轻了情报机构通过这个级别很高的共同上级，向情报搜集和情报使用机构施加的压力，马茨基较为全面的综合看法也消失了。但是，这些长处无论在什么情况下都有些勉强，它们在面对该职务取消的优势时消失了，这些优势包括同时对比两个战线的情况，以及两边同时提供的情报差异等。

在损害德国军事情报组织工作方面存在的奇怪现象里，最奇怪的恐怕是在最上层长期缺乏一个分析敌人能力和意图的机构。最高统帅部在战争的大半时间内,都没有建立这样的机构,不过从当时看并没有不负责任。

实际上,最高统帅部有机构在分析一种超越个别情报机构狭隘利益的情报,同最高统帅部本身的作用一样。这种主要为政治性质和军事性质的情报,来自最高统帅部对外情报处。该处主要是从情报搜集机构提供的材料中挑选出这些情报。战争爆发前,为保证作战部获得所需的全面情报,会议每天都会举行,对外情报处处长伯克纳海军上校、其上司卡纳里斯、最高统帅部长官凯特尔、最高统帅部作战部部长约德尔、约德尔的副手瓦尔特·瓦尔利蒙特上校,以及最高统帅部其他各部门负责人都会参加。战争期间收到的情报数量大幅度增加,于是对外情报处在最高统帅部作战部设立一名联络官。联席会议继续举行,但不再每天召开。如果作战部需要较为具体的军事情报,对外情报处就设法获取,无论是关于敌人的情报,还是探寻敌人对德军作战、编制和给养等了解情况的情报。对外情报处从每个个别情报机构能干的情报员那里获取这些情报。个别情报机构主要是指西线外军处,因为它的活动领域正好符合最高统帅部的战区。作战部使用这些情报制订计划,帮助约德尔在希特勒的形势会议上做情况汇报。

这个安排适用于战争头 3 年的情况。曾有人考虑和建议在最高统帅部内部建立一个中心情报分析机构。比如,西线外军处处长乌尔里希·利斯(Ulrish Liss)在 1942 年曾反复提出该建议。他认为理想的解决方案是东、西线外军处都由卡纳里斯领导,这将让情报的搜集、分析、评估机构统一在最高参谋部情报首脑一个人的领导下。这个机构也会服务陆军总司令部。但是,利斯虽然得到第四副总参谋长马茨基的支持,却不能说服对自己势力范围寸步不让的哈尔德。与此同时,伯克纳召集了情报评估机构的负责人,讨论建立一个跨机构的情报委员会。可是空军的反对致使这个努力破产。在最高统帅部作战部内尝试设立情报机构的失败,最主要的原因是,当时的体制还能适应 1942 年时的形势。

同盟国在北非登陆后,最高统帅部战区首次爆发大规模军事行动。作战部意识到,现在它更为密切地卷入作战,而这反过来要求更详细地了解敌人。如何才能获得敌人的情报呢?

盟军登陆后 2 周,负责日常工作的瓦尔利蒙特向利斯提出这个问题。瓦尔利蒙特是作战部副部长,极其精明干练。他们一致认为,对外情报处缺乏从事这项工作的机构、人员和必备知识。显而易见的办法是，采用利斯早些时候提出的折中方案，干脆把西线外军处并入最高统帅部，或许再增加一些空军和海军军官。第四副总参谋长职位的取消使得这一改组更为可行。但新任命的总参谋长蔡茨勒，如同哈尔德否决先前建议一样否决了这个建议。于是利斯像伯克纳一样，试探能否换个形式，成立情报负责人委员会。他发现对外海军处提供给海军总司令部的情报，只是一些"统计"数据，缺乏对敌人情况的判断；空军情报机构（陆军和海军的情报机构势必要一起工作），即韦尔德尔鹿园，只能提供其负责人允许提供的情报，而这位负责人经常不在岗，长期和戈林一起在鹿园驻东普鲁士希特勒大本营一个小小的"前进"基地里工作。这种局面令人无法容忍，利斯只好放弃建立委员会的计划。

剩下唯一的一条路就是在最高统帅部作战部设立自己的情报官。被选中的人既不是利斯，也不是马茨基。伯克纳提出了一名新人，大概是因为利斯和马茨基都资格较老，不好叫他们屈就这份在他人看来只是同对外情报处联络站打交道的工作。

这个新人就是45岁的一战老兵弗里德里希-阿道夫·克鲁马赫尔(Friedrich-Adolf Krummacher)。20世纪20年代，他和凯特尔、瓦尔利蒙特一起在第6炮兵团服役，并于1929年前往中国，为蒋介石政府担任德国军事顾问团顾问。他在中国待了9年，或旅行，或打仗，担任受人崇拜的前德国陆军司令汉斯·冯·泽克特（Hans von Seeckt）将军的助手。他慢慢爱上中国，这种爱从未消失。他于1938年回到柏林，有时大清早穿一身鲜艳的中国服装，让同事见了眼花缭乱，因此同事给他取了个"傅堤夫"(Futti-Fu)的绰号。他是一个名副其实的单身汉，喜爱生活中一切美好的事物，欣赏悠然自得的东方生活哲学，被一些活动过度的普鲁士同事评价为懒惰。但他吸引青年军官的丰富国际经验、友善与可信赖的品质、二战初期在对外情报处处理西欧和英联邦各国部队情报积累的经验，让瓦尔利蒙特同意由他担任对外情报处联络官和他自己的情报官。

最初，克鲁马赫尔的情报官工作与他的联络活动紧密结合。他办公桌的诸多文件，既可划归前者，也可划归后者。他从事比较纯粹的情报活动，始于每天分发西线外军处从1942年12月起每天提供的形势报告。

随着经验的增多，克鲁马赫尔放开了手脚，在几个月后开始每隔几周发布一批关于敌人情况的报告。

他的报告，不像其他高级情报分析机构那样根据原始情报整理，而是根据西线外军处、西线对外空军处、对外海军处和对外情报处关于敌人情况的报告，并将它们汇编而成，有时会加上一些新情况。这些报告结构严谨、清楚明了，通常以一句概括形势的话作为报告的开头。比如，1943年6月10日，盟军登陆西西里之前一个月，克鲁马赫尔在他报告的开头写道："大形势中最显著的一点是，敌人准备在地中海地区发动大规模登陆作战。"接下来是5至6页他用来证明论断的材料。

克鲁马赫尔还用具体问题的备忘录来对报告进行补充。1943年8月18日，他向约德尔和凯特尔提供了一篇报告，题为《葡萄牙参战可能性》，主要根据德国驻里斯本武官处提供的情报以及德国驻里斯本大使馆对情报的评论，得出完全错误的结论：葡萄牙政府如果没有西班牙人的支持，"可以肯定最迟在9月底对德宣战"。1944年1月5日，他接到一项特别紧急的任务，鉴于元首时常对敌人在葡萄牙登陆的忧虑，瓦尔利蒙特要求克鲁马赫尔最好在当天提供一批材料由他呈送希特勒。这批材料是关于下述内容的地图和情报：葡萄牙重要港口、这些港口通往东方继而经西班牙到比利牛斯山的交通路线、葡萄牙武装力量（3行字），以及其他有助于判断敌人是否登陆的情况。克鲁马赫尔这时已有3至4名助手，当天就按要求提供了这批材料。然而短短3行字的材料却扩充为一页半，克鲁马赫尔极力平衡着两种可能性，但凡有暗示盟军登陆的迹象，就会举出一个相反的迹象。这对做出决断起到的帮助作用大概达不到元首对情报人员的希望，但已满足瓦尔利蒙特的要求。

1944年春天，当德国中央保安局吞并阿勃韦尔时，少数机构难以吞咽，因此留存下来，比如前线间谍活动组织、军队反间谍组织和军事欺骗组织。克鲁马赫尔的机构成为这些残存组织的自然核心。但到了8月份，它们却把主人吞掉了，克鲁马赫尔发现，自己成为一个新机构的组成部分。这个新机构专门处理情报问题，称作最高统帅部作战部情报处，由3个部分组成：(1) 前线间谍活动组织，由阿勃韦尔老手鲁道夫上校领导；(2) 敌情分析，由克鲁马赫尔领导，他在1944年8月卸去联络官职务，专心从事军事情报活动；(3) 军队反间谍活动和军事欺骗，这部分规模最大，有300人左右。

第 21 章　第四副总参谋长和作战情报处

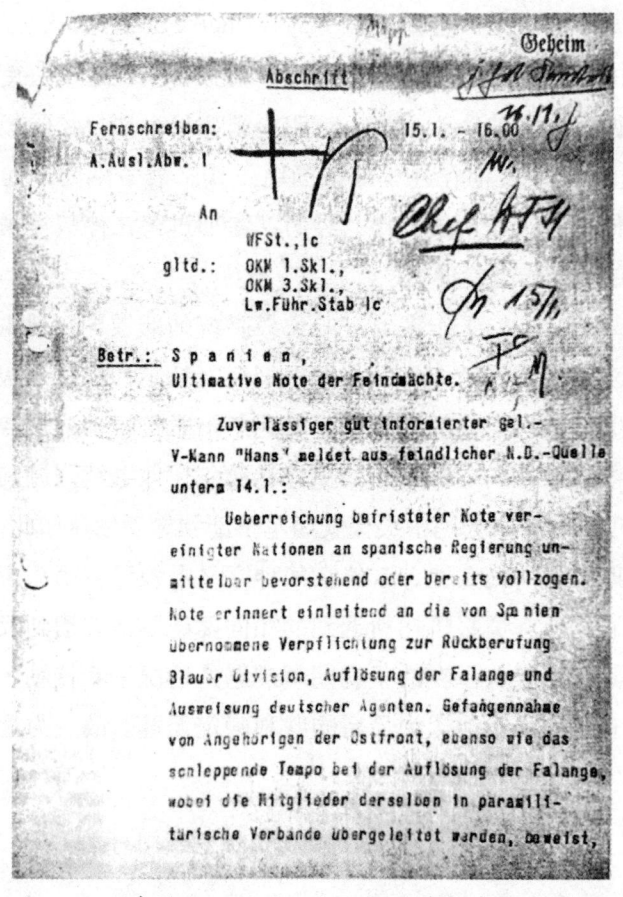

一份间谍报告被呈送希特勒。这份 1944 年的情报来自值得信任的间谍汉斯，指出联合国即将或刚刚给西班牙政府一份措辞严厉的文件，督促其召回正与苏联人作战的西班牙蓝色师，驱逐德国在西班牙的间谍机构。阿勃韦尔将其通过电报告知最高统帅部作战部情报参谋，同时抄送海军作战和情报机构、空军总参谋部情报参谋。这份情报因为可能呈送元首，在元首打字机上制作了超大号字体的复本文件（Abschrift）。这份文件被送到最高统帅部作战部副部长的助理手中，由他签字接收，再签字将此呈送情报参谋。作战部情报参谋克鲁马赫尔上校使用红钢笔删去"情报参谋"，在"Feindmächte"一词右侧签上他名字的首字母。很明显，他把文件递送给作战部副部长瓦尔利蒙特将军，瓦尔利蒙特将军签署了自己的首字母"W"（哥特字体和绿色字迹）和日期"1 月 15 日"，再将该文件递送给他的上级作战部部长约德尔将军。约德尔在一天两次的形势会议上，将此呈送希特勒。他用细笔在文件上批示"请元首阅，约德尔"。约德尔的副官用蓝色钢笔在批示下加了下画线，画了一个大十字，暗示要将文件送给最高统帅部总参谋长凯特尔将军。他同样签署了自己的首字母和日期"1 月 16 日"。最后，凯特尔在阅读后，签了一个大大的"K"。

胡戈·巴龙·冯·聚斯金德－施文迪（Hugo Baron von Süsskind-Schwendi）上校负责上述的三个部分，头衔是德国军队情报首脑，这个头衔的形式远大于实权。聚斯金德－施文迪个头不高，精明能干，是个情报经验相当丰富的参谋官。1936年到1937年，他在外军处法国组工作。战争期间，他担任北方集团军群情报官。他还有过非情报工作的经历，参加过德法停战委员会，在非洲和苏联战区担任过师级作战参谋。

聚斯金德－施文迪的工作主要是避免最高统帅部领导忽视重要情报。他的大部分时间在东普鲁士元首大本营，每星期向凯特尔和约德尔提供1到2次情报，向瓦尔利蒙特提供情报的次数更少，偶尔出席希特勒的形势会议。他的一部分情报来自继续像以前一样工作的克鲁马赫尔。他继续强调前线间谍活动的效果，即便这项工作转归德国中央保安局军事部领导后依然如此。

但是，聚斯金德－施文迪，这位在某种意义上领导着第三帝国最高情报分析机构的人，遇到所有情报机构所遇到的相同障碍：情报遭到反对。他在战争末期才领教了其他情报头子在战争初期就遭遇的情况：希特勒虽然理会他的工作，但"多少有些勉强，他认为最后的胜利确定无疑，敌人力量强大的事情是他不想知道的"。

第 22 章
情报参谋

军队与敌人作战,他们在战争中的整体目标是消灭敌人。因此粗看起来,指挥官似乎主要考虑的是敌人,反复琢磨的是敌人的情报,情报官似乎实际上控制着参谋部。

但无论军队拥有多少情报,不打仗就无法取胜。因此,让部队进入阵地,指挥他们有效射击,才是指挥官的主要任务。他的考虑和决定,针对自己军队的远比针对敌方的兵力和意图要多。情报只是排在第二位的因素。1941 年 8 月,当总参谋长哈尔德的军队顺利地长驱直入苏联时,他同下级讨论后记在日记本上的事项共 150 条,专谈情报的只有 25 条,虽然另有 11 条也涉及情报。盟军登陆诺曼底不久,在法国的德国高级军官之间,206 次电话谈的是德国部队,64 次电话谈的是敌人。同样,部队指挥官比情报官更重要。难怪一位师长曾说,如果一定要做出选择,他宁可要一个优秀的上校来指挥他 3 个团中的 1 个团,也不要一个优秀的情报参谋为整个师工作。

原因在于,指挥自己的军队远比了解敌军重要,作战支配着情报。而德国军队比别国军队更为坚持这一点。它不但和别国军队一样,认为情报只是为决策提供参考,与作战相比是次要的,还明确规定情报从属于作战。这一点摧毁了在别国军队中情报部门所享有的独立性。

1938 年颁发的第 92 号基本条例《战时参谋部工作手册》(*Handbook for General Staff Service in War*)把情报工作的从属地位表达得最为清楚直接。它首次指出,作战参谋处理德军作战事务,当司令官和参谋长不在时接管一切事务。接着在情报参谋那一段开头说:"情报参谋是作战参谋判定敌方情况时的助手。"在许多其他情况下,德国军队用更微妙也更彻底的方式,表达着对情报工作的轻视。例如,德国军队和英法军队不同,在战争发生一年半之前,它从未为情报工作颁发过一本手册或条例。后来下发的条例也没有改变情报工作的境况。好像是为情报工作在不信任的氛围中争取认可,这个条例不仅肯定传统观点,甚至是过分强调这种观点:

16. 情报参谋从属作战参谋,协助作战参谋了解敌人情况。

判断敌军情况,由司令官在参谋长或作战参谋的协助下进行。

由指挥部判断敌方形势,不能只靠情报参谋。

这个条例实际上在说,情报参谋不过是在作战参谋已大体了解敌军情况的基础上补充细节。

这种情况是德军对情报工作态度演变的中间过程。一战前的和平时期,德军甚至没有指派任何军官负责全面分析情报的工作,它只认为指挥官和作战是重要的。但一战迫使德军在其参谋部中接纳了情报工作人员,并且在战后的和平时期在所有司令部设立了全面分析情报的机构。但是,它仍然没有完全放弃以前的看法,仍然夸大指挥官的意志和积极行动在透视战争迷雾和打破晦涩局势时的重大作用。这使得德军不能把情报工作放在与作战平等的地位上,哪怕只是在形式上的平等——情报参谋和作战参谋协同工作,都向参谋长汇报。别国军队就是如此,比如法军和美军规定,情报参谋和作战参谋直接受参谋长领导,情报参谋排序在作战参谋前,虽然作战时作战参谋当然更加重要。德军不可能走到这一步。它设立了情报职位,却将其从属于作战部门。

根据《凡尔赛和约》,这些情报职位设在德军野战部队军、师两级司令部的小小参谋部内。情报官获得唯一一个称号——第三参谋官,即情报参谋。这个称呼在一战期间统一,在军一级已存在。大概是因为在战前的德国军队,情报是一个始终存在且重要的因素。

由于受到抑制，情报工作未能发展成完全独立的活动，德军在二战前一个主要阐述战术和参谋部工作等最重要问题的条例中，对这个概念做了含蓄定义。这个条例就是第300号条例，这部名为《部队指挥》（*Troop Command*）的条例是一部319页厚的袖珍小册子，灰色封面，被亲切地称作"弗里达姨妈"（Tante Frieda），取自 Truppenführung（部队指挥）的缩写 T. F.。条例为德军指挥官规定了行军、进攻、追击、防御和其他军事行动的基本原则。它关联了情报工作与指挥官的决定，指出指挥官根据他担负的任务和实际情况做出决定，对情况的判断包括对敌我双方兵力的了解。

手册指出，"自己的任务起决定作用"首先表示自己的意志强加于敌人身上是取胜的必要条件。对于实际情况的掌握，指挥官判明己方情况，必须知道"下属部队的部署位置，可立即调动用以实施自己意图的部队、需要时间才能调动的部分，是否有增援部队，友邻部队有余力支援还是需要帮助……判断敌人情况同样必须考虑这些要素"。

阐明敌人的活动是对指挥官"不言而喻的要求"。《部队指挥》解释说，有关敌方的情报，最初获得的只是一般性情报，是一些互不关联的暗示，需要用空中和地面侦察来加以证实和补充。每个司令部都会指定一名军官具体处理收到的大量情报。这些情报中有不完整甚至错误的报告，也有准确的报告，因此会普遍导致难以捉摸敌人形势的情况。指挥官必须考虑以下要素来确定敌人可能的行动："敌人能在何种程度上阻止自己实现意图，自己如果是敌人会采取什么行动。这些考虑绝不能导致偏见，应该把敌人最能破坏自己意图的行动作为考虑的基础，这样做的条件是当前没有特殊证据证明敌人更可能持另一种态度。"德国军事情报的基本原则之一是，以最能破坏自己意图的敌人行动作为考虑基础。这有异于法国军事情报始终力图确定敌人最可能采取行动的原则。法军的态度是利用情报官，德军事实上是在排除情报官，因为指挥官自己就能判断出敌人的哪种行动最能破坏自己意图。

《战时参谋部工作手册》笼统陈述了情报参谋的职责：他需要不断了解德军的情况和意图，负责所有情报提供单位的协同工作。他有一张敌人的形势图，当着参谋长的面向作战参谋汇报重要情报，按次序就敌军情况提出建议。（建议总是单独成段位于最前面，这是一个可追溯到19世纪的传统。第2段阐述总目标，接下来各段介绍各个部队的具体任务。）情报参谋还就报告中的侦察部分提出建议。

在战争期间，西线外军处处长利斯上校根据法国战役经验写成的新规定《对敌情报工作》(*Enemy Intelligence Service*，第 89 号)，内容不外乎上述笼统规定的扩展，较为详细地阐述了各种情报来源的性质，就各级指挥部情报机构的组织工作提出建议。它列举了情报参谋必须承担的非情报任务，再次强调"师以上指挥部情报工作者，只有在特殊情况下才可免受参谋训练"。新规定只有两点同战前的条例不同，不要求指挥官考虑他处于敌人位置会采取什么行动，告诫指挥官敌人不是按照法律原则而是它自己的原则作战。"敌人的民族特点和种族性质也会影响其军事行动。"它允许高级参谋部的情报参谋直接向参谋长报告，以适度的方式提高了情报官的重要性。这个提高的过程在整个战争期间没有间断过。

按照总参谋部配置人员的参谋部，仅存在于德军的师、军、集团军和集团军群等 4 个级别之中，因此只有在这些级别才有情报参谋。只是随着德国在战争中越来越被迫转入防御，情报机构才逐渐向下扩展，并于 1944 年扩展到营级，甚至在某些情况下扩到连级。

此处（几乎都是在前线）的情报工作通常极为原始。营长一般指派自己的副官处理情报，把这当作他的几项工作之一。有的营则由一名懂得敌军语言的军士审问俘虏，浏览缴获的文件，并向团部反馈从步兵、前沿炮兵阵地或工兵、反坦克部队等处获得的任何敌方情报。还有的营过于疲惫，要解决的问题已够多了，因此不愿意这样做，不愿意写报告。在团部，上校团长的副官需要处理作战问题，只剩下助理副官处理情报和供应。他在几名翻译的帮助下审问战俘，和在营部一样，只来得及问正在射击的大炮的位置、敌人部队的企图等。在团一级，团长及其副官对敌人的了解不亚于情报官，战斗使他们熟悉敌人。

师是德军的基本作战单位，是多兵种合成部队的最小单位，能独立存在，能相当独立地作战。这就需要一个包括专职情报官的正式参谋部。师级情报参谋有一名由低级军官担任的情报参谋助理，其下还有 1 到 2 名翻译、1 名军士和几个充当办事员的士兵。师一般只需注意与其对峙的敌军，师以上级别负责更广的地域,担负着更重的任务,即便较远的部队也会影响其作战,因此必须更多了解敌军。所以,司令部级别越高,情报参谋部门越大。在集团军和集团军群级别,情报参谋指挥着前线的阿勃韦尔部队,正式享有阿勃韦尔情报参谋官的头衔。在高级指挥机构,情报参谋有2名副官助理:在军和集团军是1名第三副官助理和1名第六副官助理;在集团军群是1名第三副官助理和1名第五副官助理。此外一般还会有2名翻译、1到2名绘图员和6名办事员协助,这些人只处理敌方情报。

在敌方情报外,还有更多事情占去情报官的时间,他们总会接到陆军总司令部交予的各种任务,从宣传工作一直到用电影和节目来维持军队士气。在有些地方,他们的任务包括协助党卫军行刑队,向党卫军告知犹太人的位置,甚至亲自下令把犹太人送给党卫军。他们还接收自己所在地区犹太人被党卫军杀死或是被战地秘密警察放逐的人数报告,他们需要定期提供这些报告和其他军事文件。

在战争的前半段,集团军是战地情报的中枢。但是1943年,原本只指挥下属集团军的集团军群司令部,在指挥上取得优势,也就在情报工作上取得优势。其战地情报机构变得规模最大、最发达,情报参谋的位置也变得最为重要。

集团军群的阿勃韦尔情报参谋官,通常由参谋部的上校或中校担任,第三副官助理级别较低,一般为中校或少校,第五副官助理则一般为上尉或中尉。他把他的情报处划分为5个组,每个组都有下属部队。第一组自己领导,由第三副官助理协助,处理真正的敌方情报,包括空中和通信侦察官;第二组指挥阿勃韦尔部队;第三组负责检查信件电报;第四组指挥战地秘密警察;第五组负责宣传。情报参谋班子共31人,含13名军官和18名军士。[1] 与之相比,美国第6集团军群情报部有53人,多出德军一倍,此外还由一名准将担任领导。

即便不能称之为迷信,德军确实非常相信参谋部人少的好处。高级指挥层认为参谋部太大没有必要,因为参谋军官在军事学院接受的训练完全一样,这

---

[1] 原注:D-407, 14. 这比1943年的人员组成表数据要大(见OKH: H1/2: Kriegsstärkenachweisung [Heer] 9。)但比20名军官(Gersdorff, interview)和总数20人(Blumröder, interview)这两种数据要小。最终我采用了正文中的数据。

样就会带来工作的高度一致，以致最简短的命令或报告都能被迅速理解。他们的参谋部向来是小的，他们深信，参谋部越小，工作效率越高。他们让更少的人做更多的事情；直接处理实质性事务，不在不必要的琐碎事情上浪费时间；不鼓励情报参谋在形势会议上详细叙述情报，而是尽量简短，以便为司令官节约时间去处理更重要的任务。盟军高级参谋部设有一名气象专家，德军没有。"自己能感觉到气候如何，"一名情报参谋说，"气象专家只不过增添参谋部的负担，让参谋长会议时间延长罢了。"这个观点同德国人在素质和质量上的自我优越感一脉相承。他们认为，我们的军队可能数量少于俄国军队，但素质比他们好；我们的武器可能比美军少，但质量比他们的好。所以，我们量少和敌人量多是旗鼓相当的。

事实上，建立小参谋部的主意，不过是合法化这些军队精英不让更多人加入参谋部的愿望。大参谋部比小参谋部做的事情多得多。盟军计划登陆西西里时，情报参谋部的规模最终达到数百人，它估计出敌人对盟军登陆可能的四种反应，并判断出哪种反应的可能性最大。它计算出敌军俘虏的大概数目，以帮助盟军作战计划制订人员明确看管俘虏所需部队数量。当巴顿将军计划沿西西里海岸"包抄"守敌时，他的情报参谋部辨认出敌人可能的布雷区和掩体，准确判断出敌人的机枪阵地和高射炮阵地，选择了伞兵的降落地区。这正是情报参谋的分内之事，但美军参谋并不满足于此，他们还研究登陆海滩的浪潮，重新订出黎明和天黑的时间表。这些本可被看成不必要的琐碎细节，本可解释说指挥官们无论如何可以"感觉得到"天黑，但知道和估计的程度是有差别的，一个将军在工作中不可估计的事情已经够多了。大参谋部也不一定浪费司令官的时间。巴顿在西西里问他的情报官奥斯卡·W. 科赫（Oscar W. Koch）上校，攻打阿格里真托是否会引发大规模战斗，从而违反他自己的命令。有一个庞大情报机构作为后盾的科赫，没有详细介绍敌军的位置、兵力、公路和地形情况，也没有陈述敌人可能意图的理由，只是说："不会的，先生。"

担任情报参谋都是哪些人呢？在战争初期，他们都是军队总参谋部参谋，是军中数量稀少的骄傲贵族，有资格在德国军队中穿令人羡慕的"红裤子"，两根深红色宽条直到灰色马裤下端，消失在有刺马钉的雪亮高筒靴里。最初预定的参谋职位只有一半由军队总参谋部参谋担任,情报参谋却完全由参谋官担任。但从 1940 年开始,后备军官经过情报训练课程就能被任命为师级情报参谋。虽然他们做参谋工作,却不能穿令人羡慕的"红裤子",这个事情由总参谋长哈尔德亲自监督。不久,师级情报参谋的职务只有后备军官担任了,不出一年,军级情报参谋也大多由后备军官担任。他们大多在担任师级情报参谋时表现出色,另一些人曾担任集团军或集团军群第三副官助理。这些后备军官担任的情报参谋大多是少校级别,在一个岗位上服务几年以取得宝贵的专业知识。在战争的大部分时期,情报参谋的级别都比作战参谋低。随着情报工作的重要性越来越得到承认,情报参谋的级别提升为和作战参谋一样,以提高情报参谋的地位,虽然不可能和作战参谋享有绝对平等的地位。

集团军和集团军群的情报参谋都属于军队总参谋部参谋。集团军情报参谋必须具备 1 至 2 个参谋岗位的工作经验,集团军群情报参谋则要求有 3 至 4 个参谋岗位的工作经验,其中之一是师级作战参谋,如果可能的话,会要求有军或集团军作战参谋的工作经历。威廉·迈尔－德特林(Wilhelm Meyer-Detring)上校是 1942 年到 1944 年 8 月期间的西线总司令情报参谋,他在被提升为中校且首次被任命为情报参谋前,曾在 2 个师担任过作战参谋。鲁道夫－克里斯蒂安·巴龙·冯·格斯多夫上校在担任中央集团军群情报参谋前,曾相继担任过集团军第三副官助理、军级情报参谋和师级作战参谋。虽然迈尔－德特林做了 2 年情报工作、格斯多夫做了 3 年情报工作,他们最后都晋升到作战部的职位上。迈尔－德特林来到最高统帅部作战部,格斯多夫最初升任军级参谋长,后升任集团军级参谋长。大多数参谋官都渴望这样的职位,因为只有这种职务才能实现他们当初参军时的梦想:发布赢取胜利的命令,由此获取各种满足和荣誉。这种荣光是从事情报工作无法获取的。

战争期间,一个参谋部军官在没有情报工作经验的情况下被分配到情报岗位上,通常要先到东线外军处或西线外军处工作 2 至 8 个星期,再去往情报参谋工作岗位。他的前任通常只和他一起工作几天就离开,因此这个新手熟悉业务在很大程度上要依靠情报参谋助理。以前受过的情报训练只算是一个机会或兴趣。20 世纪 20 至 30 年代初隐蔽和分散的参谋训练班开设有情报分析选修课,这些选修课有一些从各种报告中了解敌情的培训。1935 年重建的军事学院同样开设有讲授情报、阿勃韦尔工作及外国军队的课程，不过没有情报技术必修课。所有讲授都强调战术，教官只是说情报工作是整体的一个组成部分。但战争改变了这种情况，当哈尔德拟定战时新参谋官训练条例时，下令高级参谋的训练"把重心放在情报参谋身上"。

然而，还未蜕变为参谋成员的后备军官需要参加专门课程。1940年后，这些课程在集团军群司令部教学，为期6周。但课程并不统一，而且一个地区的经验难以复制到另一个地区。因此，1942年，东线外军处决定在波森（现波兹南）建立一所情报学校。这所学校的课程为期3周，教授基本技术、当前军事形势和敌军情况。82讲中的24讲是案例教学。此外，集团军群还在作战前线举办短期训练班，讲授最新课程。

在西线，B集团军群开办情报参谋训练班。第2期课时2周，于1944年4月中旬举办，下级部队和友邻部队共41名军官参加。讲授的课题有：情报参谋作为作战参谋的助手，情报报告，英美军队在战术、技术和编制上的革新，航空摄影与航空照片分析，无线电侦察入门，纳粹领导以及海军问题。几乎每天一次图上对抗演习。比如4月15日（星期六）就是一个典型的例子，课程安排如下：

时间	题目	教官
9:00—10:00	英美机群的编队和战术	第三机群基尔希上校
10:15—11:00	侦察要求	西线总司令情报官
11:15—12:45	图上对抗演习（实例二，第三部分）	西线总司令情报官
14:00—16:00	图上对抗演习（实例二，第三部分）	西线总司令情报官
16:15—17:00	间谍活动范围概述	阿勃韦尔西线主站一处瓦格中校

虽然有些军官是在参加课程后成为高级参谋部的第三副官助理的，但军和师的第三副官助理只能凭经验学习。东线外军处分别发行了两本12页左右的情报手册：1943年的《军和师级情报参谋手册》、1944年的《东线部队情报参谋

工作》，再加上关于《对敌情报工作》的条例，进一步指导了情报工作并使之标准化。1944年，军队认识到情报专家的价值，禁止出于其他目的使用受训过的军、师级情报参谋。

苏联几个方面军和集团军情报参谋的日常事务与德军类似，因为各参谋部的活动一样。所有司令官的形势会议都是每天上午10点左右举行，地点是参谋部所在的办公楼、学校、旅馆或农舍。情报参谋一般走出房间就能参加会议，因为他的房间靠近作战参谋的办公室，墙上挂满地图，桌上摆满文件。他通常只在需要他发言时才说话，每天在规定的时间内向上级呈送2至3次报告，这是必须做的事务，上午的报告基本是关于前一晚发生的事情，不带任何分析评估。各师必须在清晨5点前将报告呈送军部。各军挑出中肯的情报，再补充侦察到的情报，在上午6点30分以前向集团军呈送一份综合报告。各集团军重复此过程，各集团军群也重复此过程，于是东线外军处在上午9点收到这些报告。下午4点，这样的程序在各师重新启动，于晚上8点在东线外军处结束。晚间报告综合性与分析性更强，往往会概括过去24小时内的敌人活动。低级指挥部一般报告德国军队观察到的最重要敌人活动，往往会得到对峙敌军俘虏和逃兵的证实。高级司令部的报告，往往是基于情报参谋对敌方形势的总体估计得出的结论。在作战中，集团军和集团军群会做第3份报告，即每日报告，对当日形势做出最后估计，于午夜和凌晨1点之间送达东线外军处。

情报参谋的生活节奏被这些报告和会议确定了。当汉斯-阿道夫·冯·布卢姆勒德尔（Hans-Adolf von Blumroder）上校于上午7点或7点30分左右到达他在扎波罗热的办公室时，这位南方集团军群情报参谋会发现已有3至4份集团军情报参谋的报告在办公桌上等着他。他阅读后给情报参谋们打电话：报告递交后情况有什么变化？报告上的某个句子是什么意思？我们觉得形势是这样，你认为呢？接着他在电话分机的耳机上听他的参谋长同集团军参谋长们的谈话。然后他会与手下的各种专家开会，比如空中侦察联络官、无线电侦察联络官、战斗序列专家、阿勃韦尔头目等。他告知这些专家他所需的情报，他们报告最新情报。会议一般持续一个小时，有时甚至几个小时。第三副官助理会在会议进行时撰写上午的报告并发送出去。会议结束后，布卢姆勒德尔把制图员刚做过新记号的敌军形势图收起来，再把报告送给作战参谋，然后送给参谋长，再送给司令官曼施坦因。两份报告都很详细，但读起来很少超过 5 分钟，因为曼施坦因希望报告尽量简短。

回到办公室，他给邻近的情报参谋、中央集团军群的格斯多夫去电以交换意见，也给东线外军处负责他所属集团军群的情报官通电话。至于上午剩下的时间和午后，他一般是批阅文件和处理一些非情报事务。与布卢姆勒德尔很少飞到很远的前线或到下级部队不同，格斯多夫经常到前线部队视察，一直下到营，实地了解情况，考察下级参谋部情报参谋的工作。这一点很重要，因为对侦察机构的报告，有的人过于轻信，有的人过于谨慎，此外还有指挥官为获得更多物资夸大敌人的活动。这些情况的了解能够让高级情报参谋更敏锐地判断收到的报告。

下午 3 点 30 分左右，布卢姆勒德尔又开始打电话、阅读报告和开会，然后去完成一位情报参谋眼中最艰难的一项任务：把各种迹象概括为一份报告，对敌人目前的活动（如果可能还有敌人的意图）做出全面的估计。这就是晚间报告，必须在送交东线外军处前送给他的参谋长。如果第二天有作战命令要发布，情报参谋还要草拟该命令的第一段，概括当前敌人的情况，这就是"关于敌人的一段"。

晚饭后，布卢姆勒德尔还要电话了解最重要的情况，检查各个情报搜集机构工作是否顺利，并发出当天的报告，最后离开办公室去睡觉，这时一般是 11 点或 11 点 30 分左右。

情报工作的核心是分析、评估，即确定敌人各种行动的含意。情报参谋如何进行这项工作？如何把数百个单独的观察结果综合为一份预测敌人何时何地行动的报告？基本上他是综合各种观察，再与不同时间、地点的观察进行比较。不同之处就是指向敌人意图的线索。在基洛夫逮捕一个苏联间谍不能说明太多问题，在情报参谋所在地区逮捕许多苏联间谍也不见得有多大意义。但如果情报参谋注意到逮捕集中在基洛夫而非其他地方，他就能推测出苏联人对基洛夫很有兴趣，大概是要进攻此地。

为自动联系个别情况以便于比较，情报参谋把这些都标注在地图上。他有许多地图，有时多达 25 幅，这些地图以不同方式说明敌人情况，其中敌人形势图最为重要，上面标示有敌人的阵地。其他一些地图则分别显示出：敌人巡逻活动、白天空中侦察情况、夜间空中侦察情况、无线电侦察情况、敌方特务活动、空军情况、炮兵情况（目前和每10天一次的情况）、铁路情况、布雷情况、桥梁状况，以及欧洲形势。比方说，根据白天侦察地图，开往基洛夫前线的火车比开往维亚兹马的要多，则可推测可能性更大的是进攻基洛夫（其他的估计也是如此）。

虽然敌人行动时间地点均可用图表标示，这是最有效的一种方式，但进一步的情报来自另一种资料库。每个情报参谋都保存着有关敌军部队、将领和战地邮编（来自缴获的文件）的卡片索引。布卢姆勒德尔称呼这方面工作的负责人为"我最重要的伙伴之一"。部队卡片索引不但包括某个德国集团军或集团军群对面的部队，还包括整个东线被确认的所有部队，级别低至团和独立营。每个部队的卡片记载着其最新位置、历史、兵力、指挥官、上级司令部、所属部队、装备、战斗力评价等。每个集团军群和集团军随时根据前线新发现的情况更新卡片，并通过情报参谋的定期报告和各地区指挥官间的电话，通告别的单位。

在战斗序列这种最基本的情报中，最有价值的工具是一本封面鲜红的厚册子，被称为"红色圣经"。这本册子列举了所有已知的敌军高级部队。不同的敌军有不同的册子，东、西线外军处不断出版此类新册子。1944年8月关于苏联红军的版本共584页，是更新1943年12月版册子里的详尽内容，由此也说明战斗序列情报工作的复杂性，册子里记载着已被消灭的部队（番号可再次使用）、重新授予番号的部队（册子里既有旧番号也有其新番号）。战斗序列情报主要用于确定苏军在东线的总兵力。这方面的资料还有许多其他单位源源不断地送来，说明几个司令部和东线外军处在此项工作上的重复。不过卡片确实能帮助到司令部。比如司令部作战区域前突然出现一些部队，卡片上记录着这是苏联的突击队，由此情报参谋可推测敌人即将发动一场进攻。

情报参谋能够从一个情报来源就看出敌人行动的迹象，但不愿意就此向司令官预报敌人的行动，因为根据太少。通常他只在几个情报来源的分析吻合的情况下，才预报敌人的行动。这就是情报的相互印证，布卢姆勒德尔亲身经历过一个典型例子。

那是1944年6月。南部战线向西拐了个大弯，延伸到罗马尼亚的喀尔巴阡山脉。德军预料苏军将发动夏季攻势,但进攻地点会是哪里?是夺取斯坦尼斯洛斯地区和山脉那边的匈牙利,还是会从他们的捷尔诺波尔基地出击,进攻稍靠北的利沃夫和波兰?两种选择在作战上都行得通。在布卢姆勒德尔苦苦思量时,某军情报参谋报告了德军斯特雷帕河上一个观察站的部分目视侦察结果:满载军人的列车向北开,再空车南返。

"啊,"布卢姆勒德尔自言自语,"他们正拉人到捷尔诺波尔。"调兵的证据相当可靠,可是只有一个情报来源证实,同时捷尔诺波尔的结论完全是猜测。突然来了新情报。德军新击落的一架苏联军邮班机,调查后发现属于第38集团

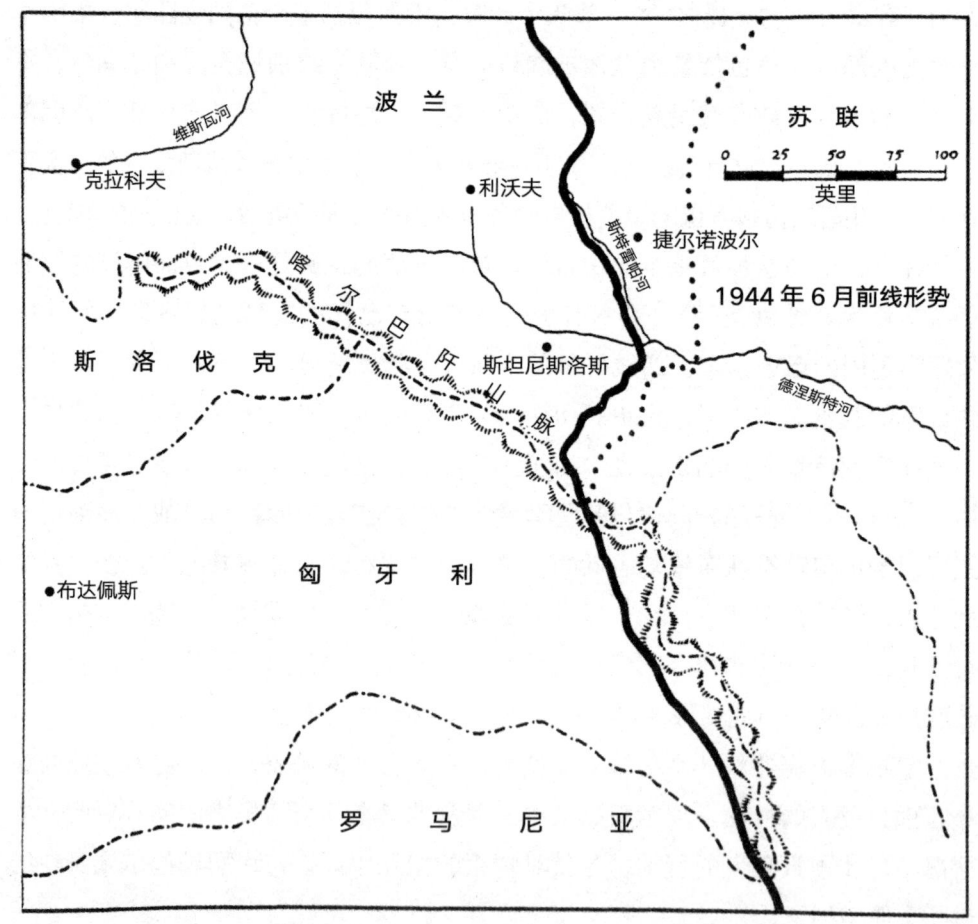

苏联第38集团军的转移地区。

军。飞机里的炮手及其携带的文件都证明，苏联人正将第 38 集团军从斯坦尼斯洛斯对面的南部战线往利沃夫对面的捷尔诺波尔调动。当苏军 7 月份发动进攻时，确信得到可靠情报的德军已做好准备。最初两天，第 38 集团军只前进了 10 英里，后来甚至被德军的反攻逼退了一段距离。

这种确定与证实，就是情报参谋所说的工作"拼拼凑凑"的意思。零碎分散的各种材料被拼成一幅连贯的图画。最有价值的情报来自口头证据，这在一线指挥部指的就是战俘情报，在作战指挥部指的就是无线电情报。但数量最多和最确切的情报来自前线部队的观察。东线外军处在其《东线部队情报参谋工作》手册里，列举苏军进攻的迹象如下：对德军前线日益增多的侦察活动和突击行动，游击队、侦察队和间谍在德军战线后方进行侦察，敌军收缩各部队战线（通过换防、站岗路线的改变和俘虏口供做判断）；作为进攻出击点的战壕向前延伸；空中活动的不断增加（战斗机夜间扔伞式照明弹对个别目标进行轰炸）。更高级的观察提供了更多有关苏军意图的线索。进攻即将发动的线索有无线电静默、突击队出现、某些地区空防的加强等；而已知部队的消失、佯攻、大炮射击、空中活动、游击队活动、特务和逃兵的减少则显示出防御的意图。任何地区下列活动中的任何一项加强，都意味着这大概就是进攻发动的地方：无线电通信特别密集、部队集结地区，尤其是大炮、迫击炮和坦克阵地的密集。德国的情报参谋甚至总能根据苏军的活动方式，大致推测出进攻时间。侦察兵力多达一个团，距离进攻有 8 至 10 天；无线电停止静默，距离进攻有 4 至 5 天；重武器运到阵地，距离进攻还有 2 至 3 天。同时逃兵大量增加。发酒给苏联士兵喝，那就是进攻马上开始。

情报工作并非枯燥无味。针对同样的迹象，不同的情报参谋能得出不同的结论。1944 年夏，陆军总司令部要求北方集团军群抽调部分后备部队支援正受到苏军威胁的中央集团军群。北方集团军群司令和参谋长都打算同意，因为看不出苏军立即发动进攻的危险。当时苏军已在进攻拉脱维亚时遭遇 3 次失败，大概不会再进攻。事实上，他们目前正在进攻其他地方并取得部分成功。此外，空中侦察表明，敌军已全线后撤 6 英里。

对这些迹象，情报参谋有不同的解释。6 英里相当短，根本不是撤出战线，而是休整军队。由于没有派遣更多的部队参与后续作战，新攻势只取得部分成功，说明这只是佯攻，或是以进攻来牵制德军。情报参谋还觉得，苏军发动3次进攻，说明他们非常急于得到拉脱维亚的主要港口里加，即便失败3次也不会放弃这个目标。多次讨论后，上级接受了他的观点，于是北方集团军群司令获准再留后备部队一个星期。第7天，苏军发动进攻，被北方集团军群打退。

情报参谋依据日常生活中同样会运用的归纳逻辑进行预测，这种基于可能性的判断需要凭经验去体会。根据归纳逻辑，当某事物一再与另一个事物有联系，且这种联系从不消失，两者在将来很有可能继续关联。比如100只大象、100万只大象都是灰色皮肤，那么第100万零1只大象也很可能是灰色皮肤。某些迹象常表明苏军要发动进攻，因此当情报参谋看到上述迹象时就会预料到进攻。当德军俘虏两名来自同一个团的逃兵，就会推测出此地驻有一整个集团军，因为苏军为了保持作战部队的完整，同一集团军的各师和军总是在很长时间内待在一起。

但归纳推理存在漏洞，可供敌人利用，这对情报参谋构成危险。哲学家戴维·休姆（David Hume）第一个对归纳法的问题进行分析。逻辑理论中没有一条指出，将来的某件事情必须同过去一模一样。差别总是存在，第100万零1只大象可能会是白色皮肤。归纳法只是表示某种可能。诚然，事物间的联系在过去出现得越频繁，将来相同的可能性越大，却也并非绝对，例外往往会从归纳法的漏洞里钻出来。

情报官可能不清楚休姆的理论，却和别人一样了解这一点，知道未来不会完全因袭过去。因此，他们在许多情况下，难以分辨这是重复过去的模式还是有所不同，甚至是不是一种欺骗。

他们察觉到什么了？苏联人愚弄他们了吗？这两个问题的答案总是否定，主要源于苏联人几乎从不进行大规模的欺骗，因为没有多余的装甲部队和人力来进行仅为愚弄德军的无用行军，相比之下他们宁可发动进攻。当然，他们经常成功地伪装部队和坦克，也确实经常进行无线电欺骗，但总是被敏锐的德国无线电情报机构识破。情报参谋相信，即使监听人员未能识破，配合良好的德国情报机构也会察觉，因为本应出现的部队调动和供应品运输没有出现。

情报参谋的绝大部分工作是为上级服务，向司令官报告，但也会送情报给下级军官和士兵。这些情报能预先告诉他们敌军的性质。1944 年年初，第 2 装甲师从苏联前线调到西线后不久，该师情报参谋向下散发了介绍英国军队情况的《敌人信息介绍》，共 8 页。这是他根据西线外军处和德国空军情报机构的出版物写的。他在开头写道，"英国士兵英勇、坚强、不畏挫折"，接着评价其他部队，"澳大利亚和新西兰部队战斗力不高，内部纪律远逊于英军"。这位情报参谋赞扬英军高级军官领导"有方"、下级军官作战"灵活"，说明了英军的编制情况，还介绍了英国军队的进攻战术。对步兵师来说，进攻都"经过慎重准备"，而且"如果可能就会在黎明前进攻……坦克分几次出击，第一次攻击的主要任务是摧毁敌人的反坦克武器。如果可能，它和紧跟步兵的距离不超过 1000 码……进攻如果受阻，英军会放烟幕掩蔽自己，并在掩护下改变攻击方向"。如此详细的说明是为了让德军在面对英军进攻时不会惊慌失措，从而更有效地打击敌人。基于同样的原因，使用同样的方法，第 15 装甲师的情报官散发了攻打美国坦克的方法示意图，指出应该打哪些部位，不应该打哪些部位。

当然，情报工作的效果很大程度上取决于情报参谋自己，并非所有结果都是好的。1944 年，一位军官在诺曼底视察后报告说，至少在作战中，第 2 装甲师情报参谋的工作"不是非常令人满意，地图不充分，缺乏敌军各部队的卡片索引"。驻扎在意大利的第 238 步兵师情报参谋只是保存敌军资料，真正的情报分析由作战参谋和师长完成。格斯多夫在盟军登陆期间担任驻法国第 7 集团军参谋长，自己就曾为情报官的他，开除 3 人后才找到一名能胜任的情报参谋。其他情报官极为令人满意。视察诺曼底的那位军官，表扬了党卫军第 17 装甲坦克师情报参谋的"出色工作"，对第 47 装甲军情报官的工作则如此评价："工作非常可靠，给人印象良好，情况卡片非常详细且得到悉心保存。情报参谋准确了解其所在防御地段的一切情况，并对桥头堡其他部分的敌人表现出极大兴趣。"

与上级（特别是司令官）的关系同样决定了情报参谋的工作效果。仅情报参谋的工作就会让他陷入艰难的处境，他的处境甚至是全参谋部最难的，因为报告坏消息的任务落在他的身上。司令官想听没有敌人攻打的消息，但情报参谋的任务是告知紧迫且和司令官愿望相反的消息。司令官常认为，情报参谋夸大了事情

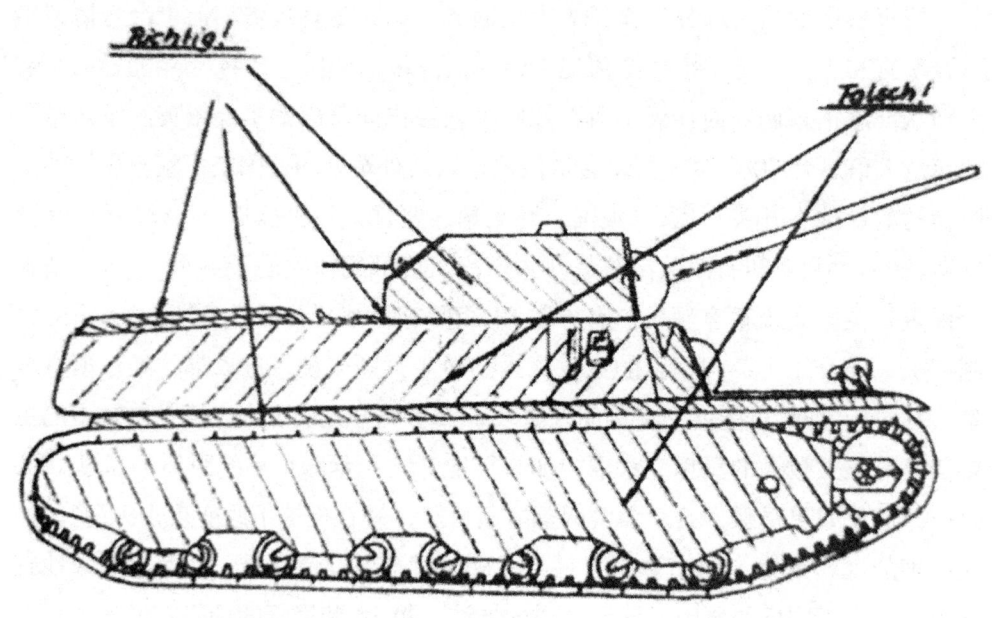

第15装甲师情报官标示打击美国坦克的正确位置和错误位置。

的坏处,可能会削弱甚至摧毁斗志,而斗志是在战争中最为重要的因素。此外,情报参谋的消息不确定,像雾一样虚无缥缈,不像作战参谋的报告,要么好消息要么坏消息。即便如此,司令官还是在一定程度上需要依靠情报参谋的情报来判断形势。事实上,情报参谋与别的职位相比,有时更能浇灭司令官的愿望,甚至能迫使司令官放弃一个经过周密思考的完美计划。法老杀死送噩耗的人,因为他的情报既消极又悲观,司令官通常会拒绝或不理睬他的情报参谋。

在希腊战役期间,第12集团军参谋长干脆好几天都不让情报参谋来向他报告消息。其他指挥官私下里说:"情报参谋又来了,不过无所谓,我依旧这么干。"他们几乎都希望情报参谋来印证他们对形势的看法,而不是来反对他们。然而,一个好的情报官总能让自己连同自己的情报为他人接受。中央集团军群的陆军元帅京特·冯·克鲁格(Günther von Kluge)一开始对格斯多夫的情报没有太大兴趣,但这位情报参谋多次递交的材料都很内行,他就越来越想要得到他的材料了,甚至会定期跟他要。参谋官接受同样的训练,思维相似,相互间的理解为接受情报参谋的情报贡献了很大力量。这一点毫无疑问。但情报参谋的性情和个人能力也同样重要。司令官最终是否采用某一情报参谋的材料，主要取决于他对情报官的信任程度。

当一个情报参谋取得司令官的信任，他提供的情报便也被接受，这种情况往往会引发军事行动。最好的例子就是 1943 年 2 至 3 月间的布卢姆勒德尔和他的司令官曼施坦因。当时德军在斯大林格勒战败，正在组织反击，事实证明，那也是德军最后一次成功的反击攻势。曼施坦因是公认的世界上最杰出的专业战术家之一。他对布卢姆勒德尔说："把那里的情况报告给我，我好采取行动。"他的确这么做了，在布卢姆勒德尔 5 分钟的汇报结束后，他根据报告的情况把军队从敌军力量的薄弱点撤出，然后向南部大平原推进。他的指挥精妙绝伦，令自己的参谋部乃至苏联人都惊叹不已。

情报参谋自己都知道，取胜不可能只凭借情报，更需要的是部队和枪炮，否则即便手握最可靠的情报，德军也会一败涂地。1944 年盟军进攻发起后两天，发生在诺曼底的事件就是一个典型的例子。

1944 年 6 月 7 日，德军激战登陆盟军，要将攻入希特勒欧罗巴要塞的盟军驱逐回大海。就在这时，近卫第 916 步兵团接到命令：反攻已占领滩头"奥马哈"以北的维埃维尔村的美国军队。德军向前推进时，在交战中打死了一名年轻的美国军官。他的尸体在村庄的正东方向被发现，据推测他应该是参谋部一个前进梯队的队员。他的包里放着美国第 5 军的绝密作战方案，而第 5 军是美国两支主要突击部队之一。晚上 10 点左右，这个消息传到上级司令部，详细的报告紧随其后。6 月 8 日凌晨 1 点左右，第 84 军军长通过电话了解到这些情况后，又报告给第 7 集团军参谋长。军部当天晚些时候收到那份厚厚的作战计划后，立刻将它送到第 7 集团军进行更详细的研究。6 月 8 日晚，B 集团军群和西线总司令也都收到这份文件的核心内容。

这份油印的命令告知了德军第 5 军的编制和目标："第 5 军由第 1、第 28 和第 29 步兵师构成，配属第 2、第 5 游骑兵营及其他部队，目标是袭击'奥马哈'海滩，摧毁敌军抵抗势力，从而占领维埃维尔—科尔维尔村滩头堡，接着往南朝圣洛方向进发，保护其他部队的登陆，确保美国第 1 集团军的物资供应。"

```
2. MISSIONS.  a.  The V Corps, consisting of the 1st, 28th and 29th Infantry
Divisions, with the 2nd and 5th Ranger Battalions and other forces attached, will
assault Beach "OMAHA", reduce enemy resistance, secure VIERVILLE-SUR-MER -- COLLE-
VILLE-SUR-MER beachhead and advance southward towards ST. LO to cover the landing
of other troops and supplies of the First United States Army.  The rate of advance
will be in conformity with the advance of the Second British Army and instructions
issued by Headquarters, V Corps, at the time. (See Operations Overlay - Annex No.
11).
```

德国人缴获的美国第5军的进攻命令。

德军在仔细分析这个文件时，又意外发现另一个文件。6月8日凌晨，第914步兵团在维尔河宽阔泥泞的入海口（它把"奥马哈"海滩同另外一个代号为"犹他"的美军登陆海滩分隔开来）看见一只小船漂到岸上，船里有另一支美国突击部队第7军的绝密作战计划。

上午6点40分，第7集团军参谋长使用电传打字电报机向B集团军群作战参谋报告美军作战计划的重要细节："任务是从科唐坦—基纳维尔桥头堡开始向北开展进攻，经陆路占领瑟堡。"情报的准确性毋庸置疑。

就这样，德军在盟军登陆后的48小时内，完全得知了美军第一阶段进攻的全部战斗序列和作战计划。这次发现几乎是史无前例的，通常只存在于情报参谋的梦中。可是，此次的情报并没有多大的实际价值，瑟堡是美军的主要目标这件事德军早已料到，第7集团军表示，我们拿到的文件只是"印证了集团军对敌军作战意图的推测"。战斗第二天，向圣洛进攻的企图就被发现了。最关键的是，地理条件和盟军的军事力量让情报根本无法发挥作用。美国的空军优势太大，以至于德军没有时间调动新部队过来，也不能迅速调动已就位的部队去阻止美国计划好的行动。在美军东面的英军正在向巴黎推进，此举引起的关注比美军在西部和南部运动引起的关注大得多，德军被迫调动强大的兵力阻挠英军前进的脚步。

就这样，德国情报机构虽然几乎掌握了美军的全部意图，却没能发挥它的作用来影响德军在这场最重要战斗中的防御形势。情报并不是最重要的因素，在没有实力的情况下它一文不值。最好的情报参谋也比不过将军手下最强大的一个团。

第 23 章
东西线外军处

1919 年 1 月 25 日发生了德国军事情报史上最重大的事件。

陆军总参谋长在战败引发的骚乱、共产党人的起义中，于 2 月 1 日建立起德军和平时期第一个对情报进行全面分析和评估的机构。当时，正被遣散的战时总司令部对外军队处被他并入重新建立起来的总参谋部。

在《凡尔赛和约》的制约下，总参谋部伪装为军队部。这时，对外军队处也隐藏起来，使用统计处这个低调一些的名称。这个名称可追溯到 19 世纪，那时候的外国情报搜集就叫"军事统计"。统计处是军队部第三处。

过渡时期的三处处长没有改变，依然是大战期间该处的处长冯·劳赫少校。1920 年 6 月，弗里德里希·冯·伯蒂谢尔少校这位后来的华盛顿陆军武官接替了他。伯蒂谢尔首次将该处分为东方组和西方组两个组别。埃里希·库伦塔尔上校是继任者中的一个，也是后来的驻罗马陆军武官，阿勃韦尔在西班牙的第一个间谍。最初几年，如果不包括隶属于它的四人谍报小组的话，军队部三处平均有 16 名军官。其中有几位军官到后来晋升为高级参谋军官：汉斯·耶匈尼克中尉后来晋升为空军参谋长，汉斯·斯派德尔（Hans Speidel）上尉后来在诺曼底战役期间担任隆美尔的参谋长，阿尔弗雷德·约德尔上尉后来担任最高统帅部作战部部长。然而，军队部三处的军官没有一个在二战期间以驰骋沙场而闻名的，这是总参谋部将最优秀的人员排除在情报机构之外的有力证明。

希特勒上台两个月后，军队部三处处长由卡尔－海因里希·施蒂尔普纳格尔上校接任。这是一个彬彬有礼、为人谦和的人，但他毫不避讳地表达自己对希特勒部分观点的反对态度，被认为是"一头闯入瓷器店的公牛"。但与其说他是哗众取宠，倒不如说他是奋力工作。他与未来的总参谋长路德维希·贝克（Ludwig Beck）合写了《部队指挥》（"弗里达姨妈"）这本小手册，可为二战期间许多指挥官教授战术。希特勒入侵苏联时，施蒂尔普纳格尔任集团军司令，后担任法国德占区的军事监督。他和贝克于1944年暗杀希特勒未遂，后被杀。

施蒂尔普纳格尔给这个情报处在二战时的工作做了一定的铺垫。几年前，这个处就已剥掉伪装，恢复了"对外军队处"的名号。如今，德国退出国际联盟，夺回萨尔，废除《凡尔赛和约》，三倍扩充自己的军队并向莱茵兰进军。在这样的情况下，军队部三处也在扩大自己的规模。

先前的德军军官，被三处作为编外人员雇用，负责协助处理情报。由于武官的派遣以及谍报处、无线电情报机构的扩大，情报数量也随之大大增加。不过大部分情报还是通过日报和军事报刊获取到的。每天上午，三处的工作人员都会花很长时间阅读这些报刊。负责英联邦的军官要阅读《每日电讯报》《联合军事评论》《皇家联合军事研究所季刊》《陆军季刊》《皇家工兵杂志》《皇家炮兵杂志》《皇家陆军后勤部队季刊》《骑兵杂志》等杂志，而西方组组长要阅读《泰晤士报》。三处需要负责收集人口统计数据，这样才能对敌军规模做出大致的预判。根据战前的要求，平均100万平民要能提供2个师的人员和支持力量。军官们将这些数字和另外一些细节，比如军事预算，依次填入各国的统计表。每年春天，三处会公布一批归纳了所有这些统计数字的小册子，做一些大国军事力量以及潜力的评估。此外，三处也一直在关注眼前的局势。1935年，萨尔公民投票期间，施蒂尔普纳格尔曾警告，法军在边境地区的活动会有极大的安全隐患，虽然最后没有发生什么事情。

施蒂尔普纳格尔在第二年升任师长，成为将军。库特·冯·蒂佩尔斯基希（后来的第四副总参谋长）接替他指挥陆军总参谋部三处，不仅继承了施蒂尔普纳格尔的工作，还有所强化。对外军队处在他的领导下分东、西两个梯队，并设有行政处、武官处、登记处和五个地区处。但是，希特勒开展的侵略战争把一个又一个友好国家变为仇敌，重整军备为军队得到了更多的兵员。因此，1938年11月10日，新任总参谋长弗朗茨·哈尔德将情报机构人员翻了倍，而这一天刚好是世界其他国家惊闻"水晶之夜"的第2天。西线外军处和东线外

第 23 章　东西线外军处

军处成立，其中西线外军处维持着总参谋部三处的名称，东线外军处成为十二处。这两个机构由哈尔德新任命的第四副总参谋长蒂佩尔斯基希领导，是第三帝国核心的情报机构，也是最重要的情报分析评估机构。

乌尔里希·利斯中校被哈尔德任命为西线外军处负责人。40岁出头的利斯是个身材高大、面色红润的未婚男人，上午脾气不太好，曾是一名炮兵，还是一名优秀的骑手，曾46次获得赛马奖。他比典型的参谋官更了解德国外面的世界。他喜欢英国人，也去过好多次英国，英语很流利，还会讲法语和意大利语。1931年至1943年，他一直待在对外军队处，中间破例没有到部队服役。在成为整个新部门的主管时，他已是西线外军处的负责人了。他最终晋升为上校——该部门领导通常拥有的军衔。

在希特勒入侵波兰的几天前，总参谋部的多数机构从柏林班德勒大街的办公室撤出，搬到柏林南面20英里处措森镇附近的野战司令部，从此不再与最高统帅部和陆军总司令部等机构分享那座棕色水泥大楼的使用权。而西线外军处不动，依然留在柏林，靠近最高统帅部阿勃韦尔——它几乎唯一的情报来源。9月1日，希特勒向国会发表讲话，宣布德国从当日上午5点45分开始，为前一天晚上波兰正规军对德国领土的袭击进行还击。利斯驱车经过威廉街，穿过勃兰登堡门，来到他偏爱的一家饭馆听希特勒发表演讲。街上的情景迥异于1914年。那个时候，人群欢呼着涌向街头迎接战争。反观现在，这条路线上只有一队队身着黑制服的党卫军站立在大街上，蒂尔加滕公园在他们身后，那里面的一棵棵树木静寂无声。利斯感受到一股恐惧的气氛。

第二天，法国人封锁了边界，所以间谍报告的数量也锐减，蒂佩尔斯基希允许西线外军处也搬到措森（东线外军处已经在那里）。利斯、手下和文件下午离开，傍晚到达。这个钢筋混凝土掩体可防毒气，屋顶设计成陡峭的A字形是为了让扔在上面的炸弹滑下去。地下室完全按一层办公室的样子设计，有一米厚的钢筋混凝土作为保护。这样一来，即便空袭也不会影响工作的正常进行。总参谋部其他部门也修建了与此相似的掩体，这些掩体分别被称作"迈巴赫一号"和"迈巴赫二号"，围成两个半圆。地道将所有的掩体连接起来。整个营地以及分散在这块布满松树的平原上的军营、马厩和车库，有一个统一代号叫作"齐柏林"。利斯所在的那栋建筑还没有正式建成，西线外军处搬来时是一个闷热的夏天，电钻还在作业，发出阵阵噪声，灰尘也在空气中飞扬。当晚，他在军官食堂偶遇了施蒂尔普纳格尔，这位西线外军处的前处长、现在的第一副总参谋长。他向利斯说明了近期的情况。

"静坐战"[1]期间，西线外军处无所事事，十分难堪。每天上午10点，利斯和各处处长都要去施蒂尔普纳格尔的办公室集合做"晨祷"，其实就是召开形势会议。利斯通常第一个发表自己的看法，却没有可供报告的内容。他甚至会觉得自己对敌军情况的阐述，空白如19世纪的非洲地图。在余下的大部分时间里，他等待忙着指挥波兰战役的哈尔德通知开会。这为喜爱法国食品的利斯提供了大量时间去抱怨措森的伙食。他认为，从理论上来说，野战定量供应的主意不错，但实际上对于总司令部辛苦的脑力工作而言非常不适合。直到1940年5月德军开始进攻法国，上夜班的人才喝到咖啡。利斯咒骂道，再没有哪个国家的军队能比这种斯巴达般的方式更加恶劣地对待自己关键的军官。

他花了些时间扩大西线外军处。战争开始之后的两个月里，军官人数扩大到16人。招办事员时，他采用施蒂尔普纳格尔手下副官的建议，作为招人的标准。这位副官入伍前是一位银行家，要求银行职员必须对语言精通，承受得了快节奏的工作，且能准确完成，还要能够用打字机记录口授，这一条件很少有男人具备。招后备军官时，利斯希望找到视野开阔、曾有过国外工作经验的人，比如曾在外国工作过的记者和实业家就很符合他的标准。他还发现律师的想法呆板抽象，不大适合干情报。

但所有处长以及重要岗位上的军官均未接受过特殊的情报训练，他们都是军队总参谋部参谋。他们曾在军官学校学习过，也具备一般军事经验，所以人们认为他们可以判断每项情报的意思及其在作战方面的重要性。他们在做事的同时学习情报工作，通常要3—6个月，处长的人选则需要更长时间。新人大约得1年的时间才能在情报方面有所贡献。

外语水平和国外经验，是最初几年西线外军处挑选军队总参谋部参谋的主要考虑因素。这两个条件，加上不偏不倚和熟练完善的素质，对在情报工作上

---

[1] 1939年9月德军进攻波兰到1940年5月德军进攻法国，西线未发生战事，几乎没有放过一枪，被称为"静坐战"，也叫"假战争"。

有所斩获非常有利。但是，这些因素在军队里理所当然没有果断、魄力和决心那样被重视，后者是担任更重要的战场指挥官必备的条件和素质。因此，情报工作人员总是作战处挑选剩下的人。但在战争最后阶段，西线外军处同东线外军处一样，开始雇用负伤军官。他们也许不具备上面描述的文化条件和素质，但却拥有宝贵的作战经验。

由于对敌军情况的了解需要花费许多时间，非常宝贵，所以一个人进入情报界后很可能不会改行。许多军队总参谋部参谋一开始并不喜欢情报这一行，认为自己是军事多面手的他们，担心像利斯所言"只能得到优秀品行勋章，而非骑士十字勋章和战友情谊"。但这里面的很多人，后来却被情报工作吸引。洛塔尔·梅茨（Lothar Metz）上尉1940年"很不乐意"地来到情报部门，但没过多久就发现这个工作"让我着迷"。入迷的一半原因是相比于担任师级作战参谋，做情报工作对战争的了解更为全面，还有一半原因是可为高级指挥部的决策贡献自己的一份力量。在给一位朋友的信中，利斯说：

> 自离开东普鲁士来到三处，除了后来在伦敦担任武官外，从来没有、以后也不会有一项工作，如现在的工作那样让我充满成就感。每天我都可以使用到我掌握的3门语言，还用得上我多年来获得的全部技能和个人经验……最后，我们三处的判断通常来说十分重要……你一旦进入情报这个行业，它就不会让你轻易离开。

即便如此，西线外军处的军队总参谋部参谋，一般情况下还是会到前线服役一两年，目的是获得前线更加广泛的经验，同野战部队保持联系，当然最主要的目的是获取晋升资格。服役后这些参谋会到可以更好发挥自己能力的地方。

利斯被当成爱发牢骚的人，因为他对阿勃韦尔在战争开始之际没有向他报告法军的部署情况耿耿于怀。在德军发起进攻前几个月，为了对阿勃韦尔进行改进，利斯曾花费一部分时间和这个间谍机构共同工作。阿勃韦尔曾在法兰克福召开会议，他和卡纳里斯共同前往。在西线外军处，他举办了培训班训练阿勃韦尔军官，给他们讲解间谍报告更全面反映情况的方法。此外，他还数次到前线访问，并且在杜塞尔多夫和威斯巴登召开西线情报参谋会议，告诉他们自己的需求，也听他们说他们的需求。"西线鸡尾酒"是会议上最令人难忘的，这是西线外军处用十多个国家的名酒，比如英国的杜松子酒、意大利的金巴利酒等量调和而成。利斯多次强调这种新饮品得到所有情报参谋的喜爱。

他对出版物的写作、出版和发行进行监督，包括几个西线敌国军队的新备忘录，配有敌军坦克、武器及徽章图片的新册子，还有敌军防御工事的新地图等。在利斯眼中，西线外军处的出版数量并不比一个赚取利润的出版社少。

德国攻下挪威后，希特勒第二次召见利斯（第一次是1938年，利斯向希特勒汇报法军在凡尔赛举行军事检阅欢迎英王乔治六世的情况），也是最后一次。希特勒对英国俘虏表现出极大的兴趣，于是让利斯带着会讲德语的一名被俘英国军官和一名军士到总理府花园。希特勒审问后本要起身离开，却又转身说道："就这样吧，孩子们，写信回家时可以说说这场战争发生得多么没有必要。"

20世纪40年代初，了解敌军作战序列是利斯的主要工作。一点一滴的情报从巡逻队、战俘和空中侦察中汇总而来，因为战争爆发陷于瘫痪的间谍机构也恢复了活动。提供最多情报的是无线电侦察以及对法国国防部密电的破译。这些情报到达西线外军处军官手中后，被拼凑成一幅清晰的图像。原本敌军部署图一片空白，而后慢慢被逐渐填满，就好像庞大的法军编制装备表逐步填满一样。西线外军处为马上要进攻比利时埃本·埃马尔堡的德军，提供了这座最现代化防御工事的三维立体图画，虽然存在几处错误和没有填充上的空白。西线外军处错把法国第9集团军列为第1集团军，而且无法回答一个关键的问题：法军在凡尔登有没有足够的后备力量，反攻计划中将向阿登发起强攻的德国装甲部队侧翼。

德军强攻后，战斗为西线外军处回答了许多此类问题，军官们也认为这次情报活动非常成功。总参谋长已到距离前线较近的地带，为靠近总参谋长而在战地司令部工作的西线外军处发现了英法的122个师，位于法国的法国师和英国师总数是123个。根据西线外军处的地图，大部分师部署在法国西北部和比利时境内，"迎接"德国装甲部队的猛烈进攻，而凡尔登周围的敌军并不多，发起反攻的可能性不大。这个情报并不是十分完美，西线外军处曾一度跟丢了整整一个比利时集团军的50万人。并且从更深的层面说，这个情报也不是必需品，曼施坦因和希特勒在得知这个情报前，就计划要进行镰刀砍草式的进攻。

而且，西线外军处的地位基本上原地不动，仍然像战前那般带着部分资料统计的性质。它给出的形势报告只包括敌军部队及其位置，很少进行形势总结，更没有预判敌军的行动。这项基本任务被推给作战处，进一步印证了情报工作在德军中的从属地位。

当西欧的战斗停止，再不用担心与指挥战斗的某个作战处观点不一致时，利斯才敢根据自己的想法判断敌军未来的行动。比如，他在1941年年底提供了一份17页的报告，题为《关于中东英军作战指挥部在1942年的可能活动》，得出如下结论：兵力的缺乏让英国人保不住"对这个地区的占领"。

利斯领导西线外军处的方式颇为自由。如果某人在工作中很享受胜任这项工作的感觉，就可以独当一面，反之他就会密切监督其工作。他对书面报告的要求非常严格。"这个报告不能发表，"他常常这样对手下的年轻参谋说，"一半篇幅就能很好地说明问题，重写一份给我吧。"利斯自己是个语言大师，擅长用日耳曼语少见的简洁整齐句子，写出清新流畅的散文。法国战役后，他使用这种文体写出了《对敌情报工作》这一秘密文件第89号军队条例，成为德军的第1份正式情报手册。利斯也遇到过一些组织问题，美国组在珍珠港事件爆发、希特勒对美宣战后，被调到东线外军处，原因一半是西线外军处人手不够，一半是德国人预计美国人的重心在太平洋，第四副总参谋长认为，日、美这两个国家必须一起研究，但研究日本的专家却都在东边。美军和英军于1942年11月登陆北非后，美国组又被匆忙调回利斯身边。西线外军处共有97名军官、士兵和雇员，当然是加上美国组的情况下。

1943年初，利斯为了晋升离开他亲手打造和大规模发展的西线外军处，来到前线服役，被新上任的总参谋长蔡茨勒派到苏联领导一个团。一段时间之后，利斯升为将官，带领1个步兵师。1945年1月22日负伤后被苏联俘虏。

他以前的一位下级接替了他的工作，这个下级就是外表冷峻、头脑睿智的亚历克西斯·巴龙·冯·伦内（Alexis Baron von Roenne）中校。在德军对法国展开闪电战的日子里，他负责填写大量法军编制装备表。40出头的他出生于苏联拉脱维亚的日耳曼贵族家庭，精通俄语。1942年初，他来到正全力应付对苏作战的东线外军处，担任第三处负责人。上任后，他迅速提高了这个组分析缴获文件的工作质量，不再翻译没有价值的老旧文件，而是集中所有精力处理有意义的材料。不久后，他就被东线外军处的新领导莱因哈德·盖伦任命为作战参谋。利斯听说后评价道："这正是为我量身打造的职位。"利斯离开后，盖伦由于第四副总参谋长职务的取消而奉命关照西线外军处，大力推荐伦内出任西线外军处负责人。1943年3月1日，他不出所料出任西线外军处的负责人。他管理精细，甚至有些呆板，在下级面前十分严肃，以上级自居，还对下级讽刺挖苦。不过那副眼镜和紧闭的双唇后面，藏着一个如水晶般清晰的大脑。

利斯没有预料到盟军对北非的进攻。第二年，受到西班牙海岸上一具尸体携带的假文件诱导，伦内也颇为意外盟军对西西里的进攻。之后，盟军再次意料之外地登陆安齐奥和聂图诺，让他异常丢脸。对于这些失败，希特勒一清二楚，几个月后火冒三丈地说："他们好几次登陆，我们全都没发现。"伦内目前面临的是所有德国情报官从来没有接受过的任务：盟军何时越过海峡大范围进攻欧洲大陆？他们会在什么地方登陆？

他和下级军官归纳各种迹象，意识到双面间谍的存在，但他们感到最愤怒的是间谍的报告。

西线外军处
1944年12月1日

Ⅰa
　　Ⅰa形势
Ⅰ处——行政
　　3个科室
Ⅱ处——法国、比利时、荷兰、西班牙、葡萄牙、瑞士、意大利
　　科室a—f
Ⅲ处——英联邦
　　情报组：1—2科室
　　分析组：a—d科室
Ⅳ处——东南部
　　情报组：2个科室
　　科室a和b
Ⅴ处——美国、中南美洲、太平洋地区
　　情报组
　　分析组：a—d科室
防御处
特别部门
　　联络官
　　审讯机构

"这个人的报告 10 次是准确无误的，"曾短暂领导美国组的里夏德·奥伊勒中校常常私下里说，"第 11 次也会没错吗，还是偏偏这次出了问题？是否为欺骗我们而做了什么？"奥伊勒说，判断这些"非常困难"。

"通常情况下，我一开始先想象'这些都是假的'，再从中发掘哪些有可能是真的，而不是反过来，反过来想就太冒险了。"即便如此，可靠的结果也很少。"你不停地坐着思考、写作，可最后也只能说情况可能是这样。"奥伊勒说，这样的工作没有很大的把握成功。一个人可能在战场上还会有一些把握，"但在这种零碎的工作上就没有了"。奥伊勒说，情报的分析与评估不单单是"神奇的脑力劳动"，还非常耗时，有时候他会一直在办公桌上废寝忘食地工作到晚上 8 点半到 9 点。

西线外军处 V 处
1944 年 12 月 1 日

V 处——美国、中南美、太平洋地区
处长：史多汀少校　副处长：兰多尔上尉
　　美军军力和分布，政治军事问题，指挥和战术，训练与作战的特点，兵工与装备，美国的军事潜力，海军情况，监视中南美洲国家的军队，日本及其大东亚共荣圈盟友的军队的军力、作战特点与分布，监视中国军队，太平洋地区和东亚的形势报告。

情报组——[包括]海军形势
组长：冯·布朗穆勒中尉　副组长：专家纳德曼
　　晨报、晚报和形势报告，分析作战部队递交的通信、空中侦察情报和报告，监控部队的陆地运输和船运（和 V b 合作），计算登陆船只的运载量，海军形势地图，联络外国海军处。

分析组——[特别针对]美国
组长：兰多尔上尉　副组长：弗兰克中尉
V a 　兰多尔上尉。副手：弗兰克中尉。美国高级指挥机构、总力量和新建力量、战争组织、国内资源分配、战斗价值和训练、部队和军官的卡片索引、制服和识别标志、替代系统、防御和兵员招募、掌握的资源分析（与 V c 合作）、西线通信侦察部队和空军侦察部队的联络。
V b 　[没有主官]。副手：弗兰克中尉。获取美国军队在美国国外的部署，计算其在

Vc	专家纳德曼。副手：冯·布朗穆勒中尉。观察美国兵工、装备和供应，观察美国的军工业及其对其他国家的军事资助、军事政策、出版物价值，掌握的资源价值分析（与Va合作），联络军备部和战时经济部。
Vd	（直属组长）弗兰克中尉。副手：专家纳德曼。综合研究东亚、中南美地区的国家，东亚和太平洋地区局势。

相应区域部署的兵力，计算西线敌军的总兵力（和II处、III处合作），分析来自作战部队的通信侦察和报告，运输调查，鉴别特务，与阿勃韦尔联络。

奥伊勒的上级每天比他工作的时间还要长。洛塔尔·梅茨中校（Ia）一刻不停地会见情报提供者和情报使用者，结束一天工作时，常常已到午夜或夜里2点。

梅茨编辑每日两三页长的《西线情况报告》，报告内容包括敌人的活动情况，列举新调来且被证实的敌军部队位置。此外，伦内会在需要时多做1份报告，就是一两页长的《西线敌军情况预测概要》，此方法学自东线外军处的盖伦。这种报告视野更加开阔，有时会判断敌人意图。

除此之外，西线外军处发行几种其他报告，只是发行的间隔时间较长。伦内上任后不到1个月就办起了评论英、美军队的两份半月刊。其中评论美军的《美国调查》内容包括新师的情况、新式装备的细节、指挥官背景、向英国调兵的情况，以及1张列举了所有师及其驻地的兵力表，一般有五六页。伦内还发行了一系列《西线情报参谋单项报告》，探讨英国登陆战术、盟军手榴弹、地雷等内容。这些报告会发到下级部队，使它们能够准备好应对措施进行对抗。

然而，所有这些努力都没能帮助阻止盟军进攻欧洲大陆。诺曼底登陆的成功决定了第三帝国的命运。一个半月后，一批军官试图暗杀希特勒。伦内没有参与秘密谋划，但由于他自己反希特勒的思想以及与反对人员的交集，被最终处死。

继任者是维利·比尔克林（Willi Bürklein）上校，来自莱茵河西岸地区一个种葡萄酿酒的富裕家庭。作为研究陆军指挥官和战术的专家，他于1939年和1940年在西线外军处工作过。后来他在前线干了几年的时间，最后由于身体虚弱，再加上脑部受伤经常疼痛，便回来领导西线外军处。

西线外军处大规模扩张。两种基本战斗报告不再只是进攻前彼此相互印证、容易使人上当的间谍报告和无线电侦察情报，由于在法国和比利时的德军已与敌军交战，报告还包括比较可靠的缴获文件和战俘口供。比如，1944年圣诞节的第2天，突出部战役正激烈进行，1491号《西线情况报告》写道：

I. 西线
    a) 敌军活动……美国第9集团军……包围巴斯通的敌军在我们的进攻面前必然会放弃更多阵地……
    b) 部队识别……
通过战俘证实，美国第7装甲师、美国第106步兵师和美国第28步兵师均有部分部队在（比利时东部）斯塔沃洛—维尔萨姆战线以东。
II. 意大利……

在同一天的《西线敌军情况预测概要》中，比尔克林总结了他目睹的盟军行动：

为发动有力的反击，将德军的进攻遏制在默兹河东岸，包围发动楔形进攻的敌军，艾森豪威尔正不计后果地从防御地段未被突破过的美军中抽调部队。由此可见，他考虑到被留下的步兵师面临的危险。

虽然偶尔会出现这样绝妙的报告，但西线外军处的评估和预测，完全比不上苏联战场上东线外军处的报告那么精彩出色。

东线外军处占优势的客观因素很多。它在一条战线上集中火力对抗一国的敌人，能够按照每个部门的作用进行不同的分配。但相比之下，西线外军处众多的地区组分管不同战线上不同国家的军队，导致各机构活动的重叠。苏联战场规模较大，这导致东线外军处规模也更大，那里不断的战争为东线外军处提供了经验和战术的发展，但盟军在西线的进攻却时有时无，使西线外军处不具备获取经验和发展战术的条件。苏联战场上的短兵相接很是常见，从而为东线外军处带去更多搜集情报的机会，而在西线的两军被海洋隔离开来，只有最重要的战役开始才能相见。两个部门虽然都隶属于陆军总司令部，但为陆军总司令部工作的只有东线外军处，而西线外军处服务于最高统帅部，不但会使情报的提供受到阻碍，还有可能会扭曲情报的内容。背景原因固然重要，但最重要的原因却是东线外军处那个个性与众不同的第二任领导。

他的前任是普鲁士参谋的榜样埃贝哈德·金策尔（Eberhard Kinzel）中校，他戴单片眼镜，做事高效，具备作战天赋。他1933年在军队部三处任职，后担任驻波兰武官。他亲自负责过1本官方手册的签发，但这本手册低估了希特勒进攻苏联的军事力量。从他在原来职位上1年左右的时间就可以看出，总参谋长哈尔德没有把那次闪电战失败的责任归咎于他。然而，时间到1941年年底前后，哈尔德开始关心"情报参谋工作的逐渐衰落"，并于1942年3月20日开除了金策尔，认为他"达不到我的要求"。金策尔不太勤快，总是在每天上午就显得疲惫，他的同事们觉得这跟他与一位风情万种的金发女郎同居有千丝万缕的联系。他从未喜欢过情报工作，但他在作战方面表现得很出色，并晋升将官，成为北方集团军群参谋长，行决策之事。战争结束时，他率领集团军群向伯纳德·L.蒙哥马利元帅投降，紧接着在杀死那位金发女郎后开枪自尽。

哈尔德赶走金策尔后，任命莱因哈德·盖伦中校接任。这个决定使德国军事情报发生了革命性的改变。

为什么？盖伦又是谁？

他是一个性情温和、不善言谈但和老朋友很亲近的男人，瘦削的中等身材，有着稀疏的黑色头发、宽额头、蓝眼睛、大耳朵、厚嘴唇和向下撇的嘴巴，眉头总皱着。他上任后第3天，1942年4月1日，是他的40岁生日。他的父亲参过军，也做过出版商。他则在1920年高中毕业后参军，在候补军官学校毕业后成了一名军官。他也曾在炮兵中服役，这是3种传统兵种中技术性最强的一种。1931年，他与赫尔塔·冯·赛德利茨－库尔茨巴赫（Herta von Seydlitz-Kurzbach）结婚，女方来自普鲁士军事史上的一个名门望族。由于他的性格很好，能力也很强，他在1933年被选送入军官训练班（因为《凡尔赛和约》而被取缔的军官学校由这个训练班代替），并于1935年毕业。

之后，他得到在军队总参谋部工作的名额，最开始他在柏林总参谋部工作，担任副官，然后任职于作战处和防御工事处。那个时候，哈尔德也在总参谋部工作。战争爆发后，盖伦以第213步兵师作战参谋的身份参加了波兰战役。虽然这个师先前没有投入过激烈战斗，但盖伦还是因为其出色的表现获得二级铁十字勋章。后来他负责防御工事处，担任哈尔德的副官，并在法国战役期间以哈尔德联络官的身份访问法国。1940年11月制订入侵苏联的作战计划时，哈尔德任命他担任作战部一处（东方处）处长这一重要职务，负责"总战略"。在对苏作战的9个月里，盖伦一直担任一处处长，透彻地了解苏军战术和广阔的苏联领土可能引发的问题。他的上级表示，他的工作"出类拔萃"、"极具远见"。表现出色的他吸引到身边人的眼球。所以，哈尔德在需要合适的人作为东线外军处的领导者时，盖伦破例被选中了，即让作战人员担任情报职务。盖伦当时在作战部正风生水起，对此抽调颇为心怀不满。

不过事实上，这个任命是极其正确的。盖伦工作十分卖命，还富有创造力，他取得的工作成果哈尔德做梦都想象不到。

上任后的第11天，他将金策尔的每日报告由含糊地分析敌人倾向调整为全面评析敌人可能实施的计划。他重新加强了与卡纳里斯的联系，把阿勃韦尔东线主站一处的位置调到离他总部更近的地方，并接手了特工活动。他命令空中侦察报告改用电话报告以改变很晚到达的情况。他还开设情报训练班，举办讲座，对自己的工作人员和野战部队的情报参谋进行培训。为了增强威信，提高效率，他给予情报参谋与作战参谋同等的级别。他根据职责而非地区改组机构，让军官人数从上任时的24名扩大到1944年年底的50名左右，工作人员更多，达到几百名。年纪较大的军官大多被伦内这样年富力强的军官顶替。但是，他成功的关键并不是这些行政管理上的变化调整，而是两项富于想象的创新。

首先是新的数据和资料。每10天，他就会命令前线部队向他报告一次敌方的大炮数量和炮兵阵地的具体位置。这些信息暗含着苏军集结炮兵力量的地点。他会让一些专家提供与战争相关的背景材料，比如"乌拉尔经济工业区"、"红军高级军事指挥官列表"、"苏联的高端武器"和"审讯战俘的经验以及在审问敌方特工时的应用"等。他要求部队把德军后方捕获敌特的具体情况报告给他，敌特集中的地区是苏联人需要情报的地区。他把《东线侦察要求》发到下级参

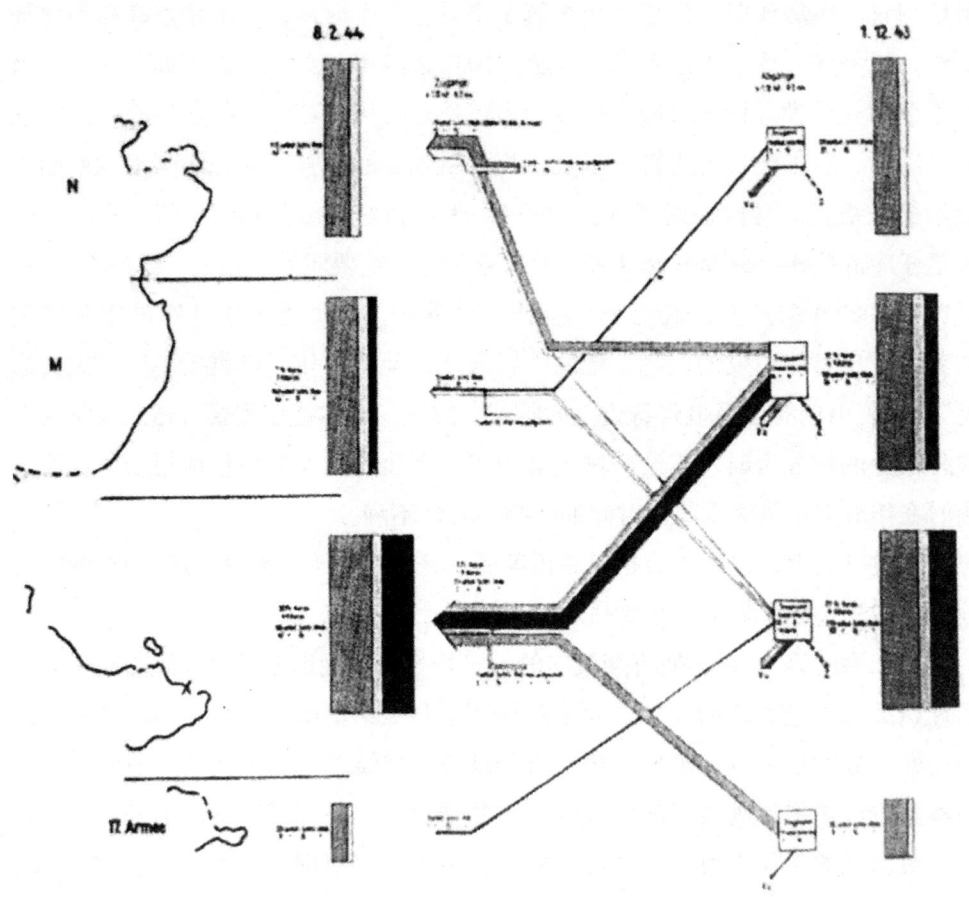

盖伦的东线外军处用图表展示苏联人如何在前线将部队从前线某处（M 代表中央集团军群）转移到另一处（北方集团军群或南方集团军群或 A 集团军群）。黑色代表快速部队（装甲部队、摩托化部队和骑兵部队），深灰代表独立装甲编队，浅灰代表独立步兵编队。

谋部，方便它们回答那些他想了解的问题，尤其是在审问俘房时解决这些问题。他比较不同时间发生的同一种活动。如果发现敌人加紧某个防区的巡逻，就表示敌军的进攻即将发动。他会比较几种情报来源，以提供更准确且比较角度不同的情报材料，比如对比敌特集中的情况与铁路运输情况。这些比较有时候会起到重要作用，甚至可以识破苏联的欺骗行动。如果炮兵通过光测和声测所观察到的结果证实敌人的大炮比空中侦察时的多,说明苏军正从几个炮兵阵地上发射。如果空中侦察结果证明大炮多,那就说明苏军为了隐蔽炮兵阵地而少放炮,可能是在做进攻前的准备。他在情报材料中的说明尽可能使用数字,通过对前线不同防御地段每千米的炮管数目进行比较,判断出主要突击点的位置。

其次,盖伦采取很直观的方法表现事实。为使密密麻麻的详细情况清楚明了,他用图表表示事实。地图是通常采用的形式,有助于比较不同的活动和日期,比如敌人的炮兵位置与实力、铁路运输、敌军装甲部队、巡逻队动向、空中侦察情况、敌特被俘地点等等。为了在地图上表现出苏联部队在前线某一地点的集结,制图员用颜色鲜艳的粗线条表示部队,箭头表示调动方向。有一次,他向希特勒提供苏军进攻的情报,这次进攻是意料之中的。他根据比例,呈现出德军和苏军在士兵、坦克和弹药方面对比关系的示意图,其中蓝色线条表示德军,红色则表示苏军。地图上显示红色部分比蓝色多。很少有陆军总参谋部的军官使用这种广告般的方式。

情报数量大、呈现效果极佳,这使东线外军处从一个计算敌军数量以及发现敌军位置的机构(它和西线外军处长期以来就是如此),升级为对敌军的可能行动发表见解的机构,这些意见后来还被总参谋长当作自己的意见发表。

在战争前期,东线外军处离西线外军处很近,都位于措森的一个掩体内,入侵苏联后,与总参谋长和陆军总司令部的其他机构一起迁往东普鲁士元首大本营。它的办公室在茅尔湖(今波兰马姆里湖,马祖里湖区最大的湖泊之一)附近绵延起伏的北欧平原上,距离元首营地只有半小时的火车路程。1914年德军一定程度上依靠情报大败苏军,附近松林里的木头平房就距离当时的坦能堡战场不远。最近的城镇是安格斯堡(今波兰韦戈罗佐),其分支机构遍布附近各地,比如通信侦察主站、阿勃韦尔东线主站一处以及该处的特别审讯营等。盖伦的办公室位于哈尔德办公室对面的一座小楼内,办公室中央有一张巨大的地图桌,办公桌却放在另一边,桌上的灯非常刺眼,使得靠近它的人一直流汗。

上午8点,东线外军处多半的人开始办公。没多久,各集团军群开始来电。电话是打到负责每日敌军情况的一处,它的每个组处理一个集团军群对面的敌军情况(有一个组处理敌人游击队情报),德国在东线有3到4个集团军群。通常集团军群第三副官助理和第五副官助理与相关小组的一名军官通话，一名速记员在旁边做记录。集团军群会报告从德国各个渠道获取到的敌军活动信息，而同一时刻，各集团军司令部会送来过去一天内最关键也最紧急的敌人情报概况。组长把汇总的所有情况标在一幅 1:300000 的地图上，并于上午 10 点带着它出席和盖伦的会议。盖伦了解到这些情报后，会在上午与总参谋长的交流中用到。

　　白天，情报断断续续地送来。把每份报告大致扫一遍后，一处处长将其转给有关的组长。阿勃韦尔东线主站一处驾驶摩托车将特工情报送过来，通信侦察主站也会送来数量庞大的报告。东线对外空军处处长给一处处长打电话报告情况。空中侦察得出的分析材料由空军联络人员提供。而形势讨论则由每个组长与他联络的集团军群情报参谋进行。下午 7、8 点左右，当天的情报活动结果通过电话由各集团军群报告。这个时候各组长已对敌人情况有了各自的看法，新材料将用于与这些看法做比较。晚上 8 点半前后，盖伦在办公室内召开会议，共十几人出席，包括一处长、各组长以及部分专业军官。他们都会在那张地图桌周围。每个组长说明他所在集团军群对面的敌军活动情况，并简短地发表他对该集团军群情报的概要意见。无线电侦察联络官等专业军官会用术语解释报告中的技术行话，并就关键点进行强调。

　　"以这个概要为基础，"盖伦说，"我确定一个提纲，你们每天要根据我的提纲撰写综合情报摘要，然后由东线外军处发行。"《西线敌军情况预测概要》中的两三页是需要一处处长编写的，这会给处长带来很大压力，因为盖伦要在晚上 10 点带着它参加总参谋长召开的形势会议。

　　如果说一处是分析目前形势，二处则是分析背景情况，这些情况有助于对每日情况的判断。二处 A 组调查关键要素，主要是根据 1939 年人口调查统计数字得出尽可能准确的苏联兵员潜力预测。比如，它在 1942 年 5 月估计，当年夏天即便刚满 18 岁的青年因为农业需要不能入伍，苏联也能新形成 60 个步兵师。但之后发现的事实是，苏联共新建 64 个步兵师，很多 18 岁青年入伍。二处 B 组调查诸如士气、食品、政治形势、教育等次要因素，情报来源于缴获的文件、战俘口供和报纸等，每月提供 1 份报告。

　　二处 C 组要随时掌握敌军的战斗序列，东线外军处许多情报资料的准确性非常高，都是该组的功劳。它在小纸条上记录收到的敌军部队详细情报。这种类似的纸条总共有 3 万多张，每张纸条上都记载着某支部队的发现时间、位置、情报来源、可靠性，如果可能还有这支部队的兵力、装备、损失、历史、兵员的民族构成、野战邮编、指挥官背景等。每天，该小组都会根据这些情报发布一份"苏联部队一览表"，并配备 1:1000000 和 1:300000 的地图，上面会列举前线地带、前线后备兵力地带和纵深后备兵力地带三个地带每个德国集团军群面对的各部队敌军番号。由于并非每支部队每天都有报告，二处 C 组会根据几种假设情况把没有收到报告的部队划入有关地带。部队两周的时间内不能证实在前线，通常情况下就认为它是在前线附近的后备兵力地带（战斗过程中的具体情况可以将假设更改。一条完全平静的战线上，某支部队如果没有报告，就可能依然在那里；在进攻期间几天没有得到证实的部队，几乎可以确定没有加入战斗）。一个月内假如被认为在"靠近前线"的部队，未再次得到证实的话，则会被判为在"后方"。被判为在后方的部队三个月内如果没有得到进一步证实，就被列为"不知所踪"。一年之内未有音讯的部队则被断定已解散。

这些确定敌人战斗序列及其他的原则，全部被刊登在盖伦签署的一份指令里，这份指令包含大量经验总结与归纳，共有 32 页。纸条上的敌军位置只能是纯粹的地理位置，而非相对德军而言的位置。俄文名称的印刷用黑体。这份指令里讲解了区分补充或改编后的老部队和启用老部队番号的新部队的方法（这种情况常发生在老部队被消灭、重编番号或升为近卫部队时）。除此之外，指令还确定了估计敌人战斗力的原则。数量是估计的基础，"满员"意味着一支苏联部队有三分之三的编制兵力，"有战斗力"代表有三分之二的编制，"受到打击的"部队有三分之一编制，若只剩下六分之一编制则称为"残存"部队。比如，1943 年 8 月 26 日，东线外军处对中央集团军群面对的 136 个苏联步兵师进行计算评估，认为从战斗力方面来讲，它们只相当于 80 个师。二处 C 组保存了其他的资料索引，还发表了另外的文件，包括《德、苏武装部队每日兵力对比》、《军、集团军和方面军（相当于德国的集团军群）一览表》（每月 3 期）、《敌军所有部队清单》、《自开战以来出现过的红军部队一览表》、《自开战以来被消灭和被解散的红军部队一览表》、《苏联装甲兵每月情况简介》。根据这些文件，德军可迅速重获苏联军队准确性更高的情报。

最后，二处 C 组进行专项计算。比如 1943 年 10 月 15 日，该组算出了前线苏军大炮的总数。它知道每个步兵师正常情况下应配备 34 门大炮，每个步兵旅有 12 门，每个骑兵师有 8 门。它估计，实际装备比规定的少 20%，集团军直接指挥的炮兵只有师炮兵的一半。这些数据乘以部队数量，最终得出大炮总数为 20770 门。数据显示出，这比 1943 年 8 月 1 日的总数减少了 360 门。为检验计算的准确性，C 组根据其他数据算出如下差额：

苏联大炮已报告的损失（8 月 1 日—14 日）	5300
扣除重复报告的数目（20%）	1060
	4240
扣除 45 毫米反坦克炮（约 1/4）	1060
大炮实际损失	3180
8、9 月产量（估计）	2800
	差额：380

结果与 360 接近，证明计算准确。

二处 D 组对苏联军火生产进行分析，尤其是坦克。二处 E 组对苏联的战术和武器进行分析。

三处的人都是波罗的海诸国和苏联的日耳曼人，主要负责缴获文件的翻译、对东线外军处审讯营里身份特殊战俘的审讯、广播的监听、参考文献图书馆的开设。除此之外，还有 10000 个苏联军事条例也是需要收集的参考资料。盖伦认为，这帮"老外"总是"被笼罩在阴谋氛围中"。他们只要一有借口就举办酒会，经常被别人说懒惰。对这一点，盖伦认为他们是被冤枉的。

四处的活动与和平时期一样，关注斯堪的纳维亚。为保证盖伦的需要，五处的 18 个制图员必须绘制大量地图，这里面比较重要的地图，陆军总司令部每天晚上都会印刷出来。这个处的 6 名照片助手会对照片进行处理，之后直接影印制品和蓝图。六处负责诸如房屋、人事、电影、圣诞节聚会、到湖中划船等后勤工作。

除要做上述基本工作，一些次要活动也被包含在东线外军处的工作中。6个情报参谋参加完盖伦在措森举办的情报训练班后，被安排到东线外军处进行为期5天的汇报演讲。盖伦偶尔会邀请其他部门的军官出席"内部"报告会，介绍红军情况。六处还举办过一系列报告会来讲述俄国历史，其中第一场题目为"彼得大帝和俄国的欧化"的报告（已做3场）于1944年3月28日下午6点举办。布告栏的布告规定，只有处长和副处长有权向处以外的机构提供情报。此外，东线外军处对未经批准就私自离开办公室的军官提出要求："这些对每个办事员和每个女助手的要求，对军官同样适用。"另一个布告"不许吵闹"的强烈语气表现出办公室让人透不过气的氛围。布告上有许多人的签名，其中最大的绿色签名来自图书馆首席管理员冯·施佩特－许尔茨堡男爵夫人，有人在一旁批道："请像以前一样写小点。"

盖伦要对所有这些活动负责，还要进行监督和检查，此外也要与军官们一起吃饭。东线外军处24小时都有人值班，盖伦偶尔会给他们买壶咖啡，作为对夜班人员的深夜问候。

东线外军处的情报同时往上下传送。每天，各集团军群都会收到总结当天敌军活动的《东线敌军情况报告》，还有更为重要的《西线敌军情况预测概要》以及东线外军处对敌军行动预测的报告。东线的所有情报参谋都会收到列举了所有已知苏联部队能够帮助他们确定敌人战斗序列的《红色圣经》（西线外军处也发行了类似的有关英美军队的书籍）。东线外军处提供基础知识手册给情报参谋。二处E组偶尔也会发行《东线情报参谋单项报告》系列文件，让德军随时更新自己对于苏军新战术和新式武器的知识储备。纵然如此，东线外军处依然把为上级提供情报看作是最重要的工作。

也就是说，盖伦要在每天2次的会议上，向总参谋长哈尔德、蔡茨勒以及后来的古德里安报告。上午的会议只是口头汇报，有其他部长在场，这中间数作战部长最重要。晚间会议时，盖伦首先简要描述敌军情况，再提交《西线敌军情况预测概要》。这些情报会被总参谋长写进自己的报告，并在午间和深夜的形势会议上向希特勒汇报。然后元首或利用这些情报帮助做出决策，并对德国的战争进行指挥，或者根本不予理睬。盖伦一直拒绝出席元首会议。他认为，让总参谋长代替他去忍受希特勒听到敌情后的不愉快,他的工作会更有效率。3 年的时间内,他只参加过 4 次元首的会议。

作为一名情报官,盖伦究竟取得了多大的成就呢?

识别敌军和确定其位置这一最基本的工作,他成功完成了。东线外军处清楚掌握德军面对的敌军部队及其兵力与指挥官的具体信息。

"(德军)进攻的情况充分印证了敌军编制",1942 年哈尔德表扬盖伦的工作。1 年后,德军参加了发生在库尔斯克的世界最大规模坦克战,在被迫撤退时,盖伦再次对部下转达了蔡茨勒的赞赏:

"虽然我们在估计敌军兵力分布时面临着巨大困难,但我们提供的敌情完全准确,包括每一个细节。最近几天东线的战斗进程再次证实了这一点。对此,总参谋长几天前特别提出表扬。"

由于情报准确,盖伦不仅提升了他的个人地位,也是改变德军对情报的消极态度的一个重要因素之一。另一个因素也与他有关,那就是他做的谨慎宣传。他将自己的预测汇编成册并发放出去。他说自己"成功地正确识别敌人意图,甚至有时在几个月前就已做出正确判断"。第三个因素是当时德军已转为防守的形势,这比进攻更需要对敌人情况进行掌握。此外,德军兵力一天不如一天,而情报能最大限度帮助指挥官发挥现有兵力的作用,这当然会让盖伦的帮助被德军将领们充满感激地接受。

因此,他们从情报怀疑者变成情报信任者。盖伦在向他们解释情报有多么重要的时候,让他们相信他是一个不可或缺但还未崭露头角的、让情报从微不足道变身至关重要的天才。盖伦未在前线服役就晋升为将官,成为少数几个此类参谋官当中的一员。升职后不久,古德里安就曾面对大发脾气的希特勒维护他。1945 年 1 月,古德里安希望希特勒调西线的部分军队到东线,他随身带着东线外军处说明苏联兵力十分强大的统计数字。希特勒十分看不上这些统计数字,对此火冒三丈,并大骂盖伦的统计"愚蠢无比",认为这个人简直是个疯子。这也惹怒了古德里安。

"做出统计的是盖伦将军,我最好的参谋官之一,"古德里安火冒三丈,"我要是不认同这些数字就不会拿给你看。如果你要送盖伦将军进疯人院,得先证明我也是疯子。"他果断地回绝了希特勒撤职盖伦的要求。这位情报官就这样一直在职位上任职，直至战争快结束时才同古德里安一起被撤下。

对于预料敌人进攻这一最重要的任务，盖伦完成得如何呢？他吹嘘自己每次都能做出正确的判断，甚至有些高级军官会说他预判到苏军的所有大规模进攻，由此认为他是一位和卡珊德拉[1]同样准确的天才预言家，可是也令人叹息地如她一般被置之不理。他担得起这个名誉吗？

即便不是在绝大多数情况下，也是在很多情况下，该问题没有绝对的回答。盖伦的预测总是含糊其词，让人摸不着头脑。首先，他基本上不会说出敌人具体的行动时间，以至于这个行动即便发生于3个月后，也可以说他成功预测了此次行动的发生。其次，他会列举出各种可能性，他不会反复强调发生概率小的事情，说这些事情"不大可能"或"不能排除"。但是，如果这些情况发生了，盖伦还是可以说他预料到了。再次，盖伦对敌人行动的预料总是含糊不清，比如敌人将谋求"有限的目标"或者进攻可能"超过局部"。事后无论情况如何，盖伦都可以对这些词句加以引申来搪塞。当上述方法都行不通时，盖伦会说敌人原有的意图失败或是中途改变了主意。所有这些方法都被盖伦用来证明自己预测的准确。

1942年11月18日，苏军在斯大林格勒向B集团军群尾部发动钳形进攻的前一天，盖伦的《西线敌军情况预测概要》是对这些方法应用的典型。

1. A集团军群：……
2. B集团军群：

  第4装甲集团军、第6集团军、罗马尼亚第3集团军：根据逃兵的描述，3个新的装甲旅将到达，目的很有可能是加强（苏联）第13装甲军，这意味着与（斯大林格勒以南）罗马尼亚第6军对峙的敌军得到加强。由此可以预估，在先前意料中的进攻很有可能会超出局部范围，尽管目标有限，尽管暂不能看出新装甲部队是投入罗马尼亚第6军东线对面，还是调

---

[1] 希腊、罗马神话中特洛伊的公主，阿波罗的祭司。因神蛇以舌为她洗耳而获得预言能力，但因抗拒阿波罗而导致预言不被人相信。

到别克托弗卡（也在斯大林格勒以南）地区的南部。

罗马尼亚第3集团军前方只存在局部战斗，另一个苏联师（111步兵师，属于苏联第61集团军，该集团军正与德国中央集团军群对峙）插入该集团军对面中部，敌军部队进一步加强。

似乎不能排除这个可能性：苏军在别克托弗卡地区和（或者）罗马尼亚第6军的东线（都在斯大林格勒以南）同时进攻，以及在顿河战线向罗

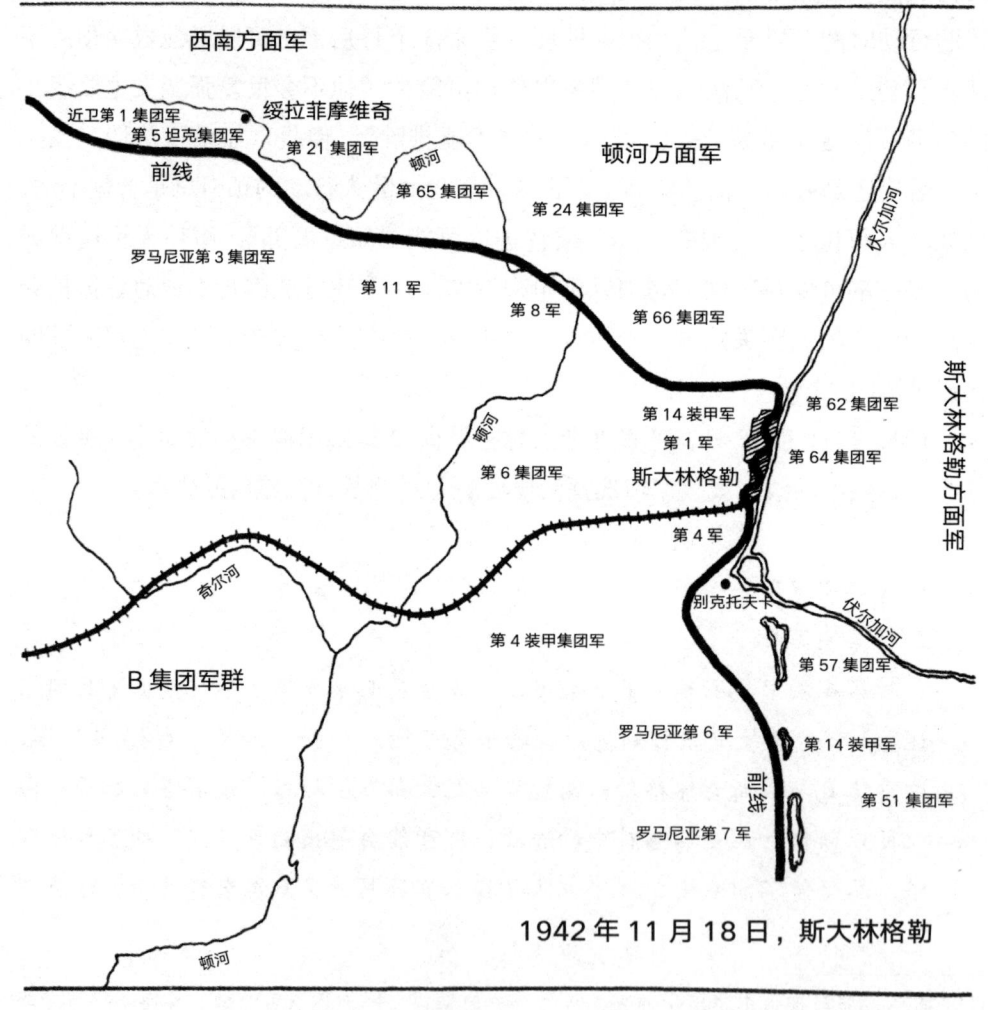

苏联发动进攻前一天的斯大林格勒战线。

马尼亚第 3 集团军（斯大林格勒西北）发动进攻。

意大利第 8 集团军、匈牙利第 2 集团军和（德国）第 2 集团军：对敌军的估计维持原状。

3. 中央集团军群：

第 2 装甲集团军：通过无线电侦察发现近卫第 41 步兵师（最后一次报告表明该师正在斯大林格勒北边搭乘火车）出现在第 48 集团军防区，应该是补充被撤走的部队，无须改变对敌军的估计。

第 4 集团军、第 3 装甲集团军：对敌估计维持原状。

第 9 集团军：对（第 9 集团军突出部）东线对面敌军的估计维持原状。

[突出部] 北线中部对面活动频繁，需要留意。

西线的敌人援军进一步增加（根据逃兵供述，作为第 31 集团军预备队的 336 步兵师在前线，第 47 和第 48 摩托化旅在后方），这印证了先前的情况。

第 11 集团军：对敌估计维持原状。

4. 北方集团军群：……

上述预测没有表现出第 6 集团军的阵地面临危险产生的紧迫。该集团军的正面拉得过长，侧面多半是薄弱的罗马尼亚军队构成，而与之对抗的苏联军队却集结了大量兵力。苏军如果南北夹击将会令第 6 集团军分隔成两个部分，这会使得德军在战争中遭遇最大的失败，对此盖伦只是轻描淡写地说"不能排除"南北夹击的可能性，但丝毫没有表示出苏军的猛攻已近在眼前，进攻不会超过 24 小时便会爆发。

主要原因是，他觉得苏联人冬季的主攻目标是更靠北的中央集团军群而非 B 集团军群，因为中央集团军群第 9 集团军的突出部分威胁着莫斯科，而且从战术角度考虑，在这里发动进攻更加容易，所以也更有可能获得成功。尽管盖伦承认苏联军队正在斯大林格勒周围集结，但他认为他们可能没有充足兵力同时在两个地方发动决定性进攻。他无论如何都会怀疑，苏军能在进攻中央集团军群的同时，也对斯大林格勒展开大规模作战。除此之外，他虽然说过"必须考虑到苏军进攻罗马尼亚第 3 集团军以切断通往斯大林格勒的铁路线，从而使靠东边（即斯大林格勒）的德军陷入危险的可能性"，他同时又说存在另一种可能，即"（苏军）目前兵力太薄弱，恐怕难以进行更多的大规模作战"。但是，进攻发起后 4 天，实施钳形突击的苏军会师了。两天后，苏军投入全部兵力进攻中央集团军群，击垮了还在等待进攻的德军。盖伦在半个月的时间内都一直认为这场大规模进攻是苏军的主攻，直到第 6 集团军被困斯大林格勒为止。最后，他于 12 月 9 日不得不承认斯大林格勒才是苏军的主攻地点。盖伦后来断定，苏军自己都意外于在那一片快荒废的城市上取得胜利，他们在胜利已显现时改变了主意。但最高统帅部长官凯特尔更为坦率："我们低估了斯大林格勒红军的实力。"

盖伦值得这样怀疑的预言很多。许多预言都是总体错误，但其中也有几点是正确的。他凭着一小点的正确，来证实自己判断的敏锐性。1943 年 7 月 25 日，他获得蔡茨勒称赞后不久，也是德军向库尔斯克大规模进攻失败两周后，盖伦说，如果作战看起来赢得胜利的机会较大，苏军将在夏季继续作战，否则作战就仅限于为冬季攻势占领较好的出击地点。他还提到"突破局部地区"发动进攻是否可能。但是，这个估计丝毫未警醒最高统帅部做好应对苏军向南方集团军群、中央集团军群发动大规模进攻的准备，而仅仅是提出这个不足以说明问题的可能性。这场进攻在 9 天后发动，逼迫德军后撤百余英里。

除此之外，盖伦有不少预言比这还错得离谱，预测完全失败。

比如，他在 1944 年 3 月 30 日发了一篇题为《对德军东线敌军情况及预估敌军总意图的全面评价》的报告，共 12 页。报告完全没有预测到 1 个星期后发动的大规模进攻。但这次大规模进攻意义非凡，将德军从克里米亚赶出，巴尔干因此面临威胁，土耳其因此放弃中立。就在当天，盖伦的《西线敌军情况预测概要》预测，苏军将发现越过中央集团军群向西挺进的有利条件，从而向卢布林和布列斯特前进，之后会越过普里皮亚特沼泽地带，将北方集团军群赶出"黑豹"阵地。但这样的情况事实上并未发生。

春天时，盖伦认为苏军有发动两大攻势的可能。一是朝北大规模强攻波罗的海，从而切断北方集团军群和中央集团军群。二是向南经罗马尼亚和匈牙利进攻巴尔干地区。东线外军处断定红军将选择南线方案，因为苏联红军不具备实施北线进攻的熟练战术。东线外军处信誓旦旦地告诉中央集团军群他们将有一个"风平浪静的夏天"。虽然它有发现这个集团军群对面的一些动向，但没有能力突破苏军强大的空防,也没能从苏军前线静默的无线电中得到任何有价值的情报。它将这些迹象归为"明显的欺骗",从而不予理睬。盖伦和蔡茨勒依然坚信自己的看法,认为南面是红军的主攻方向,对中央集团军群和其他地方的行动只是一种幌子。1944年6月22日,中央集团军群被1支红军强攻,这支红军有着4个集团军群的兵力。这正是盖伦口中"平静"的地方。德军前线被击垮,后退好几百英里后,战斗秩序才有所恢复。

这样的预测失误源于两个因素。一是所有人都难以窥测苦恼的黑暗未来。二是德国过于自负,一直高估自己,这才是更根本的原因。这从两个相反的方面对盖伦的预测产生了影响,有时甚至完全遮挡了盖伦的眼睛,使他无视苏联军队的实力。有时候他又会错误地预料敌人会按照他的想法采取行动,从而高估苏军实力。事实上,他们只是根据自己的军事原则采取行动。在已发生的各种事情的作用下,低估和高估的想法交替出现在德国人的脑子里。他们有时盲目乐观,以至于失去了预见苏军大规模进攻的能力;有时却又过分悲观,老早就预料苏军会发动进攻,而实际上这些进攻不会发生。

盖伦始终坚信德国会赢。由于他对德军占优势太过于坚信,这让他对东线战争的一个基本可能性视而不见,那就是德国也许会输。1942年6月,他写道:"我们必须尽最大努力来换取东线作战的最后胜利。"8月,盖伦说,形势对我们来说"发展得极为有利",直至1944年12月31日,他还认为东线有挽救的可能。而即便是中立国,在很早的时候就看出这种信念的荒谬。

1942年8月,在盖伦认为形势好转时,汉斯·豪萨曼(Hans Hausamann),瑞士一个半官方情报机构的头目,就已掌握了真正的形势,他以恢宏的语句写下战争中最著名的情报预言:

> 从军事政治意义上说,德国并未在决定性的东西上获得主导权,只不过是空间、空间、还是空间。空间没有带来任何好处,它吞食军队,德国军队也在空间中消失。同一时间,德国城市不断被盎格鲁—撒克逊人发动的更大规模的空袭轰炸,没有任何迹象显示出衰弱的势头;西线还有"第二战线";在非洲,隆美尔不可能得到足够的空军和陆军,以把英国人赶出

地中海地区；南线是一个摇摆不定的轴心国伙伴；在欧洲大陆是所有国家和人民的愤慨，他们的反抗可以陷最强大的军队于灾难之中。

对第三帝国的领导层来说，形势没有一点希望。除了殊死作战，他们没有别的办法。"第二战线"如果数个星期后在西线开辟，德军肯定会完蛋；如果"第二战线"不能开辟，德军还是会完蛋，只是时间晚一点。所有这些是因为苏联人有着顽强的意志力，能够按作战计划严格执行、不惧失去大片土地、能够保留战略预备队到1943年甚至1944年。就像苏联人泰然自若地说的那样：预备队要留到法国发动战略反攻的时候。

盖伦的目光没有这般透彻。他深信德国不会失败。而且除了他自己，希特勒和整个德国高级军官团都有一模一样的信念。他们的未来、他们的自身都与这一信念紧密相连。我们不能苛责盖伦为当时的可笑人物。只是他却自命不凡，认为自己是一个十全十美的情报官，一个不会幻想、正视现实，还能预见一切的人。但可悲的是事实并非如此。

第四部分
案例解析

第 24 章
错误之最

希特勒决定进攻苏联时，英国还在与他激烈战斗。他当然想进攻苏联，因为从地缘政治角度看，德国若想要统治世界，必须争夺这块腹地；德国若想要繁荣富强，也必须得到这块生存空间。但是，为什么他会选择要开辟两条战线，在与英国激烈战争的情况下进攻苏联呢？前者是自德国总参谋部成立以来最为忧虑的事情。希特勒决定进攻苏联的原因在于，他认为击败苏联会使得英国也随之投降。希特勒说，英国认为横跨欧亚大陆的苏联会支持他们，所以英国能最终打败德国，而征服苏联可使英国的这一点最后希望破灭。

希特勒始终坚信其对苏联的战役即将成功。在战争的每一个关键节点，总参谋部对他天才军事方略的反对，都被证明是错误的。但这一次总参谋部却出人意料地对他的观点表示赞同。这些结论的得出没有情报机构什么事儿，是历史上许许多多先入之见取代情报工作的典型有趣案例之一。进攻世界上最大的国家，竟从未询问过情报机构的全面意见，自始至终也没有人要它们提供详细信息。1940 年 12 月 18 日，希特勒发布第 21 号作战指令"巴巴罗萨计划"，正式决定进攻苏联。这一决定具体化后，最高统帅部才召见情报机构，并接受安排下来的任务，即查清敌军的兵力部署，以便德军能够制订出一举摧毁敌军的详细作战计划。德国能否获得这场战争的胜利，还是没人征求他们的意见。在进攻苏联的计划面前，德国情报机构仅仅起到辅助、纯技术的作用。

第 24 章　错误之最

"世界上任何国家都能被德国打败",这一不能完全站住脚、却牢牢扎根在德国人心中的傲慢想法,决定了情报机构必然被轻视。此外,两个额外因素加强了德国进攻苏联时的优越感——反斯拉夫主义和反马克思主义。

希特勒手下的军官基本上都是上层中产阶级或贵族子弟,从幼年就开始仇恨共产主义。他们讨厌德国社会民主工党这一卡尔·马克思的信仰者,一举一动中都透露着仇恨的态度。他们的家庭恨极了社会主义分子,因为工人状况一旦改善就代表他们会失去很大一部分财富,生活水平会有所下滑。虽然俾斯麦、陆军、工业界和德皇等仍在秘密谋划如何压制工人的势头,但社会主义政治力量无法避免地持续壮大。这些富家子弟还是吃奶的婴孩时,对工人的恐惧就被家庭传输到他们的脑子里。他们自己成为年轻军官后,这种恐惧变得真真切切。他们逐渐体会到,社会主义者的国际理想与和平主义理想会打破他们的灿烂前程,就像社会主义者的经济理想会剥夺他们将继承的遗产一样。

1918 年,他们认为这些疑虑被证实了。他们相信,四年流血牺牲得到的不是战场上的虽败犹荣,而是工人和犹太人背后的暗算。失败让他们失去原有的地位;他们与退位德皇间的准封建关系遭到瓦解;他们的权威第一次遭遇工人士兵委员会的挑战;国内的安定被工人士兵的起义破坏;许多行伍兄弟由于《凡尔赛和约》失去工作,德国不仅蒙受奇耻大辱,还背上沉重负担。这些哀怨不平,军官们都一股脑儿宣泄到叛徒们的头上。

他们的厌恶感如此之强烈,以至于一位指挥官不得不在向魏玛共和国总统递交报告时,想象着这位国家元首多半会穿着工作服、头戴便帽。这是他第一次接触社会民主工党人士。他们原本就担心和憎恶国际社会的阴谋,而俄国在革命后建立共产党政权这件事,更是加重了他们的这种情绪。只要是他们看不上的事物,他们就会全盘否定。

还有一个因素是,他们自以为比斯拉夫人拥有更优越的种族主义情感。这种想法于 19 世纪上半叶产生,并于 19 世纪下半叶广泛传播。这种观点认为,相比日耳曼民族,其他民族天生低劣,智商低下,意志力不坚定,在那没有价值的生命中只有动物本能更为强盛。很多德国军官都认为,一战中他们战胜俄国人,正好印证了这种看法的正确性。这种偏见随着他们年龄的不断增长以及纳粹主义的不断鼓吹而变得越发顽固。这种偏见在第 4 集团军参谋长京特·布卢门特里特（Günther Blumentritt）上校于 1940 年的一项评价中得到充分表现：

> 俄国军人的力量在于其冷酷无情。这是我们作为军官带领作战部队时充分认识到的，尤其是 1914 年到 1915 年间。那段时间的人们想当然地认为，一个德国步兵师必须能扛得住 2 至 3 个俄国步兵师。俄军在更偏好的夜战中，总是部署 10 至 12 排的步兵，一排接着一排地攻击我们阵地的兵力薄弱处。即使我们的步枪和机枪不停地射击，枪管都红了，但还是无法阻止为数众多的顽固敌人。

对这样的观点，希特勒表示赞同，甚至更为直接地表示："俄国人就是低劣的人种"。他自己对共产主义的憎恶以及与俄国人相比的优越感，其根源一半在于外部环境因素（这种环境让他的将军们也几乎全部憎恶共产主义，并抱有自己比俄国人优越的看法），另一半在于灵魂的扭曲。早在 1924 年，他就写出"到了俄国该垮台的时候"。他始终有这个想法，没有因任何事情而改变。相反，这个观点在一系列事件后似乎到了证实。

斯大林从 1937 年开始清洗红军军官，共清洗了约 2500 名，意味着每 4 名军官中就有 1 名被清洗，这其中就有能力很强的米哈伊尔·图哈切夫斯基（Mikhail N. Tukhachevsky）元帅和在一战中驰骋沙场的许多将军，苏联红军几乎群龙无首。希特勒用幸灾乐祸的口气说："苏联军队竟然没有首领了。"后面 1939 年到 1940 年的冬季战争，他们竟花费 4 个月才从小小的芬兰那里夺得一片微乎其微的土地以及一个海军基地。希特勒由此发表自己的见解："苏联军队轻轻松松就能对付。"

因为这样过于乐观的想法，希特勒和他的将军都确信战争已稳操胜券，从而在打败苏联的时间问题上做了不准确的估计。元首夸下海口："如果能抓到这个巨人，它将以极快的速度垮台，并且要快于全世界的想象，苏联会像泡沫一样不堪一击。"他的将军们随声附和，表示对他观点的赞同，只是言辞没有那么激烈，较为确切。他们进行了一番研究，认为对苏作战可能要持续 9 个星期上下，最坏的情况是持续 17 个星期。而陆军总司令也做出过于乐观的推测，认为战役的开始阶段将持续 4 个星期，随后只需进行扫荡战就可以了。更为偏激的布卢门特里特则认为，2周便可以解决战斗，当然战斗必然是残酷又血腥的，但这场战斗几乎可结束对世界上最大国家的征服。

当时德国情报机构活动的氛围就是这样。这种气氛影响了希特勒和他的将军们对苏作战局势的判断，也影响了他们给情报机构下达的任务。希特勒虽然自始至终都想要征服苏联，虽然在位的8年中本可以对他"苏联垮台"的判断重新进行全面研究，但他没有这样做。此外，德国人对苏联人的普遍优越感，不仅影响到情报机关的上级，也影响着情报机关的普通员工。如此过分的乐观让他们都变得十分懈怠。人们都会承认，在苏联搜集情报难于其他地方。希特勒成为总理后，德苏两国失去了20世纪20年代形成的军事联系和友谊。苏联的报刊发行被控制，旅行也被控制。一名德国驻苏联武官向卡纳里斯说："一个在苏联行走的外国特工，要比一个穿着连帽斗篷漫步柏林街头的阿拉伯人更加引人注意。"德国情报机关的工作人员没有因为这种情况而受到鞭策，相反更为懈怠。因为他们都觉得，在苏联进行间谍工作完全是不必要的，这与他们上级的想法一样。

比如，德国军方发行的报刊没有能够引起读者反复思考的文章，也没有对苏联的最新介绍。虽然军方报刊对苏联军队的其中一些方面做了充分客观的报道，例如摩托化部队和空军力量的强大、伞兵部队的情况以及苏联军事理论的现代化发展等，但其作用却被对军事领导人物的贬低抵消。苏联大清洗后，德国主要专刊《军事周刊》宣布苏军的领导人全部下台。在一家面向军事管理人员的杂志上，一位军事官员指出，根据他有条理的日耳曼人思维，共产主义腐朽到了极点，在共产主义制度下，苏联人连简单的日常工作都不能完成。德国军方报刊一点没有向读者透露，1938年苏联人在发生于蒙古的边境冲突中打败日本人这一共产党的重大胜利。军方报刊所做的一切，仅仅包括一遍遍强调读者早就形成的推测，从未尽过报刊的一项基本职责：鼓励读者以新的角度重新思考。

德国几乎没有从它的盟国或亲德的中立国，听到有关苏联红军的重磅消息。苏联的老对手土耳其同样没有提供过有关苏联的重要情报。日本虽然提供了一些关于苏联驻远东要地军队的信息，但这些情报在德国驻东京武官的眼中"总是缺乏价值"。除了从在各自边界上引起与苏联军队的小争端而得到的经验教训之外，伊朗和阿富汗估计也没有太多有价值的情报。海军上将尼古劳斯·冯·霍尔蒂（Nikolaus von Horthy），这位匈牙利的法西斯独裁者，没有提供事实性的情报，只是简单地反映和赞同希特勒的意图："苏联那么多加盟共和国如果都成为独立国家，（共产主义）问题就迎刃而解了。这项人类最重要事业的完成会让德国名垂青史，而德国不过在几个星期内就能做到。说到英国，继续用飞机、潜艇等和它战斗就行了。"

芬兰可为德国提供丰富情报，是情报的潜在来源。1939年到1940年的3个月里，它曾同苏联交手。在一战期间，它还是德国的盟友，后来又准许德国将其作为基地，在它的领土上进行对苏间谍活动。但是，德国在苏芬冬季战争爆发前3个月与苏联签订的条约，使它失去了为芬兰提供支持的条件，芬兰当然因为德国的背信弃义不再为它提供有价值的情报。后来，芬兰重新靠近德国，其中的原因是多方面的。芬兰越来越被孤立。1940年德国对挪威和丹麦的征服切断了芬兰和英法之间的联系，随后苏联对波罗的海国家的吞并，使芬兰又失去了与这些国家的往来。第二是德国对芬兰佩萨莫出产的镍有大量需求，还需要通过芬兰铁路为占领挪威北部的德军提供物资。除此之外，芬兰也需要武器，而这只有德国才能向他们提供。于是德国和芬兰和解了。芬兰从1940年秋天开始重新向德国提供苏联的情报，而且数量越来越多。例如，1941年3月29日，德军总参谋长从芬兰提供的情报中得知，在苏联欧洲区域的红军比原本猜测的多出15个师。芬兰还提供了在普斯科夫周围的苏联装甲部队和苏联伞兵部队的具体信息。但这些完全信得过的情报因为没有其他材料的补充和印证，让德国人怀疑这些信息究竟有没有切实阐明整个红军的状况。与之相对的，芬兰人总觉得德国人贬低了他们情报的价值。

从1934年起，特奥多尔·罗韦尔的远程侦察机中队就开始了对苏联的侦察。装着附加油箱的各种型号的双引擎飞机，飞行在高达3万英尺的高空中，对喀琅施塔得和列宁格勒的海军基地、苏联西部普斯科夫和明斯克的工业区以及黑海的尼古拉耶夫港进行拍摄。在喀琅施塔得上空，每隔数星期和数月连续拍摄的船台上军舰建造的照片，为德军提供了苏联海军舰只建造速度的重要信息。其他照片主要有关苏联工厂。

其他国家也是罗韦尔远程侦察机中队的目标。随着战争的爆发，侦察的重点虽然已转移到波兰、英国、法国、挪威等国家，但对苏联的侦察飞行没有中断。苏联向戈林保证，只要间谍飞行的频率在可接受的范围内，就不会攻击这些飞机，似乎是渴望取悦德国，或者至少不冒犯德国，这一点让人觉得十分奇怪。1940年9月初，忙于准备入侵英国的希特勒不想惹到苏联，便下达了仅持续一个月的禁令，停止对苏航空侦察。但陆军强烈要求提供航空侦察照片，于是，10月初，希特勒转变想法，将越过英吉利海峡入侵英国的计划延后，开始有了征服苏联能迫使英国投降的想法。于是他撤销了禁令，允许从东普鲁士和德占波兰的边界上空向苏联进行侦察飞行，纵深达200英里左右。德国的侦察机迅速开始飞行于苏联边界上空，这也被苏联人再次发现。比如一架侦察机于1941年1月6日越过苏联边界深入到大约15英里纵深的上空，平行于边界的方向飞了100英里左右后回返德国。3月3日，苏联海军司令下令击落侦察飞机。3月17日和18日，在拉脱维亚的利耶帕亚港上空就有2架侦察机遭到射击，苏联飞机立刻出现在黑海西北部上空。后来明显是为了避免激怒德国人，斯大林撤销了海军的命令，下令迫降此类飞机而非击落。

德国人的侦察飞行变得越来越频繁。苏联人在3月27日到4月18日这3个星期里，平均每天发现飞机的数量在3架以上。比如，4月4日，他们发现一架飞机于下午1点20分在普热梅希尔附近，从2.3万英尺的高空侵入苏联领空，深入苏联领土达75英里，于1点50分返回德国。他们很清楚这些飞行的目的。4月15日，一架照相机、一些已曝光的胶卷和一幅苏联地图，被苏联人在降落于罗夫诺附近的飞机上搜出。这似乎就是拍摄乌拉尔地区主要工业城市斯维尔德洛夫斯克的那架飞机，是罗韦尔派去的。它从挪威北部基尔克内斯起飞，总航程达到3000英里，但它去后就再也没有消息。苏联人对此只是提出抗议。甚至6月初，一架Ju-86飞机因为发动机故障下降高度从而被他们的战斗机迫降，飞机上的照相机和全部胶卷被缴获，也没有产生严重影响。

侦察飞行在4月中旬到6月中旬发展得更加系统化，保持着大约每天3架的出动频率没有改变。飞行的原因是要拍摄最新照片以更新对敌人的了解。1940年5月至10月拍摄的苏联筑垒工事有些老旧了。从靠近德苏分界线的地带一直到苏联西部的罗夫诺和卢茨克，最远到内地的基辅，这些是最迫切需要更新拍摄的地方。其中最紧急的是靠近分界线的地带。照片很清晰，甚至能看到苏军大炮的炮口。1941年4月4日拍摄的部分12英寸见方的照片，清晰显示出苏军占领的波兰东南部几个小城镇周围的炮兵掩体、反坦克战壕和野战筑垒工事，比如博布罗夫卡、沃尔卡·扎帕沃夫斯卡和布茨齐纳。

然而，这些照片对于通过侦察军营数量和大小估计红军总体规模，或者通过侦察其总体工厂面积来评估苏联工业潜力，起不了太大的作用。苏联的占地面积如此之大，以至于把它全部拍摄下来是不可能完成的任务。所以说，罗韦尔的侦察中队提供的主要还是德军预定入侵路线沿途的苏联筑垒防御工事情报，虽然他也提供了一些详细的经济情报，为轰炸目标档案增加了一些材料，证明了苏联的道路好于德国人的预料。虽说这些情报是有价值的，但并非最基本的情报。

一战期间，沙皇的军事通信完全被德国掌握，这对战胜俄国起到了至关重要的作用。德国人截获俄国军队的电码，才带来了坦能堡战役巨大胜利的可能，使兴登堡和鲁登道夫一夜之间扬名立万。战争一结束，与波兰作战的共产党军队的密码电报，就成了刚成立的德国陆军密码局的主要破译目标。随着波兰和苏联局势慢慢稳定下来，破译它们的密码越来越难以成功，但一战的成功推动了战后德国无线电情报工作的发展。这项工作将注意力重点集中在苏联军事演习上，谋求从苏联红军的无线电通信中获得情报。

但事情不再那么容易了。苏联人吸取了坦能堡战役的教训，通信程序、密码系统，更重要的是无线电通信训练被极大地改进。这样一来，他们在无线电通信上以假乱真的手法，在全欧洲最为高明。这点基本上抵消了外国密码截收机构的一个优势，即苏联的占地面积广阔，但十分贫穷，无法拥有西方那么多的电话、电报，尤其是不能有那么多的线路，这使得苏联红军相较其他国家军队来说会更多使用无线电作为其通信工具。

慢慢地，德国人开始增加针对东方的无线电情报机构，1939年9月已建立三个截收连。定向截收这项工作只在东普鲁士尝试进行，但这块狭窄的盆地让无线电定位形成的锐角如此狭小，不能准确寻找苏联发射机的位置。除此之外，他们还没有能力破译红军的密码，最多就是在苏军演习时搜集到一点微不足道的情报。

　　由于战争引发的兴奋，破坏了苏联通常情况下都很严格的无线电操作程序，情况在入侵波兰后有所改善。德国无线电截收连进入波兰南部后，截获了从东面进入波兰的苏联军队的无线电通信。许多单独部队的存在、所属集团军，空军乃至秘密警察的存在都被德国人证实了。但是，有可能是德国没有进行密码破译，也有可能是苏联无线电做了很好的保密系统，又可能两方面的原因同时存在，德国人没能了解入侵波兰的苏军的整个编制情况。苏联人占领波罗的海三国时，某种反常现象导致波兰南部的同一地区可以清晰地收到他们的短波发报，德国人轻松掌握了入侵波罗的海三国的苏军作战部队的编制。苏芬冬季战争中，苏联主力部队的动向被德国人和芬兰人注意到。到德国人为执行"巴巴罗萨"计划而进行军事集结的时候，以东方作为截收目标的无线电截收机构增加到8个。而之前就存在的截收单位，尤其是中央集团军群的截收单位，迅速带起了新建机构。他们虽然获得了边界附近军队的局部情报，却没有掌握到红军究竟有多大规模。原因在于两点，一是这项任务十分艰巨，德国人的收报机只有250台，而苏联的发报机高达10000台；二是德国人并不太了解苏联无线电系统。

　　希特勒上台之后，阿勃韦尔对苏情报工作从之前的毫无活力变得再次活跃起来。东普鲁士首府、波罗的海港口城市柯尼斯堡是他们的活动中心。1927年以来，阿勃韦尔柯尼斯堡站就将联络官设在邻国立陶宛的情报机构里。然而，当时德苏没有共同边界，德国希望通过立陶宛和苏联的边界将间谍渗透到苏联，那是大约300英里长的森林和沼泽。但是效果并不显著。阿勃韦尔指责立陶宛情报机构一点忙都不帮，自己又不进行苏联间谍工作。这次渗透失败后，阿勃韦尔实际上已放弃派遣间谍从立陶宛进入苏联。1940年6月，苏联将立陶宛吞并，彻底断绝了德国在这方面做出努力的念头。

　　1936年，皮肯布罗克担任阿勃韦尔间谍头子，没多久就联系奥地利和匈牙利的谍报机关，希望从那里向苏联派遣间谍。他还尝试从罗马尼亚、保加利亚、中国和日本派遣特工，但没有什么效果。阿勃韦尔柯尼斯堡站鼓励他联系波兰人进行活动。他找到一位军官，这位军官虽然不想做背叛祖国的事情，但却憎恨俄国人。他和其他特工都尽了自己最大的努力，但无一例外都遭遇了无法顺利通过被密切监视的边界这一困难。只有在芬兰和土耳其的阿勃韦尔间谍，才提供了一些能入眼的情报信息。

阿勃韦尔采用其他方法克服这个问题。特工可以安插在访问苏联港口的舰船上；受爱国主义感染前往苏联的德国商人，可以就近观察，回国后报告给阿勃韦尔；可以策反在德国的苏联外交官和贸易代表团成员。但这些办法的效果都不是很明显，要不就是舰船上的特工被抓，要不就是多数商人为了自身和财产的安全而拒绝这项任务，或者证明自己不适合当间谍。虽然少数苏联人因被讹诈而就范，提供了一点点军事情报，但这些情报并没有什么价值。

与反斯大林的俄国流亡者组织的接触才稍微有点成效。一个名为"绿橡树"的俄国流亡者组织在但泽有一个小组。柯尼斯堡谍报站的一名工作人员某天与这个小组进行了联系。小组成员表示，他们与留在苏联的朋友仍有联系。在这件事得到证实后，绿橡树但泽小组的领导人被发展为阿勃韦尔特工。很快，他便将几个准备实施破坏活动的高级红军军官的名字报告出来。经过阿勃韦尔的验证，这些人是前沙皇军官。这些都显得十分可信，但当绿橡树组织只愿意提供通过波罗的海与苏联的联系方式，而不愿说明其他联系时，怀疑产生了。阿勃韦尔通过布加勒斯特绿橡树总部负责人获取了苏联部队和有关方面的情报。阿勃韦尔将这些情报送到外军处，得到的评价是：这些材料已从巴黎和布鲁塞尔的绿橡树小组那里获知，多半信息是真实的，来自苏联报纸，余下的材料或是虚假或是虚构。绿橡树计划宣告破产。

阿勃韦尔又注意到乌克兰流亡者。由于希望德国能像一战后那样再度帮助乌克兰独立，他们中有一部分人同德国的关系还不错。他们中部分人被阿勃韦尔要求为德国搜集军事情报。卡纳里斯于1937年将此项工作的规模扩大，接触乌克兰民族主义者组织，还为此举行会议，做好准备活动，但还是少有收获。

居住在俄罗斯的1200多万日耳曼人，是在苏联的最大潜在特务源泉之一。作为苏联公民，他们因为斯大林消灭富农政策而受到野蛮迫害，不仅土地被没收，人员还被无情地杀害。但他们在苏联这块土地上，也拥有自己的伏尔加日耳曼苏维埃社会主义自治共和国，同样享有机会。许多人同祖国保持着联系，或是通过德国海外研究所或是其他为国外德侨建立的机构。但他们只会提供一些新的剪报，除此之外再无其他。通过他们，阿勃韦尔可以知道这些日耳曼族苏联公民的姓名和家庭住址，但始终没能帮助任何一人获得中央政府的高级职位，甚至也没有策反过一位身居要职的苏联官员。

德苏条约于 1939 年 8 月签订，条约消解了希特勒对苏联的担心。希特勒在条约签订后宣布停止对苏间谍活动，以避免触怒苏联人。[1] 可是，随着西线敌人一个又一个被消灭，德国对苏联干涉的担忧变得越来越少，转而增加了消灭共产主义的兴趣，于是重新开展了间谍活动。通过波兰战役后缴获的文件，德国人可以接触波兰在白俄和乌克兰的间谍网。如今，德国历史上第一次与苏联有了共同边界，这极大地有利于德国向苏联秘密派遣特工。特工支持点和训练营在边界附近建立，派遣出大批的特工。首批派遣特工的训练和装备条件并不是很好。很多人都接到了重复的任务，因为德国人猜测到这其中有一大半人的身份会被发现。正如德国人猜测的那样，几十名特工被捕，但好在有人带着苏联设施的详细情报顺利返回。[2] 1940 年 12 月 20 日，V-19540 号特工手下的小特工报告发现了一个机场，位置在乌克兰西部莫纳斯特里克小镇的东北面，机场西边有 4 个飞机库，飞机共有 20 架，他还注意到这里每天都会进行轰炸和跳伞训练。

1940 年夏季，希特勒决定同苏联开战，而且那个秋天，东线外军处就催着阿勃韦尔向他们提供苏联间谍情报，但直到阿勃韦尔在希特勒颁发"巴巴罗萨"作战命令后的 1940 年 12 月 18 日，才明确被指示要参加作战准备活动。而这时

---

[1] 原注：Höhne, *Canaris*, 430-31. 赖尔称希特勒 1933 年命阿勃韦尔将工作重心放在苏联方面（*Ostfront*, 226），此说并无证据支撑，或许是记错了 1933 年 10 月 17 日内阁的命令，当时希特勒签署命令，令阿勃韦尔（不是盖世太保或党卫队保安处）负责特工和反情报。(MA:RW5/v.195:48.)

[2] 原注：*GGVKS*, 1:561 称 1939 年 10 月到 1940 年 12 月这段时间，苏联抓捕了大约 5000 名敌军特工，抓捕数字在 1941 年第一个季度升至 1940 年抓捕数字的 15—20 倍，大于 15000 人，第二季度则上升至 25—30 倍。"Die Sowjetischen Staatssicherheitsorgane," 1208 称在 1940 年和 1941 年第一季度，1596 名德国特工被"毫发无损地遣返"。由于这两组官方数据与现有信息并不一致，15000 名特工中多数可能都是内部敌人，其他人中许多可能只是破坏者，而不是间谍，我将数字减至保守的估计"数十"或"数百"。

候它的间谍活动已受到严格限制。

1940年12月底或1941年1月初，在贝希特斯加登，卡纳里斯和皮肯布罗克、最高统帅部长官凯特尔及其助手约德尔进行会晤。在约德尔的办公室，卡纳里斯告诉他们，这个夏天德苏战争将爆发，阿勃韦尔需要支持。皮肯布罗克之前从没有听说这件事。在谈到已获胜的战争时，约德尔说阿勃韦尔只需要观察边界上苏军的变动，毕竟总参谋部需要的不是整个红军的详细情报。就这样，约德尔开始只让阿勃韦尔关注作战细节和战术细节，而不再让它进行战略间谍活动。约德尔宣布希特勒对苏联在边界战斗后就垮台有信心后，便结束了此次会面。

皮肯布罗克加紧了对苏间谍活动，所有活动都限制在任务范围内。在与主管情报的第四副总参谋长马茨基以及东线外军处处长金策尔多次商谈之后，他仔细地拟定了必需的间谍活动。负责苏联的所有谍报站均收到命令，派遣出更多的特工。集团军群和集团军司令部也开始向敌方领地派遣间谍。相比谍报站的特工，这些间谍能将这项任务完成得更好。许多人在斯德丁、柯尼斯堡、维也纳和柏林的间谍学校学习过，并且会携带电台。派遣的人数多到上百，但大部分人都被捕。此外，偶尔会有成队的德国士兵伪装后突入边界线进行侦察。比如1941年4月，16个身着红军工兵服的德国士兵，从阿夫古斯托夫附近进入白俄，被一队苏联边防巡逻战士袭击。11名德国士兵在枪战中牺牲，5人被俘。

所有这些特工渗透得都不深，仅仅是想弄清苏联军队的部署和边界上的设施。没有人渗透到苏联内地，也没有人被吸收到苏维埃的巨大机构中，没有人的任务中包含提供有关苏联实力的信息。但某次的确有一个特工报告了比较重要的事务。没有比他的报告性质以及阿勃韦尔的评价，更能表明德国对苏间谍工作的质量了。"当苏联与比较强大的敌人发生战争，"这个特工斩钉截铁地说，"共产党就会迅速垮台，无法掌控大局，于是苏联就会瓦解，分裂成无数个独立的国家"。阿勃韦尔评价说："完全准确。"

武官处是德国在苏联最基本的情报机构之一。在莫斯科出生和长大的恩斯特·克斯特林（Ernst Köstring）将军60岁出头，身子尚未发福。他精通俄语，了解苏联的生活习惯。一战期间，他曾同沙皇军队作战，20世纪20年代初曾在军队部情报处对苏联红军进行过研究。1931年至1933年，在德苏军事合作的最后几年里，他在莫斯科担任军事观察员。1935年10月1日，他回到莫斯科正式出任陆军武官和空军武官。他有种自嘲式的幽默感。有次他说他会深陷俄国的沼泽，而"英勇牺牲"。可他有的时候也不太讨人喜欢。他在美国外交官举行的招待会上评价"这些食物都是从冰箱里拿出来的"，说出席招待会的苏联人"最低劣"。他缺少德国人口里所说的"男子汉气概"，当他在一位武官的宴会上坐在希特勒旁边时，由于害怕自己惹怒希特勒，他觉得自己最好不发表对苏联的看法。

在莫斯科停留6个月之后，他写信给外军处处长说："在这里工作几个月，我发现搜集军事情报或同军事工业有联系的情报，几乎不可能，苏联哪怕是最无关紧要的东西都捂得严严实实。"苏联不安排武官参观部队，军事演习也发现不了什么重要的情报。对所有武官，苏联人似乎既说真话又说谎话。因此，对于德国向他提出的众多问题，他能回答的是少之又少。即便如此，他仍然充满信心，觉得最终总会成功了解到"苏联红军未来的发展情况和编制信息"。他把无数份问题列表和苏联武器装备的图片给德国的领事们看，希望他们至少能在观察加盟共和国每年举办两次的游行上搜集一些原始情报。他有时乘坐飞机去苏联边远的城市访问，有时乘坐他那辆有60加仑油箱的特大号旅行车，即使沿途买不到汽油也足以从一个领事馆开到另一个领事馆。例如有一次，他驱车于1937年6月从莫斯科前往第比利斯再驱车返回，全程有两个苏联秘密警察跟随，共2000多英里。这次旅行虽然没能获得新情报，但验证了很多情报。

德国领事馆在1938年全部关闭，武官们两年没能参加军事演习。外国人日渐与苏联人隔绝开来。许多国家有针对军事政策进行讨论的议会辩论，但苏联始终不会如此，预算只显示百分比，没有公布过具体数字。因此，虽然效果不佳，但他也只好通过其他三个情报渠道获取信息——到外地访问或在莫斯科地区驱车而行，被严格控制的报刊，以及同不会比他知道更多的其他武官交往。

这些限制使得克斯特林的报告几乎从未有过关于苏联红军的确切情报，他的报告讲的主要是军事概况、军事政治和经济问题。苏联开始大清洗后一年的1938年8月22日，他在写给外军处处长蒂佩尔斯基希的一封信里，简明扼要地表达了他对苏联红军的态度：

一大批通过10年的实际训练和理论学习掌握了军事技术的高级军官被清洗，这导致红军战斗力下降。年纪较大和有经验的指挥员的缺乏，将不利于一段时期内的军事训练。无人负责的现象现在已产生，而这将进一步导致不利影响。

红军优秀的指挥员很少。但没有证据证明它的进攻能力在大幅度下降，以至于它再也不能在类似战争的冲突中成为重要因素。

同工业一样，战争经济的组织工作和进一步发展都受到严重影响。目前的经济处于停滞状态。

几个月前，他在与英国陆军武官的谈话中用一句话概述了观点："国际上举足轻重的力量再无苏联。"

随着德国进攻日期一天天临近，德国驻苏联武官处开始提供苏联地面部队的具体信息。1941年4月22日，代表身体抱恙的克斯特林的汉斯·克雷布斯中校致信柏林："我们预测苏联陆军战时的兵力最高为200个步兵师。虽然现在肯定还未达到，但这个数字最近为芬兰和日本陆军武官所证实。"数周后，克斯特林和克雷布斯亲自返回柏林向希特勒汇报情况。他们告诉希特勒，红军没有多大进步。他们对哈尔德说，苏联方面没有新情况。3周后，克斯特林回到莫斯科，致信时任第四副总参谋长的蒂佩尔斯基希说，苏联西部边界上驻扎有200万军队。但对这支庞大的军队，克斯特林和克雷布斯并没有过高评价。上一年9月，克斯特林称苏联红军有所恢复，但若想"要达到过去的水平"还需4年。但在1941年5月，克雷布斯改口说要恢复以往水准得用20年的时间。

所有这些情报流入情报分析机构，其中之一就是托马斯的军备办公室。托马斯于1941年2月13日发表备忘录《东方战争对战时经济的影响》，这基本就是一份德国即将到手的巨额财富清单，不过也有几段论述了东至乌拉尔和高加索的一大片领土被德国征服后对苏联的影响。希特勒于1941年6月21日发动进攻时，要占领的最多就是这一片土地，而东边的那块土地将成为一个仆从国。托马斯称:"苏联即便失去欧洲区域,乌拉尔和苏联亚洲部分的工业,正常情况下仍然可以存续。"当德国全体都沉浸在为进攻苏联做准备的欢腾中时,这是其中唯一相反的声音。可是接下来的内容却吞没了这个声音,他列举了东方领土剩下的东西:苏联弹药产量不到五分之一、武器产量不到三分之一、坦克产量不到四分之一、石油产量的十分之一。入侵正式发动了。至于这场入侵在经济上的危险性,没有人对此发出任何有效警告。唯有到1941年10月2日木已成舟时,他才向上级敲响警钟:即使苏联完全失去欧洲区域,"也不一定瓦解,唯有乌拉尔工业区的失去,才会导致它的崩溃"。托马斯的意思是,即便德国计划的战争大获全胜,苏联经济还是能继续运转的,但这个提醒整整说晚了3个月。

东线外军处是另一个重要的情报分析机构。在金策尔上校的领导下,其工作人员对各种渠道得来的情报细节进行分析,对苏联各种部队的数量及时进行计算,并在许可范围内应作战计划人员的请求提供相应情报。德军总参谋部1939年年底对苏联红军的总结性评价被海军记录下来,这个评价根本来说源于东线外军处的情报:"数量上强大的军事工具;集团纵队的投入;组织、装备和指挥手段不充分;好的领导原则,过于年轻没有经验的领导团队……激烈战斗过程中的军队战斗力待证实。苏联的集团纵队,要被称为一支装备现代化、指挥人员优秀的军队还不太够格。"

希特勒下令对苏联开战后一个月,也就是1941年1月15日,东线外军处将一份72页的总结《苏维埃社会主义共和国的作战部队》公开,成为下级情报人员情报工作的依据以及东线外军处修改情报的基础。它"对红军的总体评价"是,红军的战斗水平会随着各方面的改善而逐渐提高,但"那就算不是几十年后,也是好久之后才会发生的"。与此同时,"苏俄笨拙、呆板、优柔寡断、不愿担责的特点还是那个样子,并没有变化"。在结尾,这份总结称:"数量庞大、战士的不屈不挠和甘愿吃苦是红军的力量所在。同时,苏联占地面积广阔、资源丰富。而各级指挥员的无能愚蠢、逃避责任、训练达不到现代化要求、缺乏组织纪律是红军的薄弱点。"这种认为红军在基本方面存在不足的观点,金策尔始终没有改变,同样没有改变的还有他对红军领导的看法。4月,他向哈尔德报告:"团由年轻的少校指挥,而上校则指挥着师。"

在相当大的程度上，这些信息都无法得到正确的估计。东线外军处又是如何确定红军的规模和作战的武器呢？

苏联的装甲部队"在数量上是最庞大的"，这一点连希特勒都承认。德国人估计苏联有1万辆坦克，而他们自己只有3500辆。但因为德国人认为自己坦克性能更优越，所以他们不会因为数量上的差距感到焦虑。尽管知道苏联在1940年首次制造出怪兽般的KV-1型坦克重43吨半，比其他任何坦克都要重很多，德国人仍然认为绝大多数苏联坦克现如今已不适用。事实上，苏联装甲部队的规模是德国人预计的2.5倍，在德国入侵时其坦克数量有24000辆。凯特尔认为，德国人自始至终都没有迎头赶上。同样重要的是，T-34型坦克的出现让他们感到十分吃惊。虽然这种二战时最成功的坦克，在3年前就有几百辆在苏联与中国东北边界同日本人作战，可是德国人完全不知道。他们碰到T-34是在对苏战争即将开始时，这种坦克厚厚的前装甲能够轻易防守早期的反坦克炮弹，德国立刻陷入"坦克恐怖"。某团在斯摩棱斯克东南首次遭遇该坦克：

> 隆隆的马达声……在望远镜中是一个浑身布满钢铁的庞然大物的头部，它从一排树木中穿过，向我们冲来，一辆接一辆，共有4辆……轻榴弹炮打得很准，可是对它完全没有影响……（反坦克炮）耐着性子让它们冲到30码远的地方，然后一起开火，炮弹命中了。可怕的是，它又被弹回来。坦克越冲越近，一阵阵炮弹打向它的前部，可是没有用，每发炮弹都被弹回来，真的是每发。坦克向反坦克炮冲来，把它碾成一堆废铁。在距离2000码的地方，我们的重炮开火。我们所用的炮弹是曳光穿甲弹，因此可以看到第四次射击直接命中，可是距离太远，足有40磅的炮弹打在坦克上面却没有效果，只是擦了一下……接着背后传来一阵熟悉的隆隆声，像音乐一样传进我们的耳朵，这是两台德国突击炮在发射……我们可以轻松地看见曳光弹的射击……突击炮每发都直接命中，但都被弹回来，我们简直不敢相信自己的眼睛！

只有当T-34坦克为寻求较好的开火位置而转弯，暴露出装甲较薄的坦克侧面时，德国人才有可能打瘫其中的一部分。后来德国人改进了反坦克炮，设计了可与T-34坦克对抗的坦克。但战役开始时，他们对这种坦克毫无准备，损失了许多反坦克炮，并且牺牲了许多人。

德国空军同样低估了红色空军。原因之一，可能是德国空军对法国空军的过高估计，导致此时的矫枉过正。1941年2月1日，空军情报参谋把对苏联飞机数量的估计提高到10500架，其中约7500架配置在苏联的欧洲部分，他1939年的估计是6000架。然而，陆军总参谋长哈尔德在几周后计算出苏联欧洲部分的飞机只有5655架，其中做好战斗准备的更是只有60%，称得上现代化的飞机只有一两百架。哈尔德认为，虽然苏联在飞机总数上占据6:1的优势，但准备好战斗的飞机比例却是1:1，德国人训练比苏联人强，他们在空战中拥有决定性优势。可是到进攻的那一天，德国人发现苏联拥有的飞机看起来似乎比估计的多得多，各种类型的飞机共有18000架，其中一半配置在西部各军区。正如哈尔德悲叹的："德国空军过于低估敌人的飞机数量。"

德军总参谋部面临的数量计算问题中，最重要的莫过于红军究竟有多少人？德国人经常低估其人数。1941年1月，东线外军处的计算是和平时期200万人，战时400万。实际上，苏联红军1941年1月1日现役的数量就有420.5万人。4月底，哈尔德承认红军兵力已达到德军参谋部认为的战时水平。但即便这样，他还是把当时服役总兵力低估了约七分之一，因为入侵发动的那一天，红军的兵力已增加到500.5万人。

这个数目包含远东的红军部队，不过德国人没有把他们计算在内，理由是苏联在他们调过来前就被打败了。德国人面临的情报问题中，至关重要的是红军师和机械化旅的数目，这才是红军兵力范围内能够抵挡德军猛攻的大部队。

1940年8月，埃里希·马尔克斯（Erich Marcks）将军制订进攻苏联的初步计划，估计敌军兵力为171个大部队，是指苏联欧洲部分有117个步兵师、24个骑兵师和30个机械化旅。这个数字不仅包括德苏波兰分界线以及苏联罗马尼亚分界线上的苏联军队，还包括苏芬边界、苏土边界线上的苏联军队。德国人认为尽管后面两条边界线上的苏联军队被繁重的防守任务钳制在那里，出于小心谨慎，还是对它们做出计算。1941年2月初，171个大部队增加到180个，并一直以平均每月6%左右的速度增长，一直增长到进攻开始。其中一部分毫无疑问是苏联新建的部队，这反映出红军力量的增长，但多数是德国人新发现的苏联部队。比如 1941 年 3 月 29 日，哈尔德指出，苏联军队"比原本估计的又多出 15 个师"。入侵前的最后 14 天，德国人再次得知，苏军又增加 14 个大部队。这个发现速度实在是令人震惊。入侵前一天，德国人算出苏联欧洲部分的大部队为 226 个，较 1940 年 8 月几乎增加三分之一。德国人估计，除去防备芬兰和土耳其的苏军，可用来与德军作战的苏军部队数量在 1940 年 8 月至 1941 年 5 月 20 日间，从 148 个增加到 180 个。即将生死厮杀的敌手，数量增加了五分之一，德国的将军们竟然没有因此改变战略，也没有因此怀疑是否还有更多未被发现的苏联部队，发动进攻由此更加显得不理智。

苏联战争开始后第 51 天，哈尔德才明白对苏联的估计存在多么大的错误：

> 整个形势中日益突出的一个特点是，苏联这个庞然大物，在应付这场战争时故意表现出缺乏集权国家所固有的克制力，也一直被我们低估。我们低估的不仅有它的组织能力，还有它的经济实力和运输系统，尤其是纯军事能力。我们在战争初期估计敌人兵力约为 200 个师，事实上截至目前已发现 360 个。

两周后，希特勒亲自向墨索里尼承认："德国军事情报机关在战争开始后第一次犯了错误。"首先它没有付出艰苦的努力。阿勃韦尔对苏间谍活动的热情从未高涨过，尤其在经历几次挫折、几道障碍后，就彻底凉了下来。尽管这个庞大的多民族国家里有许多人激烈反对其政权，但这个间谍机关从未认真进行过任何战略性间谍活动。对截获的苏联密码电报，无线电情报机构有时也没有费心思去破译，只是消极地接手德军通过征服才得到的有限监听区，而非积极地在土耳其、芬兰和巴尔干地区建立一系列截收站去包围苏联，获得情报。这一切的后果之一，就是不知道 T-34 坦克的存在，导致无数年轻德国士兵葬身沙场。另一个后果是不清楚苏联军队的数目。连没有进攻苏联企图的英国人，在 1941 年 6 月 14 日都计算出苏联欧洲部分有大部队 225 个。德国人在 4 天后竟然还以为只有 220 个。[1] 此外，英国人列举出的苏联装甲部队数目远远多于德

---

[1] 原注：Moritz, ed., 118. 这是我能找到与此最接近日期的总结性数据。

国人，步兵相对要少，表明红军的实力远比德国人估计的更为强大。

德国情报机构失败的原因何在？为什么没有做出更多的努力？原因同整个事情的失败一致，就是德国的"巴巴罗萨"计划。这个计划遭遇了彻头彻尾的惨败。最高统帅部没有发给部队冬装，没有让工业部门做好长期生产的准备，没有制订具体作战计划。先遣部队只收到3个月的燃料，整整三分之一的师留在西线。

为什么会出现这种情况？

因为它相信德国打败苏联用不了多久。包括敌国和中立国在内的其他国家，也都是这么感觉的。英国联合情报委员会在6月14日断言："在公开战争中，红军恐怕不能成功抵挡德国这支高度机械化又指挥有方的军队，即便它的大量坦克可能会给对方带去一些麻烦……第一阶段（包括占领乌克兰和莫斯科）可能少则三四星期，多则6个星期（或更久）。"德国进攻后约一天，美国战争部长史汀生致信罗斯福总统，表示他的看法同参谋长乔治·马歇尔以及作战计划部完全吻合："最少1个月，最多可能3个月，德国将完全打败苏联。"

德国的看法似乎和英美一致，这种吻合大致来源于对共产主义的共同厌恶，但两者的看法差别却很大。对英美而言，苏联的失败是一个较为悲观，因而也是较为保守的假设。对德国来说则刚好相反，苏联迅速战败是一个较为乐观，因而也较为草率的假设。

德国战胜苏联的信心，根源是自己的骄横与不可一世，尤其是对共产主义的盲目憎恨。毫无根据的种族主义则加深了这种信心。这种盲目的信心削弱了德国各个计划领域的工作，包括情报。德国人过分笃定红军会迅速投降，苏联政府会立马垮台，因而周密的计划和大量情报都用不着了。此外，情报在进攻时能发挥的作用较小，因为进攻是以己方意志为决定因素，防御时作用较大，因为防御是彼方谋求强加意志给己方，了解彼方意志对取得成功必不可少。目前德军处于进攻状态，减少了对情报工作的注意，把精力放在其他方面。一言以蔽之，他们认为，催促情报机构寻求更多情报是毫无必要的。

这是有意识的层面。在无意识层面，计划和情报工作无法很好地开展，大概是为了坚定德国人对胜利的信念。对苏联工业能力、人力、面积、统治者权力稳固等证据的全面研究，以及随后对经济和军事方面各种可能性或乐观或悲观的详细预测，都向希特勒及其将军们有力地表明，他们无法打败苏联。为此，他们坚决不让情报和计划单位涉及该层面，只让情报单位研究战术，计划单位研究琐事。

他们如赌徒般孤注一掷，将赌注全部押在胜利上。只是这种幻想，维持这种幻想的仇恨，让希特勒和他的将军们丢失了脸面，丢失了权力，输掉了他们发动的这场卑劣战争。

第 25 章
意外之最

　　1942 年 3 月 1 日，一份绝密文件在西线外军处处长乌尔里希·利斯上校发布后，油印出 11 份，大部分寄给其他情报单位，3 份寄给指挥机关：最高统帅部作战部、陆军总参谋部、驻守法国西部的 B 集团军群。

　　文件寄出的这天是战争中最平静的一天。整个世界都没有大的战事，也没有战役在进行，除了日本在向西太平洋展开全面闪电般的进击。纳粹军队和共产党军队，在为即将发生于俄罗斯大平原上的生死拼杀，颤抖着、准备着，还未迅猛出击。英格兰西南部有德国空军扔下的一些炸弹。被打败后半数领土被占的法国，从它在北非的殖民地向隆美尔运送汽油。每个国家都在等待。对德国和苏联，暂停的意义是准备。对其中一个，意味着准备向过去一年猛攻失败的地方重新进攻，对另一个，意味着为生存而战。

　　英美呢？丘吉尔和罗斯福在华盛顿磋商了整整 3 周。罗斯福向国会报告时，未透露任何信息，只是说："必须适时采取强有力的进攻行动，并为此准备着。"弄清这句话的确切含义是利斯的任务。

　　那份绝密文件阐述了他对此事的看法，这并非他企图预测同盟国意图的第一份文件。1 月份时他就在一份备忘录中论述过日、美参战后的战略形势。那份备忘录的主要内容是，因为太平洋战争的影响，同盟国在欧洲、非洲和中东将采取行动。备忘录里最值得注意的一点或许是未明确表达出的假设，即主动权已转向敌人。

他的 3 月份文件考虑的是同一件事，只是相较上一份更为意义深远。利斯现在认为，"1942 年英美在欧洲和非洲可能展开的作战活动"是主要作战，而非辅助作战。他提到在同盟国的战略中，摧毁德国要先于日本。他加上一个新的重要因素作为论据：海军对同盟国运输情况的调查。

然而，他的研究并未增加德国对同盟国意图的了解。一部分原因是整个战争形势，很明显短时间内不会有对德国的重大进攻，美国的无准备状态尤其体现出这点。一部分原因是，如同各种善于预测未来的人一样，利斯承认各种可能性的存在。无论如何，他都能够反驳对他没有预见到事项的指责。这种做法不太能帮上他的上级。利斯说，"可以想象"盟军经摩尔曼斯克向欧洲边缘（靠近北极一侧）发动进攻。这种说法并不新鲜。他的备忘录主要做的是，确定高级指挥官的初步意见，并记录在纸上，用一些新细节来给予支持，比如说船舶吨位数。

"总的来说，"利斯宣称，"英美部队在 1942 年限制了作战，为 1943 年对欧洲发动主要攻势做准备。"他不知道进攻的确切地点，只是根据总体原则从北边一直猜到南边。

他认为，盟军在挪威海岸登陆有利有弊，但未说出哪个是主要方面。在北海的丹麦海岸和德国海岸登陆，在德国人看来"几乎不会"，在荷兰和比利时海岸登陆也"不太可能"。没有完全的制空权，向英吉利海峡和法国海岸突击"差不多不可想象"。突击比斯开湾海岸"作战效果微小"。英国在西班牙或葡萄牙登陆，"首先是一个政治"问题。利斯绕过欧洲大陆的西南角，环顾到地中海，写道："法国只要能继续保持其北非帝国，英国选择意大利登陆的可能性就很小。"盟军从中东向巴尔干或高加索发动进攻"即使发生，也得到 1942 年的下半年"才有考虑的必要。总之，他得出结论："日本的参战牵制了英美海军，使它们难以在 1942 年就重点进攻已有防备的欧洲海岸。"

可事实是，丘吉尔和罗斯福已在华盛顿商定即将发动的重大攻势：进军北非。这个选择的做出，原因有很多方面，最重要的一点是除此以外别无他法。同盟国没有足够的士兵和舰船来采取最直接的方式赢取战争胜利：直接进军欧洲，攻打德国领土。不过地中海攻势也有战略上的优点：可以动摇意大利脱离轴心国；可以迫使德国抽调苏联前线的兵力来减轻苏联的压力；对于肯定会发生的越过英吉利海峡发动进攻，可以牢牢控制侧翼；可以极大提升盟军士气；

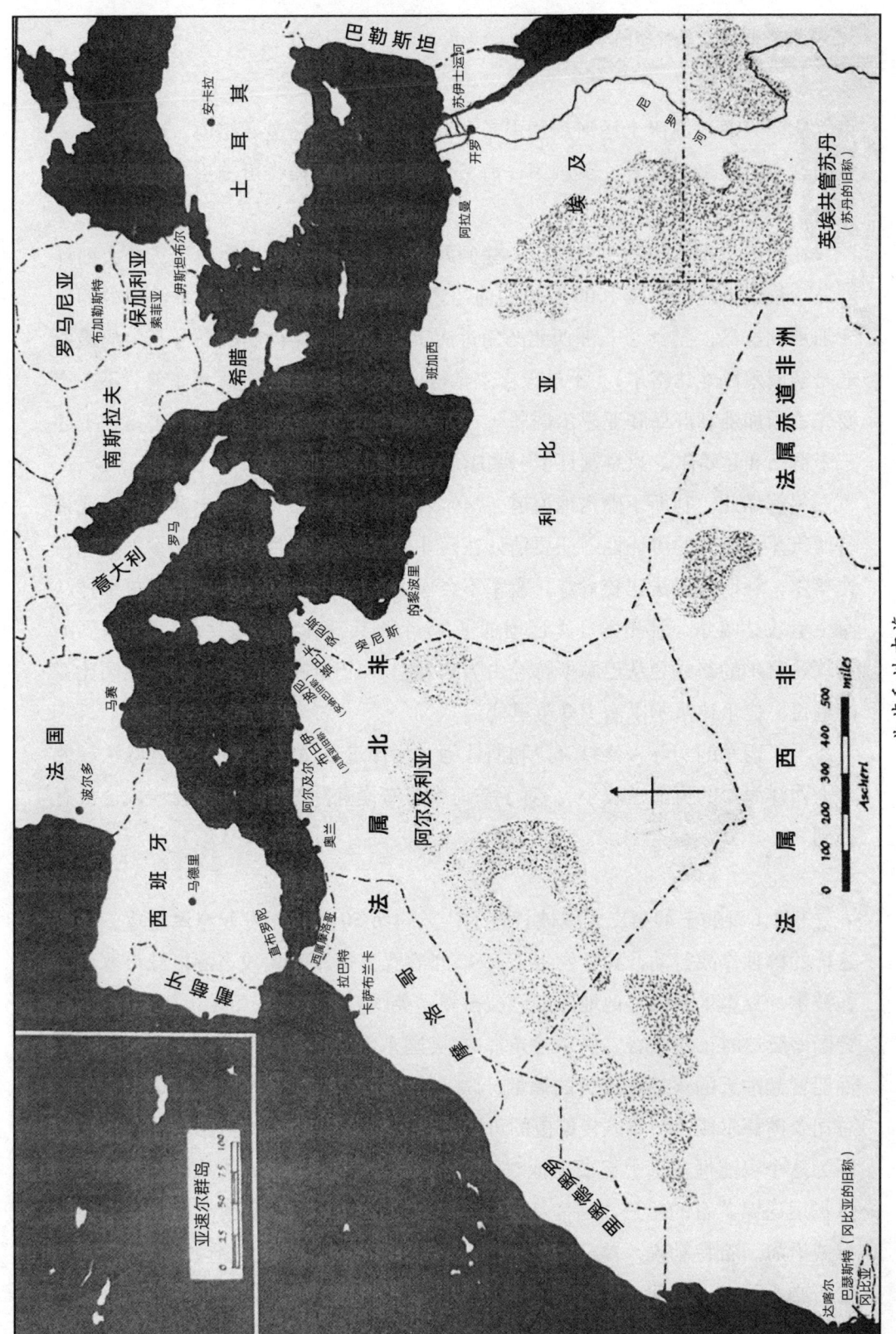

北非和地中海

可以让船只通过苏伊士运河到达中东和苏联,而不必绕道好望角。这一点在战争的这个阶段最为重要,英国第一海务大臣指出,这样将可腾出 225 艘船派作它用。

在做出进军北非的决定时,一些问题冒了出来,问题主要关于三个大西洋群岛:位于里斯本以西 1000 英里的葡萄牙亚速尔群岛、紧靠西北非海岸的西班牙加那利群岛、坐落于非洲西北凸角近海上的葡萄牙佛得角群岛(凸角的最西端是法属殖民地达喀尔)。不过丘吉尔觉得,就作战而言,进兵北非前"不一定要先占领加那利群岛和亚速尔群岛"。结果,两国政府没有采取步骤去占领上述三个群岛和达喀尔,只是制订了一些应急计划。

尽管如此,利斯不确定地说道:"必须估计盟军进攻大西洋上葡萄牙(或许有西班牙)群岛的可能性,还要估计在西非作战的可能性。"对于盟军怎样攻占达喀尔,利斯的看法比较肯定。盟军不会像 1940 年那次登陆未遂的进攻那样从海上进攻达喀尔,那里的守军已增加了 15 个步兵营和 4 个炮兵营。"预料到的进攻达喀尔的路线是从巴瑟斯特经由陆路发起。"巴瑟斯特是英属殖民地冈比亚的港口,位于达喀尔以南 100 英里处。

至于盟军的实际入侵打算,利斯认为,相比进攻达喀尔,"英国登陆法属北非大西洋海岸的可能性较小"。对于在地中海海岸登陆的可能性,他一次也没有提到。

3 月 1 日的宁静第二天就被打破了,苏联第 50 集团军发起全军进攻。类似这样的单独作战行动,频繁发生于 1942 年春天。德军开始攻占港口城市塞瓦斯托波尔,克里米亚的其他地区都已被占领。英国开始对第三帝国进行频繁轰炸。德国潜艇这时正享受着"快乐时光",在美国东部沿海大显神威,被它们击中的油船冒起冲天的火焰和漫天的黑烟,映入岸上观察者的眼睛。3 月 12 日,海军总司令雷德尔谈论盟军入侵挪威的可能,希特勒被吸引了注意力,静静地听着,因为这个可能性实际上已成为他对西线思考的主要问题。挪威的重要作用在于保护运送镍矿石的船只,因为从芬兰的佩萨莫运出的矿石必须绕过北角再直下挪威沿海。希特勒说,"要生产主要用于飞机和潜艇发动机制造的优质钢",镍矿石必不可少。任何入侵行动如果中断了这条运输线,就会停止他的战争机器的转动。难怪他称挪威是"关系战争胜败的地带"。当然还有其他原因。他想保护他的北翼,掩护他开往大西洋的潜艇,击沉同盟国开往摩尔曼斯克的护航运输船只。因此,他反复告诫部队警惕英国入侵挪威的危险,只是事不凑巧,丘吉尔虽然极力主张这种入侵方式,但并未成功。3月12日,希特勒同雷德尔磋商后下令加速建设水面舰只战斗群,以粉碎任何登陆敌军。

他对地中海的兴趣则小很多。在他征服世界的概念中,地中海没有欧洲大陆那么重要的战略地位。南部战区到1940年才进入他的视野。墨索里尼拖了很久才从背后进攻法国,又糊里糊涂地入侵希腊,迫使这位元首不得不在希腊和北非解救他。即便这个时候,希特勒还是不大重视这个他眼中的次要战区。对于法属赤道非洲被戴高乐夺取,希特勒没有任何行动,只是声明法国在非洲殖民地的保全必须由维希法国来进行。希特勒虽然多次试图夺取直布罗陀并入侵马耳他,但最后都放弃了。这两者会对战争造成最深远的影响。隆美尔极其辉煌的战役在他眼中,更多的是一种宣传工具;隆美尔同南下高加索的德军在近东会师的想法和白日梦相当。

当形势迫使他重视地中海时,他才短暂且勉强地这样做。1941年,英国打算"立足北非,占领葡萄牙的岛屿,推翻佛朗哥"的一份情报,震惊了希特勒。他命令做好抵挡这种行动的准备。可是什么事情也没有发生,准备工作也就停止了。当美军取代冰岛的英国驻军,雷德尔担心他们下一步是进军上述大西洋群岛中的一个,希特勒用一些激烈又空洞的话语安慰他:"如果美国占领葡萄牙或西班牙的岛屿,我会立即进军西班牙;那儿的装甲师和步兵师会调遣到北非,牢牢控制那里。"后来,他阅读了最高统帅部一份引人重视的备忘录,却未采取任何行动。这份备忘录说,英美认为不可能在欧洲大陆打败德国,只有在地中海才能从根本上改变战略形势。为此,盟军必须消灭隆美尔控制下的轴心国桥头堡,占领整个北非海岸,夺取制海权和制空权,用异常严密的封锁挤垮意大利。这个估计接近于几个月后罗斯福和丘吉尔的结论,得到希特勒的赞同,被发给他的司令部和外交部长进行传阅。可是后来,希特勒又忘掉了这件事,因为他压根没有重视这个边缘地区的战役。他认为那儿发生的事情都不会严重影响到他。地中海未能分散他对东线伟大斗争的关注。

这就是利斯发送报告时的局势和希特勒的态度。当时,利斯想的比他的元首更远，或者说更有全球视野，更为切合实际，或者在这3个方面都超过了元首。

3个星期过后，希特勒颁发了第40号作战指令，也许是由于利斯的报告，但更大的可能不是。指令开头说，"欧洲海岸在最大程度上面临着敌人不久后登陆的危险"，接着对海岸防务做出笼统的指示。关于敌人登陆的消息越来越多。4月10日，希特勒收到情报：英美正在计划"大规模突然袭击"。希特勒想，这要么是大量使用小型定时炸弹（早些时候已听说过此种炸弹），要么是登陆。两周后，最高统帅部讨论了盟军在3个地方登陆的可能性，分别是法属摩洛哥、西属摩洛哥和伊比利亚。卡纳里斯亲自视察北非回来后报告，预料敌军将从西非登陆，从南面进攻轴心国，敌人的支援点已开始建立。5天后的5月19日，利斯报告上级：路易斯·蒙巴顿勋爵，这位盟军联合作战部队总指挥、海军中将，正在计划登陆作战。事实确实如此。后来的消息说，登陆目标是丹麦和挪威。西班牙的F-3197号特工报告，根据葡萄牙工业家的消息，亲英集团预料盎格鲁—撒克逊人将占领葡萄牙。曾得到阿勃韦尔汉堡站在报告上批示"值得信赖"的F-3197号特工，6周前也说过类似的话。5月29日，希特勒终于签署第42号作战指令，发出警告：根据法国或法属北非的局势，占领整个法国成为必要；盟军有进攻伊比利亚半岛的可能，应当准备反击。至此，希特勒宽慰地舒了口气，把注意力重新转向他狂妄的舞台——东线战场。

又过了一个月，也就是1942年6月，罗斯福和丘吉尔再次在华盛顿磋商，计划对北非进行两把尖刀式的进攻。美国军队横渡大西洋，登陆法属北非领土的大西洋海岸。英国军队经直布罗陀海峡，进攻法属北非领土的地中海海岸。

报刊头条大肆宣传此次罗斯福和丘吉尔的会晤，称它将讨论苏联人早就吵着要求开辟的第二战场。在罗斯福和丘吉尔会晤时，最高统帅部收到一份报告：英格兰南部沿海正在集结小型船只；西线总司令指挥的战区发生了越来越多的破坏铁路和电缆的事件。最高统帅部认为，这暗示登陆作战在即。3天后，美国宣布欧洲战区司令部成立，由德怀特·D. 艾森豪威尔少将任司令。希特勒把党卫军帝国师调到西线。6月27日（星期六）上午11点30分，罗斯福和丘吉尔在磋商结束后发表联合公报，保证联合作战即将进行，"会牵制进攻苏联的德国兵力"。

突然，一切变得明朗起来。公报即便故意闪烁其词，人们也毫不怀疑第二条战线即将开辟。目标存在了。双方都在用各自的方式朝它努力。

第二天是个星期天，最高统帅部报告英国集结的小型舰船数目已达到2802艘。很明显有一些事情即将发生。星期一，希特勒说，他必须考虑英美大规模登陆和开辟第二战场的可能。他与阿尔贝特·施佩尔和时任西线总司令参谋长库特·蔡茨勒将军会晤，讨论堡垒的修建，还调查了加强驻法兵力的必要性。

与此同时，外交部长里宾特洛甫被同样的证据震惊到，通知主要的驻外使馆"德国驻世界各国大使目前的主要职责，是迅速可靠地提供有关下述问题的情报：英美是否试图入侵，何时入侵，何地入侵"。

答复立即纷至沓来。通知中异常紧急的口气以及"主要职责"一词，让外交官不得不提供情报，不管是什么事情，不管发生的可能性如何小，不管事情如何琐细和不可理喻，不管从哪里听到，哪怕只有一点真实色彩，都要赶紧提供给国内。德国驻葡属东非首府洛伦索马贵斯的代表，提供了某名英国雇员在当地一家英文报纸上发表的看法：不能排除葡萄牙是进攻目标。伯尔尼报告，美国龙尼莱弗公司欧洲办事处负责人认为，欧洲和非洲太棘手，中东会是盟军的进攻目标。驻土耳其大使巴本从他伊斯坦布尔附近的避暑别墅发回电报：波兰人正议论说，荷兰是首要进攻目标，再是法国，而且就在下周！在讲葡萄牙语的巴西，有人预测葡萄牙北部是进攻目标。德国驻巴塞罗那领事馆里相熟的一名"值得信赖的"西班牙人认为，伊比利亚才是进攻目标。马德里报告：那里的"内阁方面人士"说盟军的进攻目标是加那利群岛。德国驻西班牙北部港口城市桑坦德的领事馆，忠实地报告：那里的老百姓都在流传，葡萄牙才是盟军进攻的矛头。

德国外交官还报告了来自较为可靠的人士更加引人思考的评论。驻西属摩洛哥高级专员路易斯·奥尔加茨（Luis Orgaz）将军报告说，盟军如果要进攻西班牙或葡萄牙，时间将在9月份之前，且进攻军队规模庞大。西班牙外交部长认为盟军不会登陆西班牙或加那利群岛，尽管他承认西班牙已派遣军队到该岛屿，"因为该岛屿始终面临危险"。他还推测，盟军如果在葡萄牙登陆将遭遇葡萄牙的抵抗。但他没说盟军是否会在那儿登陆。北非法军司令阿方斯·朱安（Alphonse Juin）将军认为，因为缺乏船舶，不存在开辟第二战场的可能。盟军为了照顾面子，向达喀尔或卡萨布兰卡发动进攻倒是有可能，或许还有占领加那利群岛的一天。不过在他看来，在隆美尔面前节节败退的英军，不过是在集中保卫埃及。

在执行任务上，有一位大使堪称典范。他发动使馆工作人员四处搜罗情报，访问葡萄牙北部地区以体察形势，并且亲自找人谈话。这个人就是驻里斯本大使奥斯瓦尔德·巴龙·冯·霍伊宁根－许内（Oswald Baron von Hoyningen-Huene）。同他的使馆人员有接触的人，将他们从英美驻某中立国家大使馆打听到的消息，哪怕有一鳞半爪，都转告给德国人。他们报告，最近接受罗斯福任命负责协调美国情报工作的"唐诺范上校"（或许是威廉·唐诺范）和英国海军武官对盟军的进攻表示怀疑，因为盟军缺乏船舶。霍伊宁根－许内同西班牙驻葡萄牙大使进行了交谈，因为后者是佛朗哥的兄弟，刚在头一天与葡萄牙的独裁者安东尼奥·德奥利维拉·萨拉查（Antonio de Oliveira Salazar）进行了磋商。这位大使说，他和萨拉查一致认为当前葡萄牙不会面临重大危险。军方人士指出，盟军根本没有做好入侵的准备。政界人士估计，如果英国人被赶出地中海，亚速尔群岛有可能被盟军夺取。但霍伊宁根－许内指出，葡萄牙人向亚速尔群岛派遣军队，是英国允许的。

整个夏天，柏林每天都接到两份左右的报告，但却没有一份提供登陆的具体迹象。随着时光的流逝，外交官们自己去搜集情报的情况越来越少，更多的是提供报刊摘要。间谍继续发回的报告有一个共同特点是，每个地方都说自己那儿是最有可能登陆的地方。对于英国南部沿海小型船只的集结，没有下文，威胁似乎已慢慢消失。7月，希特勒断定不会"出现真正的第二战场"。这样的风平浪静持续着，直到8月某日凌晨3点，海军总司令部接到里宾特洛甫情报处的紧急电话，得知一个传闻：美国驻维希大使馆让美国记者守着收音机，因为英美登陆作战迫在眉睫。海军总司令部听后，按照自己的看法总结了形势，评论说："如果说一切关于盟军入侵的议论都只是愚弄，那么散播这些谣言就是一个证据，说明敌人知道如何将这一花招耍到极致。实在没有比这更能吓唬人的事情了！"

陆军总参谋部也持否定态度。8月8日，它表达了一个可能是得自利斯的看法，宣布："关于在西线或者挪威开辟第二战场，没有确切证据的报告（证据诸如大量船只的准备、休假的停止、通邮的停止、英国沿海加强战斗机掩护、英国空军加强对法国和德国空军的活动、军队准备等)。"与此同时，越来越多的报告说盟军放弃了第二战场计划。

突然，德国人的心脏跳了出来。盟军登陆了！8月19日清晨，一支几百人的加拿大部队强行登陆迪耶普。这是蒙巴顿蓄谋已久的行动。这支部队从8个登陆点进攻英吉利海峡的这个港口，目的仅仅是获取登陆作战的经验，获取德军防守情报。大约上午11点，登陆8个小时之后，他们按计划撤退，虽然遭受的损失远大于预料。希特勒欣喜若狂，尽管刚说过，"不会出现真正的第二战场"，但他认定盟军对迪耶普的突袭就是真正的入侵，实际上这不过是一次大规模侦察而已。有人提醒他，事情并非如此，比如第四副总参谋长马茨基。他们或许提到，英国广播公司对公众做出"这并非入侵，请大家保持冷静"的告诫。只是，希特勒一如既往地相信自己的主观判断。德国宣传机器立即大肆讽刺"10小时寿命的第二战场"。希特勒欣赏蔡茨勒出色地击退入侵，一个月后提升他为陆军总参谋长。

并非所有人都认同希特勒的观点。在维希政府，亨利·贝当元帅虽然非常高兴英国人遭到打击，因为英国人在敦刻尔克惨败中背信弃义地逃离法国，但他预见到盟军在多雾的秋天将重新登陆。法国这位最受尊敬的战争英雄判断，布列塔尼半岛的南海岸可能就是下次的登陆地点，摩洛哥的可能性不大，因为那里秋季的海浪太大，高达15英尺。

海军上将雷德尔几天后飞往乌克兰，前往文尼察前线大本营会晤正集中精力向斯大林格勒和高加索迅猛推进的希特勒，为他讲述遥远地平线上出现的情况。与贝当作为陆军将领迥然不同，这位海军军官看到盟军占领西北非，"就和以往一样认为是对整个德国作战部队的最大威胁"。雷德尔说："他们将从那里进攻意大利，威胁我们在东北非的地位"，隆美尔正战斗在东北非。

雷德尔的判断对吗？其实只要看盟军入侵可能的出发港口的船只聚集数量，就能得到具体的证实和细节。因此，德国空军在8月24日至28日期间，在这些港口上空进行摄影侦察飞行。为避免船只重复出现，拍照的速度非常快。对照片的详细分析表明，适用于登陆的船只约有5000艘。海军总司令部断定完全有可能进行大规模登陆作战，但没表明何时何地，就连登陆作战是否会发生都没有明确。

这时候，国外提供的情报已经少到不能再少。不过依然可以知道，英国人和美国人之间为了所执行的战略发生了激烈争吵，甚至有时候还为个别重要的情报激烈争执。

朱安将军告诉德国人："我认为不太可能在非洲的地中海海岸登陆，因为后方的威胁太大。护航运输队（有时不能到达马耳他，就算到达也是损失惨重）的灾难清楚表明，现在地中海上的交通线被袭击是多么容易。"马德里使馆的党卫队保安处警察专员于8月28日获悉，西班牙当局两个星期前得到一个英国信使携带的信件表明，英美有在西班牙北部登陆的意图。据说这一情报已被西班牙总参谋部证实。在桑坦德的东面和西面登陆，情况将十分混乱、造成释放出赤色分子并恢复君主制的局面。这些情报都向海军提供，海军以保留的态度接收。"这已是第二次，在西班牙从所谓真正的英国信使手中得到令人惊讶的情报（海军总司令部没有说明第一次）。这就是一个近在咫尺的散播扰乱人心的情报的例子。"

9月底，德国人刚好又错过获得真实情报的机会，这份差点到手的情报也是一封信件，由一名军官专程递送。

盟军登陆前至少两个月，直布罗陀总督邀请艾森豪威尔和他的副手马克·克拉克将军与他共度那段危急时期。9月14日，克拉克代表艾森豪威尔和他自己接受邀请。"由于等待最后决定的可能到达日期，未能及时回复您的邀请，甚为抱歉。我可能在进攻发起日前两三天先行飞抵，艾森豪威尔将军将于两日后到达。预定日期现已确定为11月4日。"信中没有谈到登陆作战。但读者细心观察就会知道，11月4日必有重大行动，指挥者是美国的欧洲战区司令官，行动中心是直布罗陀。

皇家海军邮政局长 J. H. 特纳（J. H. Turner）上尉奉命送这封信到直布罗陀。他把信装在大衣里面的口袋里，并特地扣上纽扣以增加保险系数。9月25日，他和另外两名乘客搭乘一架飞机离开英国，以避开敌国或中立国的领土，却在西班牙海岸附近被一场大风暴吞噬。人们最后看到它是在下午3点30分，那时它在加的斯附近低空飞行。不久飞机就坠入大海，机上人员无一幸免。特纳和部分机组人员的尸体漂到岸上，26日被西班牙人发现，保存24小时后交给英国代表。他们向英国人保证，尸体绝对没有被偷换或搜查。英国人在特纳的大衣口袋内找到克拉克的信。海水的浸泡已经让信封的四条封边敞开，信上的字体清晰可见。那么西班牙人给德国人看过这封信吗？英国人发现，在解衣服纽扣时，沙子从纽扣眼里掉出，显然是尸体搁在海滩上时，沙子灌进了纽扣眼里。英国人断定，重新扣上衣服的纽扣时还不忘重新放沙子，是极其不可能的，因此秘密没有泄露。事实也正是如此。

但他们的怀疑只有一半正确。西班牙人得到了或许来自飞机残骸的其他一些文件。其中有份文件是法文书写，于9月22日签署，提到英国人将进攻法属摩洛哥、突尼斯以及法属北非其他一些地方。一个意大利特工知道这份文件（虽然不知道谁写的）后，详细告诉了德国人。德国人只是记录在案，却并未给予比其他情报多一点的重视。

许多送到柏林的关于盟军意图的情报，甚至还不如这份情报能够说明问题。那些情报多半是间谍的报告，消息来自各方人士。然而，没有一份来自盟军司令部内部，许多情报是不知内情的人对当前战略形势的看法。有时候，这些人是盟军的官兵或文职人员，特工为了赚钱当然要告知德国无用的话。有时候，这些人就是特工自己，看看报纸后扮演空想战略家，然后说情报来自"观察家"或"这里的消息灵通人士"。这种对整个形势的共同依赖，使报告形成了共同的模式，如同谣言或时尚，传遍了全世界，煽动了间谍机关。比如，1942年秋初，间谍报告大都认为盟军的登陆地点将是挪威和法国。

报告的数量本身就有一种可靠性，只是缺少实质内容。然而10月3日来自英国一名间谍的报告却没有这个缺陷。报告中的大量细节，最为充分地表明了盟军正在准备可能的入侵：

> 整个第6战斗机大队从前线撤回，据说是为了演习。英格兰西南部埃克斯特和其他地方的许多机场重新被轰炸机中队占用。约从9月20日开始，到中东的空中运输几乎完全停止，地勤人员均撤回。机场普遍议论可能会有重大空中行动。10天前停止了对德国的空袭，大概是因为气候不佳。……这（实际上）是宣布一项重大行动……（因为）恐怖袭击在恶劣

天气下可以进行。南安普敦的北面和西北面出现大型装甲部队，许多公路每晚都活动频繁。解放者、惠特利以及B-17（都是轰炸机）正在加速改装为运输机……自9月17日起，来自美国的船只不再返航……许多港口建立进攻补给仓库，也许是为1943年准备。所有休假取消，所有交通线上都有许多供应小分队，火车站混乱不堪。这些活动都以准备演习为理由，却总给人以准备重大行动的强烈印象。不过，从物资上来看，横渡英吉利海峡的可能性暂时还不充分。

这份情报尽管细节满满，却没有一件是真实的，或者说真实的内容极少，因为这些情报全是一个特工被捕变节后提供给阿勃韦尔的，可是听起来令人信服。

两三天后，又有几份类似的情报送达。一份来自一个同苏联驻瑞典人士有联系的间谍，这个间谍的报告没有完全得到证实。他表示10月17日是盟军在法国、比利时、荷兰、丹麦和挪威同时登陆的日期，选择这个日期的原因是这一天是苏联革命节。不过阿勃韦尔指出日期有误。这个特工报告，在英国的苏联参谋军官认为进攻没有太大希望，美国军队还未训练完成，因此第一次攻击约有80%是英国部队。美国人将对付挪威和荷兰。这个特工说，美国部队已有65万人在英国，这个数字在阿勃韦尔看来有些夸张。实际上，9月底在英国的美国部队只有188497人。

还有一位间谍列举出的登陆地点是法国北部的5个城市，报告了盟军的集结地点，告知美国登陆部队为6万人、英国应不超过4万人。300架轰炸机中，90架为兰开斯特，将组成先锋队，75架为飞行堡垒，作为后备军。德国驻马德里使馆的一份报告预测，盟军将同时登陆法国北部以及中非或北非。

希特勒开始警惕了，或许是因为关于敌军登陆的报告越来越多，或许是因为最近的数字对德国不利。希特勒觉得，盟军可能在法国北部登陆，重演迪耶普事件，因此在10月5日收到最后两份报告的那天，他发出要采取预防入侵行动的指示。他给西线总司令下令，如有必要，就让部队处于戒备状态。然后又增调了3个师到西线。

可是，什么事情都没有发生。希特勒激动的情绪平复下来。间谍的注意力从法国和挪威转移到另一个地区。

第 25 章 意外之最

8月底，巴西对德宣战，成为第一个对德宣战的南美国家。这个新因素把间谍的注意力吸引到南方。他们观察地图发现，东半球离这个最新交战国最近的地方是达喀尔，这是一个盟军进攻一度未遂的敏感地点。它的名字迅速出现在潜伏特工的报告上。第一批报告中，有一份来自梵蒂冈，这个世界上消息最灵通但一般不卷入军事问题的地方。那里的人说，美军和英军将在10月中旬到11月中旬发动大规模强攻，分别在达喀尔和北非登陆。到了10月，关于达喀尔的报告越来越多。

10月5日有两份，6日有一份，9日有一份，如此接连不断。比如，德国中央保安局六处B组二小组于13日转来一份间谍的报告。这位间谍是法军前中尉，后成为法德合作的坚强战士。据他所说，情报来自维希法国殖民部情报局的一位军官。这位与达喀尔情报局有联系的殖民部队军官报告：法国军方人士日益认为盟军将进攻达喀尔。进攻将由陆路从盟军附近的领土发起，从而避免法国舰队的拦截。据说法军总参谋部认为，盟军一旦拿下那个港口城市，各师将沿撒哈拉沙漠边缘北上1000英里，夺取摩洛哥的阿加迪尔和马拉喀什。第二天阿勃韦尔从葡萄牙发回一份情报，部分证实了盟军的确有可能采取这种愚蠢行动。情报说，护航运兵船从直布罗陀出发，正开往弗里敦附近海面的指定集结地点同美军会合，它们将从那里北上夺取达喀尔。这次的报告与德国中央保安局的报告不同之处在于，盟军会选择从海上发起进攻。那一天，外交部也提供了一份报告给海军总司令部。葡萄牙驻巴西大使电告里斯本：美国军队和大量作战物资已运抵巴西纳塔尔、累西腓和若昂佩索阿，这是巴西距离达喀尔最近的三个港口。大使明确表示，它们的目的是横渡大西洋夺取战略地位重要的达喀尔。

各方面提供的大量迹象，引发了第二天希特勒形势会议的讨论，德国最高统帅部和意大利最高统帅部终于真正担忧起来。10月19日，它们达成一致认知，盟军的确在为登陆达喀尔做准备。

不止达喀尔。还有摩洛哥，尤其是它的大西洋海岸，很可能也是盟军的登陆地点。在阿尔及尔登陆的可能性较小，特别是突尼斯，因为它们接近隆美尔的后方。意大利军事情报机关负责人认为，摩洛哥确实是盟军的进攻目标，只是进攻时间是春天。可是对于所有这些情报，没有人采取任何行动。报告仍然不断到达，有的报告说，盟军将进攻挪威、丹麦、荷兰、比利时和法国，甚至有一个特工预言，这5个国家会同时遭到盟军的进攻。

发动任何进攻几乎都必然来自海上，因此德国人通过侦查盟军何时何地集结船只来寻找线索。阿勃韦尔10月17日报告，军队和作战物资正在英格兰南部沿海怀特岛的港口集结，该港口现已停泊有42艘船，可载3万人。阿勃韦尔另一份9月发出的报告到达得太迟，说英国西部沿海港口集结的一支大型护航船队，将开往西非（达喀尔地区）和近东。10月21日，海军电讯监听处报告，苏格兰西海岸克莱德湾的无线电传真照片显示，那里集结的船只从8艘增加到43艘只用了6天。

这份报告没有更多信息，但确实是为入侵北非集结的护航船队之一。就在那天，这支船队出发了。大约与此同时，100艘满载兵员和作战物资的船只以较快的速度驶离美国的4个港口。这些船只不使用无线电通信，总是改变航道，避开据说有德国潜艇活动的海域，驶向法属北非的大西洋海岸。几天后，更多的船只驶离英格兰的港口。在遥远的埃及，1000门大炮在一个名叫阿拉曼的小型铁路枢纽站上，喷吐火舌，划破了黎明前的黑暗。负责德国海军作战日志填写的人承认，这是蒙哥马利在发动"具有决定性战略意义"的攻势。与此同时，苏联人也在集结部队，准备给予中央集团军群和围困斯大林格勒的德军以沉重打击。英格兰西部的港口有更多的船只驶离，它们将穿过直布罗陀海峡，让所载的英美军队登陆地中海的法属北非海岸。

在这些海上活动秘密进行时，德国情报机构正竭尽全力试图突破盟军的安保屏障。海军电讯监听处是德国海军最有价值的情报机构，不会轻易上当。10月3日，它识破了英吉利海峡西部无线电通信增加的骗局。10月22日，它对意大利海军情报处送来的一篇分析报告进行研究。意大利海军情报处认为，前一天下午1点57分的一份无线电报与一支护航力量很强的英国船队有关系，这份电报是发向所有英国战舰的，后来又从直布罗陀转发到马耳他。海军电讯监听处同意这封电报表明有某种不寻常的事发生的观点，但不认为它与那支护航船队有联系。海军电讯监听处还截收了发给地中海所有英国潜艇的部分电报。这些电报有两个地方不同平常：接收单位以前在无线电通信中没有出现过，这些单位的编号不是通常系列的编号。海军电讯监听处认为，这表明这些电报是特别作战命令。几天后，它断定这些电报只能是英军在埃及发动攻势时发出的。10月29日，海军电讯监听处从一艘9月14日打捞自托布鲁克附近海面的被击沉战舰上，获得英国皇家海军的一份密码。这份密码就是被海军电讯监听处称为"蓝色慕尼黑"的密码。第二天上午，经过威廉·特拉诺小组的初步分析，英国皇家海军主力舰的位置被基本确定。但是，海军电讯监听处并未由此推断出即将发生的作战活动。

这样的推断本可以根据盟军船只的位置和活动做出。然而，几乎每天都在英格兰上空进行的航空侦察行动发现，西南沿海的港口空荡荡一片。否定的证据总是很少为肯定的意图提供线索。但飞机和潜艇提供了一些确切情报。一艘潜艇发现"罗德尼号"（*Rodney*）战舰从斯卡帕弗洛南向行驶。10月28日，一支航母舰队从直布罗陀开出，第二天向西驶去。一架德国侦察机10月31日响午在布列塔尼半岛以西约300英里的海面上发现了两艘航空母舰、一艘巡洋舰和一艘驱逐舰向正南方航行。11月2日，潜艇发现两支大型护航船队，其中一支往东驶向直布罗陀。但德国人未能从中看出盟军的布局。

然而有一个情况是清楚的，直布罗陀港已被船只塞满。阿勃韦尔早就在阿尔赫西拉斯设立了一个观察站，这个观察站设在圣路易斯别墅里，是一所私人住宅，据说曾属于英国空军武官。从别墅能眺望到距离阿尔赫西拉斯湾4英里远对岸的直布罗陀镇及其港口。1942年10月1日，卡尔·雷德尔上尉奉命在此建立观察站。这名维也纳人一战时在奥匈帝国海军中服役，在奥地利于1938年被德国吞并后，因为语言能力加入了阿勃韦尔。他原本并不懂西班牙文，集中精力向前重量级举重冠军普里莫·卡内拉的一个侄女学习3周后，"学会了"这门语言。

雷德尔和他的两个军士，每天都用蔡司牌望远镜观察对面的港口舰船、飞机和基地的活动。比如，10月19日，他们观察到一次有8艘护航舰和5艘登陆船参加的登陆演习；26日，"暴怒号"（*Furious*）航空母舰和3艘驱逐舰抵达港口，又于2天后往东驶去。他们的电报经由无线电发报员译成密码电报后，发往法国境内比利牛斯山脉边的克斯情报站，再由此转发到柏林。10月份，港口里舰船数目时多时少，但快到月末时，数目开始稳步上升。11月3日，雷德尔报告，港口锚地里停泊着1艘战舰、3艘航空母舰、4—5艘巡洋舰、15艘驱逐舰、28艘蒸汽轮船、13艘油船以及其他小型船只，基地里共有149架飞机。

第二天，海军发现仅直布罗陀的战斗机数目就在短短一个半星期内从59架增加到109架，包括喷火式和飓风式飞机。港口多出一个有14艘轮船和3艘驱逐舰的护航船队。德国空军问海军，这些情况说明什么？

当盟军的军舰和护航船队向北非开去，准备进行当时世界上史无前例的最大规模两栖登陆作战时，德国海军给出了它的答案。

    1. 美国在过去几天集结在直布罗陀的强大海上力量，显然即将在西地中海采取重大行动。这些舰船的型号和数目，让人难以确定敌人意图，但与以往观察到的开往马耳他的护航运输队情况相符合。海军作战指挥部认为，盟军极有可能重演下面这种行动。前一次开往马耳他的运输船及其护航舰船偷偷溜入地中海，事先未被注意。此次不同，我们可以断定，这次海上力量的集结企图牵制意大利的舰队和轴心国的空军力量，将其引向西方，以此支援英军在埃及的攻势。

    2. 登陆船和运输船的数目相当少（前者约50艘，后者2艘），似乎表明敌人立即在地中海地区或非洲西北海岸登陆不大可能。

第二天，11月5日，星期四，刚开始较为平静。间谍的报告如往常般送达柏林。阿勃韦尔来自巴黎的报告表明，美军将于14天后登陆卡萨布兰卡。来自西班牙和葡萄牙的报告说，进攻目标可能还有意大利，不仅是北非海岸。气候的恶劣让德军不能从空中侦察直布罗陀。舰船下午1点时还停留在那里。

但晚上8点后，它们开始悄悄驶离港口，往东进入地中海。晚上10点，两三艘战舰离港时，雷德尔的观察员发现，一支大型护航船队经直布罗陀海峡开往地中海。一个小时后，一个意大利特工发现，35艘为防空袭而实行半灯火管制的船只，正通过直布罗陀以西的塔里法港，也是向东驶去，速度约为14节每小时。按理这应该是另一支船队。

翌日凌晨，轴心国依然未看出事情的端倪。德国驻罗马的舰队司令宣布，盟军的海上活动，要么是向马耳他大规模运送供应品，要么是准备在地中海西部或中部海岸，抑或同时在这两个地方登陆。海军总司令部通知元首，所有这些情况表明，盟军的登陆行动即将开始，"登陆地点最可能是的黎波里—班加西地区（隆美尔的后方），然后是西西里、撒丁和意大利海岸，最后是法属北部非洲"。

空军不断报告发现护航船队，但其中的部分报告和特工的报告一样充满矛盾，让德国人不知所措。星期五下午2点45分的发现让他们更加不敢相信，因为这次他们发现，领头的护航船队正在沿着100°方位或是稍靠东南方向航行，而此前报告说它向东北方向航行。4小时后的第二份报告证实了100°的方位，德国人这才相信情报的正确。然而，这又导致罗马方面不得不考虑一个可能，就是盟军可能在阿尔及利亚的穆斯塔加奈姆登陆。实际上，这个地方位于盟军的真实登陆地点奥兰以东，距离很近。

周末两天，德国驻意大利海军部队奉命每小时报告一次情况。他们"并未弄清敌军海上活动的整体情况"。空中侦察从早晨很早就开始了。一架德国飞机于凌晨4点40分，在度假胜地伊比扎岛以南80英里的海面上，发现一支护航船队，但未报告其航向。后来的侦察发现，有两支护航船队合并。上午8点，意大利海军司令部断定盟军企图登陆的地点是法属北非，或者是当天上午在奥兰—阿尔及尔地区登陆，或者是第二天上午在更靠东的布日伊和博纳这两个港口地区登陆。意大利海军司令部并不认为登陆会发生在隆美尔后方。但确切情报的缺乏限制了意大利司令部的判断，它不得不和轴心国伙伴一样靠猜测行事，根据难以站住脚的证据（头两支护航船队相隔170海里、第二支和第三支相隔100海里），就预言盟军将同时在"塔巴尔卡（博纳以东）、布日伊和阿尔及尔登陆"。

与此同时，德国驻马德里大使馆加剧了这种混乱。它报告说，西班牙人认为这些船只将在意大利登陆，而德国驻马德里的武官既不同意大使馆的看法，也不同意意大利海军司令部的观点，而是认为隆美尔的后方才是登陆目标。他补充说道，盟军企图在法属北非登陆的说法不大可信。

在东普鲁士大本营里，希特勒收到关于盟军海上活动的报告。他和德国驻马德里武官一样，认为盟军将有四五个师在隆美尔后方登陆。接着，这位头号政治家和战略家以自己的行动，做出了对护航船队和整个地中海形势是否重大的判断。下午1点40分，他离开"狼穴"，准备第二天对党内老同志发表一年一度的讲话。

当盟军的护航船队不停往东驶入地中海，而从美国开出的一支护航船队在完全没被发现的情况下即将抵达非洲大西洋海岸的时候，德国军事情报和反情报第一负责人卡纳里斯将军及其下属皮肯布罗克，正前往哥本哈根开会。海军总司令部在作战日志上悲叹道："报告互相矛盾，不能明确表示敌人的作战目标在何处。"夜幕降临，所有船只掩藏在地中海的黑夜中。船头右舷前方的地平线出现绚丽的霞光：奥兰到了！一队队船只猛地调头驶向海岸，船体大幅度向右舷倾斜。离岸 5 英里时，大型运输船扑通一声抛了锚。水手们在波涛汹涌的漆黑海水中放下登陆艇。突击队摸黑进入登陆艇，打开发动机，在嘟嘟的颤音中扑向沉睡的海滩。

就在这时，柏林的电传打字机咔嗒咔嗒响了起来，这是巴黎再次向外交部报告盟军意图的电报。法国国防部长认为，盟军将在的黎波里或西西里登陆，这纯属胡猜乱测，和所有其他报告一样。法国人、意大利人和德国人，都没能突破盟军的安保屏障，全都遭遇彻底失败。护航船队不使用无线电，避开潜艇活动海域，让德国人无法从通信联络和观察监视中获得情报。德国的间谍行动和密码破译的失败，断绝了他们获取情报的其他路径。美国从自己的领土直接派遣船只，使德国海军总司令部更难估计盟军的船只数量。因此，盟军登上码头，或是在奥兰、阿尔及尔和卡萨布兰卡登陆，没有引起德国人的丝毫怀疑。次日凌晨白宫宣布登陆后，他们方才知道，这次战争中的第一次大规模两栖登陆，就是盟军的首次强大攻势。

第 26 章
失败终局

阿道夫·希特勒迷惑不解，几年来，他一直被这个问题折磨，现在这个问题又在惹他烦恼。1943年12月20日，星期一，一场形势会议在东普鲁士稀疏森林中一间像棚屋一样的木头房子里举行，但他在会上并没有一开始就特别提到这个问题。他只是说：

"春天的时候敌人就会从西线发起对我们的进攻，这已无可置疑。"

总参谋长蔡茨勒和其他人一样，围在铺着棕褐色和蓝色巨幅地图的桌子旁，几分钟后，机械地重复着元首的话：

"毫无疑问，盟军会向我们进攻。"

会议转而讨论战争的其他高级指挥问题。会议即将结束时，希特勒又回到盟军发动进攻的事情上，讲出他反复思考的问题。

"如果从一开始我们就能知道哪里是佯攻，哪里是主攻，就好了。"没有人否认知道此点的好处，却也没有人能告诉他这个问题的答案。未来的几个月里，这个问题将吸引他们越来越多的注意。

12天后的欧洲西部，一个青年军官坐在位于法国灰色工业城市图尔昆的写字台跟前。他是哲学博士汉斯·科洛姆巴拉（Hans Colombara）上尉，德国第15集团军的战争日志员。这个集团军被部署在法国北部和比利时，帮助德国抵御英国越过海峡的进攻。司令部所在地图尔昆位于比利时边界以南。1944年元旦，科洛姆巴拉根据司令部的观察，写下新一年刚开始时的军事形势。

"敌人，"他写道，"肯定已做出进攻西欧的决定。"

科洛姆巴拉上尉的想法与希特勒一致。他并非猜出了元首的心思，也并非有洞察高级战略的特别能力，只是每个德国士兵大概都逐渐得出同样的结论。因为苏联人正大声疾呼让同盟国发动进攻，罗斯福和丘吉尔也已答应。同盟国反攻在即的想法早就深入到欧洲每一个角落，甚至深入到安妮·弗兰克和她一家人可怜又简朴的藏身之地。

事实上，希特勒第一次想到美军在欧洲登陆的可能性时，距离德军在敦刻尔克把英军撵出大陆只过去了6个月。当时他否定这种想法，认为这只是"幻觉"。但在他入侵苏联之后，他的恐惧与日俱增。比如1941年10月29日，他承认英军可能在西欧登陆以减轻苏联人的压力，虽然他也说，强攻登陆必然被击退，仿佛这一点是天经地义的事。12月12日，对美宣战第二天，他担心同盟国会撇开日本，全力对付德国，第二天他再次提到同盟国在欧洲登陆的可能性。1942年3月23日，他的担心变得十分强烈，促使他发出第40号作战指令，警告"敌人在不久的将来可能登陆"，并具体明确了沿海地区指挥官的职责。3个月后，他突然对西线总司令下令，要求军队进入最高级战备状态。此后几周，不断传来消息说英国南部沿海港口有小型船只集结。与此同时，罗斯福和丘吉尔在华盛顿会谈后发表声明保证"牵制德军"来减轻苏联压力，这显然是说开辟第二战场。只是这样的事情并没有发生，让希特勒开始怀疑这些是不是欺骗。后来的8月19日，加拿大军队袭击迪耶普，遭到守军方的有力反击。虽然缴获的文件告诉希特勒，这次袭击只是试探，根本没有持久占领登陆点的打算，希特勒还是宣布等待已久的入侵被击退。10月份发生另一次入侵威胁（那年的第3次）时，他间接承认了这一点。但是，此后一个月的事情终于使他醒悟——盟军在北非登陆了。

当时许多人都在说，盟军将于1943年越过英吉利海峡强行登陆。报告源源不断地送到德国，告诉希特勒这千真万确。负责防守法国的将军们认为，盟军将在他们入侵北非的同时发动进攻，因为此时的德国因占领整个法国而兵力分散。希特勒并不同意这种看法。

1943年5月19日，北非的最后几支轴心国部队投降后一周，希特勒在形势会议上告诉他的将军们："西线不会有什么事情，我确信这一点。如果他们一定要进攻，那只会是意大利，自然还有巴尔干。巴尔干是很危险的。"随着春天的到来和适合作战的天气出现，形势越发紧张。但是，正如希特勒预料的那样，盟军只在地中海发起进攻。他们占领了西西里，从这个靴尖[1]向北推进。

盟国的战略奏效，墨索里尼倒台了，意大利退出轴心国，海运变得畅通无阻。当诺曼底种植苹果的农民摘下熟透的苹果，压出果汁制作白兰地时，当波尔多的酿酒人在明亮火热的田野里，从葡萄架上剪下一串串香甜紫红的葡萄时，反攻欧洲的可能性似乎大大降低了。德国占领军开始在风和日丽、阳光明媚的白天打起瞌睡。尽管同盟国加紧了对欧洲的轰炸，盟军增加了对意大利的压力，巴黎、柏林和伦敦都已夏秋消逝、冬日来临，同盟国始终没有进攻。人人都知道盟军会在第二年登陆。11月3日，希特勒正式提出这个问题并强调其重要性。他在第51号指令中坦言：

> 东线的危险依然存在，但更大的危险在西线，在于盎格鲁—撒克逊人的登陆……东线的广阔领土，让我们即便失去部分乃至大片土地都不会对德国的中枢形成致命打击。而西线不同。一旦敌人成功突破这里广阔的前线防御，其直接后果无法预料。各种迹象表明，最迟在明年春天，或许更早一些，敌人就会进攻欧洲西线。

但是"更早一些"并没有发生什么，这一年过去，盟军都未跨过英吉利海峡。

登陆终将发生在1944年，包括科洛姆巴拉在内的人都看到了这一点。重要的问题在于登陆发生于何时何地。新一年的第3天，最高统帅部作战部情报参谋发布了作战部长约德尔将军签署的《关于对敌人在西线开辟第二战场准备工作进行侦察的指导方针》。这份长达3页的文件，指示下级机构要搜集哪些入侵情报。英国南部各港口登陆艇和货船的数量是最急需的情报。其次是其他的海军情报。最后是有关英国入侵部队指挥机构，以及有关"位于英格兰南部部队

---

[1] 亚平宁半岛形态如同一只靴子，西西里岛即位于"靴尖"处。

的编制和配属资料,据此可推测发动进攻的地区"。这项侦察工作将由西线总司令指挥,全部结果送交到设在元首大本营的最高统帅部作战部。

同盟国领袖早就认识到,越过海峡直接对德国心脏发动大胆的军事进攻是能够击败它的。他们早就想这么做,但这一计划在1943年无法实行,因为他们缺乏足够的兵员和物资。这一年年初,他们成立了一个专门机构来策划这项伟大的行动,并预定在1944年春实施。

盟军面临的首要问题是在哪里发动进攻。这个选择取决于如何获得兵力优势。因为正如克劳塞维茨所说:"在战术上和在战略上一样,数量优势是制胜的最常见因素。"这意味着,不仅在进攻初期要占据该优势,在挺近目标地区——德国工业基地鲁尔区时,数量上也要占据优势。

集中兵力是获得此种优势的最直接办法,也就是说,登陆地点既要靠近入侵者的基地,也要靠近目标地区。因为国内的兵员和物资跟战斗地点离得越近,才越能及时到达。空军就是重要例子。飞机飞到战场的距离越短,能在战场上空待的时间就越长。目标越近,越有利于集中兵力,军队就没有必要为保护长长的侧翼而分散兵力。

但是,还有一种间接或者说消极的方式,可以获得数量上的优势。这种方法不是靠增加自己的实力,却能在实际上减少敌人在决定性据点的力量。这就是突袭,进攻意料之外的地方。突袭几乎和直接集中兵力一样能够取得优势。克劳塞维茨说:"没有突袭,在决定性据点取得优势几乎是不可想象的。"

同盟国自然想同时得到上述两种办法的好处。困难在于,采取一种办法必然会牺牲另一种办法。根据这个主要问题以及诸多次要问题,进攻策划人员研究了欧洲大陆沿海一带的登陆地点附近是否存在港口,因为仅靠海滩可容纳不了盟军对抗敌军所需的大量补给;敌人在各据点的防御力量如何;进攻部队能否轻易退出海滩、扩大滩头阵地以形成桥头堡;地形是否会阻碍行动;登陆地区能否修建飞机场;未来的登陆海滩能否承受运载数吨货物的重型卡车;盛行风和海潮是否会对登陆造成妨碍。

在英国的直接路线上,离鲁尔最近的是荷兰,那里还有大型港口。可是,荷兰在战斗机续航半径之外,海滩受北海气候影响,海滩上的沙丘也会限制车

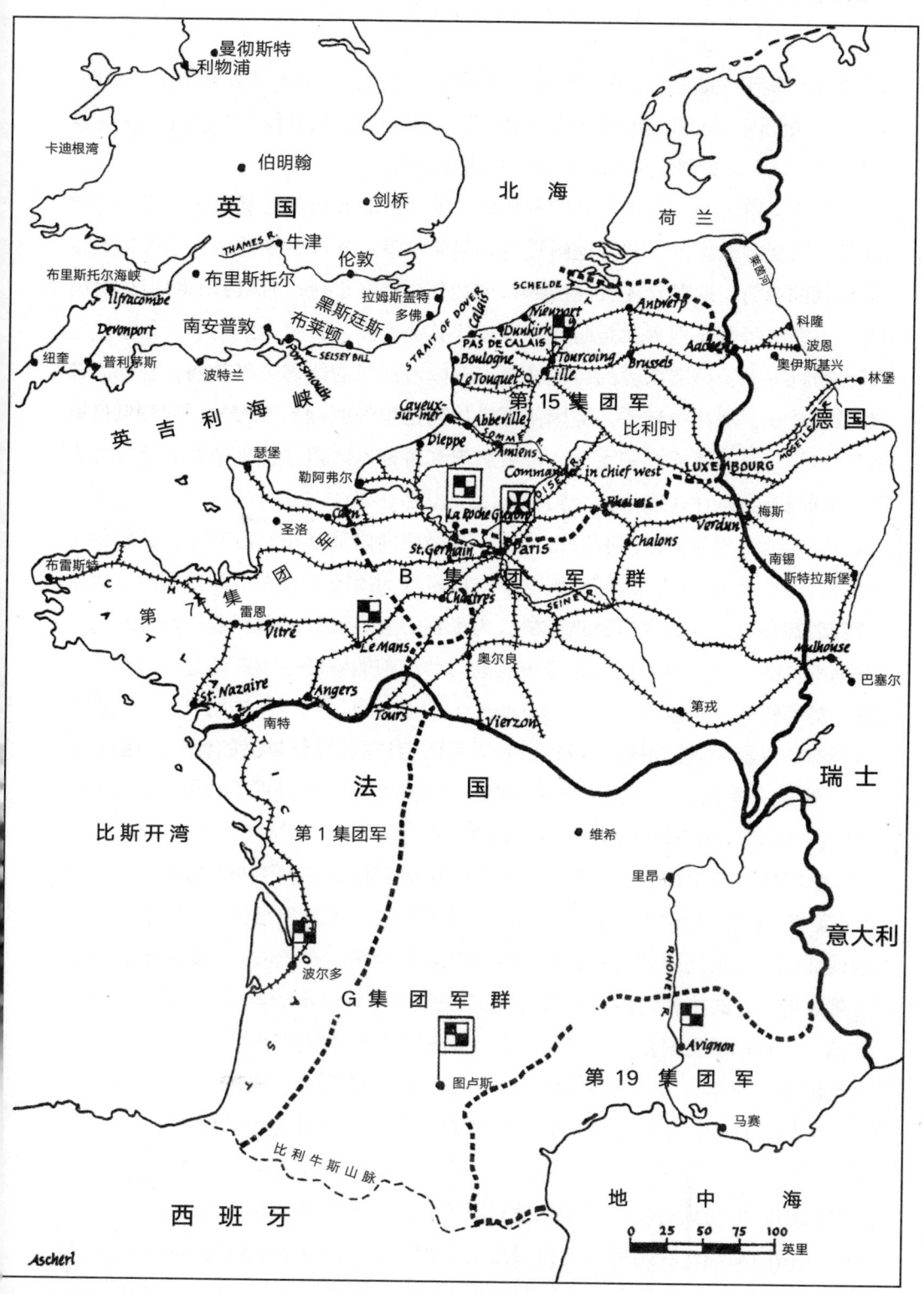

英国南部和法国西部：越过海峡入侵欧洲的可能基地和进攻目标。

辆通行，海滩后面的陆地很容易被敌军用海水淹没。丹麦和法国南部防御薄弱，却又离同盟国基地和入侵目标都太远。最后，进攻策划者们将登陆地点定在瑟堡半岛。这个地方是突袭和集中兵力的最佳组合。

这个科唐坦半岛是诺曼底的一部分，从其西北伸向英吉利海峡。半岛的顶端就是重要的瑟堡港，其基地附近是勒阿弗尔港。许许多多的小农庄分割了绵延起伏的半岛，这些农庄又在内部将土地分成许多小块，用浓密的绿色树篱隔开。这些树篱既是地界又是防风林。相比其他地区，科唐坦距离英国和德国更远，所以提供了突袭更大的可能性，也意味着那里的防御工事较弱，驻扎的部队数量较少、战斗力较差。英国南部港口到这里的航程不算太远，战斗机可以到达这里，虽然不能逗留太久。从科唐坦到目标地区鲁尔也不像其余地方那么远。其他有利条件还有：这个岛的西北突出部分挡住东北边的海滩，使它不受西风影响；海滩后面虽然有高地，但不会妨碍向内陆突击；海滩可以运输供应品，这一点极为重要，最初建议的卡昂就是因为周围没有大型港口可用来提供登陆最初几天所需的供应而被否决。为了进一步不让敌人想到登陆地点会选择远离港口的地方，为了在占领瑟堡或勒阿弗尔前能够源源不断通过海滩运送大量兵员和物资，同盟国大胆构想了两个人工港，通过沉下一排船只和沉箱在海滩下面的水里形成防浪堤，用以保护同海滩相连的漂浮码头外端。这些港口代号"桑葚"，并在位于英国波特兰的大型海军基地里，以最严格的保密方式建造了它们的部件。德国的侦察机无法飞到那里。

选择将科唐坦作为登陆地点，登陆策划者就放弃了另一个主要地点：东北160英里外的加来海峡。加来海峡这个名字在法文里是狭窄的含义，它位于法国西北部，凸出到多佛海峡，加来海峡离英格兰更近，比欧洲大陆其他任何地方都要近。它的格利内角离多佛不到21英里，严阵以待的英国士兵在万里无云的晴天，可以看见对面同样的白色海岸峭壁在午后的太阳照射下闪烁金光。如此近的距离原本有利于盟军集结兵力直取鲁尔，但事实上却弊大于利。这个地点如此引人注意，德国人早就在这里修建了比沿海其他地方都要坚固的防御工事。防守者可利用它的峭壁用炮火轰击进攻者。少而窄的出口会堵塞盟军向内陆的突击。集结兵力所需的船舶数量巨大，这个地区的加来港和布洛涅港停泊不下所需的船舶。勒阿弗尔港是最近的大港口，与加来海峡的距离比从瑟堡到登陆海滩卡昂的距离要远得多。占领该地区需要进行远距离的侧翼包抄。尽管如此，因为这个地区的有利条件，同盟国并不打算放弃，他们打算利用这些让德国人相信盟军猛烈进攻的地方就是加来海峡。

如果说"保密"是同盟国反情报机构为进攻北非确定的口号，那么"欺骗"则是这次登陆的口号。欺骗比单纯的保密更为复杂，风险更大，当然回报也更大。保密能够迫使敌人全面分散其防御力量；欺骗则能愚弄敌人，使它在错误的据点加强兵力，在正确的据点削弱兵力。欺骗比保密更能间接增强自己的兵力和物力。因此，拥有的兵力物力资源较少或是需要更多资源的人，对这种欺骗手段特别感兴趣，而渴望更多资源的通常就是缺乏兵力物力的人。

1940年英国在埃及正是如此，盟军的欺骗手段就是从这里开始。驻埃及英军司令建立了一个事实证明非常成功的特别欺骗机构，1941年，英国参谋长联席会议下令各大部队建立同样的机构。为了协调这些机构的行动，确保两个欺骗机构间不会发生冲突，不会相互暴露对方，参谋长们成立伦敦协调站，由J. H. 贝文（J. H. Bevan）上校领导。美国参战后，贝文实施计划需要征得英美联合参谋长会议同意。

盟军成立远征军最高司令部，以准备越过海峡发动进攻。它立即建立了英美欺骗机构，由诺埃尔·怀尔德（Noël Wild）上校负责。这位上校在行政上隶属精锐的第11轻骑兵团，实际上自1941年以来就担任埃及欺骗行动副指挥。1943年底，他在英国伦敦诺福克大厦艾森豪威尔总部的一个办公室就职。

许多条件已为他准备好。最重要的帮助是已拥有递送假情报的主要渠道，就是德国在英国的间谍机构。英国人在审问中，特别是从对敌方特工通信的完全控制中，逐渐意识到他们已逮捕岛上的所有德国间谍。那些愿意并能够合作的德国间谍成为为英国人工作的双面间谍，其余的或被监禁或被处决。所有这些双面间谍提供给阿勃韦尔和党卫队保安处间谍头子的情报，都是那些英国人要求传送的情报。协调这些特工行动的是贝文主持的部际欺骗委员会。战争初期，欺骗委员会并未打算为了进攻欧洲欺骗德国人，而专门成立一个双面间谍组织。但这个系统已发展为现在这样，怀尔德自然要利用这个现成的系统。

他用假的登陆船和假的通信网来表演假象。同时也利用了强大的安全措施，从而防止敌人了解真实情况。这些安全措施不仅有对这个岛国移民的严格控制，还有同盟国的空中优势，阻止了德国的全面空中侦察。盟军的密码技术使德国人不能破译同盟国的绝密情报。

这样，同盟国就掌握了正反两面的基本情况。不了解这些情况，欺骗不可能成功。但他们有一个超级优势，胜过了上述所有条件。这个优势就是同盟国可以破译阿勃韦尔的手摇密码机和机器密码机，阿勃韦尔使用恩尼格玛密码机的简单仿品编译的密码均在可破译之列。

这些破译有助于英国人了解欺骗活动的两个关键领域。第一是敌人的情报组织机构和活动情况。英国专门研究德国情报工作的专家休·R.特雷弗-罗珀（Hugh R. Trevor-Roper）少校逐步了解了这些，其了解的精确和全面令人震惊，他甚至掌握了敌人情报机构主要领导人的个人情况。因此，英国在指挥特务时能够避免因为不熟悉对方人员和工作方法而出现差错。第二是德国的密码电报使怀尔德知道哪些双面间谍提供的材料被德国人当真了。总而言之，截收的情报使怀尔德了解内幕，欺骗时胸有成竹，不会有未掌握内情的盲目性。

这就是1944年1月3日上午11点15分左右的形势，当时怀尔德和贝文正穿过伦敦圣詹姆斯街58号严肃的门厅。没过一会儿，他们就被请到四楼的一间会议室，会议室窗户朝向街道。会议室一张大桌子周围坐着12个人，全都抬起头望向他们。这些都是欺骗委员会的委员。贝文向他们介绍了怀尔德。当怀尔德叙述他希望利用被驯服的特工，在即将发动的登陆作战中执行欺骗敌人的全面计划时，委员们听得津津有味。

英国要欺骗的人遍布欧洲。首先是正在东普鲁士孤立营地指挥战争的希特勒。他收到有关盟军即将进攻欧洲大陆的情报，主要来自总部位于措森的西线外军处，距离他350英里开外。这里，冯·伦内上校在一个A字形屋顶的双层钢筋混凝土掩体里，正指导总参谋部的军官阅读同盟国几周前的报纸，研究特工们提供的报告、估计敌人的实力、反复核对特务的档案卡。伦内每天写一份形势报告，送给西线各德军部队和负责西部战区的最高统帅部。最高统帅部的情报参谋克鲁马赫尔上校会把报告转交给约德尔将军，有时约德尔将军会呈送希特勒。

西线总司令格尔德·冯·龙德施泰特（Gerd von Rundstedt）陆军元帅是一个非常典型的德国军官，从他佩戴的单片眼镜就可以看出。他已年过70，是德国陆军的高级将领之一,在进攻波兰、法国和苏联的闪电战中曾指挥集团军群,但后来病休了一段时间。1942年3月,他向希特勒报告身体康复,于一周后负责法国、比利时和荷兰的防务。一点干巴巴的幽默略微冲淡了他外表的严肃和庄严,然而他的风度和思想,仍然是总参谋部训练造就的那种准确和规范。

他的总部位于巴黎西边塞纳河旁漂亮的圣日耳曼昂拉耶城堡(St.-Germain-en-Laye)。龙德施泰特和他的军官们倚在城堡长达1英里壮丽平台上的华丽栏杆旁,闪闪发光的河流和远处灰蒙蒙一片的巴黎城尽收眼底,还能看见远处山顶上的两个小圆屋顶。白色的是圣心教堂,它是为在1870年那场最终由普鲁士获胜的普法战争中阵亡的法国将军修建的纪念堂;黑色的是伟人祠,是法国最伟大英雄们的陵墓。太阳王路易十四,这个把法国疆界扩展到莱茵河的国王,就出生在这个城堡。一同在这个优美而又富有历史感的地方办公的,还有龙德施泰特的情报参谋威廉·迈尔-德特林上校,一个仪表堂堂、颇为顺眼的大块头参谋军官,自1942年7月起一直从事这份工作。他分析送来的情报,并常同上级伦内交换意见。

龙德施泰特指挥着G和B两个集团军群。前者部署在法国南部。后者部署在法国北部,守卫着这个最受威胁的地区,由陆军元帅埃尔温·隆美尔担任司令。后者的级别可直接见到希特勒,因此这只沙漠之狐、民族英雄、元首爱将一旦与挂名上级龙德施泰特发生分歧,便可以绕过龙德施泰特,直接和希特勒沟通。事实上,他们之间的分歧很快就出现了。隆美尔的总部设在文艺复兴式的城堡拉罗什-古永,著名的《箴言录》作者拉罗什富科公爵后裔的宅邸。这个封建式的城堡位于巴黎西边约40英里处塞纳河一个朝北的大湾里。他的办公室是一间挂着古式壁毯的书房,就在他所用的写字台上,路易十四的陆军大臣曾签字废止《南特敕令》,结束了容忍法国胡格诺派教徒进行宗教活动的时代,开启了让国家遭受严重损失的人才外流,这是除去希特勒迫害犹太人外,在任何国家再也没有见过的惨象。这座中世纪城堡上面的城楼早已倒塌。这些都是错误和死亡的兆头,但隆美尔及其情报官安东·施陶布瓦塞尔(Anton Staubwasser)上校没有因此而感到不安。这位矮胖的情报官是个情报老手,曾在西线外军处做过几年研究英国军队编制的复杂工作,获得了优异的成绩。隆美尔的集团军群包括在荷兰的占领军和在法国北部的两个集团军,以及在加来海峡的第15集团军和在科唐坦、布列塔尼的第7集团军。

这些军队既缺乏时间，也缺乏人力，不可能迅速加强在大西洋和英吉利海峡沿岸的全线防御。因此，重点防御地区必须确定，并向盟军最有可能进攻的地点提供最多的装备和物资，驻扎最强大的军队。于是，确定最可能遭受攻击的地区，成为指挥官们和希特勒的第一要务。

问题是，他们的情报官极少具备对手英国所具有的有利条件。龙德施泰特承认情报"不充分"。海军承认"难以判断敌人选择哪个轴线发动进攻"。但对于这种困难，希特勒的军官认为是正常的。克劳塞维茨都说过敌人的情报有多么"不可靠和瞬息万变"。他写道："战争中许多情报互相矛盾，甚至更多的是假情报，大多数则不确定。"但这个伟大的军事理论家并未因此让他的读者困惑。他告诉读者，在如此难解的形势下一个将军应该如何做。他说："指挥官必须像磐石一样坚信自己的判断，任惊涛骇浪也无可奈何。"这是他20世纪的学生们所做的。他们判断敌人进攻的依据，是一般战略原则。数量上的优势就是其中最重要的一条。德国的军事领导人非常清楚，集结兵力或出其不意，都能获得数量上的优势。他们还知道，同盟国在这次战争中选择了后面那种间接的办法。盟军在北非、西西里和意大利，只是蚕食欧陆的沿海一带，避免正面冲突。对这种做法的含义，德国人非常清楚。最高统帅部说："盎格鲁—撒克逊人的进攻非常有系统……使挪威地区和日德兰半岛有可能面临威胁。"他们承认盟军前几次登陆均出乎他们意料，他们的最高指挥部警告（正如邓尼茨所说的）：敌人"正在努力隐藏他真正的目标，充分发挥出其不意的优势"。

但是，对盟军即将越过英吉利海峡发动进攻，德国领导人不认为前者会再次使用这种策略。德国人认为，盟军不会通过欺骗德军，削弱在真正进攻地点的力量等消极方法来获取优势，而是会采取积极办法，在决定性据点集结兵力。这里的决定性据点指的就是加来海峡。龙德施泰特说，敌人将"从海峡中狭窄的地方"进攻欧洲大陆。德国人为这种看法找到了理由，深信集中兵力的利大于防御工事最坚固的弊。加来海峡距离最近，将缩短舰船和飞机的路途时间，实际上等于船舶吨位和空军力量的成倍增加；加来海峡靠近鲁尔，便于突击时集中兵力。这是"直逼鲁尔的最短路线"，龙德施泰特说。德国人意识到，盟军很可能在主攻前登陆别的地方，以转移注意力。主攻目标将是加来海峡。对其他任何地方的攻击，都会削弱攻击力量，拉长向鲁尔进军的路程。连希特勒都承认，战争如果打到了鲁尔"就已成定局"。希特勒针对盟军将进攻加来海峡补充了如下看法：盟军希望摧毁可以向英国发射 V-1 复仇导弹的发射场。

为什么希特勒和他的陆海军将领们明知道盟军喜欢突袭中心目标以外的地方，还相信盟军会进攻加来海峡呢？主要是因为进攻加来海峡直截了当、简单易行，符合正统军事观念，同他们所受的训练、也许还和他们的生性恰好吻合。一个将领说："我们这些将军就是根据所接受的正规军事教育来做出判断。"克劳塞维茨极力主张"克敌应化繁为简"。这些将领年轻时完全接受了集中兵力的原则，并在一个接一个的战役中成功运用，帮助他们赢得了目前的威望。希特勒通过武力本身以及武力的威胁，已经赢得外交和军事上的胜利。事实证明，德国军队运用这一原则取得的成功远多于欺骗敌人取得的成功。欺骗敌人在地面作战中发挥的作用远小于在两栖作战中发挥的作用。此外，集中兵力的原则会不知不觉间带给人一种满足：根据这个原则，盟军将向德国人防守最充分之处发起进攻。

因此，当希特勒在他的第 51 号作战指令中强调，加来海峡的防御要加强，要超过西线其他地区时，没有人提出异议。他说："那里是敌人必将进攻的地方，那里还将是同敌人登陆部队决战的地方。除非一切都预料错误，盟军预计会牵制性进攻其他战线，大规模进攻也不无可能。"几周后，他依然坚持这个看法，并照此采取行动。凯特尔维护他："既然第 15 集团军的战线和第 7 集团军（科唐坦半岛）的右翼受到的威胁特别大，更多部队应当集结到这些战线后面。"接着他命令四个师开到这些地方。这就是希特勒和他的统帅部深思熟虑做出的一致判断。而且，正如克劳塞维茨嘱咐的那样，判断一旦做出就要如磐石般坚定不移。

他们的看法完全吻合怀尔德上校的欺骗计划。这正是他希望德国人相信的计划：盟军将在加来海峡发动主攻，此前进攻科唐坦不过是起牵制作用的佯攻。为了让德国人相信这个计划，他要做的第一件事情是展现盟军有足够的兵力，不仅足够发动牵制性进攻，还足够发动主攻。换句话说，他必须虚构出一些师，让德国人相信他们的存在。

敌人有多么强大，是军事情报的一个基本问题。伦内的美国问题专家里夏德·奥伊勒上校根据从西线外军处得到的公开数字，在1944年1月12日计算出美军的全部兵力：

最初计划1943年年底达到的兵力		8233083	官方数字，国会，《费城每日新闻》刊登，1943/6/18
减去冗员		562000	官方数字，麦克纳尼
1943年年底的实际兵力估计		7671083	
减去陆军航空队		2385000	阿诺德将军，1944/1/6
剩余部队（含陆军女兵）		5286083	
减去女兵			
	陆军妇女队	60000	官方数字，国会，史汀生，1944/1/8
	护士	57000	
	女兵总数	117000	
剩余地面部队		5169083	

这个表格看似准确，却有着严重的缺陷。这里面既有真实数字，也有估计数字。比如阿诺德的数字，来自他向陆军部长史汀生呈递的一篇专门报告。但这个数字也是估计的，这个数字是早几个月为年底提出的规划，因为1943年年底陆军航空队只有2126000人。其他数字由于种种原因并不正确。比如陆军和陆军航空队的总兵力实际是8202881人，而非众议院拨款委员会估计的8233083人。

因为伤亡人数和征兵人数的变化，甚至美国陆军自己都不能准确估计兵力。西线外军处的估计当然更不准确。事实上，1943年年底，美国陆军除去陆军航空队后的总兵力只有4878000人。从百分比看，奥伊勒估计的误差只是6%，可是这个6%是291000人，能发挥的作用不小。奥伊勒计算，每175000人可以组成3到4个师，包括相应的陆军航空队，以及诸如陆军司令部所属的支援部队。这样，奥伊勒就犯了绝对错误：他估计的现有兵力多出实际兵力7个师，如果不计算陆军航空队，或许要多9个师。因此，他更容易接受欺骗的数据，夸大盟军的数量。

几个月后，当盟军快要进攻欧洲大陆时，另一个报告似乎证实了他的估计。1944年4月给措森的电报指出："根据战争部长史汀生的报告，美国陆军在4月

1日（规定时间前约1个月）的满员兵力将达到7700000人。"[1] 这个数字证实了早先的数据（1943年年底兵力达到7671083人），进一步加深了奥伊勒的错误印象。

怀尔德不知道奥伊勒的计算错误，尽管他因此受益。他确实知道另一种情况也帮助了他，那就是美国陆军步兵师的番号制度。[2] 正规陆军师番号是1到25，国民警卫队番号是26至75，76及以上为成建制的后备队和应征士兵组成的部队番号。陆军动员时，国民警卫队的番号仅到45。46到75的番号本来应该留着不使用，但由于某种原因，其中7个番号被陆军给了新成立的师，于是国民警卫队还有23个师的空番号。陆军不会使用它们，却能用来欺骗对手。他们还可以使用现有师最高编号106以上的番号。

他们确实这么做了。几名进行欺骗活动的军官同军需主任确认了一些事情后，在1943年的一天，前往华盛顿西南的徽章设计所。[3] 设计所为陆军新部队设计徽章。他们对那里的一位彬彬有礼的老人说，他们需要番号为49、55、56、59等师的臂章。他们并未对设计图案提出明确要求，徽章设计所还是制作了臂章，比如第55师是一个双五角形，一个蓝色五角形套一个黄色五角形。所以欺诈机构只要有为虚设的师提供真实徽章的需求，它们就可以满足这些需求。

为了指挥这些不存在的师，美国陆军设立了高级司令部，加剧了军事行动逼近的危险。西线外军处从他们的权威消息来源那里获知，美军在军、集团军和集团军群这几级建立司令部。比如，西线外军处从无线电情报中获悉，第30步兵师被编入第19军，这是该军第一次被德军获知。或许西线外军处发现的部队中，最重要的是美国第1集团军群，建成于1943年10月16日，建立的目的是为了在"霸王"行动中指挥美国的地面部队。美国的两个集团军在

---

[1] 原注：OKH:H2/11b:IV:18.2.44. 此处提到的报告见 *New York Times*（18 April 1944），4:1，不过，报告并没有提及7700000是"满员兵力"。

[2] 原注：军事史研究中心的 John Wilson 热心地给我提供了这些信息。

[3] 原注：Maj. Gen. William Baumer, telephone interview, 10 September 1976. 但是，在 Gilbert Grosvenor 的插图文章中这些假物没有出现过，见 Gilbert Grosvenor, "Insignia of the United States Armed Forces," *National Geographic Magazine*, 83(June 1943), 651-722. 它们首次公开于1944年《国家地理》手册。但这对于盟军的骗术来说实在太晚了。

欧洲登陆后由它指挥作战。西线外军处在1944年的头几天里，通过无线电侦察，第一次获知这个集团军群的存在。西线外军处并不知道，这个集团军群后来被盟军改为进行欺骗的虚设司令部。西线外军处密切注视着它，认为它是显示盟军意图的重要标志。

到1944年，无线电侦察已成为德国陆军获取作战情报的主要手段，因为它能提供更多、更好的情报。在西线，第5通信侦察团负责获取盟军进攻欧洲大陆的无线电情报，团长是马克西米利安·巴龙·冯·厄尔，唯一一个享有"高级指挥官"头衔的通信侦察团团长，因为只有他那个团通过西线总司令为两个集团军群服务。

第5团下辖3个通信侦察营和4个固定监听站。厄尔给每个营和每个站都布置了一项特殊任务。第12营专门监听大西洋彼岸的美国，第3监听站（有时是第9监听站）给予协助。第13营用1875—7500千赫的频率，收听驻扎在英国的部队的无线电通信。第2和第13监听站用3000—7500千赫的频率，收听英国、北爱尔兰和加拿大的无线电通信。霍斯特·维贝（Horst Wiebe）上尉的监听连是第13营的典型。维贝做事干净利落，对这份工作并不感兴趣，这一点同大多数从事通信侦察的人不同。他之所以做这一行，只是因为在《凡尔赛和约》后，军队只有十几万人，他没有其他门路。他这个连队位于布列塔尼半岛基地上的小工业城镇维特雷，其分散的监听站尽可能地用它们的频率收听英国的无线电通信，并尽可能多地测量敌台方位。这些情报被送到位于维特雷一个法国宪兵队兵营的连部，由监听组、密码破译组、翻译组、情报审定组等情报分析组进行分析，再由维贝将结果送交当地驻军和第13营。

第3监听站位于波恩以西约15英里的奥伊斯基兴镇，有着特别重要的意义。美国战争部和其他军事机构会用电台向美国本土拍发明码电报，报告有关新兵训练的事宜。短波有时候很反常，能够将这样的电报发至很远的地方，有时越过大西洋，被第3监听站接收。该站的监听人员可以听到华盛顿命令某个师从一个营地转移到另一个营地的消息，由此推测该师的训练进展。

例如，1943年夏，德国人通过无线电侦察获知：第17空降师已在亚拉巴马州的麦克莱伦堡建立，第69步兵师已在马萨诸塞州的谢尔比营正式成立。事实上，谢尔比营位于密西西比州。德国人大概上了摩斯电码变化的当，摩斯电码中的点变成划，就将"Miss"（密西西比）中的"i"变成了"Mass"（马萨诸塞）中的"a"。何况第69步兵师并不在谢尔比，而是在北卡罗来纳州的麦克尔营。错误的产生或许是因为一份电报错误地打到谢尔比；或者是静电干扰使得电报需要先打到谢尔比，再转发到麦克尔；或者这个师有部分部队确实驻扎谢尔比。第17空降师也在麦克尔营，而不是亚拉巴马。不过这两个师是真实存在的，并被德国的无线电情报机构发现了。它还查明，46—75是美国新成立的步兵师的番号范围。这样，再加上美国无线电新闻广播的帮助，第3监听站能够准确无误地注视美国各个主要作战部队的建立情况。

他们关注着这些部队的动向。第3监听站的分析员很清楚，一个师得到陆军邮政局的邮政编码，就大概意味着启航了。邮编是西海岸某港口，则意味着开往太平洋，东海岸某港口则意味着开往大西洋战区。尽管美军有些混乱，德国人还是认得出来的。当这个编码不再在不列颠群岛或地中海的电码中出现，就意味着这个师已到达战区。德国人利用这个方法，发现了第85步兵师往意大利的调动，辨别出正在布干维尔打日本人的是第37步兵师。美国军队调到英国以后，就由第5通信侦察团的其他部队监听。

盟军进攻欧洲大陆前两个月，第5团证实英国有许多盟军部队。英国第50步兵师"大概在东南军区"。根据后来的分析，第51师，这个精锐的苏格兰高地师，从3月1日开始就在那里了。他们的情报很准确，美国第1、第2、第4和第30步兵师、第2装甲师、第15和第19军等都在英国。

欺骗机构毫不懈怠，没有放过这个机会去愚弄德国无线电侦察机构。它在美国本土的通信兵，拍发一些虚拟师的电报。这些只存在于盟军脑海中的师，经过电波又存在于德国人的脑海中。因此，几乎就在第69步兵师被奥伊斯基兴发现的同时，第49和第59步兵师这两个根本不存在的师也被"发现"了。截至1943年12月，奥伊勒合计共有34个师被无线电侦察查明，其中11个师是虚构的。

德国间谍是基本战斗序列情报的第二来源。他们如同一群蜘蛛，以阿勃韦尔和德国中央保安局为中心展开活动，向敌营渗透。蜘蛛网似的天线，在汉堡草地上、在柏林的哈韦尔研究所、中立的马德里地下的无线电台，接收间谍们发来的信息。在葡萄牙度假胜地埃斯托里尔，阳光灿烂的海滨大道两旁生意兴隆的咖啡馆里挤满了被战乱驱赶的流氓地痞和皇亲贵族，这里也有一些德国特工亲自向他们的特务头子报告。

他们边喝威士忌边汇报假情报。他们讲的每件事，要么是欺骗委员会教会他们的谎话或者是为了使谎言可信而同意提供的事实，要么是个一心要钱的家伙编造的故事。

在英军联络站任职的波兰参谋"休伯特"拍出关于第21空降师的电报。这个师从来没有存在过。有时候，欺骗委员会让间谍报告他们曾看见军人佩戴的肩章。欺骗委员会希望，这个办法可促使德国情报官不仅将此作为一份反映敌军番号的报告，而是从实际上相信这个部队确实是存在的，一半原因是这份情报更具体、有可能更准确，一半原因是情报官查看敌军肩章设计图案档案后，自己就能确定它隶属的部队。"德拉蒙德"送回美国两个师的徽章，第80步兵师一排3座山脉的徽章和第28步兵师红冠石徽章。红冠石徽章也是美国宾夕法尼亚州的州徽，该师是一个国民警卫师。

纽约有个名为"科勒"的特工，被美国联邦调查局部分控制，曾报告过一些真正的部队。1944年3月4日，他用无线电报告说，他看见一批醉醺醺的军官在旅馆的酒吧间，其中有一人佩戴着"我此前从未见过的蓝色和金色五角形徽章。这是徽章设计所为第55师设计的双五角形徽章。"科勒"还说，这名军官回击有关冰岛的笑话时说："你们别笑得太早，你们也会被派到那里。我离开时，那儿正在准备许多人的营房。"

这个情报很快填进西线外军处奥伊勒开列的作战序列表。4月底，奥伊勒在他每月油印两次出版的《美国调查》（主要介绍美军情况）中写道：

"根据阿勃韦尔一份可靠的报告，冰岛的一个部队被调到苏格兰，综合许多报告，可以判断这就是第55步兵师。迄今为止，这个番号的步兵师没有出现过。但根据美国军事单位建成计划，1943年可能就先建立了一个师，该师在欧洲战线并无用处，可能就是这支没有番号的美国部队，现已接受55师的番号，离开冰岛调到英国。"但这个师其实压根不存在。

在措森大楼里的军官们并非笨蛋，只是和新闻记者、安保分析员、律师或侦探一样，都要受消息来源的支配。消息不客观、不完整，自然得不出准确的结论。对于这种情况，德国情报机构没法通过没有叛变的特工、破译密码或空中侦察进行纠正。另一方面，同盟国几种情报形式间的谨慎合作，提供了一种欺骗性的证据。一方面受客观环境驱使，一方面受逻辑的诱惑，西线外军处相信了同盟国告诉它的情况。

然而，另外一个颇不相关的因素，让西线外军处上了更大的当。这个因素就是巴龙·冯·伦内对希特勒的蔑视。他有在东线外军处工作的经历，清楚地知道希特勒否定盖伦对苏联实力的估计，将这种估计定义为失败主义，过早地把所有情报人员说成是悲观主义者。伦内担心元首不重视他对同盟国实力的估

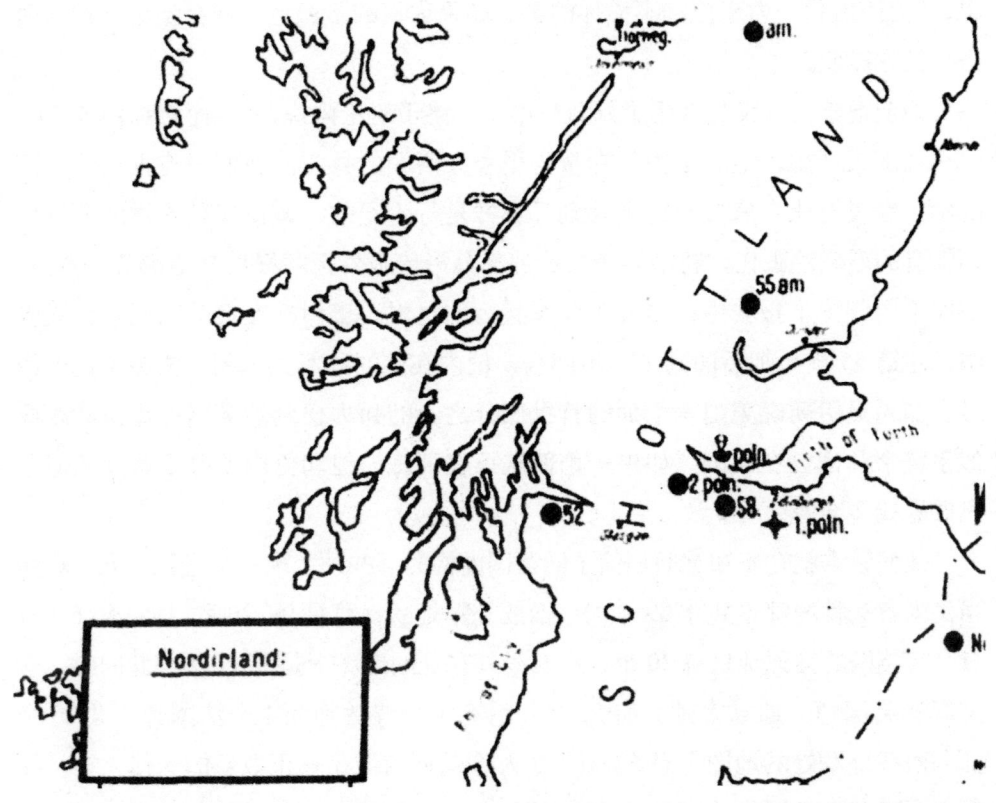

1944年5月3日，西线外军处"英国/北爱尔兰兵力分布地图"北边部分。地图上除了并不存在的美国第55步兵师在敦提外，兵力总数也是错误的。地图上计算的错误总数是：56个步兵师、5个独立步兵旅、8个空降师、8个伞兵部队、15个装甲师和14个装甲旅。地图中用圆圈表示步兵师，星星表示装甲师，圆圈重叠L表示空降师。

计，从而妨碍德国的扩军。为此他在1943年夏末就准备了对策。

他召见作战参谋洛塔尔·梅茨中校，一位脸上总是带着爽朗微笑的军官。他的工作是综合西线外军处的每日形势报告。

"从现在起，"伦内宣布，"我们必须夸大敌人兵力。（设在元首大本营的最高统帅部）作战部会根据我们报告的各种情况削减百分比。因此，我们必须事先有所准备，夸大敌人兵力。"

"上校先生，"梅茨答道，"我不能那样做，作为一个军人必须对自己做出的事情负责，必须说真话。"

"考虑一下吧，给你24小时的时间，明天告诉我你是否改变主意，"伦内说，"责任由我一力承担，不关你的事。如果你真的不愿意，我会谅解，但同时必须把你撤职。"

梅茨很不安，反复考虑了好久，第二天终于对伦内说，"我愿意那样做"。

从那天开始，他和伦内就在报告里夸大盟军的兵力。他们没有捏造同盟国的师，也没有让专家参与这个计划，那样是行不通的。像奥伊勒这样的人以他们惯有的准确性工作，将他们负责的那部分形势报告撰写好后交给梅茨。然而，他同伦内删掉了报告中许多证明盟军兵力的材料。奥伊勒在《美国调查》报告中，在第55步兵师后面画了一个问号，伦内在他的敌军兵力图上去掉了这个问号。如果奥伊勒说美国一个师的首批三分之一的兵力已到达英国，梅茨就改成似乎整个师都已在英国。如果一个部队正在训练，他和伦内就改成该部队似乎已做好战斗准备。

他们原本就在不知觉间相信了同盟国虚构的那些师，现在又进行夸大，难怪当美国各兵种的师总共才89个时，西线外军处的计算是98个师。1944年6月1日，在英国的美国师只有20个，在西线外军处的地图上是22个。与此同时，在英国的英国师、加拿大师只有23个，另有1个波兰师和1个法国师，共25个师。西线外军处的地图上是57个，令人难以置信地比真正数目的一倍还多。简言之，当这个岛国上一共只有47个盟军师时，西线外军处计算的总数是79个，此外还计算出19个装甲旅和8个伞兵营，等于又多出10个师。这个估计得到德国最高当局的认可，希特勒对日本大使说，同盟国"约有80个师在英国"。

所有这些估计得出的重要结论是：盟军有足够的兵力同时发动主攻和牵制

性进攻。德国人相信加来海峡是主攻目标,为此在该地区投入了大部分兵力,同时修建了大西洋壁垒。他们希望,盟军对这个地区的进攻,会像一块玻璃遇到钢筋混凝土碉堡一样,被砸得粉碎。但是,牵制性进攻即使是次要的也必须击退,因为如果不立即击退,它同样可能打破德国的防御,甚至有可能发展为主攻。就算不是这样,盟军紧紧抓住德国人认为的那个主攻目标,那么任何牵制性进攻只要持续下去,都可能成为消耗德军实力的创口。最重要的是,不管是不是声东击西,第一次进攻必须予以击退,这样才能对德国内部产生良好影响,对盟军的计划和兵力产生灾难性影响。第一次进攻遭遇失败,可能迫使盟军取消主攻。希特勒说,盟军入侵企图的失败,意味着"由于物质和精神的双重原因,英美军队在一年内不会发动第二次进攻。这种作战的失败以及必然伴随的巨大伤亡,会震惊英美舆论界,这种震惊怎么估计都不会过高。它们有可能成为战争的一个转折点。大批军队可以立刻摆脱西线投入东线,不仅可以稳定东线,还能向苏军发起进攻。"他想得太多了。

希特勒的将军们恐怕没有这么过分乐观,不过龙德施泰特和隆美尔,他在西线的两员大将,认为的确有必要击退盟军的第一次进攻,哪怕只是佯攻。

盟军正在轰炸法国,为进攻做准备。他们的袭击形成了一定的规律,德国情报官谋求从中推断出盟军意图。他们警觉到欺诈的可能性,但也认为任何欺诈都会分散真正的、决定性作战行动所需的兵力。他们的指挥官认为,与其突然袭击,不如集中兵力。他们相信炸弹的毁灭作用远远大于任何欺诈行动。因此他们断定:盟军轰炸的地方就是它们将要进攻的地方。

炸弹绝大多数落在德国人说的"比利时—法国北部"地区。据德国人统计,1944年5月的后半月,盟军轰炸该地区共出动轰炸机10701架次;轰炸德国人口中的"法国西部"(即诺曼底和布列塔尼),只出动轰炸机5059架次。

炸弹摧毁了多条河流上的桥梁,去往加来海峡的铁路线被切断,这样该地区无法从外部调入军队。塞纳河上的桥梁被炸毁,特别是鲁昂铁路中心一带,将阻碍从科唐坦、布列塔尼和整个法国南部大西洋海岸地区到加来海峡的运输。瓦兹河和索姆河上桥梁的断裂,导致加来海峡和巴黎、法国东南部以及意大利间的交通被切断。对诸如加来海峡省会阿拉斯城、比利时的蒙斯和沙勒罗瓦的小河和运河上渡口的轰炸，堵住了从德国向加来海峡的军事调动。法国南部却没有遭到轰炸。德国绘制铁路被摧毁情况的地图显示，诺曼底和布列塔尼极少遭到损害或者说根本没有。龙德施泰特的情报参谋迈尔-德特林早在4月就得出结论：从破坏情况看，加来海峡是敌人的主攻目标。鲁昂河上的桥梁被轰炸也阻碍了从巴黎和德国往诺曼底调遣军队，只是德国人统统看不见，只看见经过北方开往加来海峡的火车。龙德施泰特在6月5日的形势报告中说，轰炸情况表明盟军也可能入侵诺曼底，但他常说的一句话掩盖了这个观点："敌军集中轰炸敦刻尔克和迪耶普间的要塞和塞纳—瓦兹河上的桥梁，可能表明此处是一次有计划的大规模登陆的主攻点。"这就是说盟军要进攻加来海峡。

　　部队进攻前通常要先侦察目标据点的地形和防御情况。因此，他们侦察的地区就表明了他们要进攻的目标。德国人搜集了盟军对海岸侦察的各种情报。4月中旬，他们发现盟军侦察海滩障碍物的命令，他们自己发现盟军的这种侦察已有7次。5月18日盟军的一次登陆尝试，提供了最有意义的情报。

　　前一天晚上天黑后，大约35人乘一艘快艇从英格兰南部一港口出发，于18日夜里2点45分遇到了一条德国小船，随即与之战斗，虽然最后脱身了，却耽误了任务，同时橡皮艇里的两名中尉好像因为这场战斗掉队了，漂到远离海滩的海上，同快艇失去了联系。天亮后，他们划到小型游览胜地卡约克斯附近，自动投降了，这时大概8点。卡约克斯正好在索姆河入海口的南面。西线外军处一个小队的审讯专家审问了他们。其中一人根本不开口说话，一人30岁，名叫乔治·L——（George L——），入伍前是个农民，主动坦白了一些事，但未谈及其他人。L——说，他们的任务是侦察海滩障碍物，摸清对方的实力和准备情况，并查出布雷区。他们没有电子扫雷器，而是先使用一根测杆寻找地雷，再用铁锹挖掉地雷。这是他们执行的第一个任务，但过去两个月突击队曾接受过类似任务。他失言泄露了他们也属于突击队的信息。他说，听说还要侦察荷兰、比利时和英吉利海峡的海岸，包括诺曼底。他一点也不知道主攻地点和进攻时间，但不相信盟军会进攻索姆—迪耶普地区（加来海峡南翼），因为那里的工事太坚固。当被问到侦察活动是否意味着进攻即将发动时，他否认道，"那样就太高估了英军和美军的进攻意愿"。

第26章 失败终局

那天晚些时候发现的另一个线索，对德国人而言默默证明了盟军侦察者的意图。德国人发现了照相机闪光灯设备，就在加来以东海滩障碍物附近，正好是他们常认为盟军会发动进攻的地方。约德尔当天就在贝希特斯加登举行的形势会议上向希特勒报告了此事。

登陆船只停泊的英国港口，是显示登陆地点的主要迹象。它们应该停泊在距离登陆地点尽可能近的港口。因此，如果多佛附近的港口有许多登陆船只，则说明要在多佛的彼岸，也就是加来海峡登陆。如果登陆船只停泊在如朴次茅斯、波特兰和普利茅斯这些较远的西郊，则说明进攻地点是科唐坦或布列塔尼。间谍报告了船只集结的一些情况。间谍说，他们从挪威和瑞典水手那里得到消息，威尔士的卡迪根湾经常有登陆艇（尤其是步兵登陆艇）向南开往布里斯托尔海峡的港口。水手们说，纽奎和伊尔弗勒科姆之间的小港口有登陆艇。这两个地方都靠近英国西南端。不过报告都不完整，没有说明这些地方的船只与别处的对比。

空中拍照是获取这个情报的最可靠方法。同时拍摄所有港口就能准确计算出所有船只（尤其是登陆艇）的总吨位以及分布情况。问题在于，同盟国的空中优势使这种活动几乎成为不可能发生的事。不过德国人还是想出了办法，在速度很快的Me-l09式战斗机的尾部装上特殊照相机，可以在同盟国飞机赶上它们前，抓紧机会拍摄照片。早春时，飞机大约每隔一天飞行一次，拍摄一次。但是，整个4月及5月的第1周都未发现船只的明显布局。陆军总司令部4月19日评论说，对多佛正北的拉姆斯盖特以及桑威奇（很久以前的英国主要陆海军港口）的侦察，得不出登陆的任何结论。4月25日的空中侦察表明，朴次茅斯、南安普敦和英国南部海岸正中央的塞尔赛比尔集结了234艘坦克登陆艇、254艘小型登陆艇、170艘辅助登陆艇和15艘运输船。根据海军的估计，这些船只可运输7万人的部队。陆军总司令部因此提出：主要备战区域表明是在朴次茅斯到普利茅斯之间，在英国西南端附近。这意味着攻击地点是布列塔尼和诺曼底。5月中旬空中侦察中断10天[1]，对证实或否定上述看法没什么帮助。侦察恢复后，虽然有时也深入英国西部，但无法提供完整情报，德国空军无法据此掌握船舶集结地点的全面情况，间谍同样也不行。最后，德国最高当局在这

---

[1] 原注：1/Skl战争日记没有列出5月8日至18日的航空侦查。

个关键问题上，从这两个渠道都没有得到真正的情报，自然无从推断盟军的真正主攻目标。

虽然具体证据未能提供全面情况，但一些口头证据却声称做到了此点。间谍提供了据说是盟军进攻欧洲的计划。

这样的情报，早在盟军登陆北非以前就一直存在。1943年，整个夏天源源不断的情报，内容都是全盘否认盟军进攻西西里。情报数量在冬季有所下降，到1944年春季，又达到新的顶峰。阿勃韦尔、海军作战指挥部三处（对外海军处）和西线外军处的值勤官都承认，许多报告都是同盟国在故布疑云，因为一个晚上的电报就列举出从挪威到法国南部的每一个可能登陆点。但他们认为除了"多数杂乱无章"莫衷一是的假报告，会有"少数有条理"的真报告，这些真报告会集中在真正的目标上。他们确实期盼着一个好间谍的存在，至少能够将盟军全部计划的要点提供给他们。

因此，他们对每一份电报都仔细检查。这些电报果然五花八门，无奇不有。例如，一位自称与艾森豪威尔参谋部有联系的特务在4月22日报告，盟军计划采取的行动大概有3个：(1) 从地中海和比斯开湾南部海岸（即从波尔多到西班牙边境）同时进攻法国南部；(2) 主攻纳尔维克，以强大舰队佯攻挪威北部；(3) 主攻海峡沿岸（"海峡沿岸"一词有狭义和广义的指向，广义可指从多佛海峡到布列塔尼半岛顶端之间的任何地方，狭义似乎只代指加来海峡及其南面的那个地区。间谍和德国人常用它来表示更广阔的地区，来掩盖自己的无知）。

第二天，从丹吉尔的德国外交机构寄来一份报告。"阿尔及尔的友好人士"说，主攻地区位于荷兰的斯海尔德河入海口到法国塞纳河之间。某种程度上，这是指加来海峡。同盟国将配合性进攻法国南部的波尔多和布列塔尼半岛顶端的布雷斯特，同时向地中海强攻马赛和隆河入海口一带。这位友好人士几乎脱口而出"预计会侧面进攻南斯拉夫"。但他说，英美军队不会参与此次进攻，根据苏联和同盟国的协议，此役将由意大利和其他参战友国进行。

5月14日，斯德丁谍报站一名仍在试用期内的特工，听说盟军将进攻法国南部大西洋沿岸和加来海峡，同时对意大利发动进攻，还会在巴尔干半岛登陆。这个消息来自他的一个下级特工。第二天，里昂活动报告中心的特务"克拉贝"

报告他的特务头子,首先会佯攻瑟堡,随后发动主攻,但未说明主攻地点。大约也是这个时候,一名中立国外交官(阿勃韦尔认为可靠)访问维希,之后他报告的意见完全是相反的。法国参谋人员判断登陆实际会发生在位于索姆河和比利时之间的某个地方;小规模战斗将大量发生在法国南部大西洋沿岸。这样互相矛盾的报告充斥着整个春季。5月某日,葡萄牙KO的特工"托尼"警告,迪耶普、阿布维尔、布洛涅和敦刻尔克将遭遇突击队进攻。第二天,一个叫"安东"的特工胸有成竹地说,登陆部队的左翼将进攻丹麦,右翼进攻比利时,主力将对汉堡发动进攻。

这些形形色色的报告和互相矛盾的证据,让谨慎的情报官们无法得出明确结论。他们的判断都含糊不清。

到4月17日,西线总司令部迈尔－德特林认为,英吉利海峡沿岸地区将是主攻目标,这换算到美国等于说进攻目标是康涅狄格州新伦敦和弗吉尼亚州诺福克间的东北广大海岸线某处。伦内4天后在西线外军处说的话更为详细,只是同样一点价值也没有。他说,在英盟军有3条主要进攻轴线:一是穿过索姆河以西地区(也即进军勒阿弗尔和科唐坦),二是穿过索姆河和海峡沿岸以东地区(主要指加来海峡),三是比利时—荷兰。可是他只列举了各种可能发生的情况,并没有说明哪一个的可能性最大。对于制订防御盟军登陆的计划来说,两个报告都毫无用处。唯一有些价值的地方,在于重申了主攻不会发生在别的地方,比如挪威。

尽管盟军进行了广泛的欺骗,企图让德国人相信挪威才是他们正计划进攻的地方,但西线外军处并没有落入圈套。它逐渐认为几支在苏格兰的盟军部队是假的,比如英国第4集团军和美国第55步兵师。但是,它发现许多师从英国北部到南部的调动,这些消息或许是通过无线电侦察得来的。同时德国人再也没收听盟军在英国北部进行的无线电欺骗广播了,这些欺骗广播是盟军虚构的进攻部队的准备情况。原因似乎是德国第20集团军没有注意收听,它当时正占领挪威,但它的无线电侦察单位都设在遥远的芬兰,正一门心思地面向东方收听俄语。这就导致伦内得出结论,登陆挪威是次要的,这一结论得到迈尔－德特林的赞同。希特勒也这么认为,因为他相信法国才是主攻目标,但他没有调遣在挪威的部队去防御主攻目标,哪怕一个士兵也没有。原因何在?因为挪威是他战争的"生命线",这里的部队要保护芬兰的镍矿石运往德国的航道,要保护他的北翼和他的潜艇基地。不过这与同盟国的欺骗行动一点关系也没有。把主力部队留在挪威完全是希特勒自己的意志。

虽然登陆地点并未在原始情报和据此做出的估计中得到说明,但与隆美尔、龙德施泰特和希特勒的先入之见至少是不矛盾的。他们依然相信加来海峡将是盟军的主攻地点,从未将这个地区的任何一个师调走。只是希特勒愈发认为,盟军会在主攻前发动一次伴攻以牵制德国,伴攻地点会在主要登陆地点以南。他刚开始认为牵制会发生在波尔多附近,可能是一场来自大西洋和地中海的钳形攻势。但他在3月看出在布列塔尼和科唐坦"建立桥头堡的优越条件",他的这个看法一直没有变。5月3日,他估计盟军会"先分开战斗,建立一些桥头堡,首先会试图将强大的桥头堡建立在布列塔尼和瑟堡半岛"。他下令加强该处兵力。3天后,当他的下级争论这项命令该如何执行时,希特勒在西线的代言人约德尔电告西线总司令的参谋长:"敌人的第一个目标是科唐坦半岛。"德国人向此地增派了两个强大的装甲师和两个步兵师以加强防务。半岛上部署了一个装甲师和一个步兵师,其他两个部署在别的地方,要行军一天才能到达半岛。

这个行动实际上确定了德国人对盟军主攻地点的看法,虽然情报官们因为证据不足拒绝表态,[1] 但他们的指挥官和希特勒已认定加来海峡就是盟军发动主攻的地点。希特勒补充说,盟军将先登陆诺曼底或布列塔尼半岛,但这只不过是声东击西而已。就这样他为此事定了调。

接下来的大问题是,盟军的进攻会在什么时候发生。预先警告可使部队免于突然面对进攻的惊慌。但部队不能永远保持警戒,否则会很快完全放松警戒。因此德国人绞尽脑汁来确定盟军将在何时登陆。

进攻日期一般可以根据同盟国兵员和物资的准备情况确定。由于兵员和物资的准备不足,进攻时间从原定的1943年推迟到1944年。第一次确定的是5月,因为供应品特别是登陆艇的短缺,又被推迟到6月。

同盟国根据黎明、涨潮和月色这三个基本因素来确定登陆时间。选择黎明时分作为登陆时间,是因为黎明前的黑暗可为船只的到达提供掩护,黎明的曙

---

[1] 原注:他们的报告包含"好像""似乎""可能"。

光可让他们对轰炸的目标进行瞄准，还能帮助他们辨认登陆海滩。登陆必须在涨潮时进行，这样第一批登陆艇可以在不搁浅的情况下着陆、卸载和撤退。但具体进攻时间该定在涨潮前多久呢？潮水越高，部队冲向炮火密集的海滩时冒的风险越小，但能够轻易卸下装备和士兵的船只也越少。进攻策划人员决定，最合适的进攻时间是涨潮前3个小时。空降需要月光，因此得在午夜之后的头几个小时进行。每个月只有3天同时具备上述三要素。1944年6月，这3天是星期一、星期二和星期三，即6月5日、6日和7日。

德国情报机构全力探查盟军会在哪天发动攻势。基于过往对盟军两栖登陆作战的了解，陆军总司令部试图重复盟军确定最佳登陆时间的过程。盟军是在新月和涨潮时登陆北非的，可那是特殊情况，在某种程度上可以说是悄悄登陆非交战国的领土。盟军在西西里、安齐奥和聂图诺的登陆，是在敌人反击下进行的。希特勒说，盟军的行动时间总是挑在夜里，进攻则选在黎明时分。他相信此次还会如此，盟军会在拂晓登陆。陆军总司令部对这个看法表示同意，只是补充了一点：进攻会在拂晓且涨潮时发动。陆军总司令部早在1943年4月就画出图表，标出拂晓时涨潮的危险日子，并通知了陆军各部队。

1944年，隆美尔设置了岸滩障碍物，以阻止涨潮登陆。这些障碍物在涨潮时位于水下，能将登陆艇绊住。海军认为，盟军会发现这些障碍物而考虑将登陆时间定在退潮的时候，不过最终还是会选择涨潮的时间。同时，德国人改变了对盟军空降部队着陆时间的看法：过去德国人觉得他们只会在白天或黎明着陆，现在则认为他们的着陆可能发生在皓月当空的夜晚。

德国人通过无线电侦察密切关注着英国部队5月4日在英国南部进行的登陆演习。隶属于龙德施泰特司令部的西线海军对此次演习进行分析后报告说，登陆演习发生在纵深逐渐倾斜的平坦海滩上，于退潮后2小时开始，因为岸滩障碍物在涨潮时是看不见的。这意味着部队需要冲过200到300码宽的硬沙或卵石海滩，路程相较涨潮时发动进攻要远很多。涨潮后2小时，演习结束。西线海军惊讶于英军在退潮时进行登陆，柏林海军作战指挥部也看不出这样做的好处。但它们都承认这是事实。3周后，西线海军在对敌人的登陆时间进行估计时，完全不再将潮汐纳入考虑因素，从此只根据气候和海军的情况来做估计。

德国人鼻子底下有一个消息来源——法国抵抗运动，能够让他们提前知道盟军的登陆情况。它已发展为一支强大的地下武装，有炸毁桥梁、在公路上埋设地雷和破坏交通的能力。可以预料，这些地下武装将会被盟军用来协助进攻。盟军可能会利用这些地下力量来帮助入侵，而这样德国人就能够发现。

阿勃韦尔三处（反谍报处）承担了对这个地下武装进行渗透的任务。1942年，阿勃韦尔西线主站第三组的工作由长着双下巴的谍报老手奥斯卡·赖尔（Oscar Reile）少校前来接管。这个小组设在巴黎塞纳河左岸豪华的吕泰西亚饭店。赖尔迅速开始致力于向抵抗运动组织渗透尽可能多的特工。弄清法国人在盟军开始进攻后将要对德国占领军采取的行动就是他的主要任务。如果他的工作碰巧能提供进攻的时间和地点，这样的情报他是不会拒绝的。

英国特务机关特别活动执行委员会为欧洲抵抗运动组织提供支持和指导，并在每天晚上通过BBC对外部门的暗语广播，与这些组织保持联系。据说暗语就是电台上广播的私人信件，类似于报纸分类广告栏里的私人通告。其中一些可能是真实的信件，比如向欧洲受压迫的家人报告出生、平安到达之类的信件。但许多信件中混入了生造的短语，比如"大象在吃草莓"、"凯瑟琳在井边等待"，意思是将于某晚空投补给品、某个报告已安全送达英国、应该对S.O.E.的R3地区的电话进行破坏。BBC在晚上7点30分和9点向他们广播。在广播前先播放贝多芬第五交响乐的前四节，表示胜利；在向法国广播前会先说"现在广播一些私人信件"。接着，广播员先用法语以正常的速度说一遍，再用慢一点的听写速度广播第二遍。这些广播通常只有15到20分钟。

这些信件没有一个密码破译人员能够破译，因为其中隐含的意思一点都不会在明文里透露出来。但是，这种方式与其他所有的秘密一样，最怕有叛徒泄密。1943年，一个频频炸毁从布列塔尼到内地铁路目标、代号为"男管家"的抵抗运动组织，因为其秘密信使被捕受审，而被德国反间谍机构破获，登陆暗语因此被赖尔得知。1943年10月14日，赖尔向西线总司令防区的各集团军群和集团军报告："英美军队的登陆计划，将通过以下诗句宣布给英国控制的法国破坏组织。"这是19世纪杰出的象征派诗人保尔·魏尔伦（Paul Verlaine）一首诗中的第一节：

秋声悲鸣

犹如小提琴

在哭泣

悠长难耐的阴郁

刺痛了

我心脾。

英国人并未怀疑这段暗语已被泄露出去，因为"男管家"的发射机被德国人用来继续播放答语，他们还在 S.O.E. 地区用这段诗词联络同"男管家"有联系的组织，好似这个组织仍在活动。因此，暗语依然有效。德国特工渗透进其他组织，获得了 24 则其他暗语，如"先生，下赌注"和"电发明于 20 世纪"。但散布得最为广泛的似乎是魏尔伦的诗句，德国人最相信它。他们的无线电侦察机构收听 BBC 对这段诗和其他暗语的广播，以期获知这等候良久的进攻将在何时发动。

希特勒和他的将军们刚开始都认为，2 或 3 月可能就是盟军发动进攻的时间。希特勒在 1943 年 12 月底的形势会议上表示，他已分不清真的登陆和牵制性登陆，但他预言进攻会发生在第二年的春天，他还说："他（敌人）在 4 月登陆过，日期可能会提前，因为 4 月天亮得很快。"

登陆不会发生在盟军做好准备之前。德国各级情报官希望根据以下这些情况来判定盟军登陆的时间：在英国有多少个师已做好战斗准备，渡海运输工具准备得如何，空军是否准备就绪。他们的判定是根据直觉而非数学公式做出的。迈尔-德特林 4 月 1 日通知说，盟军的准备工作已进入一个新阶段。部队正从英国北部调往南部，集结在北部是为了对挪威进行佯攻，调到南部则是为了真正的进攻。盟军已禁止国际空邮和出境旅行，并持续对法国北部铁路进行轰炸。两天后，伦内评论了在英部队的"准备"状态。总体而言，德国各高级司令部在 4 月初从军事角度出发，认为盟军随时可能发动进攻。迈尔-德特林认为，盟军只是在等天气转好，也可能是在等适当时机来满足苏联人立刻开辟第二战场的要求。

表明活动正在进行的迹象突然变得越来越多。海军电讯监听处注意到，4月1日午夜后1分钟，新的不规则LOXO密码取代了同盟国原本规则的LOXO三字密码系统，破译难度更大。陆军总司令部的代表在4月6日希特勒主持的形势会议上报告说，虽然因为雾和能见度太差，空中侦察无果，但有人说他们看见一支盟军的攻击部队。约德尔的副手瓦尔利蒙特将军说，布列塔尼北部海岸也有同样的报告送来。陆军和海军的将军们就"一个十分靠得住的人提供"的情报以及盟军司令部的各种安排进行了讨论。表明盟军要发动进攻的迹象越来越多，但希特勒对此持怀疑态度。

"我问自己，"他对这些顾问们说，"进攻一定要这么张扬吗？如果我们要做一件事，我们会这样招摇吗？当然，我们不会，这完全没有必要。他们可以把部队集结在这儿，再送到那里去，我们根本不会知道他们都在干什么……因此这给我的印象更多是鲁莽的虚张声势。因为截至目前，我们压根没发现他们之前的几次登陆。"

他和他的将领们对该问题的讨论没有得出结果。然而，第二天，更多的迹象出现了。英国的无线电通信突然减少，这一般意味着马上就会有重大行动。一个"经过考验"的特工说，他手下一个可靠的特工警告，进攻不久就会展开。此外，在英国，代号为V-319的西班牙KO间谍颇受信任，这名西班牙记者根据他在1月底同英国新闻大臣的谈话，认为当德军被苏军的快速反攻逼到要将兵力从西线调去加强东线时，才是盟军进攻的时机。这种看法得到海军情报负责人鲍姆巴赫的赞同。同一天，苏军为重新夺回战略要地克里米亚半岛而发动的大规模攻势有所进展，立刻引起一阵骚动。4月9日复活节，同盟国空军在对法国后方的部分机场进行袭击后，又开始对海岸附近的铁路枢纽展开猛烈轰炸。海军通知所属部队：同盟国的大规模进攻很快就会开始。陆军命令部队进入戒备状态，减少或完全取消休假。德国军队紧张地等待了整整两天，但没有发生任何事情。11日，英国的无线电通信恢复，德国军队稍稍放松，回到原来略带紧张的正常状态中，继续查探盟军进攻以及更能说明问题的迹象。到4月17日，龙德施泰特、约德尔和希特勒都认为，5月上半月将是盟军发动进攻的时间。

即将进攻的迹象在这天的傍晚再次出现。英国政府限制了除苏、美以外所有外国使团的行动。这样的限制是前所未有的：为保障岛屿的安全，外交官或信使都不可以离开；各国使团的外交邮袋未经检查不得离境；电报必须使用明码拍发。自希腊城邦第一次互派大使以来，外交官就享有外交豁免权，现在他们的权利却被这些措施侵犯，引发大使们的强烈抗议。几天后，希特勒郑重地说，虽然他不知道同盟国发动进攻的时间，"但英国人已采取的措施只能维持 6 到 8 个星期"。

关于盟军的进攻时间，德国的外交官和特工提供了更为具体的情报（即便不是更准确的）。大约就在希特勒预测盟军将于 5 月上旬展开进攻的时候，德国驻日内瓦领事馆的信被送到外交部。根据可靠人士的消息，瑞士顶层人士预计，进攻将在 5 月 10 日前发动。这封信到达的当天，里宾特洛甫还收到鲁道夫·利库斯（Rudolf Likus）送来的一份"秘密报告"，后者是他在外交部的党内亲信。这个报告来自巴尔干半岛的一个人，里面说进攻时间大概会是 5 月的第 2 周，消息来源于安卡拉，一个据说是美国海军武官的人。这段时间过去了，进攻并未发生。5 月 31 日，利库斯若无其事地给他的部长送来一份新的"秘密报告"：进攻不会在 6 月 15 日以前发生，消息源是中立国瑞士首都伯尔尼的消息灵通人士。

关于进攻的最后时间，德国的秘密特工也在提交各种情报。4 月 21 日，化名为"里卡多"的特工报告，在里斯本的敌国外交人士预计，进攻时间将在 4 月底 5 月初。来自葡萄牙 KO 的消息称，盟军将在 5 月 2 日至 6 日发动进攻，要不就是在 5 月 19 日至 23 日，第二个日期是从当时伦敦流传的种种消息中得到的。为什么呢？葡萄牙 KO 给出的理由之一是：据渡运指挥部的美国联络官说，美国各种渡运物资本应在 5 月 2 日到达，现在要推迟到 5 月 6 日。同艾森豪威尔参谋部有联系的特工说，准备工作预定在 5 月中旬，最晚在 5 月底完成。布列塔尼基地内一名阿勃韦尔昂热站特工通过无线电听到了来自墨西哥驻巴塞罗那领事馆的秘密消息，消息称盟军将在之后几周内登陆欧洲的若干据点，以欺骗德国总参谋部并使其陷入混乱，真正的进攻则会在 6 月发动，到那时英国才能准备好充足的燃料以供进攻使用。这个消息是墨西哥领事馆从西班牙总参谋部一个特工那里获知的。他再次强调，进攻因为燃料不足而推后了。

有些特工认为，进攻何时发生和国际事务有关。阿勃韦尔从瑞典发来的报告称，英国驻瑞典大使从英国返回瑞典时对同事说，进攻是有推迟，但只要等到德国因苏军威胁维斯瓦河而不得不从西线撤军之时，盟军的进攻就会开始。当时苏军正好在这条波兰河流东边，距离此河 500 英里。阿勃韦尔慎重地指出这个报告可能是一个骗局。另一名特工说，瑞典外交大臣预言盟军会在夏天发动进攻，因为这样一个重大胜利能够在 11 月总统竞选中为罗斯福拉来选票。但有人看法完全相反，他们认为进攻不会发生在收获期结束前。田里麦子是那样高，同盟国无法从航拍的照片上看见有地雷的地方。只有当庄稼收割完能看清哪里埋了地雷时，盟军才好选择部队的空降地点。

通信侦察部门也在收集有关进攻时间的可能线索。一个波兰旅的无线电广播被陆军截收，其中的内容是波兰流亡政府（在伦敦）号召有武器的波兰人参加 5 月 15 日的对德战斗。德国研究室对巴黎一位法国官员和维希内阁总理的谈话进行了窃听，这位法国官员的熟人曾说："会有重大的事情发生在星期二到星期三（5 月 9 日至 10 日）晚上。"

4 月 21 日到 24 日，这样的情报不断涌来，希特勒、龙德施泰特和约德尔几天前的一个直觉：进攻将发生在 5 月初，在陆军、海军和最高统帅部那里都得到了详细阐述。西线外军处宣布盟军"已做好进攻的军事准备"，具体进攻时间主要取决于天气。陆军总司令部评论道："敌人实际上已完成进攻的准备工作，所有的报告和判断都清楚地表明了这一点。"最高统帅部作战部情报参谋克鲁马赫尔上校写道，主要准备区域已转移到英国南部和东南部，表明进攻的准备工作已进入最后阶段。也就是说，大家都认为进攻即将到来。海峡沿岸的部队，眼睛紧盯着海面，对进犯的舰队保持戒备。所有人都在等待盟军的进攻，包括情报官、他们的指挥官还有西线部队。

德国人民也在等待。谣言漫天飞，有人说希特勒的大本营已迁到西线。有一个女人在坐火车时，通过几次小实验证明自己的预言能力非比寻常。这个女人说，4 月份东线发生了前所未有的流血事件，5 月同样规模的流血事件也会在英国发生，到 6 月时大片的土地将荒无人烟，因为欧洲四分之三的人都将在即将到来的浩劫中死去。人们抱怨食物短缺，担心定量供应还会减少。人口的数量因为无尽无休的空袭而下降。农民因为盟军扫射田地里耕作者的新策略而不敢下地劳作。当人们看到同盟国的轰炸机以密集队形飞过德国上空却没有受到拦截时，只有极少数人认为德国空军是在节约防卫力量以为即将到来的战斗做准备。而多数人干脆得出"我们的防卫力量没有多少"这样的结论。民众间流传着各种尖酸刻薄的笑话。

一个上了年纪的人被叫去服兵役，被医生问到想去哪个军种时，老头回答说不清楚。

医生说："你一战时总服过兵役吧。"

"没有啊，"老头回答，"那会儿我就已经超龄了。"

局势在 5 月变得越来越紧张，人们互相传播着消息：加来遭到攻击，盟军飞机正在法国各地将武器空投给地下活动组织，1 万名英国伞兵已被空投到法国南部并展开游击活动。事实上，进攻根本没有开始。

因为供应品短缺，同盟国把原定的进攻日期往后推了一个月，并且将这一个月用来加强实力。他们行动的迹象愈发减少。希特勒对盟军进攻时间的判断是根据有无情况变化而得出的。5 月 4 日，德国和法国还在遭受猛烈轰炸，希特勒认为进攻不会在一两天内开始，因为盟军登陆需要飞机进行支援，这就需要撤回正在轰炸德国的飞机。这样一来，进攻开始前对德国的空袭就会减少，然而空袭并未减少。

5 月上半月，情报官仍在重复相同的估计，只是用了不同的表达方式。海军作战指挥部三处肯定地说，敌方的海军集结接近完成，但很难判断何时真正完成，因为战舰和登陆艇开到出发港湾只需要很短的时间，完全可在接到通知后才开始集结。陆军总司令部空军部报告，盟军正将空军调往英国南部海岸，这是进攻将要发动的预兆。同盟国企图打瞎、打瘫德国海岸防守部队，它们的军舰和飞机对德国的海岸雷达和大炮进行猛烈袭击。龙德施泰特说，进攻准备工作可被认为"已经完成"。西线海军在报告的脚注中说：盟军船只有运载 12 到 31 个师的能力，德军必须作好思想准备——"至少会有 20 个师参加第一波攻击"。希特勒曾于 4 月中旬说，进攻会发生在 5 月上旬，当 5 月上旬马上要过去时，他又说是 5 月底。

5 月 15 日，突然出现许多表明进攻马上就要开始的迹象。党卫队保安处报告说，法国的地下秘密军队前一晚还只在勒阿弗尔地区进入戒备状态，5月20日就接到全军戒备的命令。党卫队保安处断定盟军应该会在5月20日到6月10日间发动进攻。5月15日上午10点27分，同盟国的海军无线电通信恢复，发出类似于它们在北非、西西里和聂图诺登陆时发出的识别信号，但这次没有收报地址，这是从来没有过的，不过海军电讯监听处认为，电报发往英国西部海峡，因为它在德文波特地区发现了一个呼号。它将情况通知给海军各部队。当晚9点30分，朴次茅斯与外地的来往电报显示，这只是一次演习。

虽然这次是谎发警报，但同盟国加强信号保密等措施，更加表明进攻已然不远。5月19日有新的识别信号出现，针对英国领海内各地区使用，同这些信号相关的电报显然使用了不同于"蓝色慕尼黑"、"棕色慕尼黑"或"法兰克福"这些标准密码系统的新型密码。海军电讯监听处很快发现，盟军使用了一种特殊超级密码来加强保密措施，类似于它们在登陆演习中曾用过的密码。第二天，一种新的电报出现在同盟国海军无线电通信中，五位数一组，大概是由机器密码机发出。海军电讯监听处评论道："这个新的密码系统完全可被看作是盟军提前做好通信准备以发动进攻的又一个因素。"5月4日后，冯·厄尔上校的无线电侦察营发现盟军在英国的无线电通信没有变少。5月27日凌晨2点，有一个电台突然发报，但监听处并没有发出警报。德国人发觉这是一个骗局，3天后被证明确实如此。30日凌晨2点，无线电通信恢复正常。这天晚些时候，根据天气情况，西线海军发布以下估计：5月31日，盟军可能登陆。因为从布雷斯特往南到西班牙边境的大西洋海岸，"是令人满意的天气"；在英吉利海峡，或者从布雷斯特往北到加来地区的海峡沿岸，"天气也还可以"。

警钟在6月1日再次敲响。这一次，钟声更深沉、持续时间更久。德国监听员发现BBC播送了125封私人信件。德国中央保安局在那天正式接管阿勃韦尔。它报告说，其中有预警信件28封，内容大概是要求法国抵抗力量做好准备进行破坏活动来配合盟军。BBC将在6月15日以前随时播发行动开始的命令，地下特工要仔细收听。如果到6月15日什么事情也没有发生，就意味着警报取消。德国中央保安局评论说："敌人可能正在计划大规模进攻，时间应该是14天内。"这28封信件中的21封是发给在布列塔尼、诺曼底和里尔—亚眠地区（加来海峡正东）的地下组织的，其余7封则是给散布在法国各地的地下组织的。德国中央保安局已确定信件是真实的。德国人控制了一些地下组织，装出这些组织尚未被德国人破获的样子，继续与英国进行无线电通信。这让德国人得到了有关地下组织和同盟国意图的情报，这些情报很有价值。德国中央保安局注意到，发出真的无线电报的地下组织收到了盟军的预警信息，而那些被盟军察觉已遭德国人破获的地下组织却没有收到。

在所有预警中，德国人认为最重要的警钟，是使用魏尔伦的诗作为暗语进行广播。阿勃韦尔的赖尔少校9个月前首次知道这事。之后，他获得有关该暗语使用方法的更准确细节。BBC把这一节诗分成两部分来广播。在一个月的1号或15号广播这节诗的第一部分，提醒法国抵抗力量进攻即将开始。广播这节诗的第二部分意味着"进攻将在48小时内发动"，时间从广播次日0点开始计算。

位于图尔昆一个钢筋混凝土地下掩体内的第15集团军通信侦察站，是其中一个利用电子耳朵收听广播的监听单位。6月1日，瓦尔特·雷希林（Walter Reichling）中士拧开钢丝录音机，晚间9点的新闻广播放完后不久，BBC播音员"接下来请收听几封私人信件"的低沉嗓音响起，没一会儿雷希林听到他们已经等了许久的这节诗的第一部分：

> 秋声悲鸣
> 犹如小提琴
> 在哭泣

他立刻将此事告诉了赫尔穆特·迈尔（Helmuth Meyer）中校，两人一起收听此消息。这位第15集团军的情报参谋向他的参谋长报告了消息。参谋长命令第15集团军（预计这个集团军将面对进攻的主要压力）戒备，并报告了上级指挥机关。通信侦察站更加密切地关注收信者。15天后广播的第二部分，将是他们等待已久的登陆真正要开始的预告。

但是，天气在他们注意收听广播时变得更加恶劣。20世纪以来最强烈的风暴来袭，英吉利海峡涌起巨浪，狂风暴雨吹打着海滩、防御工事和德军司令部，天空乌云翻滚。到6月4日星期日，西线海军认为盟军"不大可能"在海峡沿岸登陆。每个人都看得出来，小型登陆艇无法在这么大的风浪下穿越海峡，飞机受乌云影响也不能为登陆提供支援。进攻预告的有效期是15天，刚开始的几天一般都没事。再加上风暴实在是太大了，海军也只能取消巡逻。第二天，即6月5日，隆美尔离开了驻地，回家短暂休假。龙德施泰特的情报参谋迈尔－德特林和邓尼茨也去度假了。德国中央保安局军事部部长汉森上校去了巴登巴登。这是一个新成立的部门。他与阿勃韦尔西线主站一、二、三处的时任处长们在温泉疗养中心进行商议。第7集团军的高级军官则前去雷恩参加一次地图对抗演习，也不在岗位上。大家都认为登陆会因为恶劣的天气而延后，但希特勒不这么想。在一次形势会议上，约德尔说敌人将在"风平浪静但海上能见度很差时"进攻，希特勒问道：

"敌人能在海上天气恶劣的时候过来吗？"

"他们可以集结。"一个海军助手回答。

"那敌人冒的风险并不大，"希特勒说，"在海上天气恶劣时，他们也可以出发和登陆。"

但他并未在6月初的那几天采取行动，虽然出现了进攻的预兆，虽然他的反谍报机构也发出了警告。

与此同时，德国气象站的实力变得更弱，因为它们的数量本来就不多，在战争初期还失去了在格陵兰和其他地方的站台。与之相比，同盟国有着一连串的气象报告站，分布也更为广泛。当同盟国发现风暴有可能短暂减缓时，德国却不知道。根据气象上的这个发现，6月5日，艾森豪威尔下令进攻开始。他的舰队带着最伟大的使命，庄严出海。

德国情报机构对此一无所知。英国的无线电通信仍然保持在正常水平，德国海军也因为天气恶劣而没有出海巡逻。虽然伦内在两天前说过，6月5日至13日是登陆的合适时机，但他在6月5日的《西线形势报告》中只对地中海地区进行了讨论，甚至都未提及英国。其中一个附加估计也只不过是对过去言语的重复：在英部队已准备就绪。龙德施泰特还是重复着他自4月11日来一直在讲的那句话，即盟军在斯海尔德河和诺曼底间的轰炸"可被看作是其进一步行动的准备"。他的《每周评论》最后写道，"进攻的时刻确实已经逼近，但从空袭的频繁程度来看，它不会在最近。"隆美尔在6月5日的《每周调查》中说，空袭和布雷的加紧"表明敌人的进攻准备已有进展",轰炸的地点则"证实了我们对敌人将在哪里进行大规模登陆的推测"。

晚上 9 点 15 分,BBC 广播了魏尔伦那节诗的第二部分:

悠长难耐的阴郁

刺痛了

我心脾。

德国人在钢筋混凝土掩体里听到这个广播后,5 分钟内就上报告给情报参谋迈尔。他跟占领军司令部的一名军官对此事进行核实后,报告了参谋长和第 15 集团军司令,当时是晚上 10 点。司令下达全军戒备命令,而他自己却又跑去打牌了。他说:"我眼睫毛都掉光了,还会为这种事儿兴奋?"

迈尔发电报给下属各军、上级 B 集团军群以及海军、空军各部队,告诉他们这个消息及其意义,还通过电话告知了隆美尔 B 集团军群的情报参谋施陶贝瓦塞尔(Staubwasser)。施陶贝瓦塞尔立刻向参谋长报告。对复活节假警报仍记忆犹新的参谋长,命令施陶贝瓦塞尔将情况报告给西线总司令,并请后者决定是否让各部队进入戒备状态。西线总司令部对此有些怀疑,认为盟军不会"通过无线电来宣布进攻"。总司令部一名军官将部队无须戒备的决定传达给施陶贝瓦塞尔。结果,最先遭到袭击的第 7 集团军一直到进攻开始的那天都未进行戒备。

当所有这些都在进行之中,欺骗委员会也在实施一个有些冒险的计划。这个有着很大好处的计划得到艾森豪威尔的批准。计划的内容是:在进攻真正开始前,让特工"卡托"发出一个紧急警报,以使他在德国人心目中早已稳若泰山的地位进一步得到加强。据说这个"卡托"当时下属中有一个情报员就在新闻部的高级机关工作,可以接触到大量详细的军事情报,这些情报对于宣传来说是不可缺少的。当然,这个警报不会给德国留下充足的时间来对部队进行动员。德国人首先需要翻译、阅读和分析这个密码警报,再将其译成密码发往柏林,到达柏林后再把警报译出、打印并呈送最高统帅部,然后由这里的人决定是否发给西线总司令。一旦他们决定发出警报,还需要把它发给巴黎附近的司令部。在这里和下属各级部队要再重复一遍做出决定和拍发电报的过程：从这里到在拉罗什－古永的 B 集团军群，再到在勒芒的第 7 集团军，然后到在圣洛的第 84 军及其所属 716 步兵师和在诺曼底海滩防守的各团营部队。即便每个人都在办公桌旁并立马着手处理这份电报，这个过程也需要用上好几个小时。

6 月 6 日午夜 1 点 56 分，阿勒韦尔的手摇密码机将"卡托"的电报译成了密码。半小时后，皇家无线电通信人员开始拍发这份电报，他们真以为"卡托"是个人。但是，当时马德里 KO 的电台已经关机，直到上午 7 点（西班牙时间）才开机，大概花了半个小时的时间来接收"卡托"的电报。报告被译出后，发现内容是报告盟军正在登陆、入侵部队的番号及其进攻方向。这份电报并未对德国军队的防守准备起到多大作用，却大大增强了间谍头子库伦塔尔和他的上级对"卡托"及其间谍网的信任。这一切正如同盟国欺骗组织所希望和预料的那样。

进攻就在"卡托"的电报员呼叫马德里时开始了。美国伞兵降落在瑟堡半岛，步兵从海上迅猛登陆，攻其不备。进攻者在多数地方都迫使防守者迅速后撤，进展艰难而缓慢的情况只出现在少数几个地方。跟任何一场战斗刚开始的状况一样，整个局面一片混乱。但德国参谋们恪守所受的训练，将注意力集中在主要问题上。上午 9 点 35 分，京特・布卢门特里特将军发电报向约德尔报告形势，这位龙德施泰特的参谋长认为"现在暂时还无法判断这是主攻还是大规模佯攻"。这个看法在一个半小时后被他的作战参谋报告给总参谋部作战部。

报告的依据是来自前线的情报。克劳塞维茨曾告诫："恐惧的影响就是谎言和错误倍增。"因此，柏林的高级指挥官坚持自己的判断，就像那些在波涛汹涌的大海中坚定不移的磐石一样。他们早就做出加来海峡是盟军进攻目标这一结论，目前不仅没发现有情报可以驳倒该观点，这个观点反而被盟军欺骗行动的几个因素所证实。因此，当进攻终于要开始的时候，他们对上述判断再次予以肯定。

布卢门特里特的电报在军队中传播的同时，邓尼茨和他的海军将领举行了形势会议。他们在会上一致认为，必须"考虑盟军可能会在其他海岸登陆的情况"。当天，伦内致电隆美尔的情报参谋施陶贝瓦塞尔，告知后者西线外军处的看法：这不会是唯一的登陆。登陆还会发生在第 15 集团军的防区，因此，不能将部队从那里撤走。施陶贝瓦塞尔向隆美尔报告了这个电话的内容。当天晚些时候，伦内在形势报告的附录中解释了他为什么会持这种看法：

> 截至目前，没有证据表明，由泰晤士河南北约 25 个兵团组成的美国第 1 集团军群参加战斗。同样的情况还有驻扎在英格兰和苏格兰中部的 10—12 个战斗兵团。这说明敌人正在酝酿在海峡地区的进一步大规模作战，我们可以预想，加来海峡沿岸防御地带就是敌人的作战目标。

进攻开始的那天下午，丘吉尔在下议院发表演讲，宣布"已经有望取得战术上真正的攻其不备，我们希望在战斗中给予敌人一连串的出其不意"。后来英国对这篇演讲进行了广播，被德国监听机构收听到并向各战斗部队报告。他们对这篇演讲的看法与丘吉尔期望的一模一样：德国海军认为，摧毁目前已有的桥头堡是主要任务，同时要阻止敌人在其他防御地段新建桥头堡，不能等它们非常坚固后再拔除。对于这种看法，龙德施泰特显然很赞同，6 月 7 日，他下令将两个装甲师派往登陆地区，并要求希特勒派出第 3 个师，即最高统帅部的后备力量党卫军第 1 装甲师。但是，考虑到诺曼底登陆可能不是真正的进攻，希特勒没有立刻做出决定。

进攻开始之后的几天，德国人缴获了美国第 5 军和第 7 军的作战命令，证实了他们对盟军想要切断科唐坦以占领瑟堡的怀疑，德国人早就这么怀疑了。但这些命令没有把诺曼底才是主战场的事实透露给德国人。德国人先入为主的看法仍未受到干扰。

6 月 9 日，午夜刚过，"卡托"给间谍头子库伦塔尔发了一封电报，内容是一份很长很详细的报告，足足花了两个小时才发完。[1] 德国人的先入之见被这个报告进一步巩固了。发这么长的电报，能给测向仪充足的时间来测定发报地点，特务要面临极大的风险。也正是如此，"卡托"报告的重要性给德国人留下

---

[1] 原注：Delmer, 187-89. Delmer, 17-18,189, 173. Delmer 称 6 月 8 日希特勒本来派了第 15 集团军的 7 个师前往诺曼底，"卡托"的信息使得他撤销了这道命令，收回了这些师。第 15 集团军战斗日志没有此类命令。(AOK15:59364/1:115-52.)

了深刻的印象。

"目前的作战虽然规模大,却只是牵制性进攻,""卡托"直截了当,"它们的作战是为了建立一个强大的桥头堡,以便在最大程度上吸引我们的后备部队并对他们进行牵制,让敌人在兵力空虚的其他地区有机可乘,并有望取得胜利……集结在英国东部和东南部的大量部队仍未投入战斗,说明还有大规模战役要进行。加来海峡地区即将遭到进攻,该地区不断遭受空袭、敌军在那里部署兵力足以说明这一点。这个地区距离柏林最近,那里是英美的最终目标。"

当天,德国中央保安局用电传打字机向龙德施泰特司令部和希特勒的大本营发去这份电报的摘要。晚上10点20分,大本营收到电报。克鲁马赫尔在上面做了批示:该报告"重申了我们已有的对于盟军还将在另外一个地方(或许是比利时?)发动进攻的看法"。然后他把电报送给约德尔,后者又呈送希特勒。根据这份电报,元首对党卫军第1装甲师的去向有了定论,拒绝了龙德施泰特要将该师投入战斗的要求,而是将它派去做第15集团军的后盾,用以防御他认为会发生的针对加来海峡的主攻。

"卡托"的电报钉死了德国人的看法,使之不再改变,可以说是同盟国整个欺骗运动中最具决定意义的一份情报。别的情报来源也在德国情报的棺材板上钉了钉子。间谍的报告本就是德国人所信任的,加上怀尔德的双面间谍曾准确报告过在英国的那些师果然出现在桥头堡,德国人更加相信间谍的报告。例如,一个双面间谍在4月曾报告过美国第9步兵师驻扎在英国,它是第二批越过海峡到达法国的,被德国人于6月9日在进攻前线发现了。因此,进攻开始后几天,当一个特工对盟军将于6月14日或15日在迪耶普、阿布维尔和勒图凯(都位于加来海峡附近)周围发动另一次进攻发出警告时,他们非常重视。那个特工还说,美国空降师将降落在巴黎和加来之间的亚眠,以便占领巴黎。伦内的图表上只显示有两个美国空降师,而且都在诺曼底。但那些图表上还标示着在英格兰的6个英国空降师。这个特工也许是弄错了军队的国籍,不过这对基本情报没有妨害。

还有源源不断的情报来自外交界人士对主攻的猜测。日本驻西班牙大使从马德里送来的一份报告很有意思。他在两周半以前曾对德国外交官说,他收到一份情报如下:勒阿弗尔和瑟堡是盟军的主攻目标,随后8天还会有3次进攻,一是对意大利的格罗塞托—里窝那—比萨—热那亚地区，二是对法国境内地中海沿岸东部巴梅斯和卡希斯之间，三是对西部的弗隆蒂尼昂和佩皮尼昂之间。他最初对这个情报并不确定，所以没有转告，可是情报的第一部分已变成事实，他决定告知德国人。日本人以前也这么做过，那时是盟军在北非登陆之后。这两次或许都是为了挽回他们的面子。

德国驻伯尔尼使馆报告，据瑞士外交部政治部门一名领导官员透露，盟军将进攻佩皮尼昂附近，时间就在这几天内。安卡拉继续将自己视为最危险的地方，预计多德卡尼斯或地中海东部将成为主攻目标。在斯德哥尔摩的奥古斯特·芬克是德国中央保安局六处的人，他于6月12日报告，美国驻瑞典大使馆的一名美国人曾说过，挪威和丹麦将在几天内遭到盟军进攻。芬克还报告，挪威流亡政府的大使馆说，盟军将在6月15日对挪威发动进攻。其他大使馆则警告说，戛纳和文蒂米利亚之间的南特—圣纳泽尔地区、法国地中海沿岸、索姆河入海口或者荷兰等地会遭遇盟军攻击。另一名特工报告了南斯拉夫游击队领袖铁托的看法，后者认为盟军将经由伊比利亚半岛对法国南部发起攻击。

西线海军继续对登陆的海上条件进行评估，在6月8日凌晨3点30分报告说，荷兰地区当天夜里的天气"还算可以"，在海峡和大西洋沿岸会有"令人满意"的天气。海军收听到盟军高级司令部警告挪威、丹麦、荷兰、比利时和法国沿海渔船返航的无线电广播，要求他们停止在上述沿海水域作业，时间从6月8日晚上9点开始，到一个星期后的同一时间结束。对于这个小小的计谋，怀尔德也许感到非常高兴，但德国人却百思不得其解。西线外军处于10日再次发现，美国第1集团军群仍集结在英格兰东南部，根本没有参加战斗。情报单位预计盟军将发动一次对比利时方向的进攻，有四五个空降师已为此做好准备。

希特勒担心盟军会进攻荷兰、比利时、法国西部和丹麦沿岸，坚持要求在这些地区紧急进行布雷工作。

对加来海峡的轰炸还在继续。11日，星期天，德国人发现有700架飞机在比利时和法国北部上空轰炸机场和货运列车。第二天则有1400架飞机对比利时的10个机场进行轰炸，同时有数百架飞机在法国西部上空轰炸机场、高射炮阵地和交通设施。

6月12日下午5点30分举行了一次形势会议，凯特尔和约德尔在会上都认为，想要摧毁诺曼底滩头堡，先阻止盟军登陆其他地方，再回过头来清理诺曼底是最好的办法。他们说，如果真的有所谓的别处登陆，很可能会在迪耶普和布洛涅之间，或者在加来和斯海尔德河之间发生。也就是说，在加来海峡附近登陆。

同一天，希特勒首次向英国发射 V-1 导弹，这是他的复仇武器。加来海峡发射场发射了飞弹，伦内认为，这将增加盟军进攻该地区的欲望。该看法得到一些人的支持。约德尔则坚持认为迪耶普是进攻目标。希特勒因为布列塔尼登陆可能不是真正的主攻而惴惴不安，但他始终没有忽视加来海峡，担心 V-1 导弹基地会被敌人占领。

这些担忧在 6 月下旬和整个 7 月占据了德国人战略思考的统治地位。怀尔德对这些忧虑的存在持肯定态度。6 月 29 日、30 日和 7 月 1 日、2 日，英国给法国地下抵抗组织的"私人信件"数量激增到平均每天 240 封，之前平均每天只有 50 封。西线总司令和海军并未漏掉这一异常，认为这次信件数量的突然增加是盟军 6 月 6 日进攻前情况的重演。B 集团军群和其他部队接到迈尔－德特林的通知说，根据阿勃韦尔（他依然使用这个旧称）的报告，有封信件内容是"今晚贝尔特玩多米诺骨牌"，提到贝尔特的那些信件是要求安特卫普和林堡地区的特务都进入二级戒备状态。另一封信件的内容是对安特卫普地区即将遭受攻击的暗示，迈尔说，他的司令部一个月前犯过的错误现在不会再犯了。凌晨 1 点 10 分，司令部下令让各相关地区进入最高戒备状态并做好战斗准备。7 月 3 日，司令部报告最高统帅部，进攻预计发生在 7 月中旬。

西线外军处留意到美国第 1 集团军群中一些部队撤走的情况，却还是坚持先入为主的看法。它认为敌人空中活动的减少，更加说明新的战斗即将发生。诺曼底桥头堡兵力已增加到 30 个大兵团，伦内注意到这件事，却又严肃地指出，德国人不会为之所骗，去相信敌人没有继续准备进行新的登陆。他再一次提及美国第 1 集团军群及其下属部队，例如根本不存在的加拿大第 1 集团军。海军作战指挥部三处附和说：敌人拥有足够吨位的船舰来实施新的登陆。

希特勒的看法没有什么不同。邓尼茨在 7 月 13 日下午 1 点举行的形势会议上提醒他，存在盟军突破斯卡格拉克从而切断挪威铁矿石供应的危险，这样将使德国潜艇出海变得困难。希特勒回答，荷兰—比利时地区或加来海峡面临着更大的危险。

与此同时，西线部队和情报指挥系统因为三件事情而出现变动。龙德施泰特被希特勒撤去西线总司令的职务，因为他在凯特尔对诺曼底迅速恶化的形势抱怨"该怎么做？该怎么做？"时，怒斥后者说"求和，你们这些笨蛋"。陆军元帅京特·冯·克卢格接任这一职位。7月17日，隆美尔负伤，他乘坐的小汽车为躲避英国飞机撞到了树上。指挥B集团军群的任务同样由克卢格接替。3天之后，命运攸关的7月20日下午，克劳斯·冯·施陶芬贝格趁着元首大本营举行形势会议，在希特勒旁边放了一个装有炸弹的黄色手提皮包，然后借口要去打电话离开了。有个军官因为皮包挡道而挪开了它。炸弹爆炸后，别的人被炸死了，希特勒却没有受伤，只是被震晕了，橡木会议桌一只沉重的桌脚保护了他。当他清醒过来的时候，军官团里便开始了针对反纳粹分子的全面清洗。伦内也被处死了，他的职务由比尔克林接替。而这没有让西线外军处的战略观点发生一丝一毫改变。和其他机构一样，它依然相信盟军的另一次进攻将发生在加来海峡。

然而，到了7月下半月，种种迹象表明，进攻再次发生的可能性变小了。另一方面，相反的迹象也没有出现：怀尔德和他的欺骗委员会没有让德国人醒悟的必要。事实上，盟军7月21日在第15集团军防区进行的侦察活动，再一次把德国人吓了一跳。但是，加入诺曼底进攻的部队越来越多，其中一些属于美国第1集团军群，西线外军处曾认为这些部队会被用在第二次登陆上。这些部队很快就被德国人发现了。对此，怀尔德的双面特工聪明地暗示，这些增援部队是被德国人的顽强抵抗引来的，从而让德国人更加相信，制止盟军登陆加来海峡的最好办法就是遏制在诺曼底的进攻。

但是，美国第1集团军群因为部队被撤走而遭到削弱，即便又增添了一些虚构出来的师。伦内早在7月10日就发现它的"质量比不上"诺曼底的军队，因此"主要任务不会由它承担"。直到7月27日，他才承认"临时通知让它去进攻一个坚固设防的海岸防御地段恐怕不大可能"。同一天，克卢格司令部注意到，盟军的兵团总数由于美国部队的到来已增加到92个，它第一次说"在诺曼底的战斗将有大批英美兵团加入"。克卢格要求再把他防区里的一些师调到这个桥头堡来。希特勒答应调两个师过去。这是他第一次同意把在加来海峡防区第

15集团军中的一个师抽调出来,第二天又放了两个师过去,其中一个还是来自第15集团军。为此他很不安,下令让已经精疲力竭的步兵师或装甲师以最快速度前去为第15集团军提供支援。尽管如此,加来海峡是进攻目标的看法开始被诺曼底的现实推翻。8月3日,美军士兵经由阿夫朗什不断涌来,第15集团军中的第81师被克卢格抽调到第7集团军。最后,他终于在8月7日断定"不大可能"出现第二次大规模登陆,于是下令往战场上尽可能多地抽调B集团军群防区中的部队。

同盟国的欺骗活动从某种意义上说到这里就结束了。德国的情报机构失败了,德国的情报官及其指挥官们掉入陷阱里。克劳塞维茨在一个世纪前就已预见这个陷阱。某个军官"是幸运的",克劳塞维茨写道,如果他收到许多不一致的报告"相互抵消,就能形成一种平衡以供严格的分析。下面这种情况对于没有经验的人来说就很糟糕:报告间相互吻合,相互证实、夸大,使之带上偏见,与上面那种情况刚好反过来。新手只能仓促做出决定,很快又发现自己做的决定是错的,如同发现整篇报告都充满了谎话、夸大和谬误一样"。

德国人碰到的就是这种情况,只是他们认识不到自己的错误,这一点和克劳塞维茨预见的不同。相比于世界上大多数其他参谋官,这些参谋官可说是情报方面的新手。德国人上当受骗的程度之深,以至于欺骗的内容在其产生的结果早已消失后仍盘旋在他们的脑海中难以消散。美国第1集团军群直到10月31日仍被标示在西线外军处的形势图上,说明他们对它的存在一直都没有怀疑。即使后来他们从地图上抹掉了第1集团军群,英国第4集团军、美国第14集团军和同盟国第1空降集团军的司令部被标示在地图上,而这3个集团军实际上并不存在。确实,德国人一直想着欺骗的主要内容"第二次登陆",就连希特勒准备最后一次反攻(后来的突出部之役)时,这种想法还盘旋在他们的脑海中。11月28日下午3点30分,邓尼茨在柏林第三帝国总理府举行的形势会议上,仍在提盟军可能会登陆荷兰。他承认那里的登陆条件很差,但那些根本不存在的部队占据了他的想法,他说盟军一旦打通斯海尔德河,正在泰晤士河南边集结的盟军部队就能迅速开赴前线。这是历史上最大的一次欺骗活动的最后回响,希特勒相信了,付出的代价是整个西线战争的失败。

第五部分

结尾

第 27 章
惨痛教训

就这样，德国输掉了情报战。二战中，它的情报工作在每一次出现战略转折点时都以失败告终。它低估了苏联，在盟军对北非发动进攻之前对此全然不知，在巴尔干半岛眼睁睁看着盟军登陆西西里，将诺曼底登陆误认为是佯攻。虽然在考虑作战和战术形势时，它经常能对敌人的进攻做出预测，但有时又会出现很严重的错误，譬如，苏军在斯大林格勒的表现和对中央集团军群发动的进攻，它就没有预料到。

德国的情报工作看起来似乎不能更差了。但这实际上已是它能取得的最好成绩。圣徒路加曾说过："把所有被隐藏的揭开，将一切秘密曝光。"这是每个情报机构都在用尽全力去实现的目标。但谁也没有做到。军队部三处第一位谍报头目弗里德里希·甘普将军写道："所有的情报机构永远都会面临一个必然的悲剧——就算是最好的成果也无法满足当事人的愿望。"这么说来，我们是不是过度要求德国的情报机构了？它在对别人心底的秘密进行调查时，即便没有达到理论上的极限，在实际中是否真正做到了极致？还是其他情报机构的工作完成得更好？

其他情报机构的确略胜一筹。虽然日本的情报工作做得跟德国一样差，虽然我们因了解不足而无法恰当地评价苏联的情报工作，但英美在这方面胜过德国太多。英美对敌人实力的估量更加准确。比如，在整个二战期间，同盟国对驻扎在法国的德军兵力通常能深入了解到师以下。当同盟国在 1942 年华盛顿会议和 1943 年卡萨布兰卡会议上做重大决策时，它们相当准确地估计了德军的兵力。在对诺曼底发动进攻前，英美估计德军兵力有 58 个师，事实上是 59 个师，它们的估量与实际只差了 1 个师，误差率小于 2%。德国对英国盟军师数目的估计，误差率竟高达 40%。而且同盟国情报机构能够更加准确地对敌军意图进行预估。希特勒放弃进攻英国的计划而去进攻苏联，这种转向被它察觉到。它对德国的火箭试验和原子弹试验有充分的了解，还进行空袭，推迟或破坏了德国的这两项试验。它在许多个别活动中都预计到敌人的动向。同盟国的飞机突然从地平线起飞，用深水炸弹攻击在大西洋上进行海战的德军潜水艇。两个在安齐奥的美国师从截获的情报中得知，希腊的 9 个师接到希特勒的命令前去增援防御部队，从而没有将自己的兵力过分分散，防止了因被分割而遭全军覆没的危险。

同盟国的情报工作也并非十全十美。他们在挪威、阿纳姆和突出部之役中曾进行错误的估计。他们对德国飞机生产的估计，不是过高（超出 79%）就是过低（低于 33%），高低的差距超过 100%。战略情报局递交给罗斯福总统的情报中，经常没有关于敌人及其意图的内部情报，就跟卡纳里斯提供给希特勒的报告一样。尽管如此，同盟国的情报工作还是相当成功的。原因主要在于它拥有远超德国的密码破译能力，因此在口头情报方面占据了优势。德国人相比之下要差很多。

德国情报工作的失败源于五个基本要素：一是盲目的妄自尊大，使得工作脱离实际；二是进攻性的心态使得情报工作被忽视；三是许多将领因为军官之间的权力斗争而敌视情报工作；四是情报工作受到纳粹德国权力结构的严重削弱；五是反犹太主义让德国情报机构失去大量人才。

虽然在人们的通常认知里，反犹太主义是纳粹德国的专属产物，但实际上反犹太主义祸害德国国防军和情报机构已久，使得许多原本可做出巨大贡献的犹太爱国人士被排斥在外。比如在普鲁士时期，犹太人不允许在军队中担任正式军官，这一态度被纳粹党人强化，带来的恶劣影响也进一步加剧了。他们要求科学、技术和学术机构奉行纳粹党哲学，将犹太人从中排挤出去。他们以"重新安置专业文职人员"为借口，制定了一项法律，规定"要辞退非雅利安血统的官员"。军事机构没有因此受到影响,因为那儿基本上没有可供解雇的犹太人,比如海军电讯监听处就没有要求任何人离开。可是这一规定对其他领域的影响是灾难性的。纳粹党人将哥廷根数学研究所的犹太人所长驱逐,整垮了这个德国第一流的数学研究中心。这些让犹太科学家失业的措施,再加上他们在街头受到的羞辱以及整个社会对犹太人的仇视情绪,将犹太人才从德国驱逐出去。在英国和苏联,尤其是在美国,才干非凡的数学家、科学家和工程师接踵而至。且不说超凡绝伦的阿尔伯特·爱因斯坦,就是其他一些人,在他们各自的行业中也是备受瞩目的。单在数学领域,就约有 20% 的犹太人被选入他们所在国家中的一流荣誉学会。对此,20 世纪 30 年代的德国并没有感到惋惜,反而对德国的焕然一新、队伍纯洁以及使命达成而感到莫名兴奋。但是,一流知识分子被平庸之才取代而造成的损失,就算有再大的积极性也无法弥补。

反犹主义并不是只存在于德国,还传染到英美军事机构,只是后者没有对犹太人全面排斥,他们没有在文职方面拒绝犹太人的帮助。同盟国借助犹太人的智慧,研制出原子弹,而德国人由于失去犹太人(当然还有许多别的原因),制造原子弹未果,这是最富有戏剧性的结果。在情报方面,同盟国获得了许多能说一口流利德语的审问者,他们发挥出非常难得的作用。同盟国将威廉·F.弗里德曼(William F. Friedman)这样的犹太人保留了下来。弗里德曼领导一个小组解开了日本"紫色"密码机的奥秘,因此德国和日本的政策在很大程度上被盟军洞悉了。德国的反犹主义削弱了希特勒的情报潜力,却又使得同盟国的情报实力大大增强,给德国的情报工作带来了双倍的损害。

狂妄自大一词常被用来指责德国人,从这个民族对现实的认知来看,这个指责是对的,情报工作只不过是这种认知的某种具象表现。狂妄自大扭曲了德国对世界的认知,使其不符合现实,导致这个国家做出许多错误的决定。

似乎是两个相关的因素造成了这个缺陷。与世界上其他国家相比,德国的民族优越感被过分放大。愈加僵化的思想、横行的专制主义使它不能从现实情况出发来纠正错误。马丁·路德的学说是这个心理方面因素的来源。极端沙文主义是德国疏远西方的根本原因。

在鼎盛的中世纪,来自霍亨斯陶芬家族的腓特烈二世(卡纳里斯被处决前一晚还在阅读他的传记）在西西里出生并长大，为了追求更感兴趣的意大利和地中海政治，他将自己的权力交给了他的德意志诸侯。这些权力使得诸侯国能够将封建割据维持长达6个世纪，反对神圣罗马帝国的权力集中，反对普鲁士日益强盛的统治，反对知识分子对政治和文化统一的强烈要求。现在属于德国的地区因为这种允许封建诸侯割据的政策，而明显区别于英国和法国，后两者当时正在形成统一国家。正是在这样的历史环境下，拿破仑大败普鲁士，征服了其他德意志侯国，消灭了神圣罗马帝国，而这个第一帝国已有1000年历史了。

因为拿破仑称自己继承了法国大革命中的伟大人道主义理想，德意志各侯国人民就反对早已（以不同形式）成为民主西方理想的自由、平等、博爱，以示对他的轻蔑。他们自成一派，对德国的独一无二和非凡卓越大加赞美。《致德意志》一书的作者约翰·戈特利布·菲希特（Johann Gottlieb Fichte）是这种民族主义的倡导者，他在书中抨击了"致命的外国精神"，直言不讳地宣称："德国人永远优于外国人，只要德国能对各种有利的条件充分利用。"随着拿破仑的失败，随着普鲁士在1866年击败奥地利、吞并数个毗邻邦国，统一的实现为期不远。5年后，随着它战胜法国并建立起一个新的德意志帝国（即第二帝国），德国人变得愈加狂傲。德国似乎战无不胜。它成功实现了独立发展，德国哪里都比别处好。

但这并不是事实。尽管它的经济急速扩张，军事上取得的胜利令人咋舌，但它的人口和工业，跟它所有潜在敌人的总和比起来，并不足以摘取世界第一的殊荣。它因为不能正视这一点而背离了现实。这种毛病别的国家也有，包括美国——它宣称"1个美国人能抵10个日本人"。但德国对现实的背离程度更为严重，主要是因为德国长期的民族主义使其优越感更盛。这确实非常危险。但它的顽固僵化、无力改变和无法适应现实才是最要命的。

16世纪欧洲宗教改革运动时开始兴起的专制主义是这种顽固僵化的根源。马丁·路德和约翰·卡尔文从罗马教皇的神权束缚中将人们解救出来。但是，卡尔文的理论还允许人们反对世俗权力，这一点体现在英国清教徒的革命之中。相比之下，路德反对抵制世俗权力。他的教义宣扬，辛苦劳作不能使人得到救赎，信仰崇拜才是灵丹妙药，无政府主义的幽灵因此出现。他公然宣教说，合法统治者的指挥是世人必须服从的。他声称："即便掌权者十恶不赦或缺乏信仰，权力当局和它的权力还是好的，是来自上帝的。"他还大声高呼，"造反从来就是错误的，对于喊造反的人（那些暴徒），一记打得他们流鼻血的拳头是对他们最好的回应。"在普鲁士等路德派教义盛行的国家中，父母们为了强化对家庭的控制，很乐意吸收这些思想。[1]德国的威权人格比其他任何地方都要根深蒂固。因此，德国的革命从未取得过成功。

威权型的人需要对潜在的忧虑加以遏制，或者至少不让这种忧虑加深。[2]严格掌控周围的环境是解决这种需求的一个办法，这样能够避免那些会引起自己忧虑的事件发生。因此，专制型的人掌握了一套观点来满足自己的需要。这些观点镌刻在他的灵魂里，不会轻易被外界的因素撼动。它们不会跟现实妥协。

许多德国人就是这样充满了盲目的优越感。这种优越感因为他们的冥顽不灵而肆无忌惮地蔓延，连现实都无法缓解。最后便导致了狂妄自大。极端且顽固的自负扭曲了德国的世界观，其程度远远超过那些奉行沙文主义的国家。因此事实证明，当她最后与现实发生冲突时，会导致更具破坏性的后果，有时甚至会导致灾难性的后果。

1917年，德国认为美国已经太虚弱，而且太过遥远，成不了什么气候，便发动无限制潜艇战，这种行为导致美国对德宣战。弗里茨·菲舍尔（Fritz Fischer）教授是当时最优秀的学者，他写道："20世纪初德国世界政策的基本特点，在德国的对美政策上得到真切而具体的表露。德国人对自己实力的过分自信冲昏了他

---

[1] 原注：我的假设。但研究显示德国家庭的威权性更甚于美国。参见：Donald L.Taylor, "The Changing German Family," *International Journal of Comparative Sociology*, 10(1969), 299-302; Donald V. McGranahan, "A Comparison of Social Attitudes Among American and German Youth," *The Journal of Abnormal and Social Psychology*, 41(July, 1946), 245-57。

[2] 原注：这些往往会让人成为一个缺少智慧的官员，而非平等主义者或天才。(Norman Dixon, *On the Psychology of Military Incompetence* [London: Jonathan Cape, 1976], 258, 264-66, 274.)结果，德国的I cs可能是比盟军G-2s更缺少智慧的情报官员。不过，这一点我并没有证据，原始数据变量众多，我无法弄清楚如何搜集证明或反对这个假设的证据。不过，威权型的人渴望控制环境，思维僵化，也就意味着偏好理论多过现实的不确定性。这或许解释了为何Ralf Dahrendorf互换"德国的真理观"，在他的《德国社会与民主》中寻找终极解决方案。(New York: Anchor Books, 1967, 129-71.)

们的头脑，低估了美国的经济实力和组织能力。"结果他们被打败了。

然而，德军将领们因为狂妄自大，即便在1918年春天德国发动最大攻势失败以后，依然不承认他们输掉战争。即使最后白纸黑字的投降协议也没能让他们得到什么教训。对于德军在战场上被别国军队击败的事实，他们拒绝相信。为了维持对自己的高估，他们转而相信犹太人和共产党人在背后给了他们一刀这样的传说。

德国人在21年后再一次因为狂妄自大而付出了致命的代价。在未对事态进行调查的情况下，希特勒就和他的将领们一致断定苏联会被德国迅速攻陷。数月后，对美国强大的工业实力不屑一顾的希特勒对美宣战。

这样的不切实际影响了德国的生死存亡。臆断取代了情报工作，并使后者无法发挥作用。而狂妄自大让德国将小成绩无限放大。阿尔贝特·施佩尔认识到，德国的生产能力比不上同盟国。但他坚持，德国武器在质量方面的优势大于同盟国在数量上的优势。但这只不过是一种错觉。最高统帅部作战部在对同盟国登陆北非后的战略形势进行讨论时说，德军与敌军旗鼓相当，有可能"打胜仗"。莱因哈德·盖伦所持德国必胜的荒谬观点与他的前辈们在一战中的观点出处相似——多半因为狂妄自大。

因此，自大支配了整个德国的态度和行动。它最终取代了情报工作。它阻止德国人哪怕思考一下情报可能是必要的。1914年，军队如此确信自己能够取胜，竟将许多情报官弃之不用。1941年希特勒进攻苏联时，连像样的情报准备工作都没有做过。狂妄自大不但让德国脱离现实，还阻止其情报机构将德国拉回现实的尝试。虽然情报工作还受到别的因素影响，但它们没有像狂妄自大一样对情报工作产生如此彻底的影响。它们对情报工作有百害而无一利。

希特勒为了解决他所谓的国家问题而决定向别国开火。德国意欲先下手为强。它就是侵略者，哪怕有着苦衷和理由。

攻防双方对情报工作的态度不同。当然，双方都有搜集情报的需要。但只有对防御方来说，情报才是得胜的关键。这两种作战模式下的情报，一个是从属性的，一个是限定性的。举例来说，大象可能都是灰色的，但灰色只是大象的一种从属性特征，而非限定性特征。同理，在防御方看来，情报工作是限定性的；而对攻击方而言，它只是从属性的。

"什么是防御？"克劳塞维茨问，"是避开打击。它有什么特征？是等待攻击。"军队等待别人进攻的前提是相信对方准备来袭，而他们之所以相信，是因为有敌军的相关情报。防御需要情报。换句话说，没有情报，可能就没有防御。

防御方也意识到，敌人手里掌握着主动权。确实，要先有进攻，才可能有防御的反应。敌军决定进攻，做出基本的决定。克劳塞维茨说，进攻"本身就是完整的"。因此，与敌人意图相关的情报，虽然有帮助，而且在一定程度上常常是存在的，但进攻并不一定要有这样的情报才能取得胜利（克劳塞维茨说，必需的是突袭，或者严防死守自己的作战计划不被敌方知晓。这进一步说明，情报对防御取得胜利至关重要，因为这意味着对敌人意图的了解）。换句话说，情报对防御方而言是必不可少的，它视进攻方而定。结果就是强调进攻往往会忽视情报，这一点极为关键。

这一点用一个例子就能说明，那就是德国在1940年对法国发动侵略。根据作战计划，一支强大的装甲部队会从阿登森林向西南进发，像一把在西北方向弯曲的镰刀，从侧面袭击盟军部队，然后把盟军部队逼到海峡边上，并协同德军其他部队将其消灭。法军预备队的反攻是德军可能面临的最大危险。因此，德军将对外防御部队部署在他们漫长且易受攻击的侧翼。问题在于，德军没有根据情报来进行部署，他们对法军的预备队在南部一无所知。臆想就是他们部署的依据。敌军的预备队现在在哪里，以后会在哪里，虽然让人感兴趣，但并非制订计划的必需品。情报在进行战略部署时被省去了。

从大的方面看，希特勒在为自己制订战争的全局计划时也是如此。他喜欢强迫其他国家接受他自己的意志。他的手中掌握着这些国家的命运。因为这样，他就不需要任何情报。他将注意力集中到兵力、枪支、坦克、飞机、燃料等自己真正需要的东西上。他说："有了坦克、飞机、反坦克炮和高射炮，我们的战争就会胜利。"他在军备上倾注了全部精力、资金和人力，而对情报漠不关心。

希特勒和他的高级军官们从未给阿勃韦尔下过命令，让它采取真正的行动，也从未给它提供人力和物力，让它能够对欧洲国家实施真正的间谍活动。阿勃韦尔似乎也不觉得它自己有努力的必要，很长一段时间都是在游手好闲。它把几个间谍安在这儿，几个放在那儿，却没有把间谍安插在波兰、捷克斯洛伐克、比利时、瑞典、土耳其、法国本土等政府的高层之中，而这些国家的态度对德国至关重要。它对英国拖拉无力的情报工作也是完全没有起作用。而在其他方面，阿勃韦尔确实搜集到一些细枝末节，比如法国的动员情况和部队番号、在苏联边界沿线的机场位置、诺顿轰炸机瞄准器、挪威沿海的一些炮兵阵地等，还有一种并不重要的法国海军密码。但它从未获得过真正意义上的成功。

与之相比，虽然同盟国的情报工作也曾遭遇失败，但确实获取了一些文件。这些文件对战争的影响虽非直接，却十分重要。法国间谍机关策反了德军密码中心一名工作人员，这个意志不坚定且懒散的人泄露了德军的作战命令和德国主要密码机（恩尼格玛密码机）的部分真实密钥。波兰密码破译员在这些信息的帮助下将该机器进行了重装。当战争爆发时，同盟国在英国战役和大西洋战役的胜利很大程度上归功于它们有破译恩尼格玛密码机所拍发密码的能力。同盟国利用计谋控制在英国的德国间谍，他们1944年和1945年在欧洲的许多战斗中赢得的胜利也应归功于此。

这些间谍成绩最终让上述胜利成为可能，但这并非碰运气才取得。法国因为担心德国的入侵而密切关注着德国，特别是跟后者重整军备相关的准确细节。但德国却没有因为同样的恐惧而对其邻国展开调查。所以，同样的胜利也从来不属于他们。

德国对情报的忽视还显示在其情报机构的组织状况上。从战前到二战期间好几年的时间里，最高统帅部一直没有一个情报参谋机构。相反，英国的联合情报委员会早在战争开始时就由参谋长们建立起来。英国海军部早在战争爆发前就成立了作战情报中心。该中心预测德国潜艇动向的水平在战时变得非常娴熟，能够指挥同盟国将德国的潜艇击沉，同时为己方的护航舰队调整航线以确保他们的安全。这样的机构，德国海军总司令部从未拥有过。

然而，对情报的疏忽并没有影响到希特勒早期的胜利。希特勒的信条——进攻方及其军备才是起决定作用的，从德军在波兰、丹麦、挪威、法国、低地国家以及南斯拉夫的战绩中得到了证实。军队拥有情报机构就能告诉他们敌人在哪儿，这是肯定的，但取得胜利不一定需要有这些信息，反正德军想打哪儿就打哪儿。一位研究者对此进行了总结并评论道，在战争的前几年，阿勃韦尔被德国军队当作一个随身携带的"快乐的寄生虫"。德国在战争初期所有的战斗经验都证实了情报的无足轻重。

其后，希特勒对苏联发动进攻，德国的战略主动权随即开始慢慢丧失。整个战争形势倒转过来。很快德国就沦为防御方，情报一下变得重要起来。德国开始使尽浑身解数来搜集情报。原来只是对经过德国的邮件进行简单抽查的审查员，从1942年年中开始对所有邮件都进行检查。外交官们以前只是按照里宾特洛甫的指示去搜集情报，而现在这项工作变成他们的"主要职责"。哈尔德无法再忍受东线外军处那个懒散的金策尔，于是任命精力充沛的盖伦去接替他的职务。最高统帅部作战部新增了一名情报官。在以前的军情会议上，希特勒和他的陆海军将领们很少提及敌人，现在则越来越频繁地将敌人挂在嘴边。

但已经太迟了。他们的情报水平很低，数量非常少。同盟国的高级会议，德国的间谍混不进去。同盟国坚不可摧的密码壁垒，德国的密码破译员无力攻破。现在他们为早年对情报工作的忽视付出了代价。

同盟国一方的情形正好相反。特别是在英国，初期的守势迫使他们建立起用来预测侵略者意图的情报机构。他们在情报机构中投入更多的人力和财力。他们有限的人力和物力在情报的帮助下发挥到极致，特别是在敦刻尔克大撤退后，英国似乎除了情报以外，一无所有。其后，当德军处于守势，盟军转入攻势，同盟国体会到广泛建立情报机构和拥有丰富情报经验的好处。同盟国的情报水平高，数量多，可靠性强，同希特勒一方的情报相反，因此加速了他们胜利的脚步。

不过，德国人不能让希特勒一人承担忽视情报工作的全部责任。对情报的轻视由来已久。普鲁士认识到自己在地理上被潜在的敌国夹在中间；进行消耗战也会因其缺乏自然资源和人口稀少而无法获胜；此外，普鲁士内部有种种困难局势需要解决，最简单的方法就是对外侵略以实现民族统一。进攻战略因此被确定为德国的军事学说。1914年德国掠过中立国比利时粉碎法国的施利芬计划，就以一种残酷的方式诠释了这一军事学说。四个恐怖的年头过去，德国于1918年败北，德国人意识到在下一次战争中的取胜关键一定是进攻速度。希特勒也意识到这一点。因此，他发明了闪电战，给情报工作带来的后果是灾难性的。

同理，在二战中因为建立情报机构而获得的褒奖，也不能完全归功于英国的领导人们。英国的处境让他们取得了先机。岛国的位置决定了它很难直接支配欧洲，而法国等国家可依靠陆军来实现。但它能间接做到一点：它向欧洲大陆冲突的任何一方投入自己的力量，就可决定输赢归属。这种力量均势政策，作为被动的，或者说是防御性的技艺，想要获胜，必须依靠情报。英国的另一个力量源泉——经济扩张，也受益于情报。因此，英国很早就开始培养情报力量，它始于伊丽莎白一世时代的弗朗西斯·沃尔辛厄姆（Francis Walsingham）爵士，或者可追溯到更早的中世纪末英王爱德华三世时代。

每个国家对待情报的态度，在某种意义上可被看作是对其地理和国内动态的反映。作为海上强国的英国，主要是进行防御，因此皇家海军被称为"大英之盾"，而不是"大英之矛"。英国对情报有需求。而作为陆上强国的德国，国内形势异常紧张，德军的进攻没有情报方面的需求。所以，它的情报力量的发展没有成功。

这种从根本上对情报工作的忽视，与作为精英的德国军官们的想法完全吻合。靠着侵略发迹的他们相信，侵略为德国和他们的生活提供了保护，避免了来自外界的危险。但在德国国内，在军队里，他们不止忽视情报。因为情报工作对他们的饭碗产生了威胁，他们还阻挠情报工作。

技术人员是技术进步的必然产物。以军事为例，就有炮兵、铁路方面的专家，还有研究外国军队的专家。他们因为知识而有了一定的力量。他们可以以不提供自己的知识相要挟，从而使得国家的军事力量遭到削弱，这就是他们的力量。最初，这种力量仅能让他们要求自己获得一份在军事部门的工作，后来是能有个一官半职，最后则让他们登上顶峰。现任军官对这种侵犯是拒绝的，因为他们的饭碗会因此被抢走。

相比于别国的军官，普鲁士德国的军官们更为强硬。其中的年轻德国贵族更害怕被取而代之，他们既不能靠拥有的土地来维持生活，也不愿意去做生意，他们没有别的地方可以去。除此以外，从17世纪末勃兰登堡选帝侯为了对这帮反叛的贵族进行控制而让他们在军队任职时开始，他们就一直享受着世代垄断军官职位的特权。权位是他们从生下来那一刻就拥有的。他们主张，指挥官们只有因为害怕失去荣誉才不会陷于懦弱，而荣誉是只有贵族才能享有的，因此能领导军队的也只有贵族；不管资产阶级炮兵专家被训练得有多好，也只配瞄瞄炮眼。这些年轻贵族实际上是为了阻止对官位的竞争，让自己能够尽量轻松地保住权位。用社会学术语来说，他们坚决反对用论功行赏制度取代权力世袭制度。

跟整个军官团体一样，参谋部也在与技术专家做斗争，后者给它的优势领域带来了威胁。在某些案例中，参谋部不得不低头，因为它承受着技术方面的巨大压力。比较典型的例子是铁路专家。相比之下，参谋部相对成功地压制了情报工作。在整个19世纪，这样做似乎是有一些道理的。4000年的军事史告诉他们，情报几乎没有在战争中发挥过任何作用。参谋们相信，人力、武器和意志才是打胜仗的关键所在。这在一定程度上是对的。然而，当法国、英国和美国看到局势因为法国大革命和工业革命而被不断刷新时，他们就在自己的参谋部成立了专门的情报部门，但德国没有采取同样的行动。德国的参谋部还在继续自己老套和利己的态度，反对情报。

德军参谋部为自己的态度和行为找到了理由：既然与敌军相关的情报只是整体工作中的一个部分，情报就应该被作为指挥官全部职责中的一部分来处理。情报工作成为军事行动的一部分。既然参谋部领导军事行动，那么情报上的问题也由它来负责。问题之一是应不应该把情报工作划出去，成立一个专门的部门，但这种可能性被参谋部排除了。参谋部禁止军官学校设置情报课程，将与敌军情报相关的问题合并到战术教学中。它强调要超越个别部门的特殊问题，而将其作为整个作战蓝图的一部分。它坚持，在战争中，当敌方有可疑情况出现时，有力的作战会拨开迷雾。跟间谍来往的军官被它排斥，因为它认为前者已在与那些骗子的交往中遭到污染。一位研究者说，它宁可选择"高尚的无知，也不选择那些用卑劣手段得来的有用情报"。它看不起情报工作，然后通过对指挥官作用的过分强调来弥补。因此，陆军总参谋长阿尔弗雷德·康特·冯·施利芬声称："很难弄清敌人要从他的集结区域去向何方。骑兵和飞艇对此的报告通常都不够及时。敌人的意图必须由指挥官来猜测或计算。"

然而，当情报工作在一战中取得突破后，即便是德国的军官们也无法继续对其进行压制。他们意识到，如果继续进行压制会对国家产生危害，进而损害到他们的地位。因此，他们在野战参谋部新设了情报官一职，并在总部成立了情报部门。但他们只是不得已而为之。保守性在他们的本性中占有更多的位置，驱使并教会他们尽可能将旧势力抓在手里。继续拒绝给情报工作完整的地位是他们为达上述目的而采取的手段，而情报工作在别国军队里早就获得了应有的地位。为将这种态度制度化，他们让情报参谋位居作战参谋之下。他们几乎不教授任何有关情报工作方法的课程，以维护这种态度。此外，到他们认为有必要时，他们还大力对这种态度进行宣传。他们的紧张和不安因为专家们取得的进步而进一步加剧，20世纪20年代，陆军总司令汉斯·冯·泽克特则让施利芬的观点变得更加尖锐化。"战争有一对无法割裂的特征：不确定性和机遇。它们不会被任何人的理解掌控，即使是最聪明最机灵的专家也不能将其诠释清楚。它们只受指挥官的意志支配……只有明确的意志能在疑惑和未来的黑暗中提供光亮。"而真正让他烦恼的却是，如果战争能通过情报工作赢得胜利，将军就不再被人们需要了。

现在，情报工作无疑只是整体的一部分，作战参谋对麾下人力和物力的控制要比情报参谋提供的敌军相关信息来得重要。

德军的情报因其体系结构而质量不高。德国人认为，情报只不过是战术的一部分，情报参谋的岗位由一般的参谋官就任即可。但是，他们会让更好的参谋官去担任责任更为重大的作战参谋一职，这意味着情报参谋都是一些二流军官。如果他们奉行的原则与上述情况不同，他们本可将情报工作交付给接受过培训的专家们，如此能够得到更适用于整个战术蓝图的信息。举例来说，同盟国成功地将集团军群情报官一职交给征募到的平民。一流的人才成为研究敌军的专家；在事业上没有后顾之忧，这些专家不仅可在战争期间保住自己的职位，还可将他们的意见以更有力的方式说出来。德国人对技术人员仍持蔑视的态度，把他们叫作"技术负担"，认为他们把作战搞砸了。比如，德国人认为，安装电话线耽搁了指挥官们的工作，使他们的主动性和动力丧失了。德国人对于搜集和筛选情报细节能带来的结果缺乏充分的认识。作战参谋领导情报参谋的体制，使信息不得不想方设法地通过一个额外的指挥阶层传递，而且当情报参谋和作战参谋意见相左时，情报参谋向参谋长直接表达意见的权力就被这样的体制削弱了。德国的情报工作因此受到进一步损害。德国的整个体系机制都在贬低情报。相比之下，情报参谋和作战参谋在别国的军队里几乎都直接受参谋长领导，有着同等的地位。

这样的情况因为两个因素而多少有些改善。总参谋部的参谋在战时比较短缺，促使军队用预备役军官来填补许多师的情报参谋空缺，这些人实际上逐渐变成情报专家。另外，盖伦施压，要求情报参谋至少享有与作战参谋同等的地位。不过，第一个因素被看成是对准则的违背，而且军级以上的职位并未受到影响；第二个因素则没有达成对作战参谋与情报参谋之间主从关系进行调整的目的。只有进入守势之后，司令官们在盖伦和情报参谋们一次又一次的帮助下保全了兵力和物资，德军才开始改变对情报的态度，改变是慢慢进行的、不情愿的、部分的，这种改变不仅太少，也来得太迟了。

一个相当不同的因素——权力结构，使纳粹国家的高级情报机构陷入了瘫痪。"元首至上原则"是纳粹党人对这种权力结构的称呼。而"有魅力的权威"是伟大社会学家马克斯·韦伯早就赋予它的定义。它不仅在数量上，还在质量上，损害了情报工作。

阿道夫·希特勒是纳粹德国唯一的权力来源。这就是一种简单的个人权威：他的话即法律。大众和领袖们对他这个革命使命之化身所保有的虔诚是这种权威的来源。韦伯比较了这种权威与另外两种权威。传统权威将古老传统的神圣性保持下来，以古埃及和清代的中国为典型。法定权威尽力使既定规则得以履行，这种权威通过将一批专业官员分配到有一定竞争力的领域——官僚机构——来实现。这一类权威最好的例子就是西方民主政体。

有魅力的权威来源于信仰。[1] 传统权威和法定权威的感召力远远比不上希特勒的魅力，后者在德国大众中间洒下了激情的种子。德国人举行了大型群众集会，修建了高速公路，参加了火把游行，重建了他们的陆军和空军，征服了大半个欧洲，将欧洲大陆的低等人种赶了出去，而这一切都是出于对元首的信仰。希特勒经常对他的政策所取得的巨大成就进行吹嘘。在让人绝望的1945年，疲惫不堪的士兵们因为对元首的信仰，依然浴血奋战。

正是如此，魅力取得了丰硕的成果。但它也有短板——魅力权威是无力的，最后，它也失效了。

---

[1] 原注：Weber, 1:215. 感谢 Joseph Nyomarky 图解魅力权威的佳作。

从表面上看，纳粹德国之所以能够成为一个高度统一的国家，是因为对元首严格服从的原则，使得一个组织牢牢地掌握了这个国家，而这个组织的指挥系统就是通常所说的"单一构造"——非常清晰地从希特勒延伸至最底层的领导。但是，德国内部却如同一个热闹的蛇窝，每条蛇都想吞食别的蛇。他们没有明确的任务或权力，一心只想得到希特勒的青睐，使自己的势力得以加强——希特勒至上的原则在这一方面展现得不能更真实了。

希特勒不受法制或传统权威的限制，因为民众没有能够约束他的权力。他可对他的人员和机构随意进行安排。事实上，希特勒希望重复设置机构和安排人员，让这些下属相互制约。两个自相矛盾的考虑是他这么做的可能原因。首先，他相信最好的人才能够通过竞争被提拔到顶层。这样一种社会达尔文主义被他应用于党内以及党和政府之间。其次，他的权力和控制能够通过机构重叠得到保护和实现。如果将某一领域完全交给一个下属，意味着同时转让知识所赐予的权力，而在那个领域，希特勒不得不对那个下属俯首称臣。另一方面，如果把一个领域内的职责平等分给几个下属，那么为得到更多的权力，他们一定会来投奔希特勒。为实现这些目的，希特勒指派戈林去当四年计划委员会的领导，而让冯克出任经济部长；希特勒任命迪特里希为新闻秘书，同时让戈培尔担任宣传部长；希特勒让最高统帅部和陆军总司令部相互竞争，还让里宾特洛甫组建自己的间谍机构，尽管国防军和纳粹党都已有间谍机构。

这种方法并不奏效。情报方面，能够破译政治密码的专家很珍贵，而且数量有限，它却将他们分散到三个机构。它迫使相互竞争的部门，比如这三个间谍机构，为了向希特勒献媚，在玩弄阴谋、诽谤和争权夺利上浪费了几乎全部的时间和精力，而不是用来专心对付敌军。它阻塞了那些原本有助于各机构决策的情报。希特勒不允许施佩尔给陆军总司令部送情报；邓尼茨必须得到他的特许才能看外交部的文件。希特勒于1940年1月11日发布了《基本命令》，称："任何人、任何职位、任何官员在非必要的情况下，都不得对机密进行打听。"希特勒的上述行为减少了情报的数量。

此外，有魅力的权威最终会趋于无效。这种权威不是将理智，而是将（纳粹党的）信仰作为政策和情报的判断标准。希姆莱在萨尔茨堡对阿勃韦尔的军官们说，对事实真实而客观的评价并不是情报工作的基础，"人种相同，血脉相连的民族"才是。伯蒂谢尔从华盛顿发回的报告貌似正确，因为他称美国正处于犹太人的控制之下。这样不合理的思想正是这个纳粹国家所奉行的。产生于强烈情感力量的优先意识形态，决定了思想性最强的权威必然会在冲突发生时获胜。因此，原外交部长、职业外交官冯·诺拉特被纳粹党外交事务负责人里宾特洛甫取而代之。因此，亲纳粹的蔡茨勒取代了反希特勒的总参谋长哈尔德。因此，托马斯离任，施佩尔上位。因此，希姆莱的党卫军首先向外交领域扩张势力，使得原先意识形态不强的外交部遭到折损。随后，它又向军事领域扩张势力，结果，希姆莱当上了后备军的司令和一个集团军群司令，让无心政治的陆军利益受损。也因此，阿勃韦尔被党卫队保安处吞并了。

尽管这样的魅力权威短时期内能在纳粹德国封闭的体系内部推行，但在体制之外，它一败涂地。越符合事实的情报就越好。魅力权威却偏离了理性，这恰恰是最能够连接外部现实的途径。魅力权威因此失效。希特勒的青年军即使百分之百信仰元首，也无法让他们在盟军的子弹下逃生。这样的意识形态即使最相信斯拉夫人的低劣和共产党人的懦弱，也不能将苏联击败。德国情报的质量因魅力权威而大大降低。

在希特勒统治下的魅力权威所达到的纯洁度并不比世界上别的地方高。一个法治权威中的有力因素仍然顽强地存在着，表现在德国庞大的官僚机构之中。当这个官僚机构内部出现争执时，他们就会用合理的方式来解决问题，比如阿勃韦尔和外交部关于向北非派遣特工一事的争端。此外，魅力权威并非只存在于纳粹德国。恺撒时期，陆军三个部的首脑和几位野战司令官作为高级军阀，均能直接觐见恺撒；海军亦是如此。在推行新政初期，富兰克林·罗斯福就使用了诸如重复管辖权和让官员竞争等管理技巧。

但合法是民主政体权力的基本特点。这使得一个统一的组织能够被构建起来，最好的例子就是英美联合。当然，吵架、拦截情报、建立帝国这些情况还会存在，但他们之间的斗争绝非你死我活，跟希特勒统治下的斗争完全相反，因为他们不是人治，而是法治。这就提高了效率。同时，盟军因为法制权威的合理统治能更多地看到现实的世界，并采取更有效的行动，虽然他们也怀有主观的念想。这样的政府和纳粹德国对情报工作的影响有着很明显的差别。

德国情报机构的努力被魅力权威粉碎了，情报变少了。魅力权威以不合理和背离实际的方式反映情报结果，情报的质量也变差了。德国的情报工作毁于希特勒的魅力。

劣质且欠缺的情报被呈交给元首，就是上述种种原因所带来的结果。不过就算假设情报工作是完美的，它就会被希特勒利用得更好吗？其中的深意就会被希特勒洞悉，然后指导其更有效地调兵遣将吗？不。

因为希特勒站在情报金字塔的最顶端，他是情报的最终用户。他确保下属们只能看到部分情报，而全部的情报只有他本人能得到，他独自对其进行判断，最终决定这些情报的意义。更重要的是，德军是否根据情报采取行动由他一人决定，因此，希特勒自己决定了情报在多大程度上影响德国战斗。

希特勒拥有国家首脑、政府首脑、纳粹党首脑、国防军统帅和陆军执行总司令五个头衔。多重身份意味着他会收到大量情报。每天早上，新闻秘书不仅把德国政府报纸和纳粹党报纸放在他门口，还会送来诸如《每日邮报》的报道、塔斯社的新闻、瑞士和瑞典报纸上的消息等来自外国的新闻报道。每天，外交部驻元首总部的联络官瓦尔特·黑韦尔（Walther Hewel）呈递给他的文件数量是三至五份。例如，1941年9月19日，周五，他把德国驻罗马大使馆的一份电报、德国驻里斯本公使馆的一份电报、一份土耳其密码电报（拦截后由外交部人事处进行破译）以及一份来自外交部情报处一名特工的报告，呈交给希特勒。在其他的日子里，黑韦尔给希特勒送来研究室的报告、里宾特洛甫及其主要助手利库斯的备忘录，还有外交部新闻处的剪报。他还会进行口头汇报。例如，他转述了外交部驻北非一名联络员关于美国士兵打仗只是为了挣钱的消息。此外，希特勒每天会召开军情会议两次。会上，约德尔以及总参谋长（后者在对苏战争打响以后加入）对军事形势做报告，听的人几乎都受不了他们过分详细的报告。比如，蔡茨勒在斯大林格勒战役期间向希特勒报告说：

在菲比希部有一个名为基尔耶沃的小镇。到达此处的敌军骑兵约1000名。接下来的故事比较有意思。俘虏来自近卫第40师和第321师。德军第6集团军的西北角是这两个师原来的驻地。俘虏交代说，他们接连赶了三晚的路才去到那里。由此可知，敌军正在削弱第6集团军的正面，以便进逼奇尔附近的这个据点。还可推断出，第 6 集团军今天受到的攻击很轻微。

汇报经常由军队指挥们亲自进行，希特勒也常常通过电话从他们那里索要信息。此外，希特勒经常会收到关于不同问题的口头和书面报告。这些报告来自不同的人——戈林、戈培尔、各位地方长官和别的纳粹党官员，也有特使，比如黑森的菲利普亲王和前外长之子康斯坦丁·冯·诺拉特（他告诉希特勒西西里的意大利人有多么坏）这类人，还有实业家、外国政客和外交官，有时候甚至有匿名信。希特勒说，他每天要花费 8 个钟头来阅读报告和备忘录。

希特勒很了解情报。他意识到很难实现从飞机上辨别部队，他也知道敌军个别无线电报告员的声音是能够被窃听员辨认出来的。与大多数外行不同，他知道根本没有专属于英国的密码，真正有的是好几种密码，这些密码有不同的分量，被拍发的时间段也不一样。他清楚地知道一份完整的报告是怎样被情报官用细节拼凑而成的："我今天收到一份关于一条连接前线某防区的苏联公路的报告，有 36 个步兵师和装甲部队，还有许多装甲团以及其他部队被部署在该防区。报告还称，一条公路昨天晚上有 1000 辆车通过，今晚通过的车有 800 辆，之后又来了 1200 辆和 300 辆。这是对整个东线的一个警报：'进攻马上就要开始了'。"他也对敌人可能是在使诈有所警觉，他对一篇报告的评价是"太好以至于不可能是真的"，他还在盟军登陆前质疑道："他们有如此招摇行事的必要吗？"

希特勒不仅懂情报，还将情报极好地运用在战术和操作方面。1942 年 10 月，他推断出苏军将要"发动大规模袭击……越过顿河，朝着罗斯托夫的方向"，依据是"敌人进行了大规模移动"和"在顿河上架桥"，有 3 个师被他派过去。几周以后，空军拍摄的航空照片显示，"在罗马尼亚第 3 集团军防区的那段顿河上，不断有新的桥梁被架起来。元首因此依然坚持他对苏军要跨过顿河朝罗斯托夫方向发动大规模袭击的判断"。他下令将那些桥梁炸毁。1941 年 2 月，德国驻安卡拉的官员警告说，土耳其很可能会对德宣战，除非德国将其在保加利亚的军队后撤到距离土耳其边境 50 千米的地方。希特勒下达了必要的命令。英国报纸宣布德国将被美国的空中堡垒重型轰炸机"粉碎"，希特勒立即将高射炮阵地建立起来并储存了大量弹药。

但希特勒没有把情报运用在战略上。因为他的一些基本概念决定了他的战略，而这些基本概念定义了他这个人和所取得的地位。承认他的种族主义、反犹主义或地缘政治使命感存在任何错误，不仅会使他的政治权力被削弱，他的人格也会被摧毁。结果，这些教条是顽固不化的，也是不允许被辩驳的。希特勒不会因为任何事实而接受他自己错了。

另一方面，希特勒因为有些事实而确信他是对的。他基于事实的某些方面构建了自己的世界蓝图，每当这些方面或者它们导致的结果被他再次发现时，希特勒就会以此来证实其观点的正确性。希特勒将《愤怒的葡萄》这部电影看成是一部纪录片，而不是故事片，他关于"没落国家"的推断从电影中贫穷的农民那里得到印证。在头些年希特勒得胜的时候，经常会出现这些选择性的巧合。他一直相信大英帝国最终会被美国吞并。因此，他抓住所有关于同盟国内部摩擦的报告，认为他的设想及其效力被它们所证实。这种扭曲因意见反馈而加剧。希特勒的下属们深知他的喜好，他们用无数的证据来为他的观点提供支持。他们上交讨喜的报告，并在会议上应和他的评论。

但是，他依然受到现实中其他不好事项的冲击。希特勒为了保护自己的思想选择对此视而不见。为了让自己在思想上的负担不那么重，希特勒选择了一批人员，他们会在希特勒注意到那些令人不安的信息前将它们拦截下来。新闻秘书迪特里希对许多报纸材料进行审核。凯特尔不让托马斯把他的报告递交上去。这帮人认为他们这样是在保护自己的领袖。有一次研究室情报分析处处长赛费特把一份包含坏消息的报告递了上去。

希特勒的一个副官质问他："你怎么可以在这个时候给元首送这么一个报告？"

赛费特回答说："如果我不把这个报告交给元首，你就应该让人把我推到墙上枪毙。"

"不，"副官答道，"如果元首主意已决，我们就不该再把他的直觉搅乱。"

在多次军情会议上，约德尔对德国取得的小胜大夸特夸，却只用寥寥数语带过德国的撤退，因此，非当事人几乎不能察觉到正在面对大规模进攻的德军已经接连吃了败仗。1944年11月6日，德军失去在摩泽尔的一个桥头堡，之后约德尔将此消息报告给希特勒：摩泽尔以南分散的德国士兵"突然遭到猛攻。之后演变为激烈的近距离战斗，围绕着这些小村庄展开。我们击中了敌军的三辆坦克。我们的散兵最后被敌人推回到摩泽尔这边。然后我们选择放弃南面的桥头堡"。约德尔关于别处的报告强调说，德军击退了苏军的进攻并且正在进行反击。这样的抵抗非常勇敢，虽然在战术上一点意义也没有。有时候当士兵们不得不承认后退时，他们会说是敌军"紧逼过来"，勇敢的德军部队因为敌军压倒性的兵力被迫将一小块儿地方让出来，而绝口不提是自己战败了。这些就是希特勒的下属们用来保护他不受坏消息侵扰的方法。

但希特勒有时候的确会知悉那些坏消息。在某些情况下，坏消息会被他事先中和掉。如果报告提到敌人在军力上的优势，他就责怪交报告的人是对德国胜利缺乏信心的"失败主义者"。这使他无法认真地思考。希特勒还会用"专家"一词来斥责报告的作者，这个词通常用来指代一般参谋或外交官。在希特勒取得外交和军事胜利的那些年里，外交官和参谋部曾警告他，可怕的后果会随着他采取的某种行动而来；不管怎样他还是勇敢地那么做了，自己的天才和他们的无能再次被行动取得的成功证实。因此，希特勒可以认定，他们现在的报告还是错的，跟以前的一样。

当这一套失效的时候，希特勒为迎合自己的观点，会将情报信息歪曲。虽然当时德国人口只有7500万，而美国人口有1.35亿，但只有6000万美国人是像样的人种储备，德国在人口方面依然领先。有时候，希特勒会为了让数据看起来更舒服而篡改它们。海军向他汇报说，美国人每个月有多达30万吨的船运，一个月后，这个数字在他的脑子里变成只有7万吨。约德尔告诉他，前往罗马对国王和后墨索里尼政府的官员实施逮捕的德国部队还有100千米就到达目的地，希特勒大叫道："什么100千米？是60千米！"这种处理方式也包括"对敌人潜能的低估"，早在1942年这种方式就被哈尔德视为"很危险"。

然而，更多的时候，希特勒直接就不信不愉快的消息。英国拒绝握手言和的时候，他说"英国居然还有人相信自己能够获胜，实在是难以想象"。驻苏联的海军官员把根据航空照片拍摄到的行驶中的苏联船只而推算出的苏联造船数量汇报给希特勒。他被这些庞大的数字吓到了，随之总结道："苏联也不可能做到我们都做不到的事情。"外交部人事处拦截到一份关于苏联农业丰收的报告，他胡乱写上"这不可能"的批示。1943年7月，希特勒的一个副官想告诉他汉堡因盟军的袭击而受创，希特勒打断他说："你不用汇报了——因为那些场景已经出现在我的脑子里。"1945年3月，约德尔报告说，部分西墙遭到盟军装甲部队的重创，希特勒反驳他说："那也不能确定。可能只是两三辆坦克。"这样的事情在希特勒的军情会议上经常发生。当古德里安把盖伦关于苏联部队集结的数字递交给希特勒时，后者怒吼，他们"就是彻头彻尾的白痴"。他还称疯人院才是盖伦应该去的地方。德国空军得到一张合成航空照片，照片显示，在中央集团军群的正面已集结有史以来最多的苏军炮兵。当一个空军军官把这张巨大的照片摆在他面前时，他愤怒地扔掉了照片。

随着局势越来越差，随着失败愈发明显，希特勒不仅在心理上逃避，而且把自己封闭在自己世界里的时候越来越多。他夜里搭火车出行，还要把车厢的窗帘关得死死的。他会在开军情会议的时候把房间弄成很昏暗的样子。1943年9月8日以后，他只去过一次前线，他拒绝去遭到轰炸的城市视察。他也不愿意接见那些参加过战斗的军官。"悲观的"和"失败主义"的谈话是不允许出现的。

只在极少数个例中，他好像明白局势的实质："我们的工业地区不断失守"，"可惜战争的结果不能由V-1飞弹来决定"，"他们（敌人的作战目标）决定了我们的行动"。但实际上，这些只不过是对事实的陈述，并不代表他的根本错误得到承认。什么也不能把希特勒从纳粹的观点那里拉回来。当英国和德国在相互轰炸对方的城市时，希特勒仍在幻想纳粹德国和英国战后的"永久友好关系"。当苏联的坦克逼近德国首都时，希特勒依然觉得自己没有错判，苏联是孱弱的，错的只是自己发动攻击的时机。

他是那样的顽固，任何事实都无法让他做出改变。因此，就算希特勒有十全十美的情报，也不会有什么不同。他会选择性地吸收他喜闻乐见的消息，否决掉其他的信息。完美的情报也许能在战术方面发挥点儿作用，但在战略上起不到什么作用。

希特勒和情报之间存在的一个更为根本的问题，不在于更好的消息是不是能对他有帮助，而是一个在20世纪20年代和30年代能够有效驾驭现实，并因此掌控德国和欧洲的人，后来为什么会变成一个遇到不喜欢的文件就暴躁地将其扔掉的人？

在希特勒本人身上是找不到答案的，更多的是外因。这种变化是外界情况造成的。这些情况让他慢慢卸下防备，并逐渐暴露出他的焦虑症。不仅在情报上，在他所有的行动中都展现了上述问题的后果。

希特勒在早些年基本上是想做什么就做什么，外力对他的约束相对较小。他可以自由地发挥自己的才干，尤其是他果断的决心和坚定的意志，并让他得以领导纳粹党和整个德国。当他走上国际舞台去施展这些才干，其他国家就被他玩弄于股掌之中，欧洲也被德国和他本人主宰。希特勒主动出击，掌控全局，成为领导，其他人和其他国家只能反应、屈服、跟随。用心理学的话来说，希特勒适应现实的方法是主动去改变现实。他为了满足自己的需要而重新塑造世界。他在这一切里势不可挡，只是在战术上遇到过一些曲折。

后来，到 1939 年，英国不再按照希特勒的计划出牌。希特勒的自由发挥因英国对德宣战而第一次受到限制。在德国的示好被英国拒绝后，对希特勒来说，侵略和征服这个岛国就是最直接、最简单、最可靠的方法。但希特勒不仅没有采取这种做法，反而选择了另一种方式来解决。比起重塑现实，这个解决办法更能满足他的需求。希特勒选择对苏联发动进攻。不与一个他并不想攻打的国家作战，他就可以去消灭掉另一个他憎恶的国家。不打海战，他就能在陆地上发动战争。不因为担心失败而惴惴不安，他就能享受注定的成功。他还认为，英国会因此而丧失最后的希望，并且幡然醒悟。因此，希特勒选择了主观上更能让他满意的途径，而不是客观上更加有效的解决方法。这是他第一次在重大事件上调整自我。他让世界改变了自己，而不是去改变世界。用心理学的话来说，他退化了。

阻碍他实现自己抱负的外力有很多，英国的不妥协只不过是第一个。事情往往如此，更大的困难随着一个不成熟的反应而来。希特勒因为对苏联发动攻击而最终失去了战略主动权。之后的各种事件让他一直感到沮丧。他的反应渐渐开始变得消极。当闪电战在苏联受挫，希特勒就宣布要对美国作战。当他放弃法国以后，他就下令让巴黎灰飞烟灭。当德国被敌军占领时，他命令施佩尔把这个国家毁掉。当战争马上要结束时，将军们在他面前提起情报，而这只能让他更加沮丧，他就强行忽略它们。

宁愿相信成见也不愿听取让人不愉快情报的领导人，在世界历史当中不止希特勒一个，只不过他的权力更大，让他能更加彻底且全面地坚持自己先入为主的看法。早在他之前，总参谋长施利芬曾对这种现象进行分析，他说："一般而言，越高级的指挥官越会为自己定义谁是朋友谁是敌人，决定这个定义的主要因素是个人愿望。若是送来似乎符合这个定义的报告，他就将其满意地搁在桌子上。而那些与他主观定义不符的报告，就会被认为是完全错误的，然后被丢掉。"几年后，施利芬的同胞们如梦游者般一次又一次地重演这一现象。1914年，德皇政府曾希望比利时接受他们的临时统治。之后它对比利时的拒绝十分吃惊。他们陷入了一名学者所说的"近乎盲目的错误估计"，因此忽略了表明英国不会保持中立的迹象。

德国人并不是这种盲目的唯一受害者。1681年，尽管驻荷兰海牙的外交代表反复报告称，瑞典人正在寻求与荷兰结成同盟，法王路易十四却无视这些报告，因为他想与它们中的一个联盟。瑞典与荷兰签订协约后，他还是拒绝承认这是真的。后来，他不相信情报上说的奥地利的武器和军事成就，因为他要坚持自己之前得出的结论。1937年，日本和苏联发生了一次边境冲突，日本输了。他们的一个情报小组在事后研究红军时发现了他们最想要的东西：这次是一场非典型的战役，不能因此而下结论，日本预想到苏军的强大，没有低估他们。第二年日军在哈勒欣河[1]再一次被苏军打得抱头鼠窜。

那么希特勒的对手们呢？面对坏消息，丘吉尔是怎么应对的呢？他，同样是一个强势的领导人；他，也相信自己会成功并且必须证明这个信念；他，也不能对挫折持消极接受的态度，而必须战胜它们。那么对于让人不快的消息，他是抗拒的吗？不。他不喜欢坏消息，他会为此而生气。但他接受了坏消息，并在制订计划时将其纳入考虑因素之中。

丘吉尔这么做，从某种程度上说或许是更容易一些的。战争的局面和形势让他收到真正的坏消息要比希特勒收到的少得多。丘吉尔一直能够心存希望，即便是在敦刻尔克撤退之后那段昏天暗地的日子里。但对希特勒来说，在他取得好几年的胜利之后，形势开始逆转，他就不能再有所期待了。当他看着自己的毁灭逐渐逼近，他的心理压力是如此之大，不过让我们感到惊奇的不是他把文件丢掉，而是他没有在更早时崩溃。丘吉尔和希特勒的不同经历进一步促成

---

[1] 哈勒欣河事件，即诺门坎事件，历时135天，苏联以惨重代价战胜日本关东军。

了他们完全相反的应对坏消息的态度。丘吉尔参加过充满竞争的选举，有时候要向反对意见低头，因为他受到议会的约束。希特勒在当上总理之前是一个政治白丁，对于褐衫队队长罗姆那样的反对派，他解决的方法就是暗杀。相比于丘吉尔，希特勒的整个模式要更为极端和强硬。两人最本质的区别从中就展现出来。希特勒事实上是一个很神经质的人，他从保护自身的需要中得到自己的力量，那就是坚强的意志，这种意志能让每一个接触他的人都为之着迷。丘吉尔出生在一个贵族家庭，他的祖父拥有公爵头衔。他少年得志，拥有的内在安全感和自信是希特勒从未有过的。他们权力来源的不同最终决定了他们会以不同方式对待坏消息。丘吉尔的权力是英国议会下院赋予的。如果他干得不好，比如不顾现实，就会很快导致渎职，代价是失去首相的职位。而希特勒不管做了什么，都不会被轻易换掉，因为他握有绝对的控制权。只有当大众不再信任他时，他才有可能要承担后果，但这种可能性被人们对他的信仰和畏惧排除了。

最后，希特勒没有战胜现实。他的生命及其代表的意义已被磨灭，他再也无法逃避这样的事实，最终结束了自己的生命。3周之后，希特勒政府的残余势力，这个历史上最邪恶的政权，投降了。德军在二战中无力、注定失败的情报工作也随之没入历史的尘埃之中。

引用说明

　　为了节省篇幅，我尽可能压缩了脚注，主要包括个人之间的报告、战争日记的条目以及谈话备忘录，并且尽可能对其进行缩写。

　　参考文献中列出的公开出版物均为直接引用，并后缀页码。多人文集仅以简写形式列出所引文章名称。比如"Guderian, 100"，意思是此人的回忆录 *Panzer Leader* 的第 100 页。"Guderian, *Panzerwaffe*, 20"，意思是他的那部作品的第 20 页。这些差异在参考文献中有提示。一些政府机构文件名很长，比如 Reichsministerium für Volksaufklärung und Propaganda，引用时采用缩写"RMfVuP"，其他名称则引其编者，如"Boberach, ed."缩写和编者都列在缩略语表里。有些作品未列入参考文献，通常是因为它们只与单章中的单个点有关，在注释中已得到充分引用。

　　未出版条目的注释采用一种缩写形式。冒号将主要元素按降序分开，从档案开始，以文件或页码结束。这类注释大量使用缩略语，比如"NA"代表"U.S., National Archives"。一些文件合订本按页码或条目编号，但有时并没有按年代顺序编排，因为后来的文件放在了上面，之后便被装订成册。这类文件按其编码引用。其他未编码的档案卷宗条目按日期引用。同一日期的条目可按时间区分。后来的使用者需要对同一日期的文件加以辨别。没有日期或编号的文件以文件名或描述进行引用。例如："NA: RG242: Schellenberg interrogation:24. Juni 1947:7-9, 12"，意思是"National Archives, Record Group 242, the Schellenberg interrogation of June 1947, pages 7 to 9 and page 12". 再 比 如 : "AA : Pol I M: 38:7. August 1941", 意思是 "Auswärtiges Amt, Politisches Archiv, documents of the Politische Abteilung I Militaria unit, volume 38 in that series, document dated 7 August 1941"。

所有文件都有档案名称，只有如下四种例外：(1) 来自 Militärarchiv in Freiburg-im-Breisgau 的文件。因此，"HGrD: 75144/35: 85" 意思是 "[Militärarchiv], Heeresgruppe D, Volume 75144/35, document or page number 85"。多数引自 Militärarchiv 的文件都采用这种形式。不过，如果需要更清晰的形式，比如旧的海军卷宗，引用会以 MA 开头，变成 "MA: F3964: II:2 12.7.1915"。(2) T 系列的 National Archives 缩微胶片德国档案。这些引用均以 T 开头，分成三部分，例如 T-78:512:6537000，意思是"缩微档案 T-78，缩微胶卷 512，帧编号 6537000"。(3) 美国陆军历史部的外国军事研究和美国海军的历史研究。陆军以 B-、C-、D-、P- 或 T- 开头，后缀单个数字、逗号、页码：D-407,109。空军是 USAF-171 和 USAF-191，其他文件只有一个标题。(4) 美国人根据"管治委员会 10 号法令"进行的第二轮纽伦堡审判档案汇编。这些文件以 N 开头，比如 NG-、NI-、NO- 以及 NOKW-，后缀一个文件编号，有时后面加上冒号和页码，如：NI-3216: 3-4。

译法说明

德国行政机关和政党各级机构的名字，在所有部门中都非常相似。在本书中，我并不总是用它们的正式英语译名，而是按着我认为最接近的英美同类机构的名字进行释译：

Ministerium	ministry（部）
Hauptamt	administration（仅一个党卫军部门使用）
Amt	department（部，局，外交部除外）
Amtsgruppe	division（部、局）
Hauptabteilung	bureau（局、处）
Abteilung	branch（处）
Hauptgruppe	office（办公室，对外办公室除外）
Gruppe	group（组）
Referat	desk（小组）
Stelle	post, station, center, central（站点、中心等）

下列术语，在使用时并不特指任何行政级别：agency、unit、section、body、organ、element、service、secretariat。它们在讨论一个机构从 Amtssgruppe 升至 Amt 时很有用。

一些已经广为人知、英语读者也能理解的德国名称或缩写（如阿勃韦尔、SS），或者尽管短小，但英语和德语名称都不能显示其具体职能（如监听信息的湖滨楼，德语是 Seehaus，英语是 Lake House），表示街道的 strasse 和 calle 仍保留源语言，这些街道的后面跟着这些地址的门牌号。

级别根据 TWC, 11: 703 中的表格翻译，此外 SS Oberführer 译成 SS brigadier（党卫军队长），Generalfeldmarschall 译成 field marshal（陆军元帅），Grossadmiral 译成 grand admiral（海军元帅），各级将军都简译成"将军"。党以及其他头衔的翻译并没有遵循英语读者惯常理解和熟悉的译名。Führer、Gauleiter 和 Reichsführer-SS 并不是 Chef der Sicherheitspolizei、Oberbefehlshaber West 和 Kommandeur der nachrichten-Aufklärung。纳粹党和党卫军的地区术语翻译有：Gau=district（区），Leitabschnitt=province（省），Oberabschnitt=region（地区），Abschnitt=sector（区），Unterabschnitt=precinct（选区）。

公制向英制的转换以整数记。因此"5000 到 10000 米"实际是"16404 到 32808 英尺"，本书则是"15000 到 30000 英尺"。

德国马克（RM）以 1941 年汇率换算：RM2.50=$1 或 RM1=40 美分；英镑 £1=$4.80。美元是 1941 年的美元。

文中日期为欧洲日期，如 1942 年 2 月 7 日，以免与文件中的日期不协调，减少混乱。

缩略语表

编写	全称或释义
I	指阿勃韦尔一处编号、阿勃韦尔各情报站组成单位编号、管理间谍的 KO（战争组织）
Ia	first general staff officer（第一参谋 [作战]）
Ib	second general staff officer（第二参谋 [后勤]）
Ic	third general staff officer（第三参谋 [情报]）
1SIIR	first special intelligence interrogation report（第一次特别情报审讯报告）
1/Skl	first branch (operations) of the Seekriegsleitung（海军战争指挥部一处）
III b	1866—1918 年普鲁士—德意志总参谋部的间谍机构，不过这个名字到 1889 年才出现
3/Skl	third branch (intelligence) of the Seekriegsleitung（海军战争指挥部三处）
VI	德国中央保安局下属部门编号、负责外国情报的各下属站点组成单位编号
AA	Auswärtiges Amt（政治档案）
Abw	Abwehr（阿勃韦尔）
ADAP	[Germany]. Auswärtiges Amt. *Akten zur Deutschen Auswärtigen Politik 1918-1945.Serie E.*
AG	army group（集团军群）
A.G.	Aktiengesellschaft（公司）
AK	Armeekorps（军团）

缩写	全称或释义
APWIU	Air Prisoner of War Interrogation Unit（空军战俘审问单位）
AOK	Armeeoberkommando（陆军总部）
Ast	Abwehrstelle（阿勃韦尔情报站）
B-	美国陆军外国军事研究项目未公开报告
BA	Bundesarchiv（德国联邦档案馆）
BARBAROSSA	德国进攻苏联的代码（巴巴罗萨）
BDC	Berlin Document Center（柏林档案中心）
BH: KA	Bayerische Hauptstaatsarchiv: Kriegsarchiv
Boerach, ed.	[Germany]. Reichssicherheitshauptamt. Amt III. *Meldungen aus dem Reich.*
C-	美国陆军外国军事研究项目未公开报告
CCPWE	（意义不明的）系列审讯报告
CI	Counterintelligence（反情报）
CIC	Counterintelligence Corps（反情报队）
CIR	consolidated interrogation report（经过整理的审讯报告）
CMH	U.S. Army, Center for Military History（美国陆军军事历史中心）
COA	Classified Operational Archives（分类作战档案）
D-	美国陆军外国军事研究项目未公开报告
DGFP	[Germany]. Auswärtiges Amt. *Documents on German Foreign Policy 1918-1945.* Series D
DGFP:C	[Germany]. Auswärtiges Amt. *Documents on German Foreign Policy 1918-1945.* Series C
DIS(MIS)/M.	（意义不明的）系列审讯报告
Do	Dornier
Domarus, ed.	[Hitler, Adolf]. *Hitler: Reden und Proklamationen, 1932-1945*
DSDF	NA: RG59: Department of State Decimal File
EAP	Einheitsaktenplan（德语文件名称）
ESM	Berlin(after 1945: Frankfurt am Main): Ernst Siegfried Mittler & Sohn
FA	Forschungsamt
FAK	Frontaufklärungskommando（前线侦查[间谍]部队）
FAT	Frontaufklärungstrupp（前线侦查[间谍]连）

缩写	全称或释义
FH	Fremde Heere（外军处）
FHO	Fremde Heere Ost（东线外军处）
FHW	Fremde Heere West（西线外军处）
FIR	final interrogation report（最终审讯报告）
F. O.	Foreign Office（英国）
FRUS	United States. State Department. *Foreign Relations of the United States*（后缀卷册编号）
GGVKS	[Union of Soviet Socialist Republics].... *Geschichte des Grossen Vaterländischen Krieges der Sowjetunion*
G.m.b.H.	Gesellschaft mit besschränkter Haftung
GPO	Washington: Government Printing Office（美国政府印刷局）
Gren.D.	Grenadier Division（掷弹兵师）
H	Heer（陆军）
H.Dv.g.	[Germany. Oberkommando des Heeres]. Heeres-Dienst-vorschrift geheim（后缀编号）
He	Heinkel（亨克尔）
HGr	Heeresgruppe（集团军群）
HMSO	London: Her majesty's Stationery Office（英国皇家出版局）
HQ	Headquarters（总部）
Hs	Henschel（亨舍尔）
HTUSAIC	Headquarters, Third U.S. Army, Intelligence Center（美国第3集团军总部情报中心）
IC	interrogation center（审讯中心）
I.D.	Infanterie Division（步兵师）
IfZ	Institut für Zeitgeschichte（现代历史研究所）
IIR	intermediate interrogation report（中间审讯报告）
IMT	International Military Tribunal, *Trial of the Major War Criminals*
Inl II g	Inland II geheim（外交部分支）
Inf III	Informationsabteilung III（外交部间谍处）
IR	interrogation report（审讯报告）
Ju	Junkers（容克斯）
L	Luft（空中）

缩写	全称或释义
Lagevorträge	[Germany]. Oberkommando der Kriegsmarine. *Lagevorträge des Oberbefehlshabers der Kriegsmarine vor Hitler*
Lw	Luftwaffe（空军）
M	Marine（海军）
MA	Militärarchiv
MFIU	（意义不明的）系列审讯报告
MISC	（意义不明的）系列审讯报告
ML	Microfilm library（国家档案记录系列）
NA: RG	National Archives: Record Group
NCA	United States. Chief of Counsel for the Prosecution of Axis Criminality. *Nazi Conspiracy and Aggression*
n.d.	No date of publication given（没有发表日期）
NG	Nürnberg, government（一份作为证据的文件）
NI	Nürnberg, industrial（作为证据的文件）
NO	Nürnberg, organization（作为证据的文件）
NOKW	Nürnberg, OKW（作为证据的文件）
n.p.	No place of publication given（未注明发表地点）
NSDAP	Nationalsozialistische Deutsche Arbeiterpartei（纳粹党）
O 1	First Ordonnanzoffizier（第一参谋官，辅助 I a）
O 3	Third Ordonnanzoffizier（第三参谋官，辅助 I c）
O 6	Sixth Ordonnanzoffizier（第六参谋官，辅助 O 3）
OCMH	Office of the Chief of Military History（军事史官办公室）
OKH	Oberkommando des Heeres（陆军总司令部）
OKL	Oberkommando der Luftwaffe（空军总司令部）
OKM	Oberkommando der Kriegsmarine（海军总司令部）
OKM, *Denkschriften*	[Germany]. Kriegsmarine, Oberkommando der. *Denkschriften und Lagebetrachtungen*
OKW	Oberkommando der Wehrmacht（国防军最高统帅部）
OKW, *KTB*	[Germany]. Wehrmacht, Oberkommando der. *Wehrmachtführungsstab. Kriegstagebuch...1940-1945*
O Qu IV	Oberquartiermeister IV（第四副总参谋长，主管情报）
OVERLORD	盟军进攻欧洲代码（霸王行动）

缩写	全称或释义
P-	美国陆军外国军事研究项目未公开报告
PG	Pinched from the Germans（德国海军档案的英文版名称）
PIR	preliminary interrogation report（初步审讯报告）
Pol I M	Politische Abteilung I Militaria（外交部办公室）
P.R.O.	Public Record Office（公共档案馆）
Promi	colloquial abbreviation for Reichsministerium für Volksaufklärung und Propaganda（德国人民教育和宣传部口语缩写）
Pz.K.	Panzerkorps（坦克兵团）
Pz.D.	Panze Division（坦克师）
Rb	Reihenbildapparat（连续照相机）
RM	Reichsmark（德国马克）
RMfBuM, *Rüstung*	[Germany]. Reichsministerium für Bewaffnung und Munitionen. *Deutschlands Rüstung im Zweiten Weltkrieg*
RMfVuP, *Kriegspropaganda*	[Germany]. Reichsministerium für Volksauflärung und Propaganda. *Kriegspropaganda 1939-1941*
RMfVuP, "*Wollt*"	Ibid., "*Wolt Ihr den totalen Krieg*？"
RSHA	Reichssicherheitshauptamt（德国中央保安局，或译帝国保安总局）
RSHA VI	中央保安局第六处
SA	Sturmabteilung（街头武装冲锋队）
SAIC	Seventh Army Interrogation Center（第7集团军审讯中心）
SD	Sicherheitsdient（党卫队保安处）
Sd.Kfz.	Sonder-Kraftfahrzeug（汽车发动的声音）
SIIR	special intelligence interrogation report（特别情报审问报告）
Skl	Seekriegsleitung（海军战争指挥部）
SS	Schutzstaffel（党卫军）
Staatsmänner	[Hitler, Adolf]. *Staatsmänner und Diplomaten bei Hitler*, vol. 2
T	Technik（技术）
T-	（后面是三段引用的时候）临时（国家档案，缩微胶卷拍摄自德国档案）
T-	（后面跟单个数字时）表示美国陆军外国军事研究项目未公开报告
TWC	[Germany(Territory under Allied Occupation…)]. *Trials of War Criminals before the Nuernberg Military Tribunals under Control Council Law No. 10*

缩写	全称或释义
T 3	Truppenamt, 3d Branch（军队部三处，主管情报）
USAF	United States Air Force（美国空军）
USFET	United States Forces, European Theater（欧洲战场的美国部队）
USN	United States Navy（美国海军）
VfZ	*Vierteljahrshefte für Zeitgeschichte*
WALLI I	codename for Abwehr Main Post East I（阿勃韦尔东线主站）
WFSt	Wehrmachtführungsstab（武装部队行动人员）
Wi	Wirtschaft（经济）
Wi Rü Amt	Wehrwirtschafts- und Rüstungsamt（战时经济与军备部）
WK	Wehrkreis（军事区）
ZS	Zeugenschrift

参考文献

参考文献包含如下几类：
- 法律、法规官方文件
- 过往及当代出版物
- 文件
  已出版
  未出版
- 日记、回忆录、文章
  已发表
  未发表
- 官方采访、审讯、审判
  已公开
  未公开
- 作者来访
- 历史及其他研究
  已出版
  未出版

出版物收入引用文献，以及有价值的著作和少数我想表明我并未遗漏的著作。非出版物部分列出了所有参阅文献，但不包括从未经核实的文件中析出的影印文件。

Laws, Regulations, Official Manuals

Reichsgesetzblatt. 1918–45.
Handbuch für das deutsche Reich. 1922, 1924, 1926, 1929, 1931, 1936.
Heeresleitung (to 1935), Oberkommando des Heeres (to 1945).
   Regulations.
     Allgemeine Heeresmitteilungen. 1934–45.
     Armee-Verordnungsblatt. 1918–19.
     Heeres-Verordnungsblatt. 1919–21, 1933–44.
   Heeres-Dienstvorschriften.
     H.Dv. g. 17. *Aufklärung durch Nachrichtenmittel. Heft 1: Die taktische und Gefechtsaufklärung durch Nachrichtenmittel.* 15.3.38. *Heft 2: Die operative Funkaufklärung.* 25.5.38.
     H.Dv. g. 89. *Feindnachrichtendienst.* 1.3.1941.
     H.Dv. g. 92. *Handbuch des Generalstabsdienstes im Kriege.* 1939.
     H.Dv. 300/1. *Truppenführung.* I. Teil. 17.10.33.
   Merkblätter.
     Merkblatt für Korps- und Div. I c. 1.10.43.
     Truppen-I c-Dienst im Osten. 1.8.44.
   Rangliste.
     Heeres-Personalamt. *Rangliste des deutschen Reichsheeres.* 1920–32, except 1922.
     ———. *Stellenbesetzung für das Reichsheer.* 1933–38.
Marineleitung (to 1935), Oberkommando der Kriegsmarine (to 1945).
   Rangliste.
     Marineoffizierpersonalabteilung. *Rangliste.* 1921–44.
Oberkommando der Luftwaffe.
   Luftdienstvorschriften.

L.Dv. 2 and H.Dv. 402. *Der Aufklärungsflieger (Land)*. Teil II: *Luftaufklärung für den Luftkrieg*. 1938.

L.Dv. 2 and H.Dv. 402 and M.Dv. 2. *Die Luftaufklärung*. September 1944.

L.Dv. 12. *Der Luftbilddienst*. Teil I: *Das Luftbild im Dienste der Wehrmacht*. Beiheft 1: *Das Luftbild im Dienste des Heeres: Beispiele für seine taktische Anwendung*. März 1944. Teil V: *Auswertung*. Beiheft 1: *Flugzeuge*. September 1942.

L.Dv. 16. *Luftkriegführung*. 1936.

Nationalsozialistische Deutsche Arbeiterpartei.

Reichsorganisationsleiter der NSDAP. *Organisationsbuch der NSDAP*. Munich: Zentralverlag der NSDAP, Franz Eher Nachf. 4. Auflage, 1937; 7. Auflage, 1943.

Reichssicherheitshauptamt. *Befehlsblatt des Chefs der Sicherheitspolizei und des SD*. 1941–44.

Prior and Contemporary Publications

Auerbach, Leopold. *Denkwürdigkeiten des Geheimen Regierungrathes Dr. Stieber. Aus seinen hinterlassenen Papieren bearbeitet*. Berlin: Engelmann, 1884. 310 pp.

Bronsart von Schellendorff, [Paul]. *Der Dienst des Generalstabes*. 4. Auflage. Handbibliothek des Offiziers, 4. ESM, 1905. 472 pp.

Canaris, [Wilhelm Franz]. "Politik und Wehrmacht." In *Wehrmacht und Partei*, ed. Richard Donnerert. Leipzig: Barth, 1939. pp. 44–55.

Clausewitz, Carl von. *On War*. trans. and ed. Michael Howard and Peter Paret. Under the auspices of the Center of International Studies, Princeton University. Princeton: Princeton University Press, 1976. 717 pp.

"Gefechtsmelde- und -beobachtungsdienst der Infanterie." *Militär-Wochenblatt*, 123 (1. January 1939), 1779–80.

Gehrts, Erwin. *Der Aufklärungsflieger: Seine Aufgaben und Leistungen und die Überraschung im künftigen Kriege*. ESM, 1939. 66 pp.

[Germany. Grosser Generalstab]. *Anhaltspunkte für den Generalstabsdienst*. Berlin: Reichsdruckerei, 1914. 136 pp.

[———.] *Geschäftsordnung für den Grossen Generalstab und die Landesaufnahme*. ESM. 207 pp.

[———. Reichswehrminister]. *D.V.487. Führung und Gefecht der verbundenen Waffen*. 1. September 1921. Berlin: Offene Worte, 1921. 272 pp.

Grün. "Die Aufklärung der Artillerie." *Militär-Wochenblatt*, 123 (21 April 1939), 2891–95.

Guderian, [Heinz]. "Die Panzertruppen und ihr Zusammenwirken mit den anderen Waffen." *Militärwissenschaftliche Rundschau*, 1 (August 1936), 607–26. Cited as "Guderian, 'Panzertruppen.'"

———. *Die Panzerwaffe: Ihre Entwicklung, ihre Kampftaktik und ihre operativen Möglichkeiten bis zum Beginn des Grossdeutschen Freiheitskampfes*. Stuttgart: Union Deutsche, 1943. Cited as "Guderian, Panzerwaffe," 229 pp.

Harbou, von. "Die Luftaufklärung." *Militärwissenschaftliche Rundschau*, 1 (November 1936), 736–45, 2 (Januar 1937), 115–26.

Hitler, Adolf. *Mein Kampf*. Complete and unabridged; fully annotated. ed. John Chamberlain et al. New York: Reynal and Hitchcock, 1939. 994 pp.

Janson, [R. August] von. *Der Dienst des Truppen-Generalstabes im Frieden*. 2. vermehrte Auflage. ESM, 1901. 208 pp.

Krahmer, [Eckard R.]. *Die Aufklärungsstaffel. Der Dienst in der Luftwaffe*, 1. Berlin: Bernard & Graefe, 1937. 199 pp.

Léwal. "Tactique des renseignements." *Journal des sciences militaires*, 8ᵉ serie, 22 (1880), passim, 9ᵉ serie, 1–8 (1881–2), passim.

Nicholai, W[alther]. *The German Secret Service*. trans. George Renwick. London: Stanley Paul, 1924. 298 pp.

----------. *Nachrichtendienst, Presse und Volksstimmung im Weltkrieg.* ESM, 1920. 226 pp.
[Prussia.] Kriegsministerium. *Felddienst-Ordnung. 23. Mai 1887.* ESM, 1887. 216 pp.
----------. *Field Service Regulations (Felddienst Ordnung, 1908) of the German Army, 1908,* trans. General Staff, War Office [Great Britain]. HMSO, n.d. 214 pp.
Ronge, Max. *Kriegs- und Industrie-Spionage: Zwölf Jahre Kundschaftsdienst.* Vienna: Amalthea, 1930. 424 pp.
Stein, Lorenz von. *Die Lehre von Heerwesen. Als Theil der Staatswissenschaft.* Stuttgart: Cotta, 1872. 274 pp.

Documents: Published

Förster, Jürgen, ed. "Strategische Überlegungen des Wehrmachtführungsstabes für das Jahr 1943." *Militärgeschichtliche Mitteilungen.* No. 13 (1/1973), 95–107.
[Germany.] Auswärtiges Amt. *Akten zur Deutschen Auswärtigen Politik 1918–1945.* Serie E (1941–1945). Göttingen: Vanderhoeck & Rupprecht, 1969–   . 4 vols. Cited as *ADAP.*
[----------. ----------.] *Documents on German Foreign Policy, 1918–1945.* Series C (1933–1936) and D (1937–1941). United States, Department of State, and Great Britain, Foreign Office. GPO and HMSO, 1949–64. 5 and 13 vols. Cited as *DGFP* for Series D, *DGFP:C* for Series C.
[----------. Kriegsmarine, Oberkommando der.] *Denkschriften und Lagebetrachtungen.* Vol. 3 of Michael Salewski, *Die deutsche Seekriegsleitung 1935–1945.* Frankfurt am Main: Bernard & Graefe, 1973. 411 pp. Cited as OKM, *Denkschriften.*
[----------. ----------.] *Lagevorträge des Oberbefehlshabers der Kriegsmarine vor Hitler 1939–1945.* ed. Gerhard Wagner. (Arbeitskreis für Wehrforschung). Munich: J. F. Lehmanns, 1972. 716 pp. Cited as *Lagevorträge.*
[----------. Reichsministerium für Bewaffnung und Munition.] *Deutschlands Rüstung im Zweiten Weltkrieg: Hitlers Konferenzen mit Albert Speer 1942–1945.* ed. Willi A. Boelcke. Frankfurt am Main: Athenaion, 1969. 495 pp. Cited as RMfBuM, *Rüstung.*
[----------. Reichsministerium für Volksaufklärung und Propaganda.] *Kriegspropaganda 1939–1941: Geheime Ministerkonferenzen im Reichspropagandaministerium.* ed. Willi A. Boelcke. Stuttgart: Deutsche Verlags-Anstalt, 1966. 794 pp. Cited as RMfVuP, *Kriegspropaganda.*
[----------. ----------.] *"Wollt Ihr den totalen Krieg?" Die geheimen Goebbels-Konferenzen, 1939–1945.* ed. Willi A. Boelcke. Stuttgart: Deutsche Verlags-Anstalt, 1967. 363 pp. Cited as RMfVuP, *"Wollt."*
[----------. Reichssicherheitshauptamt. Amt III.] *Meldungen aus dem Reich: Auswahl aus den geheimen Lageberichten des Sicherheitsdienstes der SS 1939–1944.* ed. Heinz Boberach. Neuwied: Hermann Luchterhand, 1965. 551 pp. Cited as Boberach, ed.
[----------. Wehrmacht, Oberkommando der. Wehrmachtführungsstab.] *Kriegstagebuch ... 1940–1945.* ed. Percy Ernst Schramm. (Arbeitskreis für Wehrforschung). Frankfurt am Main: Bernhard & Graefe, 1961–69. 4 vols. in 6. Cited as OKW, *KTB.*
Groehler, Otto, ed. "Zur Einschätzung der Roten Armee durch die faschistische Wehrmacht im ersten Halbjahr 1941, dargestellt am Beispiel des AOK 4." *Zeitschrift für Militärgeschichte,* 7 (1968), 724–38.
[Hitler, Adolf.] *Hitler: Reden und Proklamationen, 1932–1945.* ed. Max Domarus. vol. 1, Privatdruck, 1962; vols. 2 and 3, Munich: Süddeutscher Verlag, 1965. Cited as Domarus, ed.
[----------.] *Hitlers Lagebesprechungen: Die Protokollfragmente seiner militärischen Konferenzen, 1942–1945.* ed. Helmut Heiber. Quellen und Darstellungen zur Zeitgeschichte, 10. Stuttgart: Deutsche Verlags-Anstalt, 1962. 971 pp.

[———.] *Hitler's Table Talk 1941–1944: His Private Conversations.* trans. Norman Cameron and R. H. Stevens. 2d. ed. London: Weidenfeld and Nicolson, 1973. 746 pp.
[———.] *Hitlers Tischgespräche im Führerhauptquartier 1941–1942.* ed. Henry Picker. new ed. Percy Ernst Schramm. Stuttgart: Seeward, 1963. 546 pp.
[———.] *Hitlers Weisungen für die Kriegführung 1939–1945: Dokumente des Oberkommandos der Wehrmacht.* ed. Walther Hubatsch. Frankfurt am Main: Bernard & Graefe, 1962. 330 pp.
[———.] *Hitlers Zweites Buch: Ein Dokument aus dem Jahr 1928,* ed. Gerhard L. Weinberg. Quellen und Darstellungen zur Zeitgeschichte, 7. Stuttgart: Deutsche Verlags-Anstalt, 1961. 228 pp.
[———.] *Staatsmänner und Diplomaten bei Hitler: Vertrauliche Aufzeichnungen über Unterredungen mit Vertretern des Auslandes.* ed. Andreas Hillgruber. [1. Teil:] 1939–1941; 2. Teil: 1942–1944. Frankfurt: Bernard & Graefe, 1967–1970. 2 vols. Vol. 2 cited as *Staatsmänner.*
[———.] *The Testament of Adolf Hitler: The Hitler-Bormann Documents, February–April 1945.* ed. François Genoud. trans. Col. R. H. Stevens. London: Cassell, 1959. 115 pp.
Jacobsen, Hans-Adolf, ed. *1939–1945: Der Zweite Weltkrieg in Chronik und Dokumenten.* Darmstadt: Wehr und Wissen, 1959. 538 pp.
Kr[ausnick], H[elmuth], ed. "Aus den Personalakten von Canaris." *Vierteljahrshefte für Zeitgeschichte,* 10 (Juli 1962), 280–310.
Moritz, Erhard, ed. *Fall Barbarossa: Dokumente zur Vorbereitung der faschistischen Wehrmacht auf die Aggression gegen die Sowjetunion (1940/41).* Schriften des Deutschen Institutes für Militärgeschichte. Berlin: Deutscher Militärverlag, 1970. 437 pp.
Schnabel, Reimund, ed. *Missbrauchte Mikrofone: Deutsche Rundfunkpropaganda im Zweiten Weltkrieg. Eine Dokumentation.* Vienna: Europa Verlag, 1967. 506 pp.
Spiegelbild einer Verschworung: Die Kaltenbrunner-Berichte an Bormann und Hitler über das Attentat von 20. Juli 1944. Geheime Dokumente aus dem ehemaligen Reichssicherheitshauptamt. Archiv Peter für historische und zeitgeschichtliche Dokumentation. Stuttgart: Seewald, 1961. 587 pp.
Szinai, Miklós and László Szücs, eds. *The Confidential Papers of Admiral Horthy.* Budapest: Corvina, 1965. 439 pp.
United States. Department of State. *Foreign Relations of the United States: Diplomatic Papers.* Vols. for 1939–45. GPO, 1956–69. Cited as *FRUS* + volume.

Documents: Unpublished

Militärarchiv
Oberkommando der Wehrmacht

OKW:25	OKW:319	OKW:1071	OKW:2091
OKW:79	OKW:436	OKW:1109	OKW:2129
OKW:80	OKW:558	OKW:1134	OKW:2161
OKW:100	OKW:698	OKW:1513	OKW:2161a
OKW:225	OKW:730	OKW:1581	OKW:2165
OKW:226	OKW:732	OKW:1685	OKW:2166
OKW:244	OKW:888	OKW:1689	OKW:2247
OKW:258	OKW:1013	OKW:1707	OKW:2256
OKW:282	OKW:1025	OKW:1938	OKW:2321
OKW:284	OKW:1026	OKW:2047	
Wi/I 26	Wi/VI 1	Wi/VI 344	Wi/VIII 25
Wi/I 51	Wi/VI 2	Wi/VI 397	Wi/VIII 216
Wi/I 52	Wi/VI 31	Wi/VI 399	Wi/VIII 232
Wi/IB 1.145	Wi/VI 224	Wi/VIII 10	Wi/VIII 245
Wi/IF 5.648	Wi/VI 270	Wi/VIII 11	Wi/VIII 254
Wi/IV 5.2150			

Oberkommando der Kriegsmarine

III M 1000/36	III M 1006/1	Case GE 1882	PG 33398
III M 1000/37	III M 1006/2	PG 26674	PG 33399
III M 1000/38	III M 1006/3	PG 31027	PG 33553
III M 1000/39	III M 1006/4	PG 31729	PG 33555
III M 1000/56	III M 1006/5	PG 32052	PG 34425
III M 1000/57	III M 1006/6	PG 33311	M/26/34128
III M 1000/58	Case GE 1639	PG 33397	

Oberkommando der Luftwaffe

E 829/1	RO 60/12	RL 2/547	RL 2/646
E 829/2	RL 2/423	RL 2/557	RL 2/648
L 81-2/1	RL 2/540	RL 2/558	RL 2/649
RO 40/4	RL 2/543	RL 2/601	

Oberkommando des Heeres

H1/2	H2/111	H3/337	H22/57
H1/11	H2/113	H3/344	H22/75
H1/321	H2/114	H3/346	H22/147
H1/463	H2/115a	H3/378	H22/220
H1/530	H2/115b	H3/463.2	H22/228
H2/3	H2/116	H3/513	H22/290
H2/4	H2/120	H3/595	H22/353
H2/7	H2/121a	H3/612	H22/355
H2/8	H2/121b	H3/680	H27/6
H2/9	H3/1	H3/1044	H27/7
H2/11a	H3/4	H3/1048	H27/10
H2/11b	H3/5	H3/1065	H27/11
H2/12	H3/68.1	H3/1073	H27/41 Teil 2
H2/82	H3/172	H3/1149	H27/43
H2/83	H3/176	H3/1361	H28/41
H2/84	H3/199	H3/1460	H28/43
H2/85	H3/245	H3/1500	H28/46
H2/93	H3/261	H3/1515	H29/I B 2.3
H2/107b	H3/284a	H3/1531	H29/VII 20
H2/107g	H3/284b	H22/48	H40/64

HGr B	HGr D	HGr Nord	HGr Süd
65881/8	75144/4	75130/28	39502/57
	75144/24	75130/31	75124/5
HGr Mitte	75144/25	75130/33	W 648, al
75861	75144/33	75136/2	
	75144/35	W 35 30b	
	75144/36		
	75809		
	75820		

AOK 1	AOK 7
13058/11	75106/1
E161/1	75106/3
E209/1	75106/7
E209/2	75106/8
	75106/10

AOK 9

26791/9	27970/5:IV	28878/14	32151/16
26791/14	28878/2	29234/3	32151/17
27970/1	28878/3	29234/6	32878/7
27970/2	28878/7	29234/11	
27970/5:III	28878/11	31624/3	

AOK 11
22279/3   22409/219   22409/222   22409/225
22409/100   22409/220   22409/223   22409/226
22409/218   22409/221   22409/224   22409/227

AOK 12   AOK 15   AOK 16   AOK 17
75991   59364/1   E 138/3   11147/10
             59364/7   W 4819 z 10 14499/51–54

AOK 20   59365   16593/5–10
58631/1–5   59369   25354/89
58635

Pz. AOK 1   Pz. AOK 2   Pz. AOK Afrika
45393/3   37075/13   16838/5   18107/4
45393/8   37075/28   16838/6   18197/1
45393/17   37075/182   16838/7   34374/1
                          16838/8   34374/6

II. AK   XXX. AK   XXXV. AK
45114/3   13896/2   42146/1   44220/14
             11455/2   42146/5   44220/15
                          42146/6   44220/16
                          44220/13

XXXVII. AK   LXXXI. AK   LXXXIV. AK
44651/14   57791/2   57791/6   44062/6
             57791/4   57793

XXXIX. Pz. K.   XXXX. Pz. K.   LII. Pz. K.
26522/18   51231/1   42241/4   48059/2
26522/28   51231/2   42241/28   48621/2
26522/33   48059/1
26522/38

Deutsches Afrika Korps
22570/6   22570/26   22926/4
22570/8   22926/1   25570/1
22570/25   22926/3   25570/2

22. Inf. Div.
15821/18   19901/7
19901/6   19901/8

24. Inf. Div.
22006/1   22006/3   22985/1   22985/3
22006/2   22006/11   22985/2   22985/4

50. Inf. Div.   72. Inf. Div.   98. Inf. Div.   102. Inf. Div.
16110/11   21721/13c   8147/2   26562/1
                          8159/2   26562/4

126. Inf. Div.   129. Inf. Div.   162. Inf. Div.   169. Inf. Div.
17754/21   17750/2   37813/6   23501/3
                          37813/11

183. Inf. Div.   256. Inf. Div.   257. Inf. Div.   258. Inf. Div.
32255/10   W 5643 i   22966/15   27761/12
32381/1   W 5643 k

290. Inf. Div.   305. Inf. Div.
45885/4   33410/4
45885/5   42321/4

2. Pz. Div.   3. Pz. Div.   10. Pz. Div.
III H 50075/3   19269/18   27962   30444/9
III H 50076   19269/22   30444/5   30575/1
              19269/36   30444/6   30575/2
              19269/38   30444/7
              19269/44

11. Pz. Div.	15. Pz. Div.		
41070/1	21991/2	30270/4	30270/7
41070/6	30270/2	30270/5	30270/8
41070/9	30270/3	30270/6	30270/9

21. Pz. Div.	15. Pz. Gren. Div.	1. Kav. Div.
18572	76211	13280/21
18572/2	77066/3	

90. lei. Div.	WK VII	WK XIII	
18014/1	1653	7	365
18014/5	2091	352	484
18014/11	2674	362	771
23312/1	3684	364	1435
23312/2	4082		

10. SS. Pz. Div.	12. SS. Pz. Div.	17. SS. Pz. Gren. Div.
78014/11	78016/21–46	78019/13
78013/12		78019/14

Nachlässe
- N 18   Wilhelm Heye. Band 1
- N 42   Kurt von Schleicher. Band 45
- N 97   Ferdinand von Bredow. Bände 1, 2, 3, 8, 9
- N 104 Helmuth Groscurth
- N 281 Kurt von Tippelskirch

Bundesarchiv

R2/4915	R55/732	R58/120	R70/Frankreich/1
R3/vorl. 1312	R55/733	R58/123	R158/770
R55 DC/vorl. 465	R58/111	R58/840	NS19/432
R55/vorl. 466	R58/116	R58/927	NS19/2237
R55/634	R58/117	R58/961	

NSDAP

DAI 221	DAI 789	DAI 860	DAI 1180
EAP 66-c-1		EAP 161-b-12/366	EAP 173-b-18-14/1
EAP 66-c-8-46/6		EAP 161-b-12/372a	EAP 173-b-20-14/3
EAP 66-c-12-5/13		EAP 161-b-12/374, Folder 61	EAP 173-b-20-18/20
EAP 66-c-12-44/74			EAP 173-b-20-18/21
EAP 66-c-12-44/83		EAP 161-b-12/384	EAP 173-b-20-20/16
EAP 66-c-12-44/95		EAP 173-a-10/13	EAP 173-b-24-10/6
EAP 66-c-12-44/464		EAP 173-a-10/20	EAP 173-b-24-10/12
EAP 161-b-12/10		EAP 173-a-10/20a	EAP 173-b-24-14/4
EAP 161-b-12/13		EAP 173-b-01/1	EAP 173-b-24-16/1
EAP 161-b-12/14		EAP 173-b-05/1A	EAP 173-b-24-24/15
EAP 161-b-12/78		EAP 173-b-05/2	EAP 173-b-24-26/6
EAP 161-b-12/132		EAP 173-b-05/2K	EAP 173-b-24-26/7
EAP 161-b-12/149		EAP 173-b-05/2L	EAP 173-b-24-26/10
EAP 161-b-12/214, Folder 31		EAP 173-b-10	EAP 173-d-01/1
		EAP 173-b-10-16/2	EAP 175-b-24-10/6
EAP 161-b-12/250		EAP 173-b-12-05/45	EAP 175-b-24-10/12
EAP 161-b-12/278		EAP 173-b-14/78	EAP 173-b-26/3
EAP 161-b-12/363		EAP 173-b-16-05/53	EAP 250-a/221
EAP 161-b-12/365		EAP 173-b-16-12/93a	

Reichswirtschaftsministerium

3/9	11/15	19/4	20/286
4/23	16/224	20/106	20/374

Reichsfinanzministerium 9
Reichsministerium für Volksaufklärung und Propaganda
  RMfVuP-1
Nachlass Paul Leverkuehn. Bände 6–11, 19

Auswärtiges Amt: Politisches Archiv

Inl II g 7	Inl II g 79	Inl II g 335	Inl II g 463
Inl II g 59	Inl II g 106	Inl II g 342	Inl II g 464
Inl II g 72	Inl II g 107	Inl II g 459	Inl II g 476
Inl II g 73	Inl II g 150	Inl II g 460	Inl II g 477f
Inl II g 74			

III. Politik 15, England, Bd. 1
III. Politik 15, V.8.A., Bd. 1

Pol I M Mil. Politik, 2. England, Bd. 1
Pol I M Mil. Politik, 2. Portugal, Bd. 1
Pol I M Mil. Politik, 2. K. O. Spanien, Bd. 1
Pol I M Mil. Politik, 2. Nordamerika Prozess, Bd. 1
Pol I M Mil. Politik, 2. Nordamerika, Bd. 1

Pol I M 13	Pol I M 28	Pol I M 40	Pol I M 86
Pol I M 17	Pol I M 38	Pol I M 50	Pol I M 86a
Pol I M 23	Pol I M 39	Pol I M 51	Pol I M 185
			Pol I M 196

Büro des Staatssekretärs: Zweite Front: 1–3.
Unterstaatssekretär: Dokumente Kriegsausbruch: 133
Vorlagen beim Führer (Walther Hewel).
Dienststelle Ribbentrop, Vertrauliche Berichte, 2a/2, Teil 1
Dienststelle Ribbentrop, Vertrauliche Berichte, 2a/2, Teil 2
Dienststelle Ribbentrop, Vertrauliche Berichte, 2b/1

Berlin Document Center

Party Member	Membership Number
Becker, [Johann] Siegfried	359,966
Carstenn, Friedrich	74,557
Cohrs, Heinz	363,179
Dörner, Hermann	603,788
Elling, Georg	3,461,625
Filbert, Alfred	1,321,414
Franke, Lothar	19,852
Gottlob, Josef	8,016,151
Griebl, Ignaz	8,540,674
Hessen, Prinz Christoph von	696,176
Höttl, Wilhelm	6,309,616
Jost, Heinz	75,946
Krämer, Karl-Heinz	4,175,743
Krallert, Wilfred	1,529,315
Krüger, Bernhard	528,739
Langer, Albert	6,143,388
Lassig, Rudolf	739,497
Mair, Kurt Alexander	6,199,379
Möller, Helmut	167,625
Moyzisch, Ludwig	1,307,980
Naujocks, Alfred	624,279
Ohnesorge, Wilhelm	42
Paeffgen, Theodor	3,965,964
Paschke, Adolf	2,649,870
Rapp, Alfred	774,433
Rauff, Walter	5,216,415
Rühle, Gerhard	694
Salisch, Karl-Otto von	4,303,047
Schapper, Gottfried	536,206
Schauffler, Rudolf	8,743,951
Schellenberg, Walter	3,504,508
Schimpf, Hans	2,638,165

Schnaus, Erich	432,273
Schroeder, Georg	536,207
Schulze, Peter	8,858,753
Schumann, Arthur	15,292
Seidlitz, Wilhelm	3,573,913
Seifert, Walther	4,826,808
Selchow, Kurt	7,910,928
Siepen, Peter	4,690,994
Stache, Rudolf	1,433,244
Steimle, Eugen	1,075,555
Szeraws, Johannes	3,758,195
Tschierschky, Karl	918,746
Vetterlein, Kurt	4,100,140
Vietinghoff-Scheel, Paul Baron von	2,642,306
Zuchristian, Walter	149,986

SS Member Only	*SS Number*
Schüddekopf, Otto-Ernst	455,103
Zapp, Rudolf	148,935

Imperial War Museum
Erhard Milch, Handakten (microfilmed): Volumes 13, 14, 15, 16, 17, 18, 20, 21, 23, 34, 62

Bayerische Hauptstaatsarchiv: Abteilung IV, Kriegsarchiv

M Kr/986	M Kr/1151	M Kr/1713	M Kr/1778
M Kr/1000	M Kr/1271	M Kr/1714	M Kr/1779
M Kr/1002	M Kr/1421–1466	M Kr/1775	M Kr/1780
M Kr/1048	M Kr/1630–1668	M Kr/1776	M Kr/1837
M Kr/1150	M Kr/1711	M Kr/1777	

Grufunka 557, Bände 6, 7

National Archives
Record Group 59. Department of State Decimal File. Individual documents
Record Group 173. Federal Communications Commission, Entry 27, Boxes 5–11, 13, 16, 17, 58
Record Group 242. Foreign Records Seized. ML-37, ML-155, ML-156a, ML-164a, ML-165a, ML-174a, ML-180
Record Group 407. Adjutant General's Office. Boxes 1757, 1758, 1760, 5698

Franklin D. Roosevelt Library, Hyde Park, New York
MR Box 136, 63, 71; Container 203
OF 10b, Boxes 20–22, 28–29, 36–43; OF 5613, Acc. 71–31
PSF 163, 167, 170

Federal Archives and Records Center, New York
Records of the U.S. District Court for the Eastern District of New York. Criminal Dockets 38425, 39357, 40120, 40190

Public Record Office, London

CAB 79/12	CAB 86/13	FO 195/2477/166	FO 371/37177
CAB 79/13	CAB 86/14	FO 195/2481/972	FO 371/42449
CAB 79/16	CAB 122/242	FO 195/2482/55	WO 106/3867
CAB 79/19	CAB 122/564	FO 371/21742	WO 106/3874
CAB 79/23	CAB 122/1347	FO 371/30893	WO 106/4361
CAB 79/25	FO 195/2464/170	FO 371/32328	WO 208/1805
CAB 79/91	FO 195/2475/30	FO 371/32340	WO 208/2832
CAB 86/2	FO 195/2475/30.5	FO 371/37069	

Diaries, Memoirs, Papers: Published

Bazna, Elyesa. *I Was Cicero*. trans. Eric Mosbacher. New York: Harper & Row, 1962. 212 pp.
Boldt, Gerhard. *Hitler's Last Days: An Eyewitness Account*. trans. Sandra Brance. London: Barker, 1973. 188 pp.
Churchill, Winston S. *The Second World War*. London: Cassell, 1948–54. 6 vols.
Ciano, Galeazzo. *Diario, 1939–1943*. Milano: Rizzoli, 1946. 2 vols.
[Clark, A.P.] "Dulag Luft Recalled and Revisited." ed. James L. Cole, Jr. *Aerospace Historian*, 19 (June 1972), 62–65.
Dietrich, Otto. *12 Jahre mit Hitler*. Munich: Isar, 1955. 285 pp.
Dirksen, Herbert von. *Moscow, Tokyo, London: Twenty Years of German Foreign Policy*. London: Hutchinson, 1951. 288 pp.
Doenitz, Karl. *Memoirs: Ten Years and Twenty Days*. trans. R. H. Stevens. Cleveland: World, 1959. 500 pp.
Engel, Gerhard. *Heeresadjutant bei Hitler, 1938–1943: Aufzeichnungen des Majors Engel*. Schriftenreihe der Vierteljahrshefte für Zeitgeschichte, 27. Stuttgart: Deutsche Verlags-Anstalt, 1974. 157 pp.
Faber du Faur, Moriz von. *Macht und Ohnmacht: Erinnerungen eines alten Offiziers*. Stuttgart: Günther, 1953. 296 pp.
Geyr von Schweppenburg, [Leo Freiherr]. *The Critical Years*. London: Allan Wingate, 1952. 207 pp.
Gimpel, Erich, with Will Berthold. *Spy for Germany*. trans. Eleanor Brockett. London: Robert Hall, 1957. 238 pp.
Gisevius, Hans Bernd. *To the Bitter End*. trans. Richard and Clara Winston. Boston: Houghton Mifflin, 1947. 632 pp.
Goebbels, (Paul) Joseph. *The Goebbels Diaries, 1942–1943*. ed. and trans. Louis P. Lochner. Garden City, N.Y.: Doubleday, 1948. 566 pp.
Groscurth, Helmuth. *Tagebücher eines Abwehroffiziers 1938–1940*. ed. Helmut Krausnick and Harold C. Deutsch. Quellen und Darstellungen zur Zeitgeschichte, 19. Stuttgart: Deutsche Verlags-Anstalt, 1970. 594 pp.
Guderian, Heinz. *Panzer Leader*. trans. Constantine FitzGibbon. London: Michael Joseph, 1952. 528 pp. Cited as "Guderian."
Halder, Franz. *Kriegstagebuch: Tägliche Aufzeichnungen des Chefs des Generalstabes des Heeres 1939–1942*. ed. Hans-Adolf Jacobsen. Stuttgart: Kohlhammer, 1962–64. 3 vols.
Hammerstein-Equord, Kunrat Freiherr von. "Spähtruppe im Westen." In his *Spähtrupp*. Stuttgart: Goverts, 1963. pp. 95–146.
Hayn, Friedrich. "Aus der täglichen Kleinarbeit der Abteilung I c." In his *Die Invasion: Von Cotentin bis Falaise*. Die Wehrmacht im Kampf, 2. Heidelberg: Vowinckel, 1954. pp. 138–45.
Hutter, Siegfried. *Falken über der Sowjetunion*. Berlin: Steiniger, 1942. 184 pp.
———. *Spähtruppe im Äther: Erlebnisse eines Fliegeroffiziers*. Berlin: Schutzen, 1940. 184 pp.
Kesselring, Albert. *Kesselring: A Soldier's Record*. New York: Morrow, 1954. 381 pp.
[Keitel, Wilhelm.] *The Memoirs of Field-Marshal Keitel*. ed. Walter Görlitz. trans. David Irving. London: Kimber, 1965. 288 pp.
Kersten, Felix. *The Kersten Memoirs, 1940–1945*. trans. Constantine FitzGibbon and James Oliver. London: Hutchinson, 1956. 314 pp.
Koch, Oscar W., with Robert G. Hays. *G-2: Intelligence for Patton*. An Army Times Publishing Company Book. Philadelphia: Whitmore Publishing Co., 1971. 167 pp.
[Köstring, Ernst.] *General Ernst Köstring: Der militärische Mittler zwischen dem Deutschen Reich und der Sowjetunion 1921–1941*. ed. Hermann Teske. Profile bedeutender Soldaten, 1. (Bundesarchiv/Militärarchiv). ESM, n.d. 334 pp.
Liss, Ulrich. *Westfront 1939/40: Erinnerungen des Feindbearbeiters im O.K.H.* Die

Wehrmacht im Kampf, 22. Neckargemünd: Vowinckel, 1959. 276 pp. Cited as Liss.

Manstein, Erich von. *Verlorene Siege.* Bonn: Athenäum, 1955. 664 pp.

Moyzisch, L[udwig]. *Operation Cicero.* trans. Constantine FitzGibbon and Heinrich Fraenkel. London: Wingate, 1950. 209 pp.

Muggeridge, Malcolm. *Chronicles of Wasted Time.* New York: Morrow, 1973-74. 2 vols.

Menge-Genser, M. von. *Das Auge der Armee: Kampf und Sieg eines Fernaufklärers. Nach den Tagebuchblättern.* Berlin: Heinz Menge, 1943. 146 pp.

Pape, Heinz. *Wir Suchen den Feind: Kampf der Aufklärer im Westen.* 3rd ed. Gutersloh: Bertelsmann, 1943. 326 pp.

Papen, Franz von. *Memoirs.* trans. Brian Connell. London: André Deutsch, 1952. 628 pp.

Popov, Dusko. *Spy/Counterspy: The Autobiography of Dusko Popov.* New York: Grosset & Dunlap, 1974. 339 pp.

Praun, Albert. *Soldat in der Telegraphen und Nachrichtentruppe.* Würzburg: Selbstverlag Albert Praun, [ca. 1965]. 287 pp.

Prügel, H[einrich]. "Fernaufklärer—Die Augen der Armee." *Der Frontsoldat erzählt* ... 18 (9/1954), 308-12.

———. "Nachtaufklärung für die Infanterie." *Der Frontsoldat erzählt* ... 18 (2/1954), 52-53.

Raabe, H., ed. *3. (H)12 in Polen.* Essen: National-Zeitung, [1940]. 95 pp.

Raeder, Erich. *Mein Leben.* Tübingen-Neckar: Schlichtenmayer, 1956-57. 2 vols.

[Ribbentrop, Joachim von.] *The Ribbentrop Memoirs.* trans. Oliver Watson. London: Weidenfeld & Nicolson, 1954. 216 pp.

Rintelen, von. *Mussolini als Bundesgenosse: Erinnerungen des deutschen Militärattachés in Rom 1936-1943.* Tübingen & Stuttgart: Rainer Wunderlich Verlag Hermann Leins, 1951. 265 pp.

Ritter, Nikolaus. *Deckname Dr. Rantzau: Die Aufzeichnungen des Nikolaus Ritter, Offizier im Geheimen Nachrichtendienst.* Hamburg: Hoffman und Campe, 1972. 327 pp.

Rittlinger, Herbert. *Geheimdienst mit beschränkter Haftung: Bericht vom Bosporus.* Stuttgart: Deutsche Verlags-Anstalt, 1973. 340 pp.

[Rommel, Erwin.] *The Rommel Papers.* ed. B. H. Liddell Hart. trans. Paul Findlay. London: Collins, 1953. 545 pp.

Schulze-Holthus, [Julius Berthold]. *Daybreak in Iran: A Story of the German Intelligence Service.* trans. Mervyn Savill. London: Staples, 1954. 319 pp.

Skorzeny, Otto. *Skorzeny's Special Missions.* London: Hale, 1957. 221 pp.

Strik-Strikfeldt, Wilfried. *Against Stalin and Hitler: Memoir of the Russian Liberation Movement 1941-5.* trans. David Footman. London: Macmillan, 1970. 270 pp.

Thomas, Georg. *Geschichte der deutschen Wehr- und Rüstungswirtschaft (1918-1943/45).* ed. Wolfgang Birkenfeld. Schriften des Bundesarchivs, 14. Boppard am Rhein: Boldt, 1966. 552 pp.

Warlimont, Walter. *Inside Hitler's Headquarters 1939-45.* trans. R. H. Barry. London: Weidenfeld & Nicolson, 1964. 658 pp.

Weizsäcker, Ernst Freiherr von. *Memoirs.* trans. John Andrews. London: Gollancz, 1951. 322 pp.

Zantke, Siegfried. "Bewaffnete Aufklärung über Charkow." *Der Frontsoldat erzählt* ... 18 (3/1954), 71-72.

Zhukov, Georgi K. *Marshal Zhukov's Greatest Battles.* trans. Theodore Shabad. ed. Harrison E. Salisbury. London: Macdonald, 1969. 304 pp.

Diaries, Memoirs, Papers: Unpublished

Buntrock, Georg. "Mein Lebenslauf." 1947-48. Typescript. 140 pp.

Gill, E[rnest]. W. B. "Spies, Science & Staff Officers." [ca. 1950]. Manuscript and typescript. 17 chapters.

[Heinz, Friedrich Wilhelm]. "Von Wilhelm Canaris zur NKWD." Typescript. n.d. 203 pp. (microfilm copy in NA:RG242:ML1078).
Liss, Ulrich. Letters to B. H. Liddell Hart (in B. H. Liddell Hart Papers, German Generals Files).
Maurer, Helmut. "Vom Krieg zum Mord." February 1949 and March 1950. Typescript. 89 pp.
Schwenke, Dietrich H. Untitled memoirs. 18 Juni 1961. Mimeographed. 15 pp.

Official Interviews, Interrogations, and Trials: Published

[Germany (Territory under Allied Occupation, 1945–   , United States Zone), Military Government Tribunals]. *Trials of War Criminals before the Nuernberg Military Tribunals under Control Council Law No. 10.* Nuremberg, October 1946–April 1949. GPO:1950–53. 15 vols. Cited as *TWC*.
[International Military Tribunal]. *Trial of the Major War Criminals before the International Military Tribunal.* Nuremberg, 14 November 1945–1 October 1946. Nuremberg, 1947–49. 42 vols. Cited as *IMT*.
[Jodl, Alfred]. "Die Vernehmung von Generaloberst Jodl durch die Sowjets." trans. Wilhelm Arenz. *Wehrwissenschaftliche Rundschau*, 11 (September 1961) 534–42.
[Keitel, Wilhelm]. "Die Vernehmung von Generalfeldmarschall Keitel durch die Sowjets." trans. Wilhelm Arenz. *Wehrwissenschaftliche Rundschau*, 11 (November 1961), 651–62.
[United States]. Office of United States Chief of Counsel for Prosecution of Axis Criminality. *Nazi Conspiracy and Aggression.* GPO: 1946–48. 10 vols. Cited as *NCA*.
War Crimes Trials, 9. *The Dulag Luft Trial.* Trial of Erich Killinger, Heinz Junge, Otto Boehringer, Heinrich Eberhardt, Gustav Bauer-Schlichtegroll. ed. Eric Cuddon. London: Hodge, 1952. 255 pp.

Official Interviews, Interrogations, and Trials: Unpublished

National Archives
Record Group 59. State Department Special Interrogation Mission to Germany (De Witt Poole)

Blomberg, Werner von
Boetticher, Friedrich von
Bohle, Ernst Wilhelm
Borchers, Hans
Dieckhoff, Hans-Heinrich
Feldtange, Hanna
Gienanth, Ulrich von
Göring, Hermann
Guderian, Heinz
Hencke, Andor
Hepp, Ernst Adolf
Jodl, Alfred
Keitel, Wilhelm
Klee, Eugen
Lahousen, Erwin
Lammers, Hans-Heinrich
Niebuhr, Dietrich
Ohnesorge, Wilhelm
Paeffgen, Theodor
Prittwitz und Gaffron, Friedrich Wilhelm von
Ribbentrop, Joachim von
Ritter, Karl
Steinhauser, Conrad
Strempel, Heribert von
Stroelin, Karl D.
Tannenberg, Wilhelm Ernst August
Thomas, Georg
Thomsen, Hans
Truetzschler von Falkenstein, Hans

Record Group 165.   Schuster Commission Interrogation Reports
Braune, Werner   Keitel, Wilhelm
Göring, Hermann   Warlimont, Walter
Hoffmann, Rudolf   Zinnemann, Curt
Kehrl, Hans

Record Group 165.   Interrogations of Prisoners of War
U.S. Forces, European Theater, HQ, Interrogation Center
  FIR 7.   Arthur Scheidler. 11th July 1945. 42 pp.
  FIR 10.   Ernst Wilhelm Bohle. 26th July 1945. 23 pp.
  1SIIR   "The German G-2 Service in the Russian Campaign (I c-Dienst Ost)." 22 July 1945. 226 pp.

U.S. Forces, European Theater, HQ, MISC
  CI-PIR/68.   Erich Herrlitz. 19 Sep 1945. 2 pp.
  CI-IIR/1.   Karl Ritter. 31 Aug 1945. 12 pp.
  CI-IIR/4.   Conrad Steinhauser. 15 Sep 1945. 10 pp.
  CI-IIR/48   Erich Herrlitz. 20 Feb 1946. 42 pp.
  CI-IIR/49.   Franz Ferdinand Alliger. 5 Feb 1946. 8 pp.
  FIR/19.   Friedhelm Baechle. 16 Aug 1943. 18 pp.
  CI-FIR/67.   Friedrich Busch. 11 Jan 1946. 15 pp.
  CI-FIR/63.   Robert von Tarbuk. 19 Jan 1946. 16 pp.
  CI-FIR/73.   Walter Stockmann. 29 Jan 1946. 19 pp.
  CI-FIR/76.   Paul Fuchs. 23 Jan 1946. 26 pp.
  CI-FIR/78.   Hermann Amende. 22 Jan 1946. 11 pp.
  CI-FIR/84.   Ernst Lind. 1 Feb 1946. 9 pp.
  CI-FIR/85.   Adalbert von Taysen. 2 Feb 1946. 7 pp.
  CI-FIR/87.   Alexander Waag. 1 Feb 1946. 4 pp.
  CI-FIR/88.   Werner P. H. Miethe, 6 Feb 1946. 14 pp.
  CI-RIR/12.   Jakob Nagel. 7 Jan 1946. 5 pp.
  CI-CIR/11.   KdM Prague. 10 Jan 1946. 39 pp.
  CI-CIR/13.   Asts in the Balkans, in Poland, and in Wien. 31 Jan 1946. 47 pp.

12th Army Group, HQ, Interrogation Center
  IIR.   Ernst Kaltenbrunner. 28 June 1945. 49 pp.

6824 DIC (MIS)/M.
  991   Bruno Bastiansen. 15 Dec 1944. 4 pp.
  1096   Notes on Cartographic Agencies in Wehrkreis X. 29 Mar 1945. 7 pp.
  1136   German Signals Counter-Intelligence, Signals and Other Information. 23 Apr 1945. 6 pp.
  1137   Notes on Chi III/OKW and a Description of HT 2 Dictaphone Recorder. 24 Apr 1945. 7 pp.
  1151   "Transozean" (TO) News Agency. 12 May 1945. 48 pp.
  1160   The Kriegsakademic (OKH) Class of 1931-1934 and Officers of the German Army General Staff. 18 May 1945. 8 pp.
  1170   Notes on the Forschungsamt RLM. 7 Jun 1945. 31 pp.
  1174   Notes on the Reichsamt fuer Landesaufnahme. 4 Jun 1945. 4 pp.
  1177   German Signal Research, Development and Manufacture. 12 Jun 1945. 10 pp.
  1191   The Effects of the German Research and Development Policy. 12 Jul 1945. 4 pp.

Military Intelligence Service in Austria, 6825 HQ and HQ Company. IC
  1DIR   Franz Seubert. 2 Jan 1946. 20 pp.

CCPWE 32
  DI-33   Jacob Nagel. 15 Jul 1945. 4 pp.
  DI-36   Hermann Goering Answers Questions Concerning "Forschungsamt" and "Reichssicherheitsdienst." 19 Jul 1945. 4 pp.
  DI-39   Jacob Nagel. 22 Jul 1945. 5 pp.

HTUSAIC
- PIR Erich Müller. 8 Aug 1945. 1 p.
- PIR Theodor Päffgen. 8 Aug 1945. 1 p.
- PIR Herbert Wenninger. 8 Aug 1945. 1 p.
- PIR Herbert Seegers. 11 Aug 1945. 1 p.
- PIR Josef Urban. 13 Aug 1945. 1 p.
- PIR Wilhelm Oberbeil. 14 Aug 1945. 1 p.
- PIR Alexander Waag. 15 Aug 1945. 1 p.
- PIR Robert Arenberg, Prinz und Herzog von. 16 Aug 1945. 1 p.
- PIR Hermann Baun. 16 Aug 1945. 1 p.
- PIR Erna Thurow. 16 Aug 1945. 1 p.
- PIR Walter Stockmann. 18 Aug 1945. 1 p.
- PIR Kurt Auner. 21 Aug 1945. 1 p.
- PIR Friedrich Föster. 21 Aug 1945. 1 p.
- PIR Werner Kapp. 21 Aug 1945. 1 p.
- PIR Otto Müller. 21 Aug 1945. 1 p.
- PIR Hans Nickel. 21 Aug 1945. 1 p.
- PIR Wilhelm Auffermann. 22 Aug 1945. 1 p.
- PIR Ernst Bahr. 22 Aug 1945. 1 p.
- PIR Roland Loos. 25 Aug 1945. 1 p.
- PIR Hedwig Weigelmayer-Sommer. 27 Aug 1945. 1 p.
- PIR Emil Benz. 28 Aug 1945. 1 p.
- PIR Otto Weil. 30 Aug 1945. 1 p.
- PIR Ernst Zölling. 6 Sep 1945. 1 p.
- PIR Heinz Werner Bayreuther. 13 Sep 1945. 1 p.
- PIR Wilhelm Hoettl. 15 Sep 1945. 1 p.
- PIR Willi Otto Ledermann. 20 Sep 1945. 1 p.
- PIR Johann Arnold Quirin. 21 Sep 1945. 1 p.
- PIR Wilhelm Podein. 26 Sep 1945. 1 p.
- PIR Wilhelm Gerlich. 28 Sep 1945. 1 p.
- SIR 1 Wilhelm Höttl. 14 Jul 1945. 4 pp.
- IR 8 Robert Spies. 14 Jun 1945. 28 pp.
- IR 10 §3: The Monitoring Services of the German Foreign Office. 21 Jun 1945. pp. 8–9, 9–13.
- IR 11 Frontaufklärungskommandos in the East. 25 Jun 1945. 54 pp.
- IR 12 §2: Notes on the Forschungsamt. 29 Jun 1945. 11 pp.
- IR 14 §2: Abwehrstelle XII, Wiesbaden. 6 Jul 1945. 17–21 pp.
- IR 15 The SD and the RSHA. (by Wilhelm Höttl). 9 Jul 1945. 67 pp.
- IR 16 Amt VI of the RSHA. (by Wilhelm Höttl et al.). 13 Jul 1945. 76 pp.
- IR 19 Frontaufklärungskommando 120. 16 Jul 1945. 13 pp.
- IR 20 [Untitled]. 1. Radio Communications in the Abwehr. 2. The SD in Frankfurt/Main. 3. The Gestapo in Frankfurt/Main. 4. War Criminals. 27 pp.
- IR 22 [Untitled]. 1. Frontaufklärungstrupp 318. 2. The Gestapo in Aachen. 3. Note on the Intelligence Service of German Firms. 5 pp.
- IR 27 §1: Frontaufklärungskommando 130. 3 Aug 1945. pp. 2–9.
- IR 31 § II: Hungarian Intelligence Agencies. 19 Aug 1945. pp. 29–36.
- IR 36 Japanese Intelligence Activities in Europe. (by Wilhelm Höttl). 31 Aug 1945. 3 pp.
- IR 38 The Abwehr and the SD in Spain. 9 Sep 1945. 29 pp.
- IR 42 Referat VI B 2 (France) of the RSHA. 10 Sep 1945. 7 pp.

SAIC
- 8 [on Gerhard Rühle]. 31 May 1945. 2 pp.
- 21 Information on the German Ministry of Posts. 24 May 1945. 9 pp.
- 23 [on Dr. Sigismund FitzRandolph, of Foreign Press Section of German Foreign Office]. 12 Jul 1945. 8 pp.
- 29 Brig. Gen. Makato Onodera. 28 May 1945. 5 pp.
- 47 The German Foreign Office and Its Press Section. 16 Jun 1945. 12 pp.

49	The Press Department of the German Foreign Office. 19 Jun 1945. 6 pp.
CIR/7	Forschungsamt RLM. 19 Jul 1945. 8 pp.
FIR/9	Amtsgruppe Ausland in the OKW. 14 Jul 1945. 4 pp.
FIR/10	Abwehr Personalities. 21 Jul 1945. 5 pp.
FIR/28	German Aerial Photo Service. 21 Aug 1945. 8 pp.
FIR/42	Koestring, Gen.d.Kav. CG of Volunteer Units. 11 Sep 1945. 7 pp.
R/2	Notes on the Red Army—Leadership and Tactics (by Reinhard Gehlen). 21 Jun 1945. 11 pp.
RIR/4	Abwehr Activities in Portugal. 29 Aug 1945. 3 pp.

7th Army, 307th CIC Detachment, Western Military District
    FIR   Eugen Steimle. 12 Dec 1945. 62 pp.

US Strategic Air Forces in Europe, APWIU
- A.P.W.I.U. (9th Air Force) 87/1945. Photogrammetry in the G.A.F. 7 Jul 1945. 7 pp.
- A.P.W.I.U. (9th Air Force) 89/1945. G.A.F. Photo Intelligence (Field). 26 Jul 1945. 3 pp.
- A.P.W.I.U. (9th Air Force) 90/1945. Organization of G.A.F. Photo Intelligence. 23 Jul 1945. 10 pp.

US HQ, Berlin District, IC
    BDIC/FIR/27. Mapping and Survey Section of the OKH. 3 Oct 1945. 5 pp.

[Originator not specified]
- AL-47 [untitled]. X. Superior quality of German weapons alleged. XIII. Admiration expressed for accurate Allied intelligence. pp. 1, 6, 7 only. 11 Jul 1944.
- AL-50 Information on the German FLUKO (Flugkommando—Flight Command) Mail and Organization in Italy from a former Italian NCO. 18 Aug 1944. 10 pp.
- AL-57 [untitled]. VII, Personalities allegedly holding high Abwehr (counter-intelligence) rank. 4 Nov 1944. only pp. 1, 6.
- AL-70 Information on the Waffen SS, German Intelligence, Artillery Tactics, Delaying Actions and kindred subjects from an SS Standarten Fuehrer (Colonel) P/W captured 3 Jan 1945 in France. 8 Feb 1945. 4 pp.

[Originator not specified] MFIU
- PW Intelligence Bulletin 2/47. 11. Auslandsbriefprüfstelle Hof. [no date]. pp. 8–9.
- PW Intelligence Bulletin 2/46. 27. Engineer Listening Units. 21 March 1945. pp. 39–44 + drawings.
- PW Intelligence Bulletin 2/51. 1. Reich Air Minister, Berlin. 12. US Signal Security. 8 April 1945. pp. 2, 10–11.

[Originator not specified]
    PWUS-12. German Radio Monitoring Service (B-Dienst). 19 Oct 1943. 3 pp.

Record Group 238. Interrogations for Nuremberg trials

Boetticher, Friedrich	Lahousen, Erwin
Bürkner, Leopold	Naujocks, Alfred
Ehlich, Hans	Ohnesorge, Wilhelm
Göring, Hermann	Paeffgen, Theodor
Grundherr, Werner von	Rühl, Felix
Guderian, Heinz	Schapper, Gottfried
Gyssling, Georg	Schellenberg, Walter
Hencke, Andor	Schmieden, Karl von
Höttl, Wilhelm	Six, Franz Alfred
Jodl, Alfred	Spacil, Josef
Jost, Heinz	Staubwasser, Anton
Kaltenbrunner, Ernst	Steengracht von Moyland, Adolf Paul
Krummacher, Friedrich-Alfred	Steimle, Eugen

Record Group 238. Trials of War Criminals before the Nuremberg Military Tribunals under Control Council Law No. 10. Affidavits and Documents

D-878	NG 3402	NG 5351	NI 8414	NO 763
	NG 3494	NG 5352	NI 8649	NO 2208
NG 163	NG 3981		NI 9827	NO 2894
NG 2209	NG 4581	NI 4875	NI 10551	NO 5036
NG 2316	NG 4588	NI 6544	NI 10577	
NG 2479	NG 4852	NI 7493	NI 15138	NOKW 3146
NG 3054	NG 4891	NI 8149		NOKW 3228

Record Group 238. Trials of War Criminals before the Nuremberg Military Tribunals under Control Council Law No. 10. Transcripts (English)
  Case 6 (Farben Case)
    Huenermann, Rudolf. pp. 3147–52, 13408–10, 13495–522.
    Rietlinger, Anton. pp. 3153–66, 12910–53, 13075–92.
  Case 9 (Einsatzgruppen Case)
    Jost, Heinz. pp. 1128–239.
    Sandberger, Martin. pp. 2141–420.
  Case 11 (Ministries Case)
    Etzdorf, Hasso von. pp. 9586–630.
    Grothe, Bruno. pp. 2063–64.
    Grundherr, Werner von. pp. 17854–97, 18085–161.
    Mackensen, Wilhelm. pp. 11687–725.
    Melchers, Wilhelm. pp. 19145–51.
    Mirbach, Dietrich Freiherr von. pp. 10104–33.
    Paeffgen, Theodor. pp. 12968–83.
    Rintelen, Ernst von. pp. 17551–71.
    Ritter, Karl. pp. 11743–79.
    Schellenberg, Walter. pp. 5034–336.
    Schoen, Wilhelm Albrecht Freiherr von. pp. 3196–224.
    Selchow, Kurt. pp. 20458–83.
    Thomsen, Hans. pp. 18183–89.
    Tippelskirch, Werner von. pp. 1935–45.

[United States]. Naval Historical Division. Classified Operational Archives
  USFET, MISC, Navy Section. R-3. Report on the Interrogation of P/W Vizeadmiral Leopold Buerkner. 1 December 1945. 20 pp.
  ONI. Serial 176-C-48. Interrogation of Ex-Admiral Wenneker, German Naval Attaché at Tokyo. 26 April 1948. 16 pp.

Institut für Zeitgeschichte
  ZS 207 Werner Best   ZS 1077 Andor Hencke
  ZS 279 Eugen Ott   ZS 1409 Gottfried Schapper
  ZS 291 Walter Schellenberg ZS 1529 Josef Spacil
  ZS 540 Conrad Patzig

Author's Interviews

The post(s) listed for each individual is (are) the most germane for this study. The person rarely held it (them) for the entire war; usually others preceded or followed him.

Andrae, Kurt. Head of army's Main Intercept Post. 26 April 1970.
Baumbach, Norbert von. Naval attaché in Russia; head of naval intelligence. 21 June 1970.
Baumer, William H. Allied deception officer. 10 September 1976 (telephone).
Bitterl von Tessenberg, Max. Liaison of army radio intelligence to Foreign Armies East. 10 September 1973.

Blumröder, Hans-Adolf von. I c of Army Group South, later Army Group Don. 30 July 1970.
Borcherdt, Hans-Georg. Various posts in aerial reconnaissance. 10 October 1973.
Bottler, Alfred. Company and battalion commander. 4 May 1970.
Brucklacher, Walter A. Aerial mapping over Africa and Russia. 1 September 1973.
Budde, Wilhelm. Various posts in naval radio intelligence. 26 June 1970.
Bürkner, Leopold. Head of Department Ausland under Canaris in OKW. 19 June 1970.
Buntrock, Georg. I c of 9th Army; head of Front Reconnaissance (spy) units. 19 September 1973.
Buschenhagen, Erich. Founder and first head of army radio intelligence center. 22 March 1970.
Cavendish-Bentinck, Victor. Chairman of Joint Intelligence Committee, British Chiefs of Staff. 25 July 1974.
Dönitz, Karl. Commander of U-boats; commander in chief of navy. 20 August 1970.
Donat, Peterpaul von. French specialist in prewar Luftwaffe intelligence. 16 August 1970.
Doudot, Joseph M. French army counterespionage officer. 16 May 1969.
Duesterberg, Georg. Abwehr financial officer. 3 October 1973.
Euler, Richard. U.S. specialist in Foreign Armies West. 22 June 1970.
Fischer, Johannes. Aerial observer. 21 November 1969.
Fischer, Peter. Cryptanalyst in German forces in Africa. 15 April 1969.
Flesch, Herbert. Luftwaffe signals officer. Numerous conversations 1967–1974.
Franz, Wolfgang. Cryptanalyst in OKW Cipher Branch. 9 July 1970.
Friedrich, Rudolf. Head of Luftwaffe radio intelligence. 12 May 1970.
Garder, Michel. French army counterespionage officer. 15 May 1969.
Gehlen, Reinhard. Head of Foreign Armies East. 2 August 1970, 22 September 1973.
Gersdorff, Rudolf-Christian Freiherr von. I c of Army Group Center. 11 March 1970.
Geyr von Schweppenburg, Leo Freiherr. Military attaché in Great Britain. 28 July 1970.
Gorman, William. Ex-husband of Nele Kapp. 7 May 1977 (telephone).
Grosskopf, Friedrich. Abwehr specialist in technical air intelligence. 6 October 1973.
Halder, Franz. Chief of the German general staff. 12 May 1970.
Hagemann, Rudolf. Adjutant in 102nd Infantry Division. 7 October 1973.
Hammerstein, Kunrat Freiherr von. Member of an armored reconnaissance unit. 6 October 1973.
Hauck, Friedrich Wilhelm. Commander of an infantry division. 26 April 1970.
Heidelauf, Ulrich. Expert in aerial mapping and photography. 17 February 1973 (telephone).
Herberg, Frederico. Head of administrative section, Foreign Armies West. 24 September 1969.
Heusinger, Adolf. Head of Operations Branch, German general staff. 8 October 1973.
Höttl, Wilhelm. Head of southeast Europe section, Nazi foreign intelligence. 15 September 1973.
Hüttenhain, Erich. Cryptanalyst in OKW Cipher Branch. 5 October 1973.
Kettler, Hugo. Head of OKW Cipher Branch. 30 August 1967.
Kirsch, Johannes. Head of OKW economic intelligence. 12 October 1973.
Knemeyer, Siegfried. Pilot in Rowehl reconnaissance squadron. 27 June 1975 (telephone).
Krämer, Karl-Heinz. Contact man for spy JOSEFINE. 22 August 1970.
Kramarz, Hans. Head of Foreign Office's military liaison desk. 11 May 1970.
Kupfer, Max. Head of naval radio intelligence. 27 June 1970.
Langer, Isolde. Widow of cryptanalyst Albert Langer in Nazi foreign intelligence. 14 September 1973.
Manstein, Erich von. Commander of several armies and army groups. 3 August 1970.
Manteuffel, Hasso von. Commander of armored divisions and of an army. 29 July 1970.
Masterman, John. British counterespionage official. 17 November 1972.

Matzky, Gerhard. Assistant chief of the general staff for intelligence. 9 May 1970, 7 October 1973.
Mauler, Eugen. Cryptanalyst in OKW Cipher Branch. 11 September 1973.
Maurer, Helmut. Neighbor and assistant of Canaris. 27 and 30 August 1973.
Metz, Lothar. Head of French section and deputy chief, Foreign Armies West. 3 August 1970.
Meyer-Detring, Wilhelm. I c to commander in chief west. 3 August 1970.
Mitzlaff, Bernd von. Various posts in armored reconnaissance. 8 October 1973.
Mügge, Karl-Albert. Head of a radio reconnaissance unit. 30 September 1969.
Müller, Albert. Head of Abwehr secret ink and false document section. 22 March and 12 April 1970.
Nebel, Fritz. World War I cryptologist and radio officer. 4 October 1973.
Neeb, Fritz. Operating head, Army Group Center radio intelligence. 30 December 1972.
Noack, Kurt. Staff officer in aerial reconnaissance; air liaison to 9th Army. 10 October 1973.
Ott, Eugen. Officer in Minister's Department; military attaché in Japan. 20 September 1973.
Owe, Herbert. Head of Anglo-American section, Luftwaffe intelligence. 31 August 1973.
Paschke, Adolf. Section head in Foreign Office codebreaking unit. 9 May 1970.
Patzig, Conrad. Head of the Abwehr before Canaris. 24 August 1973.
Praun, Albert. Head of army signals. 30 and 31 August 1967, 4 August 1970.
Primavesi, Ernst. Air force liaison to Foreign Armies East. 12 September 1973.
Ritter, Nikolaus. Spymaster in Hamburg against England and America. 24 August 1973.
Rowehl, Theo. Head of air force strategic reconnaissance unit. 11 October 1973.
Rudloff, Hans-Jochen. Abwehr sabotage officer. 28 July 1970.
Ruef, Hans. Various posts in aerial photography. 15 and 16 September 1973.
Ruge, Friedrich. Various posts in German naval staffs and commands. 22 April 1970.
Sachsenheimer, Rose. Secretary in Abwehr headquarters. 20 April 1970.
Sayffaerth, Gerhard. Abwehr officer at central against Russia. 20 September 1973.
Schaedel, Herbert. Archivist for OKW Cipher Branch. 29 July 1969.
Scherschmidt, Herman. Cryptanalyst in Foreign Office. 22 February 1970.
Schierbrandt, Hans von. Head of press evaluation in Department Ausland of OKW. 10 October 1973.
Schmidt, Herbert. Radio direction-finder. 30 January 1970.
Schüddekopf, Otto-Ernst. Head of England section in Nazi foreign intelligence. 3 July 1970.
Schwabe, Wilhelm. Naval cryptanalyst. 26 June 1970, 21 August 1970.
Schwenke, Dietrich H. Head of air technical intelligence. 18 September 1973.
Seifert, Walther. Head of evaluation in Forschungsamt. 19 August 1970, 10 October 1973.
Seubert, Franz. Various posts in Abwehr. 11 March 1970.
Seul, Helmut. Head of the Army Group Center false documents section. 3 October 1973 (telephone).
Speer, Albert. Friend of Hitler; minister of armaments. 15 August 1970.
Speidel, Hans. Section head in Foreign Armies; chief of staff to Rommel in France. 17 August 1970.
Staubwasser, Anton. British specialist in Foreign Armies West; I c to Rommel in France. 9 March 1970.
Steimle, Eugen. Head of Western Europe section in Nazi foreign intelligence. 2 October 1973.
Stoephasius, Werner. Neighbor and subordinate of Canaris. 25 August 1973.
Stützel, Hermann. World War I army cryptanalyst. 28 January 1970.
Süsskind-Schwendi, Hugo Freiherr von. I c for OKW Operations Staff. 29 July 1970.
Trager, Herbert F. Mapping specialist. 7 April 1972.
Tranow, Wilhelm. Head of cryptanalysis for naval radio intelligence. 1 and 2 July 1970.

Trautmann, Werner. Head of Abwehr radio station for England and the Americas. 20 August 1970.
Vetterlein, Kurt. Head of transatlantic radiotelephone unscrambling. 1 September 1967.
Wagner, Otto. Head of Abwehr post in Sofia. 22 July 1970, 27 June 1974.
Warlimont, Walter. Deputy head of OKW Operations Staff. 10 March 1970, 22 September 1973.
Weber, Franz Konrad. Son-in-law of Andreas Figl, cryptanalyst for Nazi foreign intelligence. 15 September 1973.
Weber, Harvey. Allied aerial photographer. 16 August 1971.
Wedemeyer, A. C. U.S. officer who attended German War Academy. 11 April 1972.
Weidemann, Kurt. Abwehr officer in France. 5 July 1970.
Westphal, Siegfried. Chief of staff to Rommel in Africa and Rundstedt in France. 11 May 1970.
Wiebe, Horst. Head of a radio intelligence company in France. 1 October 1969.
Williams, Edgar T. Montgomery's intelligence officer. 30 November and 15 December 1972.
Zimmermann, Fritz. Instructor in evaluating aerial photography. 21 September 1973.

Historical and Other Studies: Published

Abshagen, Karl Heinz. *Canaris.* trans. Alan Houghton Brodrick. London: Hutchinson, 1956. 264 pp.
Absolon, Rudolf. *Die Wehrmacht im Dritten Reich.* Schriften des Bundesarchivs, 16. Boppard am Rhein: Harald Boldt, 1969– . 3 vols.
Allied Expeditionary Forces, Supreme Headquarters. Office of Assistant Chief of Staff, G-2. Counter-Intelligence Sub-Division. Evaluation and Dissemination Section. *German Intelligence Services.* EDS/G/7. [by H. R. Trevor-Roper]. 4 October 1944. 32 pp.
Allied Expeditionary Forces, Supreme Headquarters. Counter-Intelligence War Room, London. *The German Intelligence Service.* [by H. R. Trevor-Roper]. April 1945. 30 pp.
Aronson, Schlomo. *Reinhard Heydrich und die Frühgeschichte von Gestapo und SD.* Studien zur Zeitgeschichte (Institut für Zeitgeschichte). Stuttgart: Deutsche Verlags-Anstalt, 1971. 340 pp.
"Die Aufklärungszüge der Inf. Regt. 1941/1942." *Feldgrau,* 5 (1957), 132–33.
Augier, Marc. *Les Voiliers fantômes d'Hitler: Aventures vécues.* Paris: Presses de la Cité, 1973. 283 pp.
Bamler, Rudolf. "Der deutsche militärische Geheimdienst bei der Vorbereitung und Durchführung des zweiten Weltkrieges—Tabu der westdeutschen Geschichtsschreibung." In Kommission der Historiker der DDR und der UdSSR. *Probleme der Geschichte des zweiten Weltkrieges.* Protokoll der wissenschaftlichen Tagung in Leipzig vom 25. bis 30. November 1957. ed. Leo Stern. Berlin: Akademie-Verlag, 1958. 2:439–46.
Barraclough, Geoffrey. *The Origins of Modern Germany.* Oxford: Blackwell, 1947, reprinted 1972. 481 pp.
Baumbach, Werner. *Zu Spät? Aufstieg und Untergang der deutschen Luftwaffe.* Munich: Pflaum, 1949. 328 pp.
Bartz, Karl. *The Downfall of the German Secret Service.* trans. Edward Fitzgerald. London: Kimber, 1956. 202 pp.
Benzing, Klaus. *Der Admiral: Leben und Wirken.* Nördlingen: Engelhardt, 1973. 216 pp.
Besymenski, Lew. *Sonderakte "Barbarossa": Dokumente, Darstellung, Deutung.* Stuttgart: Deutsche Verlags-Anstalt, 1968. 352 pp.
Boelcke, Willi A. "Das 'Seehaus' in Berlin-Wannsee: Zur Geschichte des deutschen 'Monitoring-Service' während des zweiten Weltkrieges." *Jahrbuch für die Geschichte Mittel- und Ostdeutschlands,* 23 (1974), 233–69.

———. "Presseabteilungen und Pressearchive des Auswärtigen Amts, 1871–1945." *Archivmitteilungen*, 9 (1959), 43–48.

Bonatz, Heinz. *Die deutsche Marine-Funkaufklärung 1914–1945*. Beiträge zur Wehrforschung, XX/XXI. Darmstadt: Wehr und Wissen, 1970. 174 pp.

Borcherdt, [Hans-Georg]. "Die Heeres-Luftaufklärung bis 1918," *Kampftruppen* (Februar 1965), 16–19; "Die Heeres-Luftaufklärung bis 1918 (II)," *ibid.* (April 1965), 57–58; "Die Heeres-Luftaufklärung nach 1918—ein geschichtlicher Rückblick (III)," *ibid.* (Juni 1965), 83–85; "Die Heeres-Luftaufklärung nach 1918—ein geschichtlicher Rückblick (IV)," *ibid.* (August 1965), 111–12.

———. "Luftaufklärung für das XXIV. Panzerkorps 1941." *Kampftruppen* (März/April 1963), 12–13.

Bracher, Karl Dietrich. *The German Dictatorship: The Origins, Structure, and Effects of National Socialism*. trans. Jean Steinberg. New York: Praeger, 1970. 553 pp.

Brausch, Gerd. "Sedan 1940: Deuxième Bureau und strategische Überraschung." *Militärgeschichtliche Mitteilungen* (2/1967), 15–92.

Broszat, Martin. *Der Staat Hitlers*. dtv-Weltgeschichte des 20. Jahrhunderts, 9. Munich: Deutscher Taschenbuch Verlag, 1969. 473 pp.

Brown, MacAlister. "The Third Reich's Mobilization of the German Fifth Column in Eastern Europe." *Journal of Central European Affairs*, 19 (July 1959), 128–48.

Buchheim, Hans. *Die SS—Das Herrschaftsinstrument: Befehl und Gehorsam*. Anatomie des SS-Staates, I. Olten und Freiburg im Breisgau: Walter, 1965. 390 pp.

Buchheit, Gert. *Der deutsche Geheimdienst: Geschichte der militärischen Abwehr*. Munich: List, 1966. 495 pp.

Bullock, Alan. *Hitler: A Study in Tyranny*. Completely revised edition. New York: Harper & Row, 1962. 848 pp.

Butler, J. R. M. *Grand Strategy, 2: September 1939–June 1941*. History of the Second World War: United Kingdom Military Series. ed. J. R. M. Butler. HMSO, 1957. 603 pp.

Carrias, Eugène. *La Pensée militaire allemande*. Paris: Presses Universitaire de France, 1948. 400 pp.

Carsten, F. L. *The Reichswehr and Politics, 1918 to 1933*. Oxford: Clarendon Press, 1966. 427 pp.

Cave Brown, Anthony. *Bodyguard of Lies*. New York: Harper & Row, 1975. 947 pp.

Chamberlain, Peter; Chris Ellis; and John Batchelor. *German Fighting Vehicles 1939–1945*. Parnell's History of the World Wars Special. London: Phoebus, 1975. 64 pp.

Charisius, Albrecht, and Julius Mader. *Nicht Länger Geheim: Entwicklung, System und Arbeitsweise des imperialistischen deutschen Geheimdienstes*. Berlin: Deutscher Militärverlag, 1969. 632 pp.

Coakley, Robert W., and Richard M. Leighton. *Global Logistics and Strategy, 1943–1945*. United States Army in World War II: The War Department. (Department of the Army: Office of the Chief of Military History.) GPO, 1968. 889 pp.

Colvin, Ian. *Chief of Intelligence*. London: Gollancz, n.d. 224 pp.

Compton, James V. *The Swastika and the Eagle: Hitler, the United States, and the Origins of World War II*. Boston: Houghton Mifflin, 1967. 297 pp.

Craig, Gordon A. "The German Foreign Office from Neurath to Ribbentrop," in *The Diplomats 1919–1939*, ed. Gordon A. Craig and Felix Gilbert. Princeton: Princeton University Press, 1953. pp. 406–36.

———. *The Politics of the Prussian Army 1640–1945*. Oxford: Oxford University Press, 1955. 538 pp.

Cron, Hermann. *Die Organisation des deutschen Heeres im Weltkrieg*. Forschungen und Darstellungen aus dem Reichsarchiv, 5. ESM: 1923. 208 pp.

Davidson, Eugene. *The Trial of the Germans: An Account of the twenty-two defendants before the International Military Tribunal at Nuremberg*. New York: Macmillan, 1966. 636 pp.

Deakin, F. W. *The Brutal Friendship: Mussolini, Hitler and the Fall of Italian Fascism.* London: Weidenfeld & Nicolson, 1962. 896 pp.
Delmer, Sefton. *The Counterfeit Spy.* New York: Harper & Row, 1971. 256 pp.
Demeter, Karl. *The German Officer-Corps in Society and State 1650–1945.* trans. Angus Malcolm. London: Weidenfeld & Nicolson, 1965. 414 pp.
Desai, Makesh M. *Surprise.* The British Journal of Psychology: Monograph Supplements, 22. Cambridge: University Press, 1939. 124 pp.
Deutsch, Karl W. *The Nerves of Government: Models of Political Communication and Control.* London: The Free Press of Glencoe, 1963. 316 pp.
Dieckhoff, Gerhard. *3. Infanterie-Division, 3. Infanterie-Division (mot.), 3. Panzergrenadier-Division.* Göttingen: Borries, 1960. 428 pp.
Dubois, Josiah E., Jr., in collaboration with Edward Johnson. *Generals in Grey Suits: The Directors of the International "I. G. Farben" Cartel, their conspiracy and trial at Nuremberg.* London: Bodley Head, 1953. 374 pp.
"Dulag Luft: The Third Reich's Prison Camp for Airmen." ed. Philip M. Flammer. *Aerospace Historian,* 19 (June 1972), 58–62.
Dvornik, Francis. *Origins of Intelligence Services: The Ancient Near East, Persia, Greece, Rome, Byzantium, the Arab Muslim Empires, the Mongol Empire, China, Muscovy.* New Brunswick, N.J.: Rutgers University Press, 1974. 334 pp.
Eichholtz, Dietrich, and Wolfgang Schumann. *Anatomie des Krieges: Neue Dokumente über die Rolle des deutschen Monopolkapitals bei der Vorbereitung und Durchführung des zweiten Weltkrieges.* Berlin: VEB Deutscher Verlag der Wissenschaften, 1969. 524 pp.
Ellis, L. F. *Victory in the West.* History of the Second World War: United Kingdom Military Series. ed. Sir James Butler. HMSO, 1962–68. 2 vols.
Erasmus, Johannes. *Der Geheime Nachrichtendienst.* Göttinger Beiträge für Gegenwartsfragen, 6 (Institut für Völkerrecht an der Universität Göttingen). Göttingen: Musterschmidt, 1952. 89 pp.
Erickson, John. "The Red Army Before June 1941." *St. Antony's Papers,* 12: Soviet Affairs, 3. ed. David Footman. London: Chatto & Windus, 1962. pp. 94–121.
———. *The Soviet High Command: A Political-Military History, 1918–1941.* New York: St. Martin's, 1962. 889 pp.
Erfurth, Waldemar. *Die Geschichte des deutschen Generalstabes von 1918 bis 1945.* Studien zur Geschichte des Zweiten Weltkrieges, 1 (Arbeitskreis für Wehrforschung). Göttingen: Musterschmidt, 1957. 326 pp.
Ewald, Gustav. "Die Schaffung des Luftlagebildes." *Der Luftwaffenring* (September 1953), unpaged.
Eyermann, Karl-Heinz. *Luftspionage.* Berlin: Deutscher Militärverlag, 1963. 2 vols.
Farago, Ladislas. *The Game of the Foxes: The Untold Story of German Espionage in the United States and Great Britain During World War II.* New York: McKay, 1971. 695 pp.
"La Farce des Services Secrets." *Crapouillot,* No. 15 (1951). 64 pp.
"Fernmelde-Aufklärung." *Allgemeine Schweizerische Militär-Zeitschrift* (1952), 747–57.
Fink, Carl. "Die Entwicklung des militärischen deutschen Luftbildwesens 1911–1918." *Wehrwissenschaftliche Rundschau,* 10 (Juli 1960), 390–99.
Firmin, Stanley. *They Came to Spy.* London: Hutchinson, n.d. 156 pp.
Flicke, Wilhelm F. *War Secrets in the Ether.* trans. Ray W. Pettengill. Washington: National Security Agency, 1954. 305 pp. Reprinted Laguna Hills, Calif.: Aegean Park Press, 1977. 2 vols.
Förster, Gerhard, and Heinz Helmert, Helmut Otto, Helmut Schnitter. *Der preussisch-deutsche Generalstab 1640–1965: Zu seiner politischen Rolle in der Geschichte.* Berlin: Dietz, 1966. 575 pp.
Freud, Hans. "OKW Amt für Auslandsnachrichten/Abwehr." *Feldgrau,* 11 (1 Dezember 1963), 184–87.
Friedheim, Eric. "Welcome to Dulag Luft." *Air Force,* 28 (September 1945), 16–17, 73.
Friedländer, Saul. *Prelude to Downfall: Hitler and the United States, 1939–1941.* trans. Aline B. and Alexander Werth. New York: Knopf, 1967. 338 pp.

Froben, Hans Joachim. *Aufklärende Artillerie: Geschichte der Beobachtungsabteilungen und selbständigen Beobachtungsbatterien bis 1945*. Munich: Schild-Verlag, 1972. 983 pp.

Fromm, Erich. *The Anatomy of Human Destructiveness*. New York: Holt, Rinehart and Winston, 1973. 521 pp.

———. *Escape from Freedom*. New York: Holt, Rinehart and Winston, 1941. 305 pp.

Frye, Alton. *Nazi Germany and the American Hemisphere, 1933–1941*. Yale Historical Publications, Miscellany 86. New Haven: Yale University Press, 1967. 229 pp.

Funk, Arthur L. "Torch: les opérations de diversion alliées et les renseignements de l'Axe." *Revue Historique de l'Armée*, 29 (1973), 78–87.

Gatzke, Hans W. "Russo-German Military Cooperation during the Weimar Republic." *American Historical Review*, 63 (April 1958), 565–97.

"German Aerial Cameras Spy Out the Military Secrets of Britain." *Life*, 7 (18 December 1939), 13–17.

"German Espionage and Sabotage Against the United States." *ONI Review* (January 1946), 33–38.

[Germany.] Militärgeschichtliches Forschungsamt. *Handbuch zur deutschen Militärgeschichte, 1648–1939*. Frankfurt am Main: Bernard & Graefe, 1964– . 4 vols.

[———.] Heeres, Oberkommando des. *Tag und Nacht am Feind: Aufklärungs-Abteilungen im Westen*. Gütersloh: Bertelsmann, 1942. 294 pp.

Gerth, Hans. "The Nazi Party: Its Leadership and Composition." *The American Journal of Sociology*, 45 (January 1940), 517–41.

Geyr von Schweppenburg, Leo Freiherr. "Militär-Attachés." *Wehrwissenschaftliche Rundschau*, 11 (1961), 695–703.

"Gliederung und Aufgaben der Aufklärungsfliegerverbande des Generals der Luftwaffe beim Oberbefehlshaber des Heeres vor und im Zweiten Weltkrieg." *Mitteilungen* (Militärgeschichtliches Forschungsamt), No. 13 (Dezember 1961), 1–4.

"Zur Gliederung der Div.-Aufklärungsabteilungen." *Feldgrau*, 3 (November 1955), 155–56.

Goerlitz, Walter. *History of the German General Staff 1657–1945*. trans. Brian Battershaw. New York: Praeger, 1957. 508 pp.

Graham, Robert A. "Espions Nazis au Vatican pendant la II° Guerre Mondiale." *La Documentation Catholique*, 68 (5 avril 1970), 331–36.

Green, William. *Warplanes of the Third Reich*. London: Macdonald, 1970. 672 pp.

Greenfield, Kent Roberts, ed. *Command Decisions*. Department of the Army: Office of the Chief of Military History. GPO, 1960. 565 pp.

Greiner, Helmuth. *Die Oberste Wehrmachtführung 1939–1943*. Wiesbaden: Limes, 1951. 444 pp.

Grossmann, Horst. *Geschichte der rheinisch-westfalischen 6. Infanterie-Division 1939–1945*. Bad Nauheim: Podzun, 1958. 318 pp.

Grosvenor, Gilbert. "Insignia of the United States Armed Forces." *The National Geographic Magazine*, 83 (June 1943), 651, 656–714, Plates I–XXXII.

———. *Insignia and Decorations of the U.S. Armed Forces*. rev. ed. Washington: National Geographic Society, 1945. 208 pp.

Gunzenhauser, Max. *Geschichte des geheimen Nachrichtendienstes (Spionage, Sabotage und Abwehr): Literaturbericht und Bibliographie*. Schriften der Bibliothek für Zeitgeschichte, 7. Frankfurt am Main: Bernard & Graefe, 1968. 434 pp.

Gwyer, J. M. A., and J. R. M. Butler. *Grand Strategy, 3: June 1941–August 1942*. History of the Second World War: United Kingdom Military Series. ed. J. R. M. Butler. HMSO, 1964. 783 pp.

Hackworth, Green Haywood. *Digest of International Law*. 4 (Department of State Publication 1756) and 6 (Department of State Publication 1961). GPO: 1941 and 1943. pp. 949 and 655.

Haenschke, Wilhelm. "Die Luftnachrichtentruppe 1944 im Westen," *Wehrkunde*, 4 (März 1955), 91–98, (April 1955), 141–48.

Haas, Gerhart. *Von München bis Pearl Harbor: Zur Geschichte der deutsch-amerikanischen Beziehungen 1938–1941*. Deutsche Akademie der Wissenschaften zu

Berlin, Schriften des Instituts für Geschichte. Reihe I: Allgemeine und Deutsche Geschichte, 29. Berlin: Akademie, 1965. 278 pp.

Hepp, Leo. "Die Funkaufklärung." *Wehrwissenschaftliche Rundschau*, 6 (Juni 1956), 285–98.

Hertel, Werner. *Beobachtungsabteilung 6 1936–1945: Werdegang und Weg einer Heerestruppe*. Dülmen: Laumann, 1965. 178 pp.

Herwig, Holger H. *Politics of Frustration: The United States in German Naval Planning, 1889–1941*. Boston: Little, Brown, 1976. 323 pp.

———. "Prelude to *Weltblitzkrieg*: Germany's Naval Policy toward the United States of America." *The Journal of Modern History*, 43 (December 1971), 649–68.

Heymont, Irving. *Combat Intelligence in Modern Warfare*. Harrisburg: Stackpole, 1960. 244 pp.

Hilberg, Raul. *The Destruction of the European Jews*. London: W. H. Allen, 1961. 788 pp.

Hildebrand, K. "Le Programme de Hitler et sa realisation." *Revue d'histoire de la deuxième guerre mondiale*, 21 (octobre 1971), 7–36.

Hill, Leonidas E. "The Wilhelmstrasse in the Nazi Era." *Political Science Quarterly*, 82 (December 1967), 546–70.

Hillgruber, Andreas. "Die 'Endlosung' und das deutsche Ost-imperium als Kernstück des rassenideologischen Programms des Nationalsozialismus." *Vierteljahreshefte für Zeitgeschichte*, 20 (April 1972), 133–53.

———. "Der Faktor Amerika in Hitlers Strategie 1938–1941." *Aus Politik und Zeitgeschichte*, B 19/66 (11. Mai 1966). 21 pp.

———. *Hitlers Strategie: Politik und Kriegführung 1940–1941*. Frankfurt am Main: Bernard & Graefe, 1965. 715 pp.

——— and Gerhard Hümmelchen. *Chronik des Zweiten Weltkrieges*. (Arbeitskreis für Wehrforschung). Frankfurt am Main: Bernard & Graefe, 1966. 196 pp.

Hinsley, F. H. *Hitler's Strategy*. Cambridge: University Press, 1951. 254 pp.

[Hintze, Otto]. *The Historical Essays of Otto Hintze*. ed. Felix Gilbert. New York: Oxford University Press, 1975. 493 pp.

Hirszowicz, Łukasz. *The Third Reich and the Arab East*. London: Routledge & Kegan Paul, 1966. 403 pp.

Hittle, J. D. *The Military Staff: Its History and Development*. Harrisburg: Military Service, 1944. 201 pp.

Höhn, Hans, ed. *Auf Antisowjetischem Kriegskurs: Studien zur militärischen Vorbereitung des deutschen Imperialismus auf die Aggression gegen die UdSSR (1933–1941)*. Schriften des Deutschen Instituts für Militärgeschichte. Berlin: Deutscher Militärverlag, 1970. 478 pp.

Höhne, Heinz. *Canaris: Patriot im Zwielicht*. Munich: Bertelsmann, 1976. 607 pp.

———. *The Order of the Death's Head: The Story of Hitler's S.S.* trans. Richard Barry. New York: Coward-McCann, 1970. 690 pp.

———, and Hermann Zolling. *The General was a Spy: The truth about General Gehlen and his spy network*. trans. Richard Barry. London: Pan Books, 1971. 347 pp.

Hoffmann, Karl Otto. *Ln: Die Geschichte der Luftnachrichtentruppe*. Neckargemünd: Vowinckel, 1965–73. 3 vols.

Hoffmann, Peter. *Widerstand, Staatsreich, Attentat: Der Kampf der Opposition gegen Hitler*. Munich: Piper, 1969. 988 pp.

Horn, Wolfgang. *Führerideologie und Parteiorganisation in der NSDAP (1919–1933)*. Geschichtliche Studien zu Politik und Gesellschaft, 3. Düsseldorf: Droste, 1972. 451 pp.

Höttl, Wilhelm [pseud. Walter Hagen]. *Die Geheime Front: Organisation, Personen und Aktionen des deutschen Geheimdienstes*. Zürich: Europa, 1950. 515 pp.

———. *The Secret Front: The Story of Nazi Political Espionage*. trans. R. H. Stevens. New York: Praeger, 1954. 327 pp.

———. *Unternehmen Bernhard: Ein historischer Tatsachenbericht über die grösste Geldfalschungsaktion aller Zeiten*. Wels: Welsermühl, 1955. 291 pp.

Howard, Michael. *Grand Strategy, 4: August 1942–September 1943*. History of the

Second World War: United Kingdom Military Series. ed. J. R. M. Butler. HMSO, 1972. 773 pp.
———. "Hitler and His Generals." in *Studies in War and Peace*. London: Temple Smith, 1970. pp. 110–21.
———. *War in European History*. Oxford: Oxford University Press, 1976. 165 pp.
———, ed. *The Theory and Practice of War: Essays Presented to Captain B. H. Liddell Hart*. London: Cassell, 1965. 377 pp.
Howe, George F. *Northwest Africa: Seizing the Initiative in the West*. United States Army in World War II: The Mediterranean Theater of Operations. (Department of the Army: Office of the Chief of Military History.) GPO, 1957. 748 pp.
Hubatsch, Walther. *Der Admiralstab und die Obersten Marinebehörden in Deutschland, 1848–1945*. Frankfurt am Main: Bernard & Graefe, 1958. 269 pp.
Hümmelchen, Gerhard. "Die Luftstreitkräfte der UdSSR am 22.6.1941 in Spiegel der sowjetischen Kriegsliteratur." *Wehrwissenschaftliche Rundschau*, 20 (Juni 1970), 325–31.
Irvine, Dallas D. "The French and Prussian Staff Systems before 1870." *The Journal of the American Military History Foundation*, 2 (Winter 1938), 192–203.
———. "The Origin of Capital Staffs." *The Journal of Modern History*, 10 (June 1938), 161–79.
Irving, David. *Hitler's War*. New York: Viking, 1977. 926 pp.
———. *The Rise and Fall of the Luftwaffe: The Life of Luftwaffe Marshal Erhard Milch*. London: Weidenfeld and Nicolson, 1973. 451 pp.
———, ed. *Breach of Security: The German Secret Intelligence File on Events Leading to the Second World War*. Introduction by D. C. Watt. London: Kimber, 1968. 216 pp.
Jacobsen, Hans-Adolf. *Nationalsozialistische Aussenpolitik 1933–1938*. Frankfurt am Main: Metzner, 1968. 944 pp.
Janowitz, Morris. *The Professional Soldier: A Social and Political Portrait*. Glencoe, Ill.: Free Press, 1960. 464 pp.
———. *Sociology and the Military Establishment*. New York: Russell Sage Foundation, 1959. 112 pp.
Jany, Curt. *Geschichte der Königlich-Preussischen Armee. 5: Hermann Cron, Geschichte des Deutschen Heeres im Weltkriege 1914–1918*. Berlin: Siegismund, 1928–37. 5 vols.
de Jong, Louis. *The German Fifth Column in the Second World War*. trans. C. M. Geyl. Chicago: University of Chicago Press, 1956. 308 pp.
Kahn, David. *The Codebreakers: The Story of Secret Writing*. New York: Macmillan, 1967. 1164 pp.
Kehr, Eckhart. *Der Primat der Innenpolitik: Gesammelte Aufsätze zur preussisch-deutschen Sozialgeschichte im 19. und 20. Jahrhundert*. Veröffentlichungen der Historischen Kommission zu Berlin, 19. Berlin: de Gruyter, 1970. 292 pp.
Kehrig, Manfred. *Stalingrad: Analyse und Dokumentation einer Schlacht*. Beiträge zur Militär- und Kriegsgeschichte, 15 (Militärgeschichtliches Forschungsamt). Stuttgart: Deutsche Verlags-Anstalt, 1974. 680 pp.
———. *Die Wiedereinrichtung des deutschen militärischen Attachédienstes nach dem Ersten Weltkrieg (1919–1933)*. Militärgeschichtliche Studie, 2. (Militärgeschichtliches Forschungsamt). Boppard am Rhein: Boldt, 1966. 254 pp.
Keilig, Wolf. *Das Deutsche Heer, 1939–1945*. Bad Nauheim: Podzun, 1956. 3 vols.
Kens, Karlheinz, and Heinz J. Nowarra. *Die deutschen Flugzeuge 1933–1945: Deutschlands Luft-Entwicklung bis zum Ende des Zweiten Weltkrieges*. 2nd ed. Munich: J. F. Lehmanns, 1964. 940 pp.
Kent, George O. "Britain in the Winter of 1940–41 as seen from the Wilhelmstrasse." *Historical Journal*, 6 (January 1963), 120–30.
Kling. "Die Formationsveränderungen der Kavallerie und Reiter-Regimenter im 2. Weltkrieg." *Feldgrau*, 2 (Juli 1954), 79–80.
Koch, Horst-Adalbert. "Die organisatorische Entwicklung der deutschen Panzertruppen." *Feldgrau*, 2 (Juli 1954), 69–74, (September 1954), 101–104; 3 (Januar

1955), 16–18, (März 1955), 38–39, (Mai 1955), 56–57, (Juli 1955), 96–97, (September 1955), 124, (November 1955), 154–56.
Koehl, Robert. "Feudal Aspects of National Socialism." *The American Political Science Review*, 54 (December 1960), 921–33.
König, Walter. "Deutscher Flugmeldedienst am Kanal 1940–1944." *Wehrkunde*, 3 (April 1954), 119–23.
Konus, Kord. "I c-Dienst bei Höheren Kommandobehörden des Heeres im Ostfeldzug." *Wehrwissenschaftliche Rundschau*, 2 (1952), 394–402.
Krausnick, Helmut. "Canaris, Wilhelm Franz." *Neue Deutsche Biographie*, 3 (1957), 116–18.
Leighton, Richard M., and Robert W. Coakley. *Global Logistics and Strategy, 1940–1943*. United States Army in World War II: The War Department (Department of the Army: Office of the Chief of Military History). GPO, 1955. 780 pp.
Lerner, Daniel, with Ithiel de Sola Pool and George K. Schueller. *The Nazi Elite*. Hoover Institute Studies, Series B: Elite Studies, 3. Stanford: Stanford University Press, 1951. 112 pp.
Lettow-Vorbeck, [Paul Emile] von, ed. *Die Weltkriegsspionage*. Munich: Justin Moser, 1931. 688 pp.
Leverkuehn, Paul. *German Military Intelligence*. trans. R. H. Stevens and Constantine FitzGibbon. London: Weidenfeld & Nicolson, 1954. 209 pp.
Liddell Hart, B. H. "Hitler as War Lord." *Encounter*, 30 (January 1968), 69–71.
———. *The Other Side of the Hill: Germany's Generals, Their Rise and Fall, with their own account of military events, 1939–1945*. London: Cassell, 1948. 320 pp.
Liss, Ulrich. "Der entscheidende Wert richtiger Feindbeurteilung." *Wehrkunde*, "I: Beispiele aus der neueren Kriegsgeschichte," 8 (November 1959), 584–92; "II: Gedanken zum G 2-Dienst," 8 (Dezember 1959), 638–44. Cited as Liss, "entscheidende Wert."
———. "Erfahrungen im Feindnachrichtendienst aus drei Armeen: III: Erfahrungen." *Wehrkunde*, 10 (Dezember 1961), 649–51. Cited as Liss, "Erfahrungen."
———. "Erfahrungen und Gedanken zum I c-Wesen." *Wehrwissenschaftliche Rundschau*, 7 (1957), 616–27. Cited as Liss, "Erfahrungen." (Pages differ from above.)
Lohmann, Walter, and Hans H. Hildebrand. *Die Deutsche Kriegsmarine 1939–1945: Gliederung, Einsatz, Stellenbesetzung*. Bad Nauheim: Podzun, 1956. 3 vols.
Ludwig, Karl-Heinz. *Technik und Ingenieure im Dritten Reich*. Düsseldorf: Droste, 1974. 544 pp.
Mader, Julius. *Der Banditenschatz: Ein Dokumentarbericht über Hitlers geheimen Gold- und Waffenschatz*. Berlin: Deutscher Militärverlag, 1965. 386 pp.
———. *Hitlers Spionagegenerale sagen aus: Ein Dokumentarbericht über Aufbau, Struktur und Operationen des OKW-Geheimdienstamtes Ausland/Abwehr mit einer Chronologie seiner Einsätze von 1933 bis 1944*. 5th ed. Berlin: Verlag der Nation, 1973. 475 pp.
Mäkelä, Jukka L. *Im Rücken des Feindes: Der finnische Nachrichtendienst im Krieg*. Frauenfeld: Huber, 1967. 206 pp.
Mason, Timothy W. *Arbeiterklasse und Volksgemeinschaft: Dokumente und Materialen zur deutschen Arbeiterpolitik, 1936–1939*. Schriften des Zentralinstituts für Sozialwissenschaftliche Forschung der Freien Universität Berlin, 22. Opladen: Westdeutscher Verlag, 1975. 1299 pp.
Masterman, J. C. *The Double-Cross System in the War of 1939 to 1945*. New Haven: Yale University Press, 1972. 203 pp.
Meier-Welcker, Hans. *Seeckt*. Frankfurt am Main: Bernard & Graefe, 1967. 744 pp.
Meinck, Gerhard. *Hitler und die Deutsche Aufrüstung 1933–1937*. Veröffentlichungen des Instituts für Europäische Geschichte Mainz, 19. Wiesbaden: Steiner, 1959. 246 pp.
Meisner, Heinrich Otto. *Militärattachés und Militärbevollmächtigte in Preussen und im Deutschen Reich: Ein Beitrag zur Geschichte der Militärdiplomatie*. Neue Beiträge zur Geschichtswissenschaft, 2. Berlin: Rütten & Loening, 1957. 87 pp.

Messerschmidt, Manfred. *Die Wehrmacht im NS-Staat: Zeit der Indoktrination.* Truppe und Verwaltung, 16. Hamburg: Decker, 1969. 519 pp.

Milsom, John, and Peter Chamberlain. *German Armoured Cars of World War II.* New York: Scribner, 1974. 128 pp.

Milward, Alan S. "French Labour and the German Economy, 1942–1945: An Essay on the Nature of the Fascist New Order." *The Economic History Review,* 2nd series, 23 (August 1970), 336–51.

———. *The German Economy at War.* London: University of London (Athlone Press), 1965. 214 pp.

Model, Hansgeorg. *Der deutsche Generalstabsoffizier: Seine Auswahl und Ausbildung in Reichswehr, Wehrmacht und Bundeswehr.* Frankfurt am Main: Bernard & Graefe, 1968. 300 pp.

Molony, C. J. C., with F. C. Flynn, H. L. Davies, T. P. Gleave. *The Mediterranean and Middle East. 5: The Campaign in Sicily 1943 and The Campaign in Italy 3rd September 1943 to 31st March 1944.* History of the Second World War: United Kingdom Military Series. ed. Sir James Butler. HMSO, 1973. 921 pp.

Montross, Lynn. *War Through the Ages.* Rev. and enl. 3rd ed. New York: Harper & Bros., 1960. 1063 pp.

Moritz, Erhard. "Die Einschätzung der Roten Armee durch den faschistischen deutschen Generalstab von 1935 bis 1941." *Zeitschrift für Militärgeschichte,* 8 (1969), 154–70.

———. "Zum Bild der Roten Armee in deutschen faschistischen Militärzeitschriften und Jahrbüchern (1933–1941)." *Zeitschrift für Militärgeschichte,* 5 (1966), 307–17.

Mügge, Karl-Albert. "Einsatz und Arbeitsweise der Fernmeldeaufklärung." *Wehrkunde,* 7 (Februar 1958), 90–91.

———. "Funkaufklärung und Funktäuschung." *Wehrkunde,* 6 (Dezember 1957), 676–78.

Müller, Klaus-Jürgen. *Das Heer und Hitler: Armee und nationalsozialistische Regime, 1933–1940.* Beiträge zur Militär- und Kriegsgeschichte, 10 (Militärgeschichtliches Forschungsamt). Stuttgart: Deutsche Verlags-Anstalt, 1969. 711 pp.

Müller-Hillebrand, Burkhart. *Das Heer 1933–1945: Entwicklung des organisatorischen Aufbaues.* ESM, 1954–69. 3 vols.

Munzel, Oskar. *Die deutschen gepanzerten Truppen bis 1945.* Herford und Bonn: Maximilian, 1965. 352 pp.

Nelson, Otto L., Jr. *National Security and the General Staff.* Washington: Infantry Journal Press, 1946. 608 pp.

Newhall, Beaumont. *Airborne Camera: The World from the Air and Outer Space.* New York: Hastings House, 1969. 144 pp.

Nielsen, Andreas. *The German Air Force General Staff.* USAF Historical Studies, 173. USAF Historical Division, Research Studies Institute, Air University, June 1959. New York: Arno, 1968. 265 pp.

Nyomarkay, Joseph. *Charisma and Factionalism in the Nazi Party.* Minneapolis: University of Minnesota Press, 1967. 161 pp.

Ogorkiewicz, Richard M. *Armour: The Development of Mechanised Forces and Their Equipment.* London: Stevens & Sons, 1960. 475 pp.

O'Neill, Robert J. *The German Army and the Nazi Party, 1933–1939.* London: Cassell, 1966. 286 pp.

Orb, Heinrich. *Nationalsozialismus: 13 Jahre Machtrausch.* Olten: Otto Walter, 1945. 452 pp.

Orlow, Dietrich. *The History of the Nazi Party, 1919–1933.* Pittsburgh: University of Pittsburgh Press, 1969–73. 2 vols.

Oppenheim, L[assa]. *International Law: A Treatise.* 7th ed. ed. H. Lauterpacht. 5th impression [London]: Longmans, 1963. 2 vols.

Owen, Frank. *The Eddie Chapman Story.* New York: Messner, 1954. 242 pp.

Palmer, Robert R., Bell I. Wiley, and William R. Keast. *The Procurement and Training of Ground Combat Troops.* U.S. Army in World War II: The Army Ground Forces. (Department of the Army: Historical Division.) GPO, 1948. 696 pp.

Peis, Gunter. *The Man Who Started the War.* London: Odhams, 1960. 223 pp.

Philippi, Alfred. *Das Pripjetproblem. Wehrwissenschaftliche Rundschau*, Beiheft 2. März 1956. 82 pp.

——— and Ferdinand Heim. *Der Feldzug gegen Sowjetrussland: Ein operativer Überblick* (Arbeitskreis für Wehrforschung). Stuttgart: Kohlhammer, 1962. 293 pp.

Playfair, I. S. O., with C. J. C. Molony, F. C. Flynn, T. P. Gleave. *The Mediterranean and Middle East. 3: September 1941 to September 1942*. History of the Second World War: United Kingdom Military Series. ed. Sir James Butler. HMSO, 1960.

Prager, Stephan. *Das Deutsche Luftbildwesen*. Arbeitsgemeinschaft für Forschung des Landes Nordrhein-Westfalen, 97. Cologne: Westdeutscher Verlag, 1961. pp. 7–52.

Prior, Leon O. "German Espionage in Florida during World War II." *The Florida Historical Quarterly*, 39 (April 1961), 374–77.

R. "Vom deutschen Geheimdienst im zweiten Weltkrieg." *Allgemeine Schweizerische Militärzeitschrift*, 115 (Juli 1949), 486–91.

Ramme, Alwin. *Der Sicherheitsdienst der SS: Zu seiner Funktion im faschistischen Machtapparat und im Besatzungsregime des sogenannten General-Gouvernements Polen*. Militärhistorische Studien, 12, Neue Folge. (Deutsche Akademie der Wissenschaften zu Berlin: Institut für Geschichte: Abteilung Militärgeschichte.) Berlin: Deutscher Militärverlag, 1970. 325 pp.

Randewig, Kunibert. "50 Jahre Deutsche Heeres-Funk-, Nachrichten- und Fernmelde-Aufklärung." *Wehrwissenschaftliche Rundschau*, 14 (Oktober 1964), 615–21, (November 1964), 685–93.

Rauchhaupt, Wilhelm Volrat von. *Die Deutsche Kavallerie zwischen den beiden letzten Kriegen*. 4th ed. Wendlingen a.N.: Im Selbstverlag, n.d. 39 pp.

Reile, Oscar. *Geheime Westfront: Die Abwehr 1935–1945*. Munich-Wels: Welsermühl, 1962. 490 pp.

———. *Geheime Ostfront: Die deutsche Abwehr im Osten, 1921–1945*. Munich-Wels: Welsermühl, 1963. 475 pp.

Reinicke, A. *Die 5. Jäger-Division 1939–1945*. Bad Nauheim: Podzun, 1962. 429 pp.

Reinicke, Adolf. "Artillerieaufklärung und -bekämpfung." *Wehrkunde*, 7 (Oktober 1958), 558–63, (November 1958), 615–19.

———. "Zielaufklärung und Schussbeobachtung." *Wehrkunde*, 7 (Juli 1958), 378–82.

Reitlinger, Gerald. *The SS: Alibi of a Nation*. New York: Viking, 1957. 502 pp.

Rendulic, Lothar. "Die Schlacht von Orel 1943: Wahl und Bildung des Schwerpunktes." *Oesterreichische Militärische Zeitschrift* (Mai–Juni 1963), 130–38.

———. "Ursachen von Führungsfehlern." *Wehrkunde*, 11 (März 1962), 142–47.

———. "Von der Überraschung." *Wehrkunde*, 13 (Juli 1964), 355–60.

Reynolds, Nicholas. *Treason Was No Crime: Ludwig Beck, Chief of the German General Staff*. London: Kimber, 1976. 317 pp.

Rieckhoff, H. J. *Trumpf oder Bluff? 12 Jahre deutsche Luftwaffe*. Geneva: Interavia, 1945. 304 pp.

Richardson, William, and Seymour Freidin, eds. *The Fatal Decisions*, trans. Constantine FitzGibbon. London: Michael Joseph, 1956. 216 pp.

Ritter, Gerhard. *Die deutschen Militär-Attachés und das Auswärtige Amt*. Sitzungsbericht der Heidelberger Akademie der Wissenschaften, Philosophische-historische Klasse. 1959, 1. Abhandlung. Heidelberg: Carl Winter Universitätsverlag, 1959. 52 pp.

———. *Staatskunst und Kriegshandwerk: Das Problem des "Militarismus" in Deutschland*. Munich: Oldenbourg, 1959–68. 4 vols.

Rohwer, Jürgen. "Die grösste Geleitzugschlacht des Krieges: HX.229-SC.122 (März 1943)." *Wehrwissenschaftliche Rundschau*, 18 (März 1968), 146–58.

———. "La Radiotélégraphie: Auxiliaire du commandement dans la guerre sous-marin." *Revue d'Histoire de la deuxième guerre mondiale*, 18 (janvier 1968), 41–66.

———. *Die U-Boot-Erfolge der Achsenmächte 1939–1945*. Dokumentationen der Bibliothek für Zeitgeschichte, 1. Munich: J. F. Lehmanns, 1968. 376 pp.

Ropp, Theodore. *War in the Modern World.* Durham, N.C.: Duke University Press, 1959. 400 pp.

Rosinski, Herbert. *The German Army.* ed. Gordon A. Craig. New York: Praeger, 1966. 322 pp.

Roskill, S. W. *The War at Sea 1939–1495.* History of the Second World War: United Kingdom Military Series. ed. J. R. M. Butler. HMSO: 1954–1961. 3 vols. in 4 parts.

Rowan, Richard Wilmer, with Robert G. Deindorfer. *Secret Service: Thirty-Three Centuries of Espionage.* London: Kimber 1969. 786 pp.

Schafenort, [Louis A.] von. *Die Königliche Preussische Kriegsakademie, 1810–15. Oktober—1910.* ESM: 1910. 397 pp.

Schellenberg, Walter. *The Schellenberg Memoirs.* ed. and trans. Louis Hagen. London: André Deutsch, 1956. 479 pp.

———. *The Labyrinth: Memoirs.* New York: Harper & Brothers, 1956. 423 pp.

———. *Memorien.* Cologne: Verlag für Politik und Wirtschaft, 1959. 422 pp.

Schmidt-Richberg, Wiegand. *Die Generalstäbe in Deutschland 1871–1945: Aufgaben in der Armee und Stellung im Staate.* Beiträge zur Militär- und Kriegsgeschichte, 3 (Militärgeschichtliches Forschungsamt). Stuttgart: Deutsche Verlags-Anstalt, 1962. 121 pp.

Schoenbaum, David. *Hitler's Social Revolution: Class and Status in Nazi Germany 1933–1939.* Garden City: Doubleday, 1968. 336 pp.

Schorske, Carl E. "Two German Ambassadors: Dirksen and Schulenburg." In *The Diplomats 1919–1939,* ed. Gordon A. Craig and Felix Gilbert. Princeton: Princeton University Press, 1953. pp. 477–511.

Schreyer, Wolfgang. *Augen am Himmel: eine Piratenchronik.* Berlin: Deutscher Militärverlag, 1968. 437 pp.

Schumann, Wolfgang. "Zur Beteiligung des Zeiss-Konzerns an der Vorbereitung und Durchführung des zweiten Weltkrieges." *Wissenschaftliche Zeitschrift der Friedrich-Schiller-Universität Jena,* Gesellschafts- und Sprachwissenschaftliche Reihe, 8 (1958–59), 303–14.

———, ed. *Carl Zeiss Jena: Einst und Jetzt.* Berlin: Rütten & Loening, 1962. 942 pp.

Sayers, Michael, and Albert E. Kahn. *Sabotage! The Secret War Against America.* New York: Harper & Bros., 1942. 266 pp.

Scott, J. D., and Richard Hughes. *The Administration of War Production.* History of the Second World War: United Kingdom Civil Series. HMSO, 1955. 544 pp.

Seabury, Paul. *The Wilhelmstrasse: A Study of German Diplomats Under the Nazi Regime.* Berkeley & Los Angeles: University of California Press, 1954. 217 pp.

Seaton, Albert. *The Russo-German War 1941–45.* London: Barker, 1971. 628 pp.

Senger und Etterlin, F. M. von. *Die deutschen Panzer 1926–1945.* 2nd ed. Munich: J. F. Lehmanns, 1965.

———. "Die Feindbeurteilung." *Wehrkunde,* 13 (August 1964), 423–25.

———. *Die Kampfpanzer von 1916–1966.* Munich: J. F. Lehmanns, 1966. 523 pp.

———. "Probleme der Aufklärung." *Wehrkunde,* 6 (Dezember 1957), 672–76.

———. *Die 24. Panzer-Division vormals 1. Kavallerie Division, 1939–1945.* Neckargemünd: Vowinckel, 1962. 400 pp.

Senger und Etterlin, [Frido von]. "Neuzeitliche Aufklärung." *Jahrbuch des deutschen Heeres 1939.* Leipzig: Breitkopf & Hartel, 1938. pp. 131–38.

Sherwood, Robert E. *Roosevelt and Hopkins: An Intimate History.* New York: Harper & Bros., 1948. 979 pp.

Siegler, Fritz Freiherr von. *Die Höheren Dienststellen der Deutschen Wehrmacht 1933–1945.* Munich: Institut für Zeitgeschichte [1953]. 155 pp.

Simon, Leslie E. *German Research in World War II: An Analysis of the Conduct of Research.* New York: Wiley, 1947. 218 pp.

Smith, Arthur L., Jr. *The Deutschtum of Nazi Germany and the United States.* International Scholars Forum, 15. The Hague: Nijhoff, 1965. 172 pp.

"Die Sowjetischen Staatssicherheitsorgane im zweiten Weltkrieg." *Sowjetwissenschaft: Gesellschaftswissenschaftliche Beiträge* (November 1966), 1200–18.

Spaeter, Helmuth, ed. *Die Geschichte des Panzerkorps Grossdeutschlands.* Duisburg-

Rohrort: Selbstverlag Traditionsgemeinschaft Panzerkorps Grossdeutschland, 1958. 3 vols.
Speidel, Hans. *Invasion 1944: Rommel and the Normandy Campaign.* trans. Theo R. Crevenna. Chicago: Regnery, 1950. 176 pp.
Spielberger, Walter J. "Die Entwicklung von Panzerspähwagen für die Deutsche Reichswehr bezw. Wehrmacht 1927–45." *Feldgrau*, 10 (1962), 9–15, 17–20, 57–63.
———. "Die Entwicklung von Strassenpanzerwagen für die deutsche Armee 1905–1919." *Feldgrau*, 10 (1962), 90–93.
Stein, H. R. von. "Die deutsche Kavallerie 1939–1945." *Feldgrau*, 3 (Mai 1955), 49–56, (Juli 1955), 74–76.
Stiftung Luftwaffenehrenmal e.V. *Aufklärungsfliegerverbände.* Celle, 1972. 38 pp.
———. *Luftnachrichtentruppe.* Celle, 1971. 70 pp.
Strong, Kenneth. *Men of Intelligence: A Study of the Roles and Decisions of Chiefs of Intelligence from World War I to the Present Day.* London: Giniger, 1970. 183 pp.
"Taktische Luftaufklärung." *Wehrkunde*, 9 (Juni 1960), 301.
Taylor, Telford. *Sword and Swastika: Generals and Nazis in the Third Reich.* New York: Simon and Schuster, 1952. 431 pp.
Telpuchowski, Boris Semjonowitsch. *Die sowjetische Geschichte des Grossen Vaterländischen Krieges 1941–1945.* ed. Andreas Hillgruber and Hans-Adolf Jacobsen. trans. Robert Frhr. v. Freytag-Loringhoven, Erich F. Pruck, and Hans-Joachim Schunck. (Arbeitskreis für Wehrforschung). Frankfurt am Main: Bernard & Graefe, 1961. 576 pp.
Tessin, Georg. *Formationsgeschichte der Wehrmacht 1933–1939: Stäbe und Truppen des Heeres und der Luftwaffe.* Schriften des Bundesarchivs, 7. Boppard am Rhein: Boldt, 1959. 266 pp.
———. *Verbände und Truppen der deutschen Wehrmacht und Waffen SS im Zweiten Weltkrieg 1939–1945.* ESM, n.d. vols. 2 and 3.
Thompson, Victor A. *Modern Organization.* New York: Knopf, 1961. 197 pp.
Tippelskirch, Kurt von. *Geschichte des Zweiten Weltkrieges.* Bonn: Athenäum-Verlag, 1951. 731 pp.
Toscano, Mario. "Problema Particolari della Storia della Seconda Guerra Mondiale." In his *Pagine di Storia Diplomatica Contemporanea.* Instituto di Studi Storico-Politici, Universita di Roma, Facolta di Scienze Politiche, Nuova Serie. Milan: Giuffre, 1963. 2:75–87.
Traditionsverband der [3. Panzer] Division. *Geschichte der 3. Panzer-Division: Berlin-Brandenburg 1935–1945.* Berlin: Richter, 1967. 602 pp.
Trefousse, Hans L. "Failure of German Intelligence in the United States, 1935–1945." *Mississippi Valley Historical Review* (June 1955), 84–100.
Trevor-Roper, H. R. "Admiral Canaris." In his *The Philby Affair: Espionage, Treason and Secret Services.* London: Kimber, 1968. pp. 101–26.
———. *The Last Days of Hitler.* New York: Macmillan, 1947. 254 pp.
Turney-High, Harry Holbert. *Primitive War: Its Practice and Concepts.* Columbia: University of South Carolina Press, 1949. 277 pp.
[Union of Soviet Socialist Republics]. Institut für Marxismus-Leninismus beim Zentralkomitee der Kommunistischen Partei der Sowjetunion. *Geschichte des Grossen Vaterländischen Krieges der Sowjetunion.* ed. E. A. Boltin & B. S. Telpuchowski. trans. Rolf Feicht, Fred Herms, Georg Kautz, and Arno Specht. Berlin: Deutscher Militärverlag, 1962–67. 6 vols. cited as *GGVKS*.
[United States]. Department of the Army. *The German Campaign in Russia: Planning and Operations (1940–1942).* [by George E. Blau]. Pamphlet 20-261a. [Washington:] March 1955. Department of the Army. 186 pp.
[———. ———.] 6th Army Group. Headquarters. G-2 Section. *Final Report: World War II.* n.p., 10 July 1945. 67 pp.
[———. ———.] 12th Army Group. *Report of Operations (Final After Action Report).* n.d., n.p. vols. 3 and 4.
[———. ———.] European Theater of Operations. Office of the Theater Historian.

Order of Battle of the United States Army: World War II: European Theater of Operations: Divisions. Paris: December 1945. 586 pp.
[―――. Navy Department]. Office of Naval Intelligence. *Espionage—Sabotage—Conspiracy: German and Russian Operations 1940 to 1945*. Excerpts from files of the German Naval Staff and from Other Captured German Documents. Washington, D.C.: April 1947. 191 pp.
[―――.] Office of Naval Intelligence, Op 32-E. *German Naval Intelligence*. A Report Based on German Documents. 15 October 1946. Washington, D.C. 84 pp.
[―――.] *Russo-German Naval Relations 1926 to 1941*. A Report Based on Captured Files of the German Naval Staff. Washington, D.C.: June 1947. pp. 52–73, 112–25 only.
[―――.] State Department, European Affairs Division. *National Socialism: Basic Principles, Their Application by the Nazi Party's Foreign Organization, and the Use of Germans Abroad for Nazi Aims*. Raymond E. Murphy, Francis B. Stevens, Howard Trivers, Joseph M. Roland. GPO, 1943. 510 pp.
[―――. War Department. Military Intelligence Division]. *The German General Staff Corps: A Study of the Organization of the German General Staff*. Produced at German Military Documents Section by a combined British, Canadian, and U.S. Staff. n.p., April 1946. 276 pp.
[―――.] *German Operational Intelligence: A Study of German Operational Intelligence*. Produced at German Military Documents Section by a combined British, Canadian, and U.S. Staff. n.p., April 1946. 164 pp.
Vagts, Alfred. "Diplomacy, Military Intelligence and Espionage." In his *Defense and Diplomacy: The Soldiers and the Conduct of Foreign Relations*. New York: King's Crown, 1958. pp. 61–78.
―――. *A History of Militarism*. Rev. ed. n.p.: Meridian Books, 1959. 542 pp.
―――. *The Military Attaché*. Princeton: Princeton University Press, 1967. 408 pp.
Vernon, David T. A., and Douglas A. Bigelow. "Effect of Information about a Potentially Stressful Situation on Responses to Stress Impact." *Journal of Personality and Social Psychology*, 29 (January 1974), 50–59.
Vernon, W. H. D. "Hitler, the Man—Notes for a Case History." *The Journal of Abnormal and Social Psychology*, 37 (July 1942), 295–308.
Völker, Karl-Heinz. *Die Deutsche Luftwaffe 1933–1939: Aufbau, Führung und Rüstung der Luftwaffe sowie die Entwicklung der deutschen Luftkriegstheorie*. Beiträge zur Militär- und Kriegsgeschichte, 8. (Militärgeschichtliches Forschungsamt). Stuttgart: Deutsche Verlags-Anstalt, 1967. 339 pp.
―――. *Dokumente und Dokumentarfotos zur Geschichte der deutschen Luftwaffe: Aus den Geheimakten des Reichswehrministeriums 1919–1933 und des Reichsluftfahrtministeriums 1933–1939*. Beiträge zur Militär- und Kriegsgeschichte, 9. (Militärgeschichtliches Forschungsamt). Stuttgart: Deutsche Verlags-Anstalt, 1968. 489 pp.
―――. *Die Entwicklung der militärischen Luftfahrt in Deutschland 1920–1933: Planung und Massnahmen zur Schaffung einer Fliegertruppe in der Reichswehr*. Beiträge zur Militär- und Kriegsgeschichte, 3. (Militärgeschichtliches Forschungsamt). Stuttgart: Deutsche Verlags-Anstalt, 1962. pp. 121–292.
Vogelsang, Thilo. *Reichswehr, Staat und NSDAP: Beiträge zur deutschen Geschichte 1930–1932*. Quellen und Darstellungen zur Zeitgeschichte, 11. Stuttgart: Deutsche Verlags-Anstalt, 1962. 507 pp.
Waibel, M. "Einschätzung der russischen Kriegsführung durch die deutsche Wehrmacht." *Allgemeine Schweizerische Militärzeitung*, 92 (Januar 1946), 30–36.
Walter, Georg. "Geheime Nachrichtendienste." *Wehrkunde*, 13 (Februar 1964), 59–63.
Warlimont, Walter. "Der Mann, der nie gelebt hat: Das legendare Paradestück des britischen Nachrichtendienstes von 1943." *Die Nachhut*, (1 Oktober 1972), 1–3, (8 Januar 1973), 1–13.
Watson, Mark Skinner. *Chief of Staff: Prewar Plans and Preparations*. United States Army in World War II: The War Department. (Department of Army: Historical Division.) GPO, 1950. 551 pp.
Weber, Max. *Economy and Society: An Outline of Interpretive Sociology*. ed. Guenther Roth and Claus Wittich. New York: Bedminster, 1968. 3 vols.

Webster, Charles, and Noble Frankland. *The Strategic Air Offensive Against Germany 1939-1945*. History of the Second World War: United Kingdom Military Series. HMSO, 1961. 4 vols.
Weinberg, Gerhard L. *The Foreign Policy of Hitler's Germany: Diplomatic Revolution in Europe, 1933-36*. Chicago: University of Chicago Press, 1970. 397 pp.
———. "Hitler's Image of the United States." *American Historical Review*, 69 (July 1964), 1006-21.
Westphal, Siegfried. *Heer in Fesseln: Aus den Papieren des Stabschefs von Rommel, Kesselring und Rundstedt*. 2nd ed. Bonn: Athenäum, 1952. 355 pp.
———. "Ueber Grosstäuschung im zweiten Weltkrieg." *Wehrkunde*, 3 (Januar 1954), 11-13.
Wheeler-Bennett, John W. *The Nemesis of Power: The German Army in Politics 1918-1945*. 2nd ed. London: Macmillan, 1967. 831 pp.
White, B. T. *German Tanks and Armoured Vehicles 1914-1945*. London: Ian Allan, 1966. 78 pp.
Wiener, Fritz. "Motorisierte Aufklärung—Panzeraufklärung." *Feldgrau*, 4 (Januar 1956), 1-5, (März 1956), 25-31.
Wighton, Charles. *Heydrich: Hitler's Most Evil Henchman*. London: Odhams, 1962. 288 pp.
Wildhagen, Karl Heinz, ed. *Erich Fellgiebel, Meister operativer Nachrichtenverbindungen: Ein Beitrag zur Geschichte der Nachrichtentruppe*. Emden: Im Selbstverlag, 1970. 328 pp.
Wilensky, Harold L. *Organizational Intelligence: Knowledge and Policy in Government and Industry*. New York: Basic Books, 1967. 226 pp.
Wilhelm, Hans-Heinrich. *Die Prognosen der Abteilung Fremde Heere Ost 1942-1945*. in *Zwei Legenden aus dem Dritten Reich*. Schriftenreihe der Vierteljahrshefte für Zeitgeschichte, 28. Stuttgart: Deutsche Verlags-Anstalt, 1974. pp. 7-75.
Wilkinson, Spenser. *The Brain of an Army*. New ed. Westminster: Constable, 1895. 204 pp.
Wilmot, Chester. *The Struggle for Europe*. New York: Harper & Bros., 1952. 766 pp.
Winter, August. "'Wägbares und Unwägbares bei der Entstehung von Führungsentschlüssen.'" *Wehrkunde*, 14 (März 1965), 116-22, (April 1965), 176-80.
Woodward, Llewellyn. *British Foreign Policy in the Second World War*. History of the Second World War. HMSO, 1962. 592 pp.
Wright, Quincy. *A Study of War*. Chicago: University of Chicago Press, 1942. 2 vols.
Ziemke, Earl F. *Stalingrad to Berlin: The German Defeat in the East*. Army Historical Series. (Department of the Army: Office of the Chief of Military History.) GPO, 1968. 549 pp.
Zhilin, P. *They sealed their own doom*. Moscow: Progress Publishers, 1970. 262 pp.

Historical and Other Studies: Unpublished

Best, Werner. "Wilhelm Canaris." Copenhagen, 10.4.1949. 11 pp.
Gempp, Fritz. "Geheimer Nachrichtendienst und Spionageabwehr des Heeres." Im Auftrag der Abwehrabteilung des Reichswehrministeriums. (T-77:1438-40, 1442, 1507-09).
Jensen, Willi. "Hilfsgeräte der Kryptographie." Dissertation. Flensburg, 1955. 129 pp. + 70 appendices.
Kittel, Ulrich. "Reichsluftfahrtministerium Forschungsamt: Geschichte und Arbeitsweise eines Nachrichtenamtes." (Deutsches Institut für Geschichte der nationalsozialistischen Zeit) [ca. 1951]. 83 pp. (in Institut für Zeitgeschichte, Munich, Archiv. 351/52).
Konrad. "Auswirkungen des geheimen Meldedienstes in der Obersten Heeresleitung 1866, 1870/71 und 1914." [no later than 18.1.34.] 34 pp. (in MA:WK VIII/7).
Payr, von. "Die Erkundung der materiellen Wehrkraft der grossen europäischen und aussereuropäischen Staaten und die sich daraus ergebenden Vorbereitungen für den Wirtschaftskrieg." 24.3.44. 39 pp. (in MA:OKW:Wi VI/397).
Powe, Marc B. "The Emergence of the War Department Intelligence Agency, 1885-1918." A master's thesis, Department of History, Kansas State University, Manhattan, Kansas. 1974. 146 pp.

Praun, Albert, ed. "Eine Untersuchung über den Funkdienst des russischen, britischen und amerikanischen Heeres im zweiten Weltkrieg vom deutschen Standpunkt aus, unter besonderer Berücksichtigung ihrer Sicherheit." 18. Februar 1950. ca. 200 pp.

Steimle, Eugen. "Stellungnahme zu den Memoiren von W. Schellenberg." August 1960. 9 pp.

Stoerkel, A. R. "Die Organisation des Grossen Generalstabes" [no earlier than 30 September 1920]. 65 pp. (in MA:OKH:H35/2). Cited as Stoerkel.

———. "Erste Einführung in die Organisation und in die Tätigkeit des Stellvertretenden Generalstabes der Armee und des Grossen Generalstabes (1919) bis zur Auflösung am 30.9.1919." 162 pp. (in MA:OKH:H35/3). Cited as Stoerkel, "Stellvertretenden."

United States. Air Force. Historical Division.
  Historical Studies (Karlsruhe Collection).
    USAF-171. Andreas L. Nielsen. "The Collection and Evaluation of Intelligence for the German Air Force High Command." n.d. 224 pp.
    USAF-191 (Extra Study). Kurt Gottschling. "The Radio Intercept Service of the German Air Force." 30 August 1955. 2 vols.
    "Ausrüstung der Bildstelle einer H. und F. Staffel." 28.6.1955. 5 pp.
    "Die Bildaufklärung im Luftkrieg." Studie der 8. Abteilung. 1944. 9 pp.
    Deichmann. "Die Zielobjektkartei." n.d. 9 pp.
    Fischer, Eberhard. "Die Entwicklung des Luftbildwesens ab 1920." 6.9.1956. 27 pp.
    "Die Flugzeuge fuer die Nahaufklaerungsverbaende." n.d. 13 pp.
    "Die Flugzeuge fuer die Fernaufklaerungsverbaende." n.d. 2 pp.
    Greiff. "Die Aufklärung durch Flugzeuge." 1945. 3 pp.
    Kleyenstuber. "Organisation des militärischen Geheimen Meldedienstes (Abwehrdienst)." 27.10.1955. 9 pp.
    Mutter, Erwin. "Die Nachtluftbildtechnik: Ein geschichtlicher Ueberblick." 17.8.1956. 10 pp.
    [Schmid, Josef]. "Die 5. Abteilung des Generalstabes der Luftwaffe (I c), 1.1.1938–1.10.1942." Zum Teil im Auszug. 1945. 53 pp.
    "Ueberblick über die Tätigkeit und Organisation des gesamten Bildwesens in der Luftwaffe." Studie der 8. Abteilung/Chef Genst. 1944. 19 pp.

United States. Army. Historical Division.
  Foreign Military Studies (now in NA, RG338).
    B-336. Guenther Blumentritt. "Military Maps and Military-Geographic Description." 1947. 12 pp.
    B-484. Friedrich von Boetticher. "Impressions and Experiences of the Military and Air Attaché at the German Embassy in Washington D.C. during the Years 1933–1941." 24 Apr 1947. 52 pp.
    B-636. "Additional Information about the Operational Plan V (US) Corps, captured on 7 Jun 44, in the Sector of 352 Infantry Division." 3 Sep 47. 2 pp.
    B-637. Guenther Blumentritt. "V Corps Operation Plan—OB West." 28 Aug 1947. 8 pp.
    B-656. Max Pemsel. "Additional Orientation Regarding the American V Corps Plan and Operations, Captured on 7 June 1944." 25 Sep 1947. 4 pp.
    B-658. Guenther Blumentritt. "Reconnaissance." n.d. 19 pp.
    B-675. Anton Staubwasser. "Army Group B—Intelligence Estimate (1 June 1944)." 15 Oct 1947. 32 pp.
    B-825. Anton Staubwasser. [deals with enemy situation 25 Jul–16 Sep 1944]. n.d. 158 pp.
    C-020. Percy Ernst Schramm. "The Wehrmacht in the Last Days of the War (1 Jan–7 May 1945)." Part II: Chapters 5 to 8 and appendixes. n.d. pp. 302–674.
    C-065a. Helmut Greiner. "Notes on the Situation Reports and Discussions at Hitler's Headquarters from 12 August 1942 to 17 March 1943." n.d. 212 pp.
    C-076. Karl-Heinrich Graf Klinckowstroem. "Reproduction Equipment." 1 Apr 1950. 4 pp.

D-024. Hanshenning von Holtzendorff. "Gründe für Rommels Erfolge in Afrika 1941/1942." 27 März 1947. 22 pp.
D-407. Rudolf Langhaeuser. "Studie über die Beschaffung von Feindnachrichten im deutschen Heer während des 2. Weltkrieges an der Ostfront." 10 Sep 1954. 152 pp.
P-018a. Alfred Toppe. "German Methods of Interrogating Prisoners of War in World War II." Jun 1949. 66 pp.
P-023. W. Berlin, C. Roehr, and H. J. Froben. "The Reconnaissance Artillery." n.d. 187 pp.
P-031a, Anlage 33. [Ludwig Beck]. "Einführung in die neue Vorschrift 'Truppenführung.'" 20 December 1933. 39 pp.
P-041h. Kurt von Tippelskirch. "Intelligence on Foreign Armies and the Foreign Intelligence Service, 1938–45." 1952. 16 pp.
P-041i. Gerhard Matzky, Lothar Metz, and Kurt von Tippelskirch. "Organization and Working Methods of the Army Intelligence Division." 1953. 133 pp.
P-041j. Horst von Mellenthin. "The Attaché Branch of the Army General Staff." 1952. 75 pp.
P-041k. Albert Praun. "Signal Services." 28 Nov 1947. 54 pp.
P-041n. Wilhelm Berlin and Gerhard Huether. "Representation of Artillery Interests 1938–1945." 1952. 90 pp.
P-041p. Heinz W. Guderian. "Representation of Armored Interests 1938–45." n.d. 49 pp.
P-041w. Karl-Heinrich Graf von Klinckowstroem. "Mapping and Survey Services in the German Army (1920–45)." n.d. 45 pp.
P-041aa. Walther Guendell. "Headquarters Commandant, Army High Command (1941–45)." 1952. 45 pp.
P-041ii. Kurt Zeitzler. "Stellungnahme zu der Ausarbeitung 'Die Oberste Führung des deutschen Heeres (OKH) im Rahmen der Wehrmachtführung.'" April 1948. 122 pp.
P-041jj. Heinz Guderian. "Stellungnahme zu der Ausarbeitung 'Die Oberste Führung des deutschen Heeres (OKH) im Rahmen der Wehrmachtführung.'" Juni 1948. 1953. 18 pp.
P-044. Hans von Greiffenburg, Erhard Franz-Josef Rauss, and Harald Weberstadt. "Deception and Cover Plans." n.d. 120 pp.
P-093. R. Koch-Erpach. "Auszug aus dem Kriegstagebuch der Div. A.A.161." 162 pp.
P-097. Franz Halder, Enno von Rintelen, Ernst Koestring, and Leopold Buerkner. "Selection and Training of German Officers for Military Attaché Duty." 12 June 1951. 44 pp.
P-097a. Anton Freiherr von Bechtolsheim. "The German Attaché System." February 1952. 15 pp.
P-122. "German Counterintelligence Activities in Occupied Russia (1941–1944)." n.d. 150 pp.
P-130. Wilhelm Willemer. "Camouflage." 1953. 175 pp.
P-132. Albert Praun. "Signal Communications in the East: German Experience in Russia." 1954. 250 pp.
P-149/22. Wolfgang Everth. "Vormarsch, Aufklärung und Kampf einer Panzeraufklärungsabteilung." n.d. 26 pp.
T-31. Peter von der Groeten. "Collapse of Army Group Center and Its Combat Activity until Stabilization of the Front (22 June to 1 Sept 1944)." December 1947. 56 pp.
T-101. "The German Armed Forces High Command—OKW." Ch. B 1 e, "Signal Communications," 34 pp. Ch B 1 f, "Intelligence," 4 pp. Part 2, Annex 3, "The Intelligence Service of the Armed Forces High Command," by L. Bürkner, 29 Feb 1948, 31 pp.
T-111. "The German Army High Command—OKH: Synopsis." December 1949. 118 pp.
ETHINT-49. "An Interview with Genfldm Wilhelm Keitel, Genobst Alfred Jodl: The Invasion." 23 Jul 1945. 7 pp.

Warlimont, Walter. "Kommentar zu T-101: Zu III. Teil, Unterabschnitt B.1-f, 'Die Wehrmachtführung auf dem Gebiet des Feind-Nachrichtendienstes.' " 1949. pp. 201–205.

Wells, Anthony Roland. "Studies in British Naval Intelligence, 1880–1945." A thesis submitted for the Degree of Doctor of Philosophy of War Studies of the University of London. [1972]. 437 pp.

插图致谢

The author gratefully thanks the following organizations, collections, and individuals for permission to reproduce the illustrations.

Frenchman Bay: Joseph Ascherl; forged draft card: F.B.I.; blank draft card: F.B.I.; Egyptian soldiers: Karl Richard Lepsius, *Denkmäler aus Aegypten und Aethiopien*... (Berlin: Nicolaische Buchhandlung, 1849–59), 3:154; Moltke: Friedrich F. von Conring, *Das deutsche Militär in der Karikatur* (Stuttgart: Schmidt, 1907), 201; Berlin: Joseph Ascherl; chart: Joseph Ascherl, Otto H. Barz; Boetticher report: MA; railroad bridge: BA; scout cars: *Feldgrau* (1955); light- and sound-battery: XXX.A.K.: 13896/2:26. Nov. 1941; He 111, Ju 88, Me 109: U.S. War Department, *Aircraft Recognition Pictorial Manual*, FM 30-30 (June 1943); FW 189: Kens, 203; aerial reconnaissance map: MA; Dulag Luft interrogation: MA; Krasnichin interrogation: MA; bazooka sketch: MA; Allied bomber: Bibliothek für Zeitgeschichte; Sonderdienst Seehaus: Library of Congress; censorship sticker: author's collection; wiretapping loops: MA; State Department message: NA; VN: MA; Soviet radio nets: MA; Russian cipher: MA; Canaris's signature: MA; Schellenberg's personal report: BDC; radio dialogue: NA; Krämer report: AA; Russian front: Joseph Ascherl; Koerner advertisement: *The New York Times* (6 April 1936), 3; Norden bomb sight: U.S. Patent No. 2,428,678; Heydrich letter: AA; Schellenberg telegram: AA; CICERO document: PRO; tank marks: MA; spy report: MA; 38th Army map: Joseph Ascherl; American tank: MA; Vth Corps orders: NA; movement of Russian forces: MA; Stalingrad front: Joseph Ascherl; North Africa and Mediterranean map: Joseph Ascherl; invasion targets map: Joseph Ascherl; Foreign Armies West map: MA.

Kneeling soldier: Wide World Photos; Gimpel: Wide World Photos; Colepaugh: Wide World Photos; Park Zorgvliet: The Hague, Gemeentearchief; beach: Wide World Photos; Paeffgen: BDC; Boetticher: Wide World Photos; observers, BA; 8-wheel scout car: BA; Manstein: BA; Rowehl: author's collection (Theodor Rowehl); examining papers: author's collection (Cornelius Noell); FW 189: United Press International; Do 17: United Press International; loading cameras: BA; cameras: MA; railroad gun: MA; prisoner of war: NA; Schapper: BDC; Fenner: author's collection (Ilse Fenner); Tranow: author's collection (Wilhelm Tranow); Canaris: author's collection (H.-J. Rudloff); Piekenbrock: author's collection (Frau Piekenbrock); Hansen: author's collection (Isolde Hansen); Jost: BDC; Schellenberg: BDC; RSHA VI headquarters: Landesbildstelle Berlin.

Chile radio transmitter: NA; Hamburg radio station: author's collection (Werner Trautmann); suitcase radio: NA; microphotographs: Franklin D. Roosevelt Library; Steimle: BDC; Carstenn: BDC; Lang: F.B.I.; Becker: NA; Wende: U. S. Army; Kotas: U. S. Army; soldiers aiming: U. S. Army; Blumröder lying on table: author's collection (Hans-Adolf von Blumröder); intelligence conference: author's collection (Hans-Adolf von Blumröder); Matzky: author's collection (Gerhard Matzky); Süsskind-Schwendi: author's collection (Gerhard Seyffaerth); building at Zossen: author's collection (Gerhard Matzky); ramshackle building: Richard Gehlen; Gehlen: Richard Gehlen; Liss: Strong, *Men of Intelligence;* Roenne: Macmillan (Great Britain); Schmid: David Irving; Luftwaffe target folder pictures: NA; Hitler conference: Bibliothek für Zeitgeschichte (Stuttgart).

译名对照表

Abwehr 阿勃韦尔（情报机构）
Admiral Farragut Academy 美国荣誉海军学院
Adolf Eichmann 阿道夫·艾希曼
Adolf Hitler 阿道夫·希特勒
Adolf Koch 阿道夫·科赫
Albert Langer 阿尔贝特·朗格尔
Albert Müller 阿尔贝特·缪勒
Albert Praun 阿尔贝特·普劳恩
Albert Rapp 阿尔贝特·拉普
Albert Speer 阿尔贝特·施佩尔
Albrecht Focke 阿尔布雷希特·福克
Albrecht Zetzschke 阿尔布雷希特·蔡茨施克
Alexandre Millerand 亚历山大·米勒兰
Alexis Baron von Roenne 亚历克西斯·巴龙·冯·伦内
Alfred Count Von Schlieffen 阿尔弗雷德·冯·施利芬
Alfred Filbert 阿尔弗雷德·菲尔贝特
Alfred Hugenberg 阿尔弗雷德·胡根贝格
Alfred Jodl 阿尔弗雷德·约德尔
Alfred Naujocks 阿尔弗雷德·瑙约克斯
Alfred Rosenberg 阿尔弗雷德·罗森堡
Alfredo Fernández 阿尔弗雷多·费尔南德斯
Alfredo Villa 阿尔弗雷多·维拉
Alphonse Chatrain 阿方斯·夏特赖恩
Alphonse Juin 阿方斯·朱安
Alphonse Timmermann 阿方斯·蒂默曼
Andor Hencke 安多尔·亨克
Andreas Figl 安德烈亚斯·菲格尔
Anthony Eden 安东尼·艾登
Anton Bela Grundboek 安东·贝拉·格伦德贝克
Anton Reithinger 安东·雷辛格
Anton Staubwasser 安东·施陶布瓦塞尔
Anton Turkul 安东·图尔库尔
Antonio de Oliveira Salazar 安东尼奥·德奥利维拉·萨拉查
Armed Forces Communications Division 国防军通信局
Armed Forces High Command/Oberkommando der Wehrmacht (OKW) （德国）国防军最高统帅部
Army's Center for Military History 陆军军事历史中心
Arthur Schumann 阿图尔·舒曼
Athenia "雅典娜号"
August Köstring 奥古斯特·克斯特林
August Kotthaus 奥古斯特·科特豪斯
August Winter 古斯特·温特尔
Austrian War School 奥地利军官学校
Aviemore "阿维莫尔号"

Bar Harbor 巴尔港
Baron August Schluga 巴龙·奥古斯特·施卢加
Baron von Mirbach 巴龙·冯·米尔巴赫
Battle of Tannenberg 坦能堡战役
Battle of the Atlantic 大西洋海战
Battle of the Bulge 突出部之役
B-Dienst 海军电讯监听处
Bendix Aviation Corporation 本迪克斯航空公司
Benito Mussolini 贝尼托·墨索里尼
Benjamin Juan Roson 本杰明·胡安·罗森
Berlin "柏林号"
Bernard Montgomery 伯纳德·蒙哥马利
Bernhard Krüger 伯恩哈德·克鲁格尔
Birger Dahlerus 比耶·达莱鲁斯
Bonner Fellers 邦纳·费勒斯
Brummer "布鲁默号"
Carl Reuper 卡尔·罗佩尔
Central Desk for Foreign Statistics and Foreign Research 外国经济情况统计和研究中心
Cesare Amè 切萨雷·阿梅
Charles A. Lindberg 查尔斯·A. 林德伯格
Charles Collingwood 查尔斯·科林伍德
Claude Auchinleck 克劳德·奥金莱克
Conrad Patzig 康拉德·帕齐格
Cornelius Noell 科尼利厄斯·内尔
Cornwallis "康沃利斯号"
Count Hoensbroech 康特·赫恩斯布勒希
Count Saurma 康特·绍尔马
Crabtree Neck 克拉布特里内克半岛
Cryptanalytic Station West 西线密码分析站
Curt Selchow 柯特·塞尔肖
Curt Zinnemann 库尔特·青内曼
Dagmar Geissler 达格玛·盖斯勒
Dana Hodgkins 达纳·霍奇金斯
David Melner 戴维·梅尔纳
Deutsche Nachrichten Büro(DNB) 德国新闻局
Dew Middleton 迪尤·米德尔顿
Dick Tracy 迪克·特雷西
Diedrich Wilmar 迪德里希·维尔马
Dietrich H. Schwenke 迪特里希·H. 施文克

Dietrich Niebuhr 迪特里希·尼布尔
Douglas MacArthur 道格拉斯·麦克阿瑟
Dresden "德累斯顿号"
Drottningholm "德洛特宁霍尔摩号"
Duncan Scott-Ford 邓肯·斯科特－福特
Dusko Popov 杜斯科·波波夫
Eberhard Kinzel 埃贝哈德·金策尔
Edmund Carl Heine 埃德蒙德·卡尔·海涅
Edmund F. Mulcahy 埃德蒙·F. 马尔卡希
Eduard Beneš 爱德华·贝奈斯
Eduard Lurtz 爱德华·卢尔茨
Edward George Best 爱德华·乔治·贝斯特
Edward George Green 爱德华·乔治·格林
Edward R. Murrow 爱德华·R. 默罗
Edward S. Creasy 爱德华·S. 克里西
Elisabeth Rose 伊丽莎白·罗斯
Elsbeth Schragmüller 埃尔斯贝特·施拉格米勒
Elysea Bazna 埃列萨·巴兹纳
Elzabeth Taylor 伊丽莎白·泰勒
Enno Von Rintelen 恩诺·冯·林特伦
Erhard Milch 艾尔哈德·米尔希
Erich Buschenhagen 埃里希·布申哈根
Erich Fellgiebel 埃里希·费尔吉贝尔
Erich Gimpel 埃里克·金佩尔
Erich Herrlitz 埃里希·赫利茨
Erich Kühlenthal 埃里希·库伦塔尔
Erich Ludendorff 埃里希·鲁登道夫
Erich Marcks 埃里希·马尔克斯
Erich Pfeiffer 埃里希·菲佛
Erich Raeder 埃里希·雷德尔
Erich Schnaus 埃里希·施瑙斯
Erich Vermehren 埃里希·弗尔梅伦
Erich von Falkenhayn 埃里希·冯·法金汉
Erich von Mainstein 埃里希·冯·曼施坦因
Erich Windels 埃里希·温德斯
Erna Dangler 埃纳·丹格勒
Ernst Bloch 恩斯特·布洛赫
Ernst Heinkel 恩斯特·亨克尔
Ernst Kaltenbrunner 恩斯特·卡尔滕布鲁纳
Ernst Kantorowicz 恩斯特·坎托诺维茨
Ernst Köstring 恩斯特·克斯特林

Ernst von Weizsäcker　恩斯特·冯·魏茨泽克
Ernst-Wilhelm Bohle　恩斯特–威廉·博勒
Erwin Ettel　埃尔温·埃特尔
Eugen Ott　欧根·奥特
Eugen Steimle　欧根·施泰姆勒
Everett Minster Roeder　埃弗雷特·明斯特·罗德
Federal Archives in Koblenz　科布伦茨联邦档案馆
Ferry Control　费里·康特罗尔
Field Service Regulations　《野战勤务条例》
Foreign Armies　外军处
Foreign Political Department　对外政治部
Francis Walsingham　弗朗西斯·沃尔辛厄姆
Frank A Howard　弗兰克·A. 霍华德
Frank A. Glowczynski　弗兰克·A. 格洛夫钦斯基
Frank Knox　弗兰克·诺克斯
Frankfurter Hof　法兰克福霍夫酒店
Franklin D. Roosevelt　富兰克林·D. 罗斯福
Franz Halder　弗朗茨·哈尔德
Franz Seubert　弗朗茨·佐伊贝特
Franz von Papen　弗朗茨·冯·巴本
Frederick Joubert Duquesne　弗雷德里克·朱伯特·杜肯
Frederick the Great　腓特烈大帝
Frederick W. Linge　弗雷德里克.W. 林格
Fredinand von Bredow　费迪南德·冯·布雷多
Friederike Deutsch　弗里德里克·多伊奇
Friedrich Busch　弗里德里希·布施
Friedrich Carstenn　弗雷德里克·卡斯滕
Friedrich Gempp　弗里德里希·甘普
Friedrich Tadeo von Schulz-Hausmann　弗里德里希·塔德奥·冯·舒尔茨–豪斯曼
Friedrich von Boetticher　弗里德里希·冯·伯蒂谢尔
Friedrich Wolf　弗里德里希·沃尔夫
Friedrich-Adolf Krummacher　弗里德里希–阿道夫·克鲁马赫尔
Frisia　"弗里西亚号"
Fritz Boetzel　弗里茨·伯策尔
Fritz Fischer　弗里茨·菲舍尔
Fritz Kauders　弗里茨·考德斯
Fritz Kuhn　弗里茨·库恩
Fritz Neeb　弗里茨·内布
Fritz ter Meer　弗里茨·特尔·梅尔
Gaius Claudius Nero　盖乌斯·克劳狄·尼禄
Geneva Convention　《日内瓦公约》
Georg Buntrock　格奥尔格·邦特罗克
Georg Duesterberg　格奥尔格·杜斯特贝格
Georg Gyssling　格奥尔格·盖斯林
Georg Hansen　格奥尔格·汉森
Georg Krause-Wichmann　格奥尔格·克劳斯–维希曼
Georg Schroeder　格奥尔格·施罗德
Georg Thomas　格奥尔格·托马斯
George Collins　乔治·柯林斯
George Marshall　乔治·马歇尔
George W. Dasch　乔治·W. 达施
Gerd von Rundstedt　格尔德·冯·龙德施泰特
Gerhard Matzky　格哈德·马茨基
German Foreign Broadcast Company Interradio　德国国际对外广播公司
German Labor Front　德意志劳工阵线
German Society for Documentation　德国文献学会
Gestapo　盖世太保
Giovanni Enrico　乔万尼·恩里科
Giselher Wirsing　吉泽黑尔·维尔辛
Gneisenau　"格奈森瑙号"
Gottfried Krüger　戈特弗里德·克吕格尔
Gottfried Schapper　戈特弗里德·沙佩
Graf Spee　"斯佩伯爵号"
Great Elector of Brandenburg　勃兰登堡大选帝侯
Gripsholm　"格里普舍尔姆号"
Guenther Gustav Rumrich　京特·古斯塔夫·鲁姆里希
Günter Niedenfuhr　金特·尼登富尔
Günther Blumentritt　京特·布卢门特里特
Günther Lohmann　京特·洛曼
Günther Schütz　京特·舒茨
Günther Schwantes　京特·施万特斯
Günther von Kluge　京特·冯·克鲁格
Gustav Bode　古斯塔夫·博德
Gustav Eickenberg　古斯塔夫·艾肯贝格

Gustav Utzinger	古斯塔夫·乌特青格尔
Hans A. Wilms	汉斯·A.维尔姆斯
Hans Colombara	汉斯·科洛姆巴拉
Hans Daufeldt	汉斯·道费尔特
Hans Hilbig	汉斯·希尔比希
Hans Hofbauer	汉斯·霍夫鲍尔
Hans Jeschonnek	汉斯·耶匈尼克
Hans Kerbs	汉斯·克雷布斯
Hans Marschner	汉斯·马施纳
Hans Napp	汉斯·纳普
Hans Oster	汉斯·奥斯特
Hans Piekenbrock	汉斯·皮肯布罗克
Hans Rohde	汉斯·胡德
Hans Speidel	汉斯·斯派德尔
Hans von Dohnanyi	汉斯·冯·多南伊
Hans von Schierbrandt	汉斯·冯·希尔勃兰特
Hans von Seeckt	汉斯·冯·泽克特
Hans Zweigert	汉斯·茨威格特
Hans-Adolf von Blumroder	汉斯–阿道夫·冯·布卢姆勒德尔
Hanson Bladwin	汉森·鲍德温
Harro Schulze-Boysen	哈罗·舒尔策–博伊森
Harry S. Truman	哈里·S.杜鲁门
Harry Woodring	哈利·伍德林
Harvard Merrill Hodgkins	哈佛·梅里尔·霍奇金斯
Hasso von Manteuffel	哈索·冯·曼托菲尔
Hazar Hazarian	哈扎尔·哈扎里安
Heinrich Beck	海因里希·贝克
Heinrich Diekmann	海因里希·狄克曼
Heinrich Garbers	海因里希·加伯斯
Heinrich Himmler	海因里希·希姆莱
Heinrich Müller	海因里希·缪勒
Heinrich Reiners	海因里希·赖纳斯
Heinrich Schlie	海因里希·施利
Heinz Bonatz	海因茨·博纳茨
Heinz Cohrs	海因茨·科尔斯
Heinz Guderian	海因茨·古德里安
Heinz Jost	海因茨·约斯特
Heinz Junge	海因茨·荣格
Heinz Lorenz	海因茨·洛伦茨
Helmut Albrecht	赫尔穆特·阿尔布雷希特
Helmut Maurer	赫尔穆特·毛雷尔
Helmuth Count von Moltke	赫尔穆特·冯·毛奇伯爵
Helmuth Meyer	赫尔穆特·迈尔
Henri Pétain	亨利·贝当
Henry L. Stimson	亨利·L.史汀生
Herbert Claiborne Pell	赫伯特·克莱本·佩尔
Herbert Fischer	赫伯特·菲舍尔
Herbert Owe	赫伯特·奥韦
Herbert Scholz	赫伯特·肖尔茨
Herbert Tout	赫伯特·陶特
Herbert Wichmann	赫伯特·维希曼
Hermann Baun	赫尔曼·鲍恩
Hermann Dörner	赫尔曼·德尔纳
Hermann Goertz	赫尔曼·格尔茨
Hermann Menzel	赫尔曼·门泽尔
Hermann W. Lang	赫尔曼·W.朗
Hermann Wilhelm Göring	赫尔曼·威廉·戈林
Herr Habersack	赫尔·哈伯扎克
Herta von Seydlitz-Kurzbach	赫尔塔·冯·赛德利茨–库尔茨巴赫
Hilmer Baron von Bülow	希尔默尔·巴龙·冯·比洛
Horst von Mellenthin	霍斯特·冯·梅伦廷
Horst Wiebe	霍斯特·维贝
Hugh Dowding	休·道丁
Ignatz T. Griebl	伊格纳茨·T.格里布尔
Ironbound Island	铁封岛
Ivan Karl Turyn	伊凡·卡尔·图林
Ivan Kotschy	伊万·科茨乔夫
Jan Masaryk	扬·马萨里克
Joachim von Ribbentrop	约阿希姆·冯·里宾特洛甫
Johann Gottlieb Fichte	约翰·戈特利布·菲希特
Johann Leo Harnisch	约翰·莱奥·哈尼施
Johann Siegfried Becker	约翰·西格弗雷德·贝克尔
Johannes Bernhardt	约翰内斯·伯恩哈特
Johannes Szeraws	约翰内斯·泽罗斯
John Dill	约翰·迪尔

John Francis O'Reilly　约翰·弗朗西斯·奥赖利
John J. Meily　约翰·J.迈利
John Stirling　约翰·斯特林
Josef Goebbels　约瑟夫·戈培尔
Josef Gottlob　约瑟夫·戈特洛布
Josef Kögl　约瑟夫·克格尔
Josef Schmid　约瑟夫·施密德
Josef Spacil　约瑟夫·施帕齐尔
Josef Starziczny　约瑟夫·斯塔西奇尼
Josef Wende　约瑟夫·温德
Joseph Joffre　约瑟夫·霞飞
Juan Perón　胡安·庇隆
Judy Garland　朱迪·嘉兰
Julieta del Busto　胡列塔·德尔布斯托
Julius Caesar　尤利乌斯·恺撒
Karl Arno Punzler　卡尔·阿尔诺·彭茨莱尔
Karl Dönitz　卡尔·邓尼茨
Karl Edmund Gartenfeld　卡尔·埃德蒙德·加滕费尔德
Karl Florman　卡尔·弗洛曼
Karl Kapp　卡尔·卡普
Karl Rasche　卡尔·拉舍
Karl Ritter　卡尔·里特尔
Karl Tschierschy　卡尔·契尔施基
Karl-Heinz Krämer　卡尔–海因茨·克拉默
Karl-Henning von Barsewisch　卡尔–亨宁·冯·巴瑟维希
Käthe Kortekamp　克特·科尔特坎普
Kommando Fritz　弗里茨分遣队
Konstantios Kanaris　康斯坦丁诺斯·卡纳里斯
Kriegsmarine　纳粹德国海军
Kurt Alexander Mair　库特·亚历山大·梅尔
Kurt E. Vetterlein　库特·E.费特尔莱因
Kurt Gottschling　库特·戈特施林
Kurt Rasehorn　库特·拉泽霍恩
Kurt von Schleicher　库特·冯·施莱谢尔
Kurt von Tippelskirch　库特·冯·蒂佩尔斯基希
Kurt Zeitzler　库特·蔡茨勒
Laszlo Voeczkoendy　拉斯洛·沃茨肯迪
Leo Baronn Geyr von Schweppenburg　里欧·巴龙·盖尔·冯·施维本伯格
Leopold Bürkner　利奥波德·伯克纳
Lilly Stein　莉莉·施泰因
Lothar Franke　洛塔尔·弗兰克
Lothar Metz　洛塔尔·梅茨
Ludwig Beck　路德维希·贝克
Ludwig Voit　路德维希·福伊特
Ludwig von Benedek　路德维希·冯·贝内德克
Luftwaffe's Dulag Luft　空军过渡战俘营
Luis Orgaz　路易斯·奥尔加茨
Malin Craig　马林·克雷格
Marcel E. Malige　马塞尔·E.马利奇
Marienbad Research Institute　马里昂巴德研究所
Marin de Bernardo　马林·德·贝尔纳多
Mark Clark　马克·克拉克
Markus Timmler　马库斯·蒂姆勒
Marschall Adolf Baron von Bieberstein　马沙尔·阿道夫·巴龙·冯·比贝尔施泰因
Martin Bormann　马丁·鲍曼
Martin Braune　马丁·布劳内
Martin Luther　马丁·路德
Martin Sandberger　马丁·赞德贝格尔
Massachusetts Institute of Technology　麻省理工学院
Max Ilgner　马克斯·伊尔格纳
Maxime Weygand　马克西姆·魏刚
Maximilian Baron von Oer　马克西米利安·巴龙·冯·厄尔
Meet Me in St. Louis　《相逢圣路易斯》
Mein Kampf　《我的奋斗》
Miguel Primo de Rivera　米格尔·普里莫·德里维拉
Mikhail N. Tukhachevsky　米哈伊尔·图哈切夫斯基
Military Archives in Freiburg-im-Breisgau　布赖斯高地区弗莱堡军事档案馆
Milwaukee　"密尔沃基号"
Moriz von Faber du Faur　莫里茨·冯·法贝尔·杜·福尔
Myth of the Twentieth Century　《二十世纪

的神话》
Nele Kapp 内尔·卡普
Neville Chamberlain 内维尔·张伯伦
Nikolaus Ritter 尼古劳·里特尔
Nikolaus von Horthy 尼古劳斯·冯·霍尔蒂
Norbert von Baumbach 诺伯特·冯·鲍姆巴赫
Norman Davidsom 诺曼·戴维森
Oberkommando der Kriegsmarine (OKM)/High Command of the Navey 纳粹德国海军总司令部
Oberkommando der Luftwaffe (OKL)/High Command of the Air Force 纳粹德国空军总司令部
Oberkommando des Heeres (OKH)/High Command of the Army 纳粹德国陆军总司令部
Oliver Lyttelton 奥利弗·利特尔顿
Omar Bradley 奥马尔·布莱德雷
Operation Overlord "霸王行动"
Oscar Reile 奥斯卡·赖尔
Oswald Baron von Hoyningen-Huene 奥斯瓦尔德·巴龙·冯·霍伊宁根–许内
Oswald Mosley 奥斯瓦尔德·莫斯利
Otto Arendt 奥托·阿伦特
Otto Butting 奥托·布廷
Otto Dietrich 奥托·迪特里希
Otto Schulze 奥托·舒尔策
Otto Skorzeny 奥托·斯科尔兹内
Otto Wagner 奥托·瓦格纳
Ottomar Müller 奥托马尔·缪勒
Paul August 保罗·奥古斯特
Paul Bogatsch 保罗·博加契
Paul Fehse 保罗·费泽
Paul Fidrmuc 保罗·菲德穆克
Paul K. Schmidt 保罗·K. 施密特
Paul Verlaine 保尔·魏尔伦
Paul von Hindenburg 保罗·冯·兴登堡
Pauline Friedrich "保利娜·弗里德里希号"
Peck's Point 佩克角
Peter Siepen 彼得·西彭
Peterpaul von Donat 佩特保尔·冯·多纳特
Pierre Laval 皮埃尔·赖伐尔

Porcupines 波卡宾群岛
Prince Christoph von Hessen 克里斯托夫·冯·黑森亲王
Prince Reuss 普林斯·罗伊斯
Prussian Secret State Police 普鲁士州秘密警察局
Queen Elizabeth "伊丽莎白女王号"
Ralph Nowell 拉尔夫·诺埃尔
Ramses II 拉美西斯二世
Reich Economics Ministry 帝国经济部
Reichssicherheitshauptamt (RSHA) 德国中央保安局
Reinhard Gehlen 莱因哈德·盖伦
Reinhard Heydrich 莱因哈德·海德里希
Richard Euler 里夏德·奥伊勒
Richard Law 理查德·劳
Robert H. Goddard 罗伯特·H. 戈达德
Robert Murphy 罗伯特·墨菲
Robert T. Skarboro 罗伯特·T. 斯卡博罗
Roger Michael 罗杰·迈克尔
Roman Garby-Czerniawski 罗曼·加尔比–切尔尼亚夫斯基
Rudolf Friedrich 鲁道夫·弗里德里希
Rudolf Hess 鲁道夫·赫斯
Rudolf Lassig 鲁道夫·拉西格
Rudolf Wodarg 鲁道夫·沃达格
Rudolf-Christian Baron von Gersdorff 鲁道夫–克里斯蒂安·巴龙·冯·格斯多夫
Schauki Omiera 肖基·奥梅拉
Schutz-Staffel (SS) 党卫军
Seekriegsleitung/Naval War Command（缩写 Skl） 海军战争指挥部
Sicherheitsdienst (SD) 纳粹德国党卫队保安处
Siegfried Knemeyer 西格弗里德·克内迈尔
Siegfried Westphal 西格弗里德·韦斯特法尔
Simon Emil Koedel 西蒙·埃米尔·科德尔
Sonderdienst Seehaus 湖滨楼特别监听所
Sperry Gyroscope Company 斯佩里陀螺仪公司
Stefan Kotas 斯特凡·科塔斯
Sturmabteilung (SA) 街头武装冲锋队
The Hop 霍普岛

The Second Punic War 第二次布匿战争	Werner Heinrich Walti 维尔纳·海因里希·瓦尔蒂
Theodor Paeffgen 特奥多尔·佩夫根	Werner Ohletz 维尔纳·奥勒茨
Theodor Poretschkin 特奥多尔·波雷奇金	Werner Trautmann 维尔纳·特劳特曼
Theodor Rowehl 特奥多尔·罗韦尔	Werner von Blomberg 维尔纳·冯·勃洛姆堡
Thilo Daehne 蒂洛·德内	*White Chrismas* 《白色圣诞节》
Thomas E. Dewey 托马斯·E. 杜威	Wilfried Krallert 维尔弗里德·克拉勒特
Tullio Franchini 图利奥·弗朗奇尼	Wilhelm Bodewin Johann Gustav Keitel 威廉·鲍德温·约翰·古斯塔夫·凯特尔
U.S. Office of Strategic Services 美国战略情报局	Wilhelm Canaris 威廉·卡纳里斯
Ulrich Freudenfeld 乌尔里希·弗罗伊登费尔德	Wilhelm Fenner 威廉·芬纳
Ulrish Liss 乌尔里希·利斯	Wilhelm Höttl 威廉·赫特尔
Umbria 翁布里亚	Wilhelm Meyer-Detring 威廉·迈尔–德特林
Vasilli Krasnichin 瓦西里·克拉斯尼钦	Wilhelm Ohnesorge 威廉·奥内佐格
Vera de Schallberg 薇拉·德沙尔贝	Wilhelm Schwabe 威廉·施瓦布
Vidkun Quisling 维德孔·吉斯林	Wilhelm Seidlitz 威廉·赛德利茨
von Kleist 冯·克莱斯特	Wilhelm Tranow 威廉·特拉诺
von Manteuffel 冯·曼陀菲尔	Wilhelm Zeller 威廉·泽勒
von Rauch 冯·劳赫	Willi Bürklein 维利·比尔克林
von Schilling 冯·席林	William C. Caldwell 威廉·C. 考德威尔
von Stulpnagel 冯·施蒂尔普纳格尔	William C. Colepaugh (Wilhelm Coller) 威廉·C. 科尔波（威廉·科勒）
W. Averell Harriman W. 埃夫里尔·哈里曼	William Charles Caldwell 威廉·查尔斯·考德威尔
Walter Burckhardt 瓦尔特·布克哈特	William F. Friedman 威廉·F. 弗里德曼
Walter Kienitz 瓦尔特·基尼茨	William G. Sebold 威廉·G. 西博德
Walter Reichling 瓦尔特·雷希林	William Heinrich Knopff 威廉·海因里希·克诺普夫
Walter Schellenberg 瓦尔特·施伦堡	William O. McCue 威廉·麦丘
Walter Simon 瓦尔特·西蒙	Winter Harbor 冬港
Walther Funk 瓦尔特·冯克	Wolfgang Franz 沃夫冈·弗朗茨
Walther Hewel 瓦尔特·黑韦尔	Wolfgang Kapp 沃尔夫冈·卡普
Walther Nicolai 瓦尔特·尼古拉	Wolfgang Martini 沃尔夫冈·马蒂尼
Walther Rauff 瓦尔特·劳夫	Yellow Island 黄岛
Walther Seifert 瓦尔特·赛费特	
Walther von Brauchitsch 瓦尔特·冯·布劳希奇	
Weimar Republic 魏玛共和国	
Werner Baumbach 维尔纳·鲍姆巴赫	

间谍 特工 密码 书籍 延伸阅读

《希特勒的间谍：纳粹德国军事情报史》（全译本，上下册）　［美］戴维·卡恩 / 著

简介：本书详细讲述纳粹德国军事情报历史，涉及组织架构、运作流程、战略思想、战术思维、人员组成、招募培训、间谍活动、经典战役等等。此外，作者还如实记录战争各方情报攻防活动，并深刻剖析德军情报失误原因。全书基于大量绝密档案，历经8年调查采访而成。中译本分为上下两册，力求呈现原著全貌，是二战情报研究的必备读物。

《破译者：人类密码史》（全译本，上下册）　［美］戴维·卡恩 / 著

简介：本书详细记录世界密码术发展历程，生动讲述重要人物和事件，鲜活刻画人类秘密通信的五千年，囊括密码的源起、应用、变革、影响、挑战、展望等方方面面，堪称密码史经典，被誉为密码学"圣经"。中译本依据最新英文增订版翻译而成，首次完整呈现了原著全貌，既适合普通大众研读，也可供密码学和安全领域人士参阅。

《偷阅绅士信件的人：美国黑室创始人雅德利传》　［美］戴维·卡恩 / 著

简介：本书是一部关于美国黑室创始人、密码破译之父赫伯特·雅德利（Herbert O. Yardley, 1889—1958）的传记，详细讲述了其人生成长和事业发展的过程，生动刻画了美国密码破译事业诞生的奋斗历程。我们既可从雅德利跌宕起伏的命运中获得启迪，还能近距离了解人类波澜壮阔的一段密码破译史。

《间谍图文史：世界情报战5000年》　［美］欧内斯特·弗克曼 / 著

简介：本书讲述了从古埃及到"互联网+"时代间谍活动的历史，跨越了5000余年。从中读者可以看到：古今谍海魅影秘密行动、世界情报机构历史沿革、谍战秘密技术更新换代、情报对人类战争的作用，等等。作者通过生动的叙述、精彩的图片和丰富的案例，力图多角度描绘世界最古老职业的全貌，展现它如何一次次改变世界历史的进程。本书详略得当，雅俗共赏，是一部全面了解人类谍战史的必备案头书。

《大西洋密码战："捕获"恩尼格玛》　［美］戴维·卡恩 / 著

简介：二战中，德国为同英、美争夺大西洋控制权，截断其海上交通运输线，进行了战争史上时间最长、最复杂的持久海战。本书解密了这场战争中，盟军如何面对种种挑战，甚至使出奇招，在海上追捕德国舰船，获取秘密文件，终于破解德军的"恩尼格玛"密码，并击败其潜艇部队的真实故事。

《诺曼底间谍战：改变二战历史的最大军事骗局》　［英］本·麦金泰尔 / 著

简介：作为二战中最重要的转折点，诺曼底登陆战的伤亡比例却最低！而这一切都归功于战前的大规模欺骗计划。通过对大量机密档案的独家研究，作者揭开了这一切背后惊心动魄的内幕。本书获得《华盛顿邮报》、《纽约时报》、BBC等大力推荐，高居亚马逊网站畅销书榜首。

《斯诺登档案：世界头号通缉犯的内幕故事》（修订版）　［英］卢克·哈丁 / 著

简介：本书全面介绍和解读了"斯诺登事件"，讲述了其背后媒体与政府的博弈较量、各国的攻防策略，披露了美英等国监控全球的手段和规模。作为该事件的全球首部权威著作，本书不仅曝光了西方国家的安全战略秘密，而且还披露了他们怎样监控中国的内幕。该书首次全面勾画出斯诺登的成长和心路历程，堪称这位反全民监控斗士的另类传记。